U0863494

中外人文交流研究丛书

Series on People-to-People Exchange Studies

百年未有之大变局与中外人文交流

People-to-People Exchange under Profound Changes Unseen in a Century

张　骥　邢丽菊◎主编

世界知识出版社

北京·2021

图书在版编目（CIP）数据

百年未有之大变局与中外人文交流 / 张骥，邢丽菊主编. —北京：世界知识出版社，2021. 11

（中外人文交流研究丛书）

ISBN 978-7-5012-6422-3

Ⅰ. ①百… Ⅱ. ①张… ②邢… Ⅲ. ①中外关系—国际关系史—研究 Ⅳ. ①D829

中国版本图书馆CIP数据核字（2021）第219261号

书　名	百年未有之大变局与中外人文交流 Bainian Weiyou zhi Dabianju yu Zhongwai Renwen Jiaoliu
主　编	张　骥　邢丽菊
责任编辑	刘　喆
责任出版	赵　玥
责任校对	张　琨
封面设计	刘　凌
出版发行	世界知识出版社
地址邮编	北京市东城区干面胡同51号（100010）
电　话	010-65265923（发行）　010-85119023（邮购）
网　址	www.ishizhi.cn
经　销	新华书店
印　刷	北京虎彩文化传播有限公司
开本印张	720mm × 1020mm　1/16　21印张
字　数	345千字
版次印次	2021年11月第一版　2021年11月第一次印刷
标准书号	ISBN 978-7-5012-6422-3
定　价	89.00元

版权所有　侵权必究

丛书总序

中外之间的交往有着悠久的历史，人员往来、文化交流，乃至文明对话是中国与外部世界关系中亘古不变的主题。然而，在漫漫历史长河中，中外之间有关“人”和“文”的互动也随着政治经济因素、历史地理条件的变迁，特别是国运之兴衰而此起彼伏。

进入21世纪第二个十年，特别是党的十八大以来，中外人文交流在中国外交中的地位和作用得到显著提升。中国先后与世界主要大国（地区组织）建立起十大高级别人文交流机制。在与其他国家特别是周边国家和发展中国家的双（多）边关系中，人文交流也越来越被作为重要内容。在中国倡导的“一带一路”倡议和“人类命运共同体”构建中，人文交流成为主要维度和政策重点。人文交流已经逐渐发展成为新时代中国对外关系政治、经济支柱之外的第三大支柱。

人文交流作为中国对外关系的主题在新时代中国外交中的兴起，其意义尚未被充分认识。“人文交流”这一概念和实践的形成，本身就难以运用现有的国际关系和外交的概念和理论框架予以解释，诸如“公共外交”“民间外交”“文化外交”“价值观外交”“软权力”[①] 等，即使是具有中国实践含义的“人民外交”[②] “对外宣传”等概念也不能概括甚至等同于“人文交流”。这些概念和理论，未能从本质上捕捉到中国这一不断成长的行为体对传统国际关系的超越，中国实践所具有的创新性，以及中国人对国际关

① 陈玉聃:《何以化天下：对约瑟夫·奈“软权力”论的反思》，载张骥、邢丽菊主编《人文化成：中国与周边国家人文交流》，世界知识出版社，2018，第44—49页。

② 肖佳灵:《当代中国外交研究“中国化”：问题与思考》，《国际观察》2008年第2期，第13页；Liu Yongtao, “People-to-People Exchanges in Chinese Diplomacy: Evolutions, Strategies, and Social Practice,” *Stosunki Międzynarodowe – International Relations* 51, no.4 (2015): 243-247.

系的独特认知。同时，中外人文交流尽管有历史传统可循，但其当代意义又并非是历史上中华与外部文化关系的简单映射。“人文”一词尽管充满了中国传统的表征，但中国与世界关系的巨大变迁使得当代中外人文交流具有鲜明的时代特性。正如俞新天研究员在本丛书中所指出的那样，当代中外人文交流的时代性，体现在中国已经成为一个全球大国，世界各国对中国的国际交流和沟通有新的更高期待，中国人的精神面貌发生了前所未有的变化。[①]

实践走在了理论前面。我们既不能懈怠于完全套用现有的“公共外交”“民间外交”“文化外交”等理论来解释人文交流，这在实际上消解掉了人文交流对国际关系的创造性；同时也不能故步自封于中国话语和概念的自我解释与自我实现，而必须探寻人文交流所具有的普遍实践价值和理论意义，使得人文交流这一概念和相关理论能够进行国际学术对话。我们也不能满足于“历史—文化”路径的单一归纳，仅从文化的视角来理解和阐释当代的人文交流。忽视人文交流的政治经济基础、忽视人文交流中政府的角色，与夸大人文交流的意识形态色彩、夸大人文交流的纯民间属性一样，都不能客观、准确和立体地来把握当代人文交流所具有的时代特征。这既对理论研究提出了重大的挑战，也为理论创新提供了难得的历史机遇。

从2013年起，复旦大学积极对接国家对外战略的新需求，在国内率先开展中外人文交流学术和咨政研究。复旦大学充分发挥综合性大学优势，依托政治学和国际关系学科，在吸纳哲学、宗教学、历史学、文学、新闻传播学等多学科的基础上，培育和打造了一支由优势学科支撑、多学科参与的科研咨政团队，开展中外人文交流理论研究，服务国家相关战略和政策的制定与推进，并积极参与中外人文交流事业。2014年9月，复旦大学召开了“人文外交与中国的战略”研讨会，并于12月发布了《人文外交：中国特色的外交战略、制度与实践》研究报告。2015年1月7日，《光明日报》“理论周刊”整版发布了报告摘要。[②] 这份报告从文化基础、战略选择、

---

① 俞新天：《论新时代中国民间外交》，载张骥、邢丽菊主编《人文化成：中国与周边国家人文交流》，世界知识出版社，2018，第51—52页。

② 复旦大学国际问题研究院：《人文外交：战略、制度与实践》，《光明日报》2015年1月7日，第16版。

制度建设、能力建设、国际经验等方面比较系统地对中外人文交流（当时还初步定义为“人文外交”）的基本内涵进行了较为理论化的界定①，并初步提出了中国发展中外人文交流的战略和制度设计，是国内该领域较早的一份研究成果，在学术界和政策界产生了重要影响。

随着几大高级别人文交流机制的相继建立和持续运转，复旦大学的相关研究转向对国别机制的深入研究，并充分动员国内其他高校和研究机构相关国别研究的优势力量，形成了更加宽深的研究队伍，于2015年7月发布了《构建人文外交新格局：中外人文交流对话机制研究》专题报告，并在2015年底获得“深化中外人文交流的战略布局与运行机制研究”教育部哲学社会科学研究重大课题攻关项目立项。同时，复旦大学还进一步深化对中外人文交流宏观政策设计和理论构建的研究，并与相关政府部门开展了紧密的对接和合作，产生了大量有影响的政策咨询成果。复旦大学已逐渐成为我国中外人文交流的重要智库和研究基地。2017年，教育部在全国设立中外人文交流研究中心，其中一家综合性中外人文交流研究中心及中美、中俄、中欧、中英四家国别人文交流研究中心设在复旦大学。

复旦大学相关研究议程的发展演进，从一个侧面反映了中外人文交流实践和理论探索的发展。实践的发展不断向理论研究提出新的命题和新的要求，而理论的研究也总在不断检视过往的实践。

2017年下半年，中共中央办公厅、国务院办公厅印发了《关于加强和改进中外人文交流工作的若干意见》，这是党和国家首次就中外人文交流工作制定专门文件，进一步凸显了中外人文交流工作重要性的提升。《意见》在总结中外人文交流取得辉煌成就的同时，也指出了下一步加强和改进中外人文交流工作的方向和举措。这对加强中外人文交流的研究提出了新的任务和要求。

过去几年中，复旦大学中外人文交流研究中心不断探索，一方面始终关注实践的前沿和挑战，不断研究新问题；另一方面也始终回归学术，充分发挥大学的优势，不断从理论上提出我们的新观点和新思考。同时，研究所借助的力量也在不断拓展，得到国内学界前辈和同仁的大力支持，这

---

① 武心波、宗立宁：《“缘”：中国“周边人文交流”新视角——以中日韩为例》，载张骥、邢丽菊主编《人文化成：中国与周边国家人文交流》，世界知识出版社，2018，第68页。

大大鼓舞了我们的研究热情和研究抱负。以此为基础，我们推出了“中外人文交流研究丛书”计划。这是国内首部中外人文交流领域综合性研究丛书，我们希望以此推动中外人文交流的基础性研究向着更为扎实和更为持久的方向发展。同时，随着2018年秋季复旦大学在国内高校中首开“中外人文交流研究”的研究生课程，中外人文交流的学科建设和人才培养也亟须加强教材建设，我们希望该丛书计划也能为此作出应有的贡献。

在中外人文交流的布局中，周边仍然是需要重点关注的区域。为此，复旦大学中外人文交流研究中心于2017年10月组织召开了“中国文化与周边国家人文交流”学术研讨会。研讨成果形成了《人文化成：中国与周边国家人文交流》一书，并给予我们两点重要的启示。一个启示在于，中国与周边国家的人文交流应该在新的时代条件和国际环境下创新发展。对东北亚地区而言，人文交流的发展仍然在某种程度上受到政治因素的干扰。而恰恰是这样的状态，更加凸显了人文交流对于稳定国家间关系的社会民意基础的重要性和迫切性。对于南亚、东南亚地区而言，传统的文化纽带如何转化为今天构建亲、诚、惠、容的周边关系的动力与手段，仍是一个需要解决的问题。而对于周边的探索，如何在“一带一路”建设中做好“民心相通”具有重要的示范意义。另一个更为重要的启示在于，我们发展同欧美国家人文交流的方式并不能简单地照搬周边。同样，发端于传统发达国家间关系或者传统发达国家与发展中国家关系的“公共外交”“文化外交”“价值观外交”“宗教外交”等的理论与实践，也不能简单套用于中国与周边国家的人文交流。我们必须基于不同的国家特性、文化特性和双（多）边关系特性去构建和发展具体的人文交流路径与内容。

2018年12月，复旦大学中外人文交流研究中心组织召开了“中外人文交流与新型国际关系”研讨会。这次研讨会将中外人文交流的探讨更加聚焦于新时代中国外交的核心理念。一方面，我们试图从理论上探讨人文交流在国际关系中的创新性，它对于传统国际关系的超越从理念到实践的体现为何，人文交流在中国所倡导构建的新型国际关系中具有怎样的主体意义。另一方面，我们也从中国业已建立的双（多）边人文交流实践中检视其对于构建新型国际关系的作用和面临的问题与挑战。我们发现，伴随着中国和平崛起的进程，其所面临的前所未有的挑战也深刻反映在人文交流领域。保守主义、封闭主义、民粹主义的上升和“文明冲突论”的再度泛起造成了各国人民交往和文明交流的逆流，这也是百年未有之大变局的特征之一。而正是在这样的新形势下，人文交流对于构建新型国际关系的意义更加凸显，其相对于其他文化文明交往方式和过往实践的创新性更加凸显。这些探讨和认识形成了丛书计划的第二本书——《中外人文交流与新型国际关系构建》。

继“新型国际关系”之后，我们将关注点放到了新时代中国外交的另一核心概念“百年未有之大变局”上。后来的实践表明，这不仅是我们理论逻辑的延伸，也同样是时代剧变的走向。在大国关系、国际秩序深刻复杂调整的同时，文明间关系似乎也进入了一个更具挑战性的时期，民粹主义在世界上不少地方上升，文化、宗教间的冲突亦在一些局部加剧，一些原本开放、自信的国家开始在文化、教育、科技交流中奉行保守，甚至是民粹主义政策。中外人文交流在前一阶段大发展之后，开始面临新的挑战，甚至遭遇逆流。正是在这样的背景下，复旦大学中外人文交流研究中心于2019年11月组织召开了第三届复旦中外人文交流论坛“百年未有之大变局下的中外人文交流”。[①] 与会学者围绕“百年未有之大变局下的世界文明、文化关系”“百年未有之大变局对中外人文交流的影响”“新形势下中外人文交流面临的机遇与挑战”三个主题展开了深入探讨。这些讨论及后续的深化研究形成了丛书计划的第三本书——《百年未有之大变局与中外人文交流》。就在该书的研究写作过程中，突如其来的新冠肺炎疫情及其对社会政治经济的影响更是从物理上、心理上给各国间的人文交流造成了新的挑战和障碍。这也显示出我们在理论探讨上的前瞻性。该书的探讨呈现出两个鲜明的路径：一方面，我们直面百年未有之大变局下中外人文交流遭遇的挑战和逆流，对于文化间关系的竞争与冲突，一些国家对人文交流的“政治化”与“安全化”，疫情带来的冲击与困惑进行深入的分析，试图揭示其原因和机理；另一方面，我们更加深刻地体会到中国提出“人文交流”这一创新理念和实践在百年未有之大变局下的重要意义，其对于化解文明冲突，在艰难时局中促进人类的交融交通，提供新型的全球公共

① 在前两年专题学术研讨会成功举行并取得重要学术和咨政成果的基础上，复旦大学将这一国内中外人文交流研究界重要的学术交流盛会升格为“复旦中外人文交流论坛”，将其建设成为一个重要的年度学术交流平台。

产品所具有的不可或缺的价值，我们更试图寻求这样的实践路径和方法，在风云变幻的大变局中描绘人类交往的一抹亮色。

在不断的理论探索中，我们饱含着对理论的激情，也保持着对理论的清醒。随着中国特色大国外交实践以前所未有的速度向前推进，我们迫切需要从理论上去回应当代中外人文交流实践中尚未解决，以及不断涌现的问题。当然，理论创新更需要我们基于自身的当代实践、文化传承与思想渊源去构筑当代人文交流的理论基石，这一任务仍远未完成。

张 骥 邢丽菊

2018年5月31日

2019年9月9日修订

2021年2月18日再次修订

目 录

百年变局

人文交流理论

区域国别

百年变局

百年变局与新型文化间关系*

秦亚青

【内容提要】 百年变局反映了当今世界正在发生巨大的变革和转型。文化间关系的变化，对百年变局的影响更为持久和深远。世界进入现代以来，以欧美为代表的西方文化成为世界文化关系中的核心地带，世界的其他文化则成为边缘，从而形成了百年来世界文化间关系的基本格局。西学东渐、西学东南渐便是其突出表现。冷战后，随着非西方国家的崛起，非西方文化被重新发现、界定和挖掘，一种多元文化格局正在显现。虽然文化间关系的走向存在竞争冲突与互融互鉴两种可能，但后者是将世界推向进步的重要动力。多元文化共存是当今世界的现实，多元文化共同发展才是文化间关系的健康发展之路。多元文化只有共存，才能互学互鉴，优势互补，共同繁荣。

【关键词】 百年变局　文化　文明　文化间关系

【作者简介】 秦亚青，山东大学讲席教授，外交学院前院长、教授。

百年变局是一个时代课题，点明了当今世界正在发生巨大的变革和转型。近年来，这种变化已经越来越明显。人们在讨论百年变局的时候，往往讨论更多的是国家实力的消长、经济发展的快慢、科技进步的影响。这些因素无疑是十分重要的，也是相对显而易见的。文化间关系似乎更加关涉深层的结构，文化间关系的变化虽然不像实力消长或是经济发展那样明显，过程也比较漫长，但其重要性不言而喻，影响也更为持久和深远。

---

* 本文系作者2019年11月23日在复旦大学中外人文交流研究中心主办的第三届复旦中外人文交流论坛“百年未有之大变局下的中外人文交流”上的主旨演讲，曾发表在《世界知识》2020年第1期。

一、文明与文化

文明和文化是两个意义密切的概念，所以往往相互通用。无论是在平时的言谈中，还是在学术论文中，两者的互用屡见不鲜。但文明和文化还是有区别的。文明是一个社会物质与精神成就的总和，与文明相对的是野蛮。所以，文明更多地指一个社会进步和进化的过程，农业文明、工业文明、生态文明等都是在以前比较野蛮的状态下发展进步的结果。

文化也是一个内涵丰富的概念，与文化相对的是自然。我们在这里把文化界定为一个实践共同体的共同背景知识。一个共同体在文明进化过程中、在实践过程中形成了共同背景知识，包括世界观、价值观、生活方式等内容。文化是长期实践的知识积淀，是社会中形成的意义体系，自然也包括文明进化过程中的思想成就。文化有一个重要的特征：既作为实践结果的知识体系和意义结构存在，也反过来深刻影响到一个实践共同体成员的思维和行为方式。具有相同背景知识的共同体是一个文化共同体，文化共同体成员在宏观层面上表现出相似的思维方式和行为方式。比如中华文化中天人合一、万物关联的世界观，再比如西方文化中个人意识和个体理性的思维方式。

从这个意义上说，文明可以有阶段性的先进和落后，比如工业文明较之于农业文明，而文化作为一种意义体系则很难有先进落后之说。任何一个共同体的共同背景知识，也就是文化，都有自身的精髓和糟粕。比如茶文化和咖啡文化，孰好孰坏？长期以来，文化和文明之间的密切关系指向一个事实，即在一定阶段，先进的文明会使这个文明在诸文明的关系格局中占据主导地位，并使与之关联的文化也在诸文化关系格局中占据主导地位。在相当长的时期里，中华文明和中华文化在东亚地区的文化关系中就占据了主导地位，儒家学说也在这一地区产生了重要的影响。

二、百年文化关系格局

世界进入现代以来，西方文明和与之相关的西方文化在世界文化关系中占据了主导地位。在世界文化关系中，也就出现了一个核心—边缘的格局。以欧美为代表的西方文化成为世界文化关系中的核心地带，世界的其他文化则成为边缘，从而形成了百年来世界文化间关系的基本格局。

这一格局的典型特征是，文化的影响力呈单向性，即从中心向边缘辐射。西学东渐、西学东南渐等已经是一个司空见惯的现象。西方文化的主导地位是以其文明，尤其是物质文明的领先而奠定的。清政府在与西方列强战争中的惨败，迫使慈禧太后派遣代表团去西方观摩学习。甲午战争后，严复编译的赫胥黎的《天演论》更是深深影响了康有为、梁启超、孙中山、鲁迅等一代中国的有识之士。鲁迅先生读了《天演论》之后，曾在《朝花夕拾·琐记》中感叹道："翻开一看，是写得很好的字，开首便道：'赫胥黎独处一室之中，在英伦之南，背山而面野，槛外诸境，历历如在机下。乃悬想二千年前，当罗马大将恺彻未到时，此间有何景物？计惟有天造草昧……'哦！原来世界上竟还有一个赫胥黎坐在书房里那么想，而且想得那么新鲜？一口气读下去，'物竞''天择'也出来了，苏格拉第、柏拉图也出来了，斯多噶也出来了……"

西方文明是人类发展的重要成果。无论是在物质文明还是在精神文明方面都出现了很多重大突破，西方文化因之也成为主导世界文化格局的佼佼者。但是，任何一种文化都有着自身不可克服的缺陷，任何单一文化主导世界的文化关系格局都会淹没其他文化的精髓，甚至形成文化霸权。当世界出现重要的变革之时，这样的缺陷就会清晰地显现出来。

三、新型文化间关系

冷战的结束大力推进了全球化进程，世界比以往任何时候都更加密切地联系在一起。全球化进程提升了世界的整体福祉水平，但也带来了无数前所未有的问题，解决这些问题需要世界的智慧和方案。文化多样性在这种情境中表现出巨大的潜力和优势。习近平主席2019年11月在访问希腊这一西方文明发源地的时候就指出，中国与希腊是同处欧亚两端的东西方文明传承者，在百年未有之大变局下，肩负运用文明智慧、解决当下世界难题、应对全球挑战、共建人类命运共同体的历史使命。

人类命运共同体必然是一种多元文化的共同体。单一文化主导的格局随着全球化发展而受到挑战，文化间关系开始出现重要的变化。这种关系

大变局中的中外人文交流新挑战：一种安全化理论视角*

毛维准　王钦林

【内容提要】中外人文交流是新时代中国对外关系的重要主题。在大国竞争加剧的变局时期，致力于增信释疑的人文交流受到安全逻辑强力制约。大国在诉诸人文交流的同时，亦在人为制造人文交流障碍、鼓吹国家安全威胁，我国面临人文交流“安全化”挑战。本文试图以“安全化”视角审视人文交流当下困境，基于2017年至2020年中美人文交流系列摩擦，从“安全化”主体间性、“安全化”施动者与听众间权力关系、“安全化”行为所处背景三大层次揭示人文交流“安全化”逻辑，指出“安全化”趋势现已对人文交流作用机理形成冲击，人文交流托底大国关系面临压力，提出可以通过继续推动人文交流落地“扎根”、加强与美国政府政治沟通、强化人文交流“润滑剂”定位等加以应对。

【关键词】安全化　人文交流　存在性威胁　大国竞争

【作者简介】毛维准，南京大学国际关系学院副教授，南京大学亚太发展研究中心研究员；王钦林，南京大学国际关系学院硕士研究生。

一、导言

人文交流是新时代中国对外关系的重要主题。一方面，人文交流在缓和国家间关系中扮演着重要角色。中国先后与世界主要大国及地区组织建立高级别人文交流机制，在与其他国家特别是周边国家和发展中国家的双

---

* 本文精简版发表于《国际展望》2021年第6期。

边、多边关系中也越加强调人文交流的重要作用。另一方面，作为民心相通、文明互鉴的实现路径，人文交流成为中国“一带一路”倡议和人类命运共同体构建中的主要维度和政策重点。[①] 人文交流现已逐渐发展为新时代中国对外关系中继政治安全合作、经济贸易合作支柱之外的第三大支柱。[②]

然而，在大国竞争加剧的大变局时期，致力于增信释疑的人文交流受到“安全化”趋势的冲击。较为讽刺的是，大国在诉诸人文交流的同时，亦在人为制造人文交流障碍、鼓吹国家安全威胁。2020年5月，时任美国总统特朗普签署行政令，自6月1日起暂停和限制“与中国军方有关联”的中国留学生（除本科生）和研究人员持F签证和J签证进入美国，声称中国政府利用学生获取“美国敏感技术和知识产权”以推动中国军事现代化[③]，首次对某一类中国留学生入境美国实施限制。中美正常人文交流和人员往来受到严重消极影响，中美人文交流面临“安全化”挑战。对此，中方表示“强烈谴责、坚决反对”，敦促美方“尊重和保障中国在美留学人员的合法权益”。[④] 人文交流的“安全化”已经从负面影响了两个国家之间的正常关系，甚至激化了两国关系的冲突程度。

但是，国内学术界鲜少关注中国开展人文交流面临的这种“安全化”趋势。国内相关人文交流成果大多集中于阐述人文交流正面功效，致力于

---

① 邢丽菊、张骥主编《中外人文交流与新型国际关系构建》，世界知识出版社，2019，“丛书总序”第1页。

② 韩正：《共建“一带一路”，共绘合作愿景，携手打造更高水平的中国—东盟战略伙伴关系》，人民网，2019年9月22日，http://politics.people.com.cn/n1/2019/0922/c1024-31365894.html；邢丽菊：《人文交流与人类命运共同体建设》，《国际问题研究》2019年第6期，第11—24页。

③ “Proclamation on the Suspension of Entry as Nonimmigrants of Certain Students and Researchers from the People’s Republic of China,” The White House, May 29, 2020, https://www.whitehouse.gov/presidential-actions/proclamation-suspension-entry-nonimmigrant.

④ 《2020年6月1日外交部发言人赵立坚主持例行记者会》，中华人民共和国外交部网站，2020年6月1日，https://www.fmprc.gov.cn/web/fyrbt_673021/t1784776.shtml。

探究人文交流作为中国对外关系主题在新时代中国外交中的意义。[①] 例如，有研究特别指出人文交流对双（多）边关系的不可或缺性或在国家处理国际关系中的积极角色，并展现了近来人文交流所取得的丰富成果。[②]

当然，也有一些学者已经注意到人文交流的问题与局限。[③] 例如，若干研究指出，中国与周边国家的人文交流存在一系列问题，包括“量增质减”现象[④]，官方统筹、聚焦文化、单向展示特点[⑤]，制度设计方案缺乏精细定位[⑥]，文化交流不对等[⑦]，人才匮乏[⑧] 以及目标缺失和实践错

① 俞沂暄：《人文交流与新时代中国对外关系发展——兼与文化外交的比较分析》，《外交评论》2019年第5期，第34—53页；刘永涛：《人文交流：概念、视野和运行机制》，载邢丽菊、张骥主编《中外人文交流与新型国际关系构建》，世界知识出版社，2019，第36—40页；张骥、丁媛媛：《中国民间外交、地方外交与人文交流70年——人民的外交》，《国际展望》2019年第5期，第54—72页；许利平：《中国与周边国家的人文交流：路径与机制》，《新视野》2014年第5期，第119—123页；张骥：《何以交流：中外人文交流的三大源流》，《世界知识》2017年第23期，第21—22页；邢丽菊：《人文交流与人类命运共同体建设》，第11—24页；等等。

② 黄仁国：《中美人文交流高层磋商机制分析》，《现代国际关系》2010年第8期，第9—16页；李亚男：《论中俄关系发展进程中的人文交流与合作》，《东北亚论坛》2011年第6期，第113—119页；赵明龙：《人文交流：海上丝绸之路建设不可或缺的内容》，《东南亚纵横》2014年第11期，第18—21页；许利平：《新时期中国与印尼的人文交流及前景》，《东南亚研究》2015年第6期，第36—42页；许利平：《深化人文交流，推动中国—东盟关系提质升级》，载邢丽菊、张骥主编《中外人文交流与新型国际关系构建》，世界知识出版社，2019，第218—225页；丁俊、陈瑾：《改革开放以来中国与中东国家的人文交流述论》，《阿拉伯世界研究》2018年第5期，第29—45页；等等。

③ 庄礼伟：《中国式“人文交流”能否有效实现“民心相通”?》，《东南亚研究》2017年第6期，第67—84页；邢丽菊：《推进“一带一路”人文交流：困难与应对》，《国际问题研究》2016年第6期，第5—17页；邢丽菊：《人类命运共同体视域下的人文交流：内涵、挑战与路径》，载邢丽菊、张骥主编《中外人文交流与新型国际关系构建》，世界知识出版社，2019，第93—116页。

④ 王晓玲：《“周边命运共同体”构建与人文交流思路的转换》，《现代国际关系》2015年第5期，第50—51页。

⑤ 庄礼伟：《中国式“人文交流”能否有效实现“民心相通”?》，第68—71页。

⑥ 许利平：《人文交流在新型多边合作机制中的定位与作用》，载张骥、邢丽菊主编《人文化成：中国与周边国家人文交流》，世界知识出版社，2018，第88页。

⑦ 邢丽菊：《关于加强中韩人文交流的思考》，《东北亚论坛》2014年第6期，第120—121页。

⑧ 冯玉军、尚月：《中俄人文合作：成效与问题》，载邢丽菊、张骥主编《中外人文交流与新型国际关系构建》，世界知识出版社，2019，第124页。

位[①] 等问题。

但是，2017年到2020年，中外人文交流出现的"安全化"趋势的受关注程度依然不高。当然，也有学者已经意识到中美人文交流面临多方面的挑战。例如，学界分析了中美人文交流遭遇的阻力，人文交流遇阻对两国关系的影响，以及人文交流未来的可能走向等。[②] 可以看出，尽管学者们关注到人文交流"安全化"现象，但是并没有系统地从学理上回应近年来我国人文交流面临的"安全化"趋势。

基于此，本文试图以"安全化"理论审视大变局之下中国面临的人文交流"安全化"趋势，构筑起人文交流"安全化"分析系统，从"安全化"主体间性、"安全化"施动者与听众间权力关系、"安全化"行为所处背景三大层次解析人文交流发展阻力，厘清人文交流与国家安全间的话语与实践逻辑，揭示大国竞争加剧背景下特定国家将人文交流视为"存在性威胁"以打破程序和规则限制从而增强自身权力的目的。

二、中国对外人文交流：现状与挑战

自党的十八大以来，中外人文交流在中国外交中的地位和作用得到显著提升。人文交流作为一种中国特色大国外交实践，具有了既不同于"公共外交""民间外交""文化外交"等现有国际关系和外交实践，亦区别于"人民外交""对外宣传"等中国以往实践的时代特征。[③] 人文交流以"人文视角"对国际关系领域中物质视角和观念视角构成补充，以中国智慧和当

① 简军波：《中英人文交流：关于认知差异与实际挑战的分析》，载邢丽菊、张骥主编《中外人文交流与新型国际关系构建》，世界知识出版社，2019，第202—203页。

② 韦宗友：《美国对华人文交流的看法及政策变化探析》，《美国研究》2019年第3期，第60—79页；程宏亮：《人文交流对中美关系的作用和影响——以2009年至2019年为例》，载邢丽菊、张骥主编《中外人文交流与新型国际关系构建》，世界知识出版社，2019，第156—170页；孙冰岩、王栋：《当前中美人文交流挑战与应对》，载邢丽菊、张骥主编《中外人文交流与新型国际关系构建》，世界知识出版社，2019，第171—179页；潘亚玲：《战略竞争背景下的中美人文交流》，载邢丽菊、张骥主编《中外人文交流与新型国际关系构建》，世界知识出版社，2019，第180—193页。

③ 邢丽菊、张骥主编《中外人文交流与新型国际关系构建》，"丛书总序"第1页。

代中国实践丰富和拓展着对国际关系本质的理解与认识。①

（一）中国人文交流的政策设计

中国的人文交流政策设计是一个渐进的过程，目前已经具有了一定的系统性（见图1）。“人文交流”首次见于党的十八大报告，报告提出，中国将“扎实推进公共外交和人文交流”。② 2013年11月，党的十八届三中全会要求，中国应该进一步提高文化开放水平、扩大对外文化交流、鼓励承担人文交流项目等。③ 2015年3月，李克强总理在第十二届全国人民代表大会第三次会议上亦指出，要“拓展中外人文交流，加强国际传播能力建设”。④

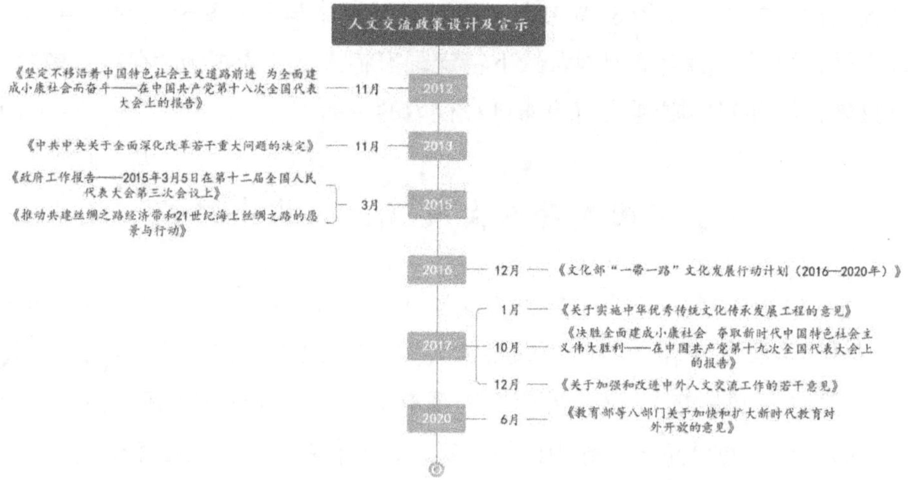

图1　人文交流政策设计及宣示（2012—2020年）

图片来源：作者自制。

---

① 刘永涛：《人文交流：概念、视野和运行机制》，第41页。

② 《胡锦涛在中国共产党第十八次全国代表大会上的报告》，新华网，2012年11月17日，http://www.xinhuanet.com//18cpcnc/2012-11/17/c_113711665_12.htm。

③ 《中共中央关于全面深化改革若干重大问题的决定》，中国政府网，2013年11月15日，http://www.gov.cn/jrzg/2013-11/15/content_2528179.htm。

④ 李克强：《政府工作报告——2015年3月5日在第十二届全国人民代表大会第三次会议上》，中国政府网，2015年3月16日，http://www.gov.cn/guowuyuan/2015-03/16/content_2835101.htm。

紧接着，人文交流逐渐被重点纳入“一带一路”框架之下。2015年3月，《推动共建丝绸之路经济带和21世纪海上丝绸之路的愿景与行动》发布，明确将“丝绸之路”界定为“连接亚欧非几大文明的贸易和人文交流通路”，指出“一带一路”互联互通项目将“增进沿线各国人民的人文交流与文明互鉴”。[①] 此后，中国在人文交流政策体系上做了更为系统的设计。例如，《文化部“一带一路”文化发展行动计划（2016—2020年）》制定了“文化交流合作机制逐步完善”等四大发展目标，拟定“健全‘一带一路’文化交流合作机制”等五大重点任务。[②]“一带一路”人文交流正成为民心相通的重要渠道。[③] 2017年1月，中共中央办公厅和国务院办公厅发布《关于实施中华优秀传统文化传承发展工程的意见》，将“推动中外文化交流互鉴”列为实施中华优秀传统文化传承发展工程重点任务，要求加强“对外文化交流合作”和“‘一带一路’沿线国家文化交流合作”，以“不断增强中华优秀传统文化的生命力和影响力”。[④]

此后，对外人文交流工作的地位得到进一步提升。2017年10月，人文交流在中国外交政策中的支柱功能得到进一步夯实，党的十九大报告再次强调，要“加强中外人文交流，以我为主、兼收并蓄”。[⑤] 2017年12月，中共中央办公厅和国务院办公厅发布《关于加强和改进中外人文交流工作的若干意见》，将中外人文交流视为中国对外工作的重要组成部分和夯实中外关系社会民意基础、提高我国对外开放水平的重要途径，强调高级别

---

① 《推动共建丝绸之路经济带和21世纪海上丝绸之路的愿景与行动》，中华人民共和国商务部网站，2015年3月31日，http://zhs.mofcom.gov.cn/article/xxfb/201503/20150300926644.shtml。

② 《文化部“一带一路”文化发展行动计划（2016—2020年）》，中华人民共和国国务院新闻办公室网站，2016年12月28日，http://www.scio.gov.cn/xwfbh/xwbfbh/wqfbh/35861/36653/xgzc36659/Document/1551344/1551344.htm。

③ 沈虹冰、杨一苗：《“一带一路”人文交流蓬勃发展 成民心相通重要渠道》，中国一带一路网，2017年6月21日，https://www.yidaiyilu.gov.cn/xwzx/gnxw/16731.htm。

④ 《中共中央办公厅、国务院办公厅印发〈关于实施中华优秀传统文化传承发展工程的意见〉》，新华网，2017年1月25日，http://www.xinhuanet.com//politics/2017-01/25/c_1120383155.htm。

⑤ 习近平：《决胜全面建成小康社会 夺取新时代中国特色社会主义伟大胜利——在中国共产党第十九次全国代表大会上的报告》，中国政府网，2017年10月27日，http://www.gov.cn/zhuanti/2017-10/27/content_5234876.htm。

续表

国家/地区组织	高级别人文交流机制	合作领域	机制定位	首次会议	最近会议
南非	中南高级别人文交流机制	教育、科技、文化、卫生、媒体、体育、旅游、青年、妇女、智库	中南高级别人文交流机制是中国与非洲国家建立的首个高级别人文交流机制，旨在为发展和丰富现有的双边、多边合作交流机制与项目而创造新的机遇	2017年4月	第二次会议：2018年12月
德国	中德高级别人文交流对话机制	教育、文化、媒体、体育、青年	中德高级别人文交流对话机制与中德高级别财金对话、中德高级别安全对话机制地位平等、职能互补	2017年5月	首次会议：2017年5月
印度	中印高级别人文交流机制	教育、体育、媒体、青年、智库、文化、传统医药、博物馆	无相关论述	2018年12月	第二次会议：2019年8月
日本	中日高级别人文交流磋商机制	文化、教育、体育、旅游、媒体、影视、地方、妇女、青少年	无相关论述	2019年11月	首次会议：2019年11月

资料来源：根据中外人文交流网资料整理。

除此之外，人文交流在“一带一路”建设、中非合作论坛、中国—中东欧合作、东盟与中国（10+1）、上合组织、金砖国家、奥运会等其他双边或多边机制中的作用也日益凸显。例如，“一带一路”新闻合作联盟建设积极推进，丝绸之路沿线民间组织合作网络不断扩大；“一带一路”国际科学组织联盟成立，启动了科技伙伴计划，共建区域技术转移平台。[①] 各国开展的形式多样、领域广泛的公共外交和文化交流活动“增进了相互理解

① 《图解：“一带一路”倡议六年成绩单》，中国一带一路网，2019年9月9日，https://www.yidaiyilu.gov.cn/xwzx/gnxw/102792.htm。

和认同，为共建‘一带一路’奠定了坚实的民意基础”。[①] 同时，东盟与中日韩（10+3）人文交流也“有声有色，受到各国民众欢迎”，建立起旅游、教育、科学、文化、新闻等合作机制，加强了东亚地区文明交流互鉴，促进着东亚国家民众相知相亲。[②] 最后，金砖国家间人文交流也在增进五国人民相互了解、促进友谊与合作方面扮演重要角色。[③] 这些活动“为世界文明交流提供了最佳实践……正在五国间架起一座坚实的民心之桥”。[④]

（三）人文交流进展面临新挑战

不可否认的是，在新的国际形势下，对外人文交流面临一定阻力和挑战，特别是从2017年到2020年，中国与以美国为首的多个国家的人文交流合作遭遇瓶颈。一方面，人文交流机制运行不畅。以各高级别人文交流机制为例，中欧高级别人文交流对话机制在2017年11月召开第四次会议后，直到2020年11月才举行第五次会议；中英高级别人文交流机制则在2017年12月第五次会议后未再举行；中美、中印尼和中德高级别人文交流机制的最新会议也停留在2017年，其中，中德高级别人文交流对话机制建立后仅进行了首轮对话。

另一方面，除了共性问题，中国对外人文交流的对象国也在互动过程中出现了不同程度的迟疑。有学者发现，尽管中国同欧盟国家的人文交流日益频繁，但欧盟国家民众的对华认知仍待改善；中欧人文交流主要由官方推进，中欧民间团体交流合作仍待深化；中欧人文交流活动的现代性、双向性仍待加强。[⑤] 以英国为例，在“脱欧”背景之下，中英人文交流在

---

① 《共建“一带一路”倡议：进展、贡献与展望》，中外人文交流网，2019年4月23日，https://www.ccipe.edu.cn/news/news-1700.html。

② 李克强：《在第二十二次东盟与中日韩领导人会议上的讲话》，中外人文交流网，2019年11月5日，https://www.ccipe.edu.cn/news/news-2958.html。

③ 《金砖国家领导人第十一次会晤巴西利亚宣言》，中外人文交流网，2019年11月15日，https://www.ccipe.edu.cn/news/news-3008.html。

④ 习近平：《携手努力共谱合作新篇章——在金砖国家领导人巴西利亚会晤公开会议上的讲话》，中外人文交流网，2019年11月15日，https://www.ccipe.edu.cn/news/news-3007.html。

⑤ 丁纯、纪昊楠：《中欧人文交流的现状、问题与建议》，载邢丽菊、张骥主编《中外人文交流与新型国际关系构建》，世界知识出版社，2019，第214—216页。

实践层面既存在缺乏双方机制的有效融合、缺乏广泛的双方共享目标等问题，又有中国民间参与力度欠佳、新项目开发速度过快等问题。[①] 以德国为例，中德人文交流面临非对称性的消极影响，双方民众对彼此的形象认知存在反差、双方机制建设推行迟缓、双方人文交流政策实践面临“非中心化”模式与“自上而下”模式的差异等。[②]

特别是，中美人文交流受到严重阻碍。韦宗友认为，2017年后，美国国内掀起了一股质疑和抹黑中国在美人文交流活动的“强劲逆流”。[③] 在话语上，美国行政部门、智库、国会指涉中美人文交流为中国向美投射“软实力”“锐实力”或“影响力行动”，鼓吹中国对美实施“军民融合战略”；在实践上，美国国安会成立跨机构小组调查中国在美人文交流活动，国会参众两院多次举行“中国威胁”“中国在外国开展影响力行动”听证会[④]，特朗普陆续签署“国防授权法案”[⑤]，司法部启动“中国行动计划”（China Initiative）[⑥]，美国收紧中国公民入境签证

① 简军波：《中英人文交流：关于认知差异与实际挑战的分析》，第201—206页。

② 郑春荣：《新型国际关系推动者视角下的中德人文交流》，载邢丽菊、张骥主编《中外人文交流与新型国际关系构建》，世界知识出版社，2019，第267—269页。

③ 韦宗友：《美国对华人文交流的看法及政策变化探析》，第60页。

④ “S. HRG. - Open Hearing on Worldwide Threats,” 115th Congress, 2nd Session, February 13, 2018, pp.115-278; “HHRG - U.S. Responses to China's Foreign Influence Operations,” 115th Congress, 2nd Session, March 21, 2018, pp.115-118.

⑤ “Public Law No.115-232, H. R. 5515 - John S. McCain National Defense Authorization Act for Fiscal Year 2019,” 115th Congress, August 13, 2018; “Public Law No.115-232, S.1790 - National Defense Authorization Act for Fiscal Year 2020,” 116th Congress, December 20, 2019.

⑥ U.S. Department of Justice, “Attorney General Jeff Session's China Initiative Fact Sheet,” November 1, 2018, https://china.usc.edu/sites/default/files/article/attachments/doj-2018-china-initiative-fact-sheet.pdf.

等[①]，以此来全面限制中美人文交流。

（四）中国对外人文交流的“安全化”挑战

越来越多的证据显示，包括美国在内的不同目标国的“安全化”操作成为中国对外人文交流面临的最普遍挑战之一。例如，皮尤研究中心的民调显示，2020年，美国民众对华好感度跌至22%，较2017年下降22个百分点。[②]这在一定程度上反映了美国“安全化”中美人文交流的话语和实践从负面影响了美国公众的对华偏好。其中，美国的不同“安全化”施动者，例如行政部门、智库和国会，操纵多种资源，将中国视为针对其价值与战略的“存在性威胁”，鼓吹中国（尤指中国共产党）通过中美人文交流向美投射“软实力”，采取“影响力行动”，或者指责中国通过中美人文交流窃取美国知识产权、实施文化侵略、获取科技情报等。

更需要注意的是，美国“安全化”人文交流的行为在国际舞台上被多个国家“复制”。皮尤研究中心2019年的民调数据显示，欧洲主要国家民众对华好感度已降至40%以下；澳大利亚民众对华好感度仅36%，同比下

① “Proclamation Suspending Entry of Immigrants Who Present Risk to the U.S. Labor Market During the Economic Recovery Following the COVID-19 Outbreak,” The White House, April 22, 2020, https://www.whitehouse.gov/presidential-actions/proclamation-suspending-entry-immigrants-present-risk-u-s-labor-market-economic-recovery-following-covid-19-outbreak/; “Proclamation on the Suspension of Entry as Nonimmigrants of Certain Students and Researchers from the People’s Republic of China,” The White House, May 29, 2020, https://www.whitehouse.gov/presidential-actions/proclamation-suspension-entry-nonimmigrant; “Proclamation Suspending Entry of Aliens Who Present a Risk to the U.S. Labor Market Following the Coronavirus Outbreak,” The White House, June 22, 2020, https://www.whitehouse.gov/presidential-actions/proclamation-suspending-entry-aliens-present-risk-u-s-labor-market-following-coronavirus-outbreak/.

② Richard Wike et al., “Globally, More Name U.S. Than China as World’s Leading Economic Power,” Pew Research Center, July 13, 2017, https://www.pewresearch.org/global/2017/07/13/more-name-u-s-than-china-as-worlds-leading-economic-power/; Laura Silver et al., “Americans Fault China for Its Role in the Spread of COVID-19,” Pew Research Center, July 30, 2020, https://www.pewresearch.org/global/2020/07/30/americans-fault-china-for-its-role-in-the-spread-of-covid-19/.

降28%；印度受访者对华好感度也持续低迷。[①]

2018年12月，澳大利亚以美国《外国代理人登记法》为蓝本实施所谓的“外国影响透明计划”。2019年3月，澳大利亚进一步审查了13个由中国政府资助和管理且总部设在澳大利亚大学的教育中心[②]，并成立特别工作组以应对“中国对澳高等教育领域的渗透干涉行为”。[③] 同时，新南威尔士州等地方政府部门还以担忧潜在外国影响为由，终止了孔子课堂语言和文化计划。[④] 加拿大也是如此行事。2019年7月，加拿大不列颠哥伦比亚大学技术学院关闭孔子学院。[⑤] 2020年3月，加拿大联邦议会国家安全与情报委员会发布年度报告，污蔑教育机构存在受到“中国干涉”的危险。[⑥] 2020年7月，加拿大新不伦瑞克省也关闭了孔子学院。[⑦]

---

① Richard Wike et al., “Globally, More Name U.S. Than China as World’s Leading Economic Power”；Laura Silver et al., “People Around the Globe are Divided in Their Opinions of China,” Pew Research Center, December 5, 2019, https://www.pewresearch.org/global/2019/12/05/attitudes-toward-china-2019/.

② Fergus Hunter, “China-funded Confucius Institutes Targeted under New Foreign Influence Scheme,” Sydney Morning Herald, March 12, 2019, https://www.smh.com.au/politics/federal/china-funded-confucius-institutes-targeted-under-new-foreign-influence-scheme-20190312-p513i1.html.

③ 《澳成立特别工作组防中国“干预澳大学” 中方回应》，环球网，2019年8月28日，https://world.huanqiu.com/article/9CaKrnKmvj2。

④ “‘Cultural Exchange’ or Propaganda? Centre Reviews China’s Confucius Institutes Amid Global Concern – India News, Firstpost,” MSN, August 6, 2020, https://www.msn.com/en-in/news/world/cultural-exchange-or-propaganda-centre-reviews-chinas-confucius-institutes-amid-global-concern/ar-BB17CFdC.

⑤ Daphne Bramham, “Daphne Bramham: It’s Time to Toss the Confucius Institute Out of B.C. Schools,” Vancouver Sun, July 12, 2019, https://vancouversun.com/opinion/columnists/daphne-bramham-its-time-to-toss-the-confucius-institute-out-of-b-c-schools.

⑥ Jeremy Hainsworth, “Canada Faces Threats, Political Interference from China, Russia, Other Countries: Elected Officials ‘Wittingly or Unwittingly Subject to Foreign Interference’,” North Shore News, March 16, 2020, https://www.nsnews.com/canada-faces-threats-political-interference-from-china-russia-other-countries-1.24099223.

⑦ Barry Ellsworth, “Confucius Institute Losing Ground in Canadian Education: Since Huawei Executive Meng’s Arrest, Tensions between Two Countries Have Worsened,” Anadolu Agency, July 6, 2020, https://www.aa.com.tr/en/americas/confucius-institute-losing-ground-in-canadian-education/1901722.

欧洲诸国在操作人文交流“安全化”方面不遑多让。例如，2019年10月，比利时安全部门毫无事实根据地指控荷语布鲁塞尔自由大学（VUB）孔子学院院长宋新宁为“间谍”，对其发出入境申根26国禁令。① 2019年底，荷语布鲁塞尔自由大学、法语布鲁塞尔自由大学（ULB）相继宣布，在合作协议到期后关闭孔子学院。② 从2019年12月到2020年4月，瑞典以安全和人权为由关闭5所孔子学院，成为第一个彻底关闭孔子学院的欧洲国家。③ 同时，瑞典也接连解除了与中国友好城市关系。④

在亚洲，印度也追随欧美国家的步伐，开始削弱与中国的人文交流互动。例如，2020年8月，伴随边境形势发展，印度出于“安全考量”决定审查中国与印度7所高校合作设立的孔子学院和孔子课堂，审查含印度理工学院在内的多所印高等教育机构与中国高校及机构签署的54份校际合作谅解备忘录⑤，并决定在新修订的“国家教育政策”选修外语列表中“剔除”汉语。⑥

三、联结人文交流与“安全化”：一个理论框架

目前，国际行为体操纵的“安全化”潮流正在向人文交流领域蔓延，

---

① Sophia Yan, “Belgium Bars Chinese Professor Suspected of Spying for Beijing,” Telegraph, October 30, 2019, https://www.telegraph.co.uk/news/2019/10/30/belgium-bars-chinese-professor-suspected-spying-beijing/.

② Yojana Sharma, “Chinese Professor Accused of ‘Spying’ Has Ban Lifted,” University World News, April 17, 2020, https://www.universityworldnews.com/post.php?story=2020041709063826.

③ Jan Petter Myklebust, “Confucius Institutions Close as China Relations Deteriorate,” University World News, May 16, 2020, https://www.universityworldnews.com/post.php?story=20200513092025679.

④ Ibid.

⑤ Shishir Gupta, “Chinese Firms, Mobile Apps Blocked, India Could Next Target University Tie-ups,” Hindustan Times, August 2, 2020, https://www.hindustantimes.com/india-news/china-confucius-institutes-face-heat-over-propaganda/story-AZCHG9fp66KxXnHCF56JeO.html.

⑥ Priscilla Jebaraj and Suhasini Haidar, “National Education Policy 2020 | Mandarin Dropped from Language List,” The Hindu, August 1, 2020, https://www.thehindu.com/education/national-education-policy-2020-mandarin-dropped-from-language-list/article32249227.ece.

冲击了人文交流的作用机制，并最终形成了一个以“言语—行为”和“例外政治”为特征的且日益深入的人文交流“安全化”系统。

（一）人文交流的“润滑剂”功能与机制

一般来说，人文交流具有降低国家间紧张水平、营造交流气氛、创设开放空间、发展沟通网络、提升良性互动、奠定就绪基础等多重功能。例如，刘永涛将人文交流的功能区分为三个等级，即由对话到友谊、由夯实民意到化解矛盾、由推动国家良性互动到提升国家整体实力。① 与显著政治和经济议题相比，人文交流属社会领域，聚焦信息沟通，一般远离物质利益纷争。因此，俞沂暄认为，人文交流往往在国家关系中具有“托底”功能。②

具体言之，人文交流具有信号机制、溢出机制和黏性机制等三种作用路径，从而致力于从正面影响国家之间关系的建立、夯实与良性互动。

第一，信号机制是人文交流“润滑剂”功能发挥的基础。双（多）边人文交流交往的第一步便是各方传递信号，表达良性互动意愿。就其根本而言，人文交流是关乎沟通和交流的高度制度化的活动，包括思想和观念在内的人文产品在交流各方间的传递本身带有信号发送和接收信号的性质。当然，在人文交流中也存在信号误读问题，发送方良性互动的意愿是否有效传递给接收方，在相当程度上取决于接收方如何对信号进行筛选和过滤。③

第二，溢出机制是人文交流功能发挥的关键，即将人文领域的良善成果扩展至其他议题领域。实际上，在人文领域取得交流成果并不是人文交流的目的。张骥认为，中国与美、欧建立高级别人文交流机制的目的之一就在于“从人文等‘务虚’的领域进行突破”。④ 人文交流关注的是民众之间的关系，但是，国家间关系并不是民众间关系的直接映射，人文交流试图通过在人文领域确立起人民之间的相互理解和友谊，构建国家间的社

① 刘永涛：《人文交流：概念、视野和运行机制》，第42页。

② 俞沂暄：《人文交流与新时代中国对外关系发展——兼与文化外交的比较分析》，第49—50页。

③ 刘永涛：《人文交流：概念、视野和运行机制》，第49页。

④ 张骥：《何以交流：中外人文交流的三大源流》，第21页。

会民意基础，为国家间其他关系（如政治、经济、军事）的深入提供重要前提。[①]

第三，人文交流黏性机制是对其“润滑剂”功能的深化。可作两方面的理解。其一，黏性机制试图配合其他外交政策工具将双方已有互动成果固定化，以“一带一路”人文交流为例，黏性机制体现在进一步推动“一带一路”相关成果的获取与拓展。有学者特别指出，对“一带一路”沿线国家人文交流合作的投入与规模，应该服务于该地区基础设施建设、互联互通、经贸重点合作领域和重大项目建设等领域。[②] 其二，黏性机制促成共同体身份，推动双方面向未来进一步深化信号机制和溢出机制创造正面效应。以人文交流提高国家在人文领域良性互动的频率，可以增强国家对彼此的认识，促进国家间共有知识的形成，为国家间相互信任与共同认同创造条件。[③]

从理论上来说，在双（多）边人文交流过程中，良性互动信号越得到正确传递，人文交流就越能达到增信释疑和建立友谊的效果；人文成果向其他领域溢出越顺畅，人文交流就越能推动国家间形成良性互动路径；人文交流所形成的身份认同程度越高，人文交流越能影响国家之间面向良性互动的策略选择，并在彼此交流中实现国家关系的全面发展。

（二）“安全化”对人文交流功能机制的冲击

人文交流“润滑剂”功能的发挥立足于人文交流作用机制正常运作。然而，从“安全化”施动者建构人文交流威胁国家安全话语，到各类听众对人文交流产生“威胁”感知，再升级为“一刀切”“脱钩”的过度“安全化”实践，“安全化”趋势改变了人文交流原本远离高级政治的状态，并日益融入高级政治冲突，人文交流信号发送、领域溢出和黏性机制运作遭受阻力（见图2）。

---

① 刘永涛：《人文交流：概念、视野和运行机制》，第51页。

② 同上文，第48页。

③ Emanuel Adler and Michael Barnett (eds.), *Security Communities* (Cambridge: Cambridge University Press, 1988), pp.38-48.

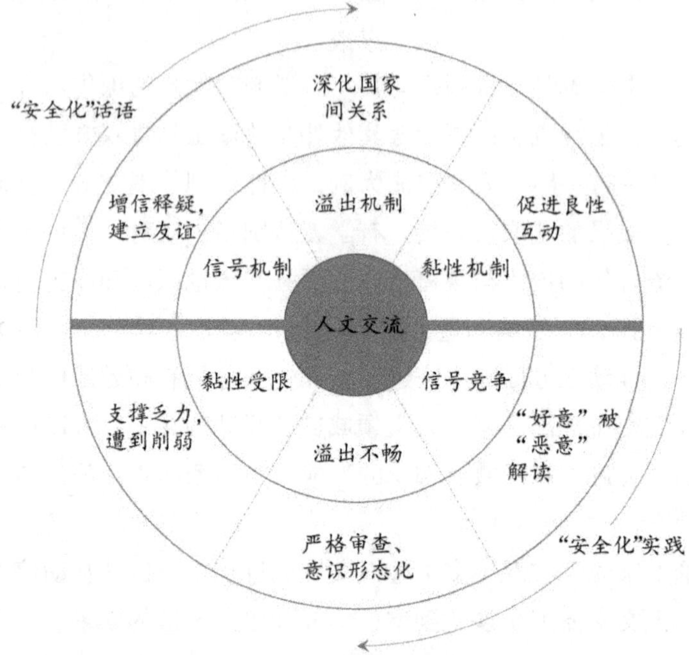

图2 “安全化”对人文交流机理的冲击机制

图片来源：作者自制。

首先，信号发送面临信号竞争，人文交流良性互动意愿被误读的可能性增大。在正常情况下，人文交流可能因交流方文化历史背景的不同存在信号误读，导致信号发送方良性互动的意愿未能被接收方准确理解。[①] 在“安全化”背景下，人文交流信号误读概率更大。从理论上来说，“安全化”施动者可能将人文交流视为国家的“存在性威胁”，操纵“安全化”话语和“安全化”实践来框定听众解读人文交流的图式，试图说服听众通过设定好的安全视角来看待人文交流问题。[②] 例如，在孔子学院被指涉为“中国干涉行动”的一部分后，原本对孔子学院持客观、肯定评价的美国高校不

① 刘永涛:《人文交流：概念、视野和运行机制》，第49页。

② 有关“安全化路径”的相关研究可见：钟思雨《欧洲区域安全复合体的安全治理机制：欧洲民粹主义安全化》,《战略决策研究》2018年第4期，第52页。

得不考虑关闭孔子学院或将其搬出大学。[①]也是遵循相同的逻辑，澳大利亚、加拿大、比利时、瑞典、印度等国高校也开始着手关闭孔子学院。信号误读具有进一步的影响，它使人文交流功能溢出和黏性机制的运作更加困难。

其次，在“安全化”下，人文交流溢出不畅，试图借人文领域打破大国关系困局的努力面临重重困境。人文交流所传递的良性互动意愿遭到信号接收者过滤，人文交流被视为“存在性威胁”，诉诸“安全化”的国家加强了针对已有人文交流成果的监管。例如，2018年，美国众议员威尔逊（Joe Wilson）向众议院提交“外国影响透明法案”（H.R.5336），要求修正1938年《外国代理人登记法》和1965年《高等教育法》；[②]2019年3月，澳洲政府加大对13所设在澳大利亚大学的孔子学院的审查；2020年3月，加拿大甘露市汤普森河大学（TRU）中国学生学者联谊会受到更为严格的审查。[③]

最后，人文交流的黏性机制亦遭受了限制。作为服务于国家改革发展和对外战略大局的外交政策工具，人文交流需要与政治、投资和援助等其他工具配合使用。但是，人文交流陷身于“安全化”趋势的境遇使其本身活动都已难以开展，更遑论对其他外交手段提供支撑。因此，人文交流对其他外交成效的巩固作用也就难尽人意。更重要的是，目标国对其他外交手段的负面解读也与人文交流相绑定，强化了人文交流是一种“存在性威胁”的话语。例如，中美人文交流“安全化”的一个背景是中美“贸易战”和所谓的“影响力之争”；[④]印度限制签证、减少年轻人交流、压制中资孔子学院的一个背景，则是中印近年来在边境地区的紧张对峙与印度追随美

---

① United States Government Accountability Office, “China: Agreements Establishing Confucius Institutes at U.S. Universities Are Similar, but Institute Operations Vary,” February 13, 2019, p.28, https://www.gao.gov/assets/700/696859.pdf.

② “H.R.5336 - Foreign Influence Transparency Act,” 115th Congress, 2nd Session, March 20, 2018, pp.1-3.

③ Jeremy Hainsworth, “Canada Faces Threats, Political Interference from China, Russia, Other Countries: Elected Officials ‘Wittingly or Unwittingly Subject to Foreign Interference’”.

④ “National Security Strategy of the United States of America,” The White House, December 18, 2017, pp.21-22, http://nssarchive.us/wp-content/uploads/2020/04/2017.pdf.

国的政治氛围。[①] “安全化”正侵蚀着人文交流构筑认同的基础。

综上所述，在“安全化”趋势之下，中国对外人文交流信号、溢出和黏性机制全面受阻。人文交流善意信号遭遇严重误读，安全威胁感知下的各方削弱了存续良性互动的基础，溢出机制遭受阻力，黏性机制面临限制，人文交流作用机理受到“安全化”趋势冲击，人文交流“托底”大国关系面临压力。安全议程在人文领域的延展实际上加剧了大国竞争的程度。

（三）人文交流“安全化”系统

立足于“安全化”的实现条件和发展路径，中国对外人文交流面临的“安全化”趋势必然受到“安全化”施动者、听众、背景、权力关系四个关键变量的影响。四个变量之间相互作用，并最终构建成了一个“安全化”体系框架（见图3）。

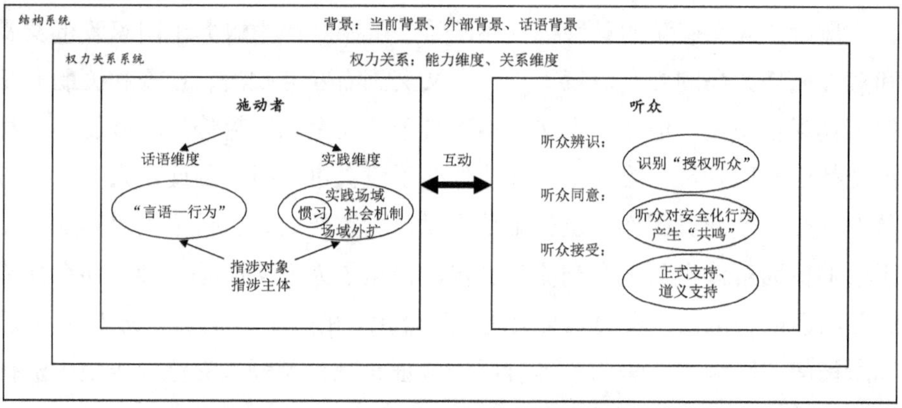

图3 “安全化”系统分析框架

图片来源：作者自制。

首先，“安全化”的核心是施动者与听众间的互动。面对听众，施动者通过操纵生存等“存在性威胁”，并诉诸话语建构和行为实践等安全指涉

① Dipanjan Roy Chaudhury, “From Visas to Youth Exchanges, Govt Weighs Options to Limit China’s Soft Power in India,” Economic Times, August 6, 2020, https://economictimes.indiatimes.com/news/politics-and-nation/govt-weighs-options-to-limit-chinas-soft-power-in-india/articleshow/77379977.cms.

方式来影响听众，从而达到提升议题优先性、动员必需资源、获取听众同意以及打破常规政治等目的。“安全化”一方面立足于拥有资源和权威的施动者，另一方面更依赖得到听众同意的主体间进程。[①] 它是一种“特殊的言语—行为”[②]，这些言语与行为贯穿于由惯习、社会和实践塑造的议题场域之中，从而创造了“安全连续体”（security continuum），以非中立态度将各种问题统合在安全旗帜之下。[③]

“安全化”主体间性在人文交流“安全化”上体现为：人文交流存在被建构为事关“存在性威胁”的安全事务的可能，人文交流“言语—行为”安全团体（政客、学者、媒体等）凭借自身所处权威地位，动用官僚、经济、文化等资源，向国内民众、盟友伙伴及民众、其他国家听众群体，指涉本国利益，文化、价值、文明，战略优势，受到“他者”文化入侵、经济盗窃和情报收集，并采取相应的“应对”行动强化指涉。听众接受这一指涉，人文交流摩擦就成功升级为安全问题，获得安全考量特有的第一优先性；反之，仍属于社会问题或政治问题。

其次，“安全化”施动者和听众之间的互动依赖于其权力结构的运转。权力既包括能力维度，也包括关系维度。一方面，特定议题的“安全化”会推动某些精英或利益集团的权力增强。有学者认为，权力增强是“处理安全问题所被赋予具体特权的结果”，也就是“打破程序和规则对行为体的限制”。[④] 另一方面，施动者与听众间的互动会改变原有的权力关系，对权力的守护也会对“安全化”形成一定阻碍作用，双方权力关系的争夺会产生听众接受或者拒绝“安全化”行为的权力。[⑤] 可以说，权力结构运转的不同维度会影响“安全化”成功或失败的结果。

以权力的能力维度视之，实施“安全化”的精英与利益集团凭借自身权威与资源将人文交流与国家安全密切勾连，加深了自身在人文领域介入

① Thierry Balzacq et al., "'Securitization' Revisited: Theory and Cases," *International Relations* 30, no.4 (2016): 499.

② 朱宁：《安全与非安全化——哥本哈根学派安全研究》，《世界政治与经济》2003年第10期，第24页。

③ Thierry Balzacq et al., "'Securitization' Revisited: Theory and Cases," pp.505-507.

④ Ibid., p.501.

⑤ Ibid., p.502.

的深度，减弱了大学、科研机构、科技型公司等原本开展或承担国际人文交流活动的主体能动性，人文逻辑让位于安全逻辑。以权力的关系维度视之，人文交流主体为维持和保护自己的权限范围和既得利益，必然也会动用既有权力资源对“安全化”行为进行抵制，双方间的博弈决定着人文交流摩擦在何种程度上成为一个“安全问题”。

最后，施动者能否成功实施“安全化”还取决于更为广泛的背景结构。施动者和听众通过言语行动和行为实践操作的“安全化”运作在当前背景、外部背景和话语背景之下，这些背景不只决定着“安全化”在特定背景下的运作方式，还将“安全”等话语更为精确地嵌入社会文化。背景对“安全化”行为的成功与否产生约束和/或促成效果，赋予其能动性，也强化其结构制约；同时，背景也具有一定独立地位，“赋予或剥夺安全施动者权力”，它决定着听众是否接受“安全化”行动、听众如何感知“安全化”话语。当然，“言语—行为”也会“通过行为的表述性成功重塑或者生产背景”。[①]

国际形势恶化是“安全化”由军事、政治、经济向人文领域蔓延的国际背景。大变局下，从经济发展到政治影响力，尤其在高科技领域，大国加紧了对战略高地的争夺，在以竞争为主题的时代，“安全”成为首要关切。同时，人文交流“安全化”意味着实施“安全化”的主体在国家中处优势地位，拥有重要话语权，能够使“安全化”话语为听众所知并付诸“安全化”实践。国际背景与国内背景相互建构，辅以中外意识形态差异提供安全话语内容，中外人文交流“安全化”在大变局时期出现有其存在根基。

四、案例分析：中美人文交流“安全化”态势

（一）中美人文交流进展和挑战

2010—2017年，中美人文交流进入机制化、系统化建设阶段[②]，人文交流取得丰硕成果。2010年5月，副总理级中美人文交流高层磋商机制建

---

① Thierry Balzacq et al., "'Securitization' Revisited: Theory and Cases," pp.502-503.

② 潘亚玲：《中美人文交流四十年：回顾与展望》，载吴心伯主编《美国问题研究》总第二十七辑，第35页。

立并随后举行了六轮会议，取得158项成果，覆盖教育、体育、科技、文化、卫生、青年、妇女七大领域。[①] 该机制和中美战略与经济对话机制共同构成中美关系全面合作的重要组成部分。特朗普政府执政后，中美人文交流高层磋商机制也曾短暂展现出一定的发展势头。2017年4月，中国国家主席习近平和美国总统特朗普共同确立建立外交安全对话、全面经济对话、执法及网络安全对话、社会和人文对话等四个高级别对话机制。[②] 2017年9月，中美在华盛顿召开首轮社会和人文对话，涵括教育、科技、环保、文化、卫生、社会发展（涵盖体育、妇女、青年、社会组织）和地方人文合作等七大领域，并通过《首轮中美社会和人文对话行动计划》，致力于落实130多项具体成果。[③]

2018年之前，在中美人文交流高层磋商机制引领下，双方在教育和科技领域成果丰富，人文交流功能发挥正常，推动着双边关系向前发展。在教育领域，中国自2010年起成为美国第一大海外学生来源国。[④] 2010—2017年，中国学生赴美留学人数持续攀升；2011—2013年，这一人数年增长率均超过20%，直到2016年才滑至10个百分点以内。同样，2016—2017年，美国学生在华高等院校学习人数居该年外国留学生第4位[⑤]，美国曾一度成为仅次于韩国的中国第二大海外学生来源国。[⑥] 此外，美国亦是开设孔子学院、孔子课堂最多的国家，截至2017年4月，全美共有103所孔子学院和501个孔子课堂，分别占世界总数的20%和47%，远超其他国家。[⑦] 科技领域的成果也相仿。中美双方多次签署科技合作协定，加强科技合作

---

① 《第七轮中美人文交流高层磋商成果清单（全文）》,《人民日报》2016年6月8日，第19版。

② 《首轮中美外交安全对话在华盛顿举行》,《光明日报》2017年6月23日，第10版。

③ 《首轮中美社会和人文对话行动计划》,《人民日报》2017年9月30日，第11版。

④ 程宏亮:《人文交流对中美关系的作用和影响——以2009年至2019年为例》，第158页。

⑤ 《规模持续扩大，生源结构不断优化，吸引力不断增强，来华留学工作向高层次高质量发展》,《中国教育报》2018年3月31日，第1版。

⑥ 程宏亮:《人文交流对中美关系的作用和影响——以2009年至2019年为例》，第158页。

⑦ Rachelle Peterson, “Outsourced to China: Confucius Institutes and Soft Power in American Higher Education,” National Association of Scholars, April 7, 2017, https://www.nas.org/reports/outsourced-to-china/full-report#ConfuciusInstitutesWorldwide.

深度和人才培养力度，推动高新尖技术领域的联动[①]，双方也试图设置多渠道的交流合作平台。[②]

在奥巴马政府时期，中美尽管在国家对外战略上有着激烈博弈和竞争，但是，人文交流领域依然保持相当的旺盛力，中美两国仍旧高度重视人文交流活动。正如时任国务卿希拉里·克林顿（Hillary Clinton）所言，人文交流虽不能消除“中美两种制度以及中美文化和历史进程之间存在的差异”，但是，它将“加强并增进理解、共鸣和信任。我们之间将继续出现分歧，不过，现在我们的关系所处的阶段使我们能够开诚布公地讨论分歧”。[③]

在特朗普政府上台后，中美关系遭受巨大波折，中美关系三大支柱均被破坏。特别是2017年12月，特朗普签署首份“国家安全战略报告”，鼓噪大国竞争以及将中国视为战略竞争对手[④]，中美人文交流直转急下并日益被拖入“安全化”趋势。自2017年以来，美国行政系统、学术系统、立法系统开始操纵中美人文交流是“存在性威胁”的系列安全指涉，陆续限制中国公民赴美签证，强化高科技技术监管，加强外国风险融资审查等，全力阻碍中美教育和科技领域人文交流。中美人文交流受到“安全化”的强烈冲击。受此影响，中美社会和人文对话停滞不前，而以高等教育为主要面向（主要集中在科学、技术、工程和数学教育，以及工商管理专业）的中国大陆留学生人数增幅也从2016—2017学年的6.8%跌至3.6%，下降近50%，到2018—2019学年已跌为1.7%。[⑤] 美国孔子学院数量也迅速减少。美国在2018年关闭9所孔子学院，在2019年继续关闭21所；截至2020年9

① 《第七轮中美人文交流高层磋商成果清单（全文）》,《人民日报》2016年6月8日，第19版。

② 《首轮中美社会和人文对话行动计划》,《人民日报》2017年9月30日，第11版。

③ Hillary Rodham Clinton, “Remarks at the People-to-People Dialogue Plenary Session,” U.S. Department of State, May 4, 2012, https://2009-2017.state.gov/secretary/20092013clinton/rm/2012/05/189330.htm.

④ “National Security Strategy of the United States of America,” The White House, December 18, 2017, pp.3, 21-22, 27, http://nssarchive.us/wp-content/uploads/2020/04/2017.pdf.

⑤ Institute of International Education (IIE), “Places of Origin,” https://www.iie.org/Research-and-Insights/Open-Doors/Data/International-Students/Places-of-Origin.

月，全美孔子学院数量从115所跌至67所。[①]

（二）2017—2020年美国对中国人文交流的“安全化”操作

2017年，美国发布的“国家安全战略报告”将中美人文交流与“促进美国繁荣”和“关键国家利益”相关联，并正式将中美人文交流上升为美国“国家安全”的“存在性威胁”。特朗普政府充当施动者对人文交流“安全化”的操作以及美国民众及其盟友对该趋势的态度通过话语和实践两个维度展现在施动者、听众、权力关系和相应背景结构等变量之中（见图4）。

首先，话语是美国操纵“安全化”的重要武器。美国对人文交流的安全指涉话语目前已经历“软实力”“锐实力”“影响力行动”和“军民融合战略”四个阶段。

其一，孔子学院成为美国之“中国软实力”话语的攻击对象。2017年4月，美国全国学者联谊会试图揭示孔子学院对美国高等教育的影响，并凸显孔子学院作为中国“软实力”工具的功能。[②]

---

① 需要指出的是，不同的中外统计来源数据不同。例如，有美国统计显示，截至2017年4月，全美有103所孔子学院，该数据曾经被白宫引用；也有美国统计显示，截至2017年12月，全美有115所孔子学院；但是，美国孔子学院美国中心2017年年度报告和2018年年度报告的统计数据分别为110所和106所。美国数据统计来源见："How Many Confucius Institutes Are in the United States?" National Association of Scholars, September 8, 2020, https://www.nas.org/blogs/article/how_many_confucius_institutes_are_in_the_united_states；Rachelle Peterson, "Outsourced to China: Confucius Institutes and Soft Power in American Higher Education"; Office of the Spokesperson, "Confucius Institute U.S. Center," Designation as a Foreign Mission, U.S. Department of State, August 13, 2020, https://www.state.gov/confucius-institute-u-s-center-designation-as-a-foreign-mission/。孔子学院官方统计数据来源见："Discovering New Horizons Annual Report 2017," Confucius Institute U.S. Center, 2017, https://www.ciuscenter.org/wp-content/uploads/2017-CIUS-Annual-Report-en.pdf/；"Building the Global Community: Growing Lifelong Connections Annual Report 2018," Confucius Institute U.S. Center, 2018, https://www.ciuscenter.org/wp-content/uploads/2018-CIUS-Annual-Report-en.pdf/。

② Rachelle Peterson, "Outsourced to China: Confucius Institutes and Soft Power in American Higher Education".

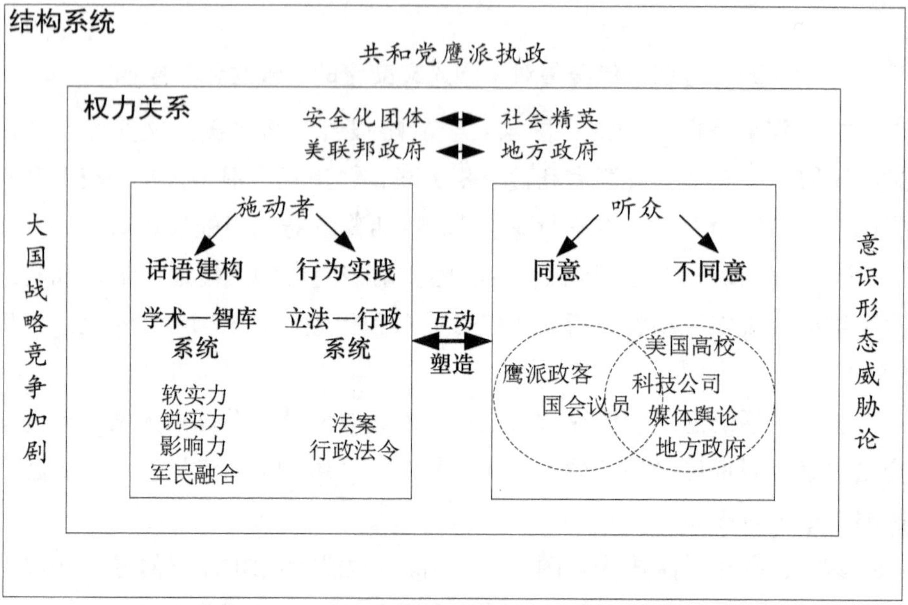

图4 中美人文交流“安全化”分析系统

图片来源：作者自制。

其二，到2017年底，孔子学院又被冠以“锐实力”攻击并拓展到其他领域。例如，美国民主基金会指责中国在拉美与东欧等地区以及西方民主国家施展“锐实力”，并污蔑中国通过在媒体、文化、智库和学界等领域的举措来施加影响的尝试，是一种不同于“软实力”吸引、说服路径却以“涣散”“操纵”等方式刺穿并渗透目标国政治和信息环境的“锐实力”，即致力于向外投射“鼓励权力垄断，自上而下的控制，审查制度，强迫或购买的忠诚”等价值。①

其三，伴随西方对“锐实力”的炒作，“影响力行动”也被用于中国对美国等西方国家的人文交流话语之中。美国各保守派智库纷纷指责中国通过人文交流活动，例如开设孔子学院、开展智库交流与合作，以及在美国创办中英文媒体等，影响西方民主国家政治生活并开展对外干预行

① Juan Pablo Cardenal et al., “Sharp Power: Rising Authoritarian Influence,” National Endowment for Democracy, December 2017, pp.6, 13, https://www.ned.org/wp-content/uploads/2017/12/Sharp-Power-Rising-Authoritarian-Influence-Full-Report.pdf.

动等。[①]

特别是，其中由多名美国学者撰写的名为“中国影响力与美国利益”的报告直接将中国行动与美国受到的“影响力”威胁结合起来。该报告蔑称，中国在政府部门运作之下利用社会组织、学术界、公司和宗教机构等“名义上独立”的行为体进行对外文化力量投射，深度介入美国政府和社会，“偷窃”美国重要的军民技术，并针对美国华裔社区进行“统战”等。该报告将中国对外人文交流活动视为一种“全方位”威胁，并关涉美国军事和商业优势、政治制度完整性、社会核心价值观与法治体系等，从而突出中国文化力量投射与军事力量投射一样都会危及美国安全。[②]

“影响力行动”话语也得到了行政系统和立法系统的响应，并在美国国内及国际社会塑造负面公众舆论方面起到推波助澜的作用。例如，2018年8月，美中经济与安全评估委员会发布名为“中国的海外统战工作：美国背景与对美启示”的报告，污蔑中国利用“统战”工作及其相关人文交流对美国施展政治“影响力”。因此，它提出，美国应该基于安全理由加强对孔子学院等机构的管理以捍卫美国的学术及言论自由。[③] 2019年上半

---

① Harry Krejsa, “Under Pressure: The Growing Reach of Chinese Influence Campaigns in Democratic Societies,” Center for a New American Security, April 27, 2018, https://www.cnas.org/publications/reports/under-pressure; Jonas Parello-Plesner and Belinda Li, “The Chinese Communist Party’s Foreign Interference Operations: How the U.S. and Other Democracies Should Respond,” Hudson Institute, June 2018, https://s3.amazonaws.com/media.hudson.org/files/publications/JonasFINAL.pdf; Anastasya Lloyd-Damnjanovic, “A Preliminary Study of RPC Political Influence and Interference Activities in American Higher Education,” Wilson Center, August 2018, https://files.eric.ed.gov/fulltext/ED588378.pdf; Larry Diamond et al., “Chinese Influence & American Interests: Promoting Constructive Vigilance,” Hoover Institution Press, October 2018, https://www.hoover.org/research/chinas-influence-american-interests-promoting-constructive-vigilance; Orville Schell and Susan L. Shirk (Chairs), “Course Correction: Toward an Effective and Sustainable China Policy,” Asia Society Center on U.S.-China Relations, February 2019, https://china.ucsd.edu/_files/2019-CourseCorrection.pdf.

② Larry Diamond et al., “Chinese Influence & American Interests: Promoting Constructive Vigilance”.

③ Alexander Bowe, “China’s Overseas United Front Work: Background and Implications for the United States,” U.S. -China Economic and Security Review Commission, August 24, 2018, https://www.uscc.gov/sites/default/files/Research/China's%20Overseas%20United%20Front%20Work%20-%20Background%20and%20Implications%20for%20US_final_0.pdf.

年，美国联邦调查局局长克里斯托弗·雷（Christopher Wray）声称，中国对美经济“间谍”活动、非传统“情报收集”活动对美国国家安全构成多重威胁，中国在美商业及人文交流活动已经对美国技术创新构成挑战。①

其四，进入2020年之后，“中国正在实施‘军民融合战略’”等话语开始占据美国对华安全话语高地。美国指责中国通过“影响力行动”寻求文化和信息影响力的行为具有“全社会”特征②，从而在“安全化”操作中将人文交流与更敏感的军事意图联系起来。特别是，美国国务卿蓬佩奥蔑称，“军民融合”已被列为中国优先事项，“根据中国法律，中国公司和研究人员必须……与中国军方共享技术”③，其宣示的内容最终转化为行政政策。2020年5月，特朗普签署行政令，以中国推行“军民融合战略”为由限制部分中国留学生和研究人员进入美国。④在对中美人文交流进行安全指涉的“军民融合战略”阶段，行政系统操纵安全化“言语—行为”的趋势更为显著。例如，特朗普将攻击靶子对准人文交流中的学术合作议题。他指责，中国政府正在利用某些中国公民进入美国的机会实施“间谍”活动，“窃取”美国技术机密，“威胁”美国关键大学的学术安全以及美国的安全与繁荣等。⑤

其次，在“安全化”实践方面，美国立法系统和行政系统连续高频率地采取了一系列“安全化”举措以配合其“影响力行动”和“军民融合战略”话语，推动人文交流“安全化”的言语与行为互动。

2018年是美国对中国人文交流实施“安全化”举措的关键一年。该

① “A Conversation with Christopher Wray,” Council on Foreign Relations, April 29, 2019, https://www.cfr.org/event/conversation-christopher-wray-0.

② Larry Diamond et al., “Chinese Influence & American Interests: Promoting Constructive Vigilance”; Emily Feng, “Big Chill with China Takes Its Toll on Flow of Money, People and Ideas,” National Public Radio, August 7, 2019, https://www.npr.org/2019/08/07/746179044/big-chill-with-china-takes-its-toll-on-flow-of-money-people-and-ideas.

③ Michael R. Pompeo, “Silicon Valley and National Security,” U.S. Department of State, January 13, 2020, https://www.state.gov/silicon-valley-and-national-security/.

④ “Proclamation on the Suspension of Entry as Nonimmigrants of Certain Students and Researchers from the People’s Republic of China,” The White House, May 29, 2020, https://www.whitehouse.gov/presidential-actions/proclamation-suspension-entry-nonimmigrant.

⑤ “Remarks by President Trump on Actions Against China,” USC US-China Institute, May 29, 2020, https://china.usc.edu/remarks-president-trump-actions-against-china-may-29-2020.

年年初，特朗普下令国安会成立跨机构小组调查中国通过在美人文交流活动进行的“渗透”活动或“影响力行动”；2月，参议院情报委员会举行“全球威胁”听证会，“中国威胁”成为听证会焦点；[①] 随后几个月，多位美国议员向国会参众两院提交所谓的“外国影响透明法案”（H. R. 5336）、“2018年反击外国宣传法案”（H.R. 5354）、“外国影响透明法案”（S.2583）、“2018年停止高等教育间谍与偷窃法案”（S.2903）、“反击中国政府及中共政治影响力行动法案”（S.3171、H. R. 6010）等，要求对推进外国政府政治议程的法人豁免权、与华合作的美国教育机构、落户美国的外国媒体等进行限制，应对中国利用“统战”工作来实施政治“影响力行动”。[②] 2018年8月，特朗普签署了“2019财年国防授权法案”。由此，中美人文交流“安全化”实践在法律层面取得标志性突破，并在“2020财年国防授权法案”（No.116-92）和“2021财年国防授权法案”草案中得到延续。

一方面，立法系统直接将中国对外人文交流的影响与应对置于国防安全法案框架之下。

其一，立法机构试图在技术层次上阻断孔子学院的资金来源，禁止向孔子学院提供的汉语教学拨款（第1091节），并细化为“禁止”“限制”“豁免”等三个维度，限制对高校汉语项目提供资金。[③]

其二，美国立法机构在政治层次上渲染中国借助人文交流给美国带来的军事、情报和政治威胁。美国已经将“间谍活动”标签打在中美人文交

---

① “S. HRG. - Open Hearing on Worldwide Threats,” 115th Congress, 2nd Session, February 13, 2018, pp.115-278.

② “H. R. 5336 - Foreign Influence Transparency Act,” 115th Congress, 2nd Session, March 20, 2018; “H. R. 5354 - Countering Foreign Propaganda Act of 2018,” 115th Congress, 2nd Session, March 20, 2018; “S.2583 - Foreign Influence Transparency Act,” 115th Congress, 2nd Session, March 21, 2018; “S.2903 - Stop Higher Education Espionage and Theft Act of 2018,” 115th Congress, 2nd Session, 2018; “S.3171 - Countering the Chinese Government and Communist Party’s Political Influence Operations Act,” 115th Congress, 2nd Session, June 28, 2018; “H. R. 6010 - Countering the Chinese Government and Communist Party’s Political Influence Operations Act,” 115th Congress, 2nd Session, June 5, 2018.

③ “Public Law No.115-232, H. R. 5515 - John S. McCain National Defense Authorization Act for Fiscal Year 2019,” 115th Congress, August 13, 2018, sec. 1091.

流之上。例如，“2019财年国防授权法案”宣扬中国“影响美国媒体、文化机构、企业以及学术和政策团体，使其更有利于中国安全和军事战略与目标”，以及中国“在其他国家使用非军事工具，包括外交和政治胁迫、信息行动、经济施压（含掠夺性贷款），以支持其安全和军事目标”等，并修订“2000财年国防授权法案”第1202节（b），增加所谓的“包括通过投资、工业间谍活动、网络盗窃、学术和其他方式进行的间谍活动和技术转让”等条款。[①]“2020财年国防授权法案”第5712节专门提及中国针对美国华裔实施“影响力行动”，认为中国旨在通过华裔社区“获取情报”。[②]该法案第1286节[③]以及“2021财年国防授权法案”草案第1285节[④]提出并补充了应对措施。尤其是，草案第232节要求比较中美两国政府招募和保留国内外研究人员的政策，并在此基础上向国防部提出建议。[⑤]

其三，美国立法机构也在战略互动层面强化了中国对美人文交流的“存在性威胁”。“2019财年国防授权法案”第1261节提出了对华“全政府战略”，“指责”中国对政治影响力、情报行动、审查制度和宣传的使用“损害”了美国民主制度，言论、表达、出版和学术思想自由。基于此，美国要求整合“包括外交、经济、情报、法律和军事在内的多种国家力量”，从而参与到美国的首要任务中，即“与中国进行长期战略竞争”。[⑥]

另一方面，美国行政系统也通过行政命令等方式贯彻国家安全法案并强力推进针对中国人文交流的遏制措施。

其一，美国行政机构针对中国设立多种议程阻断中美人文交流的开展，聚焦机构和人员连续诉诸“安全化”实践，鼓噪控制中国影响力。例如，2018年9月，美国司法部要求新华社及中国环球电视网在美分支机构

---

① “Public Law No.115-232, H. R. 5515 - John S. McCain National Defense Authorization Act for Fiscal Year 2019,” 115th Congress, August 13, 2018, sec. 1260.

② “Public Law No.115-232, S.1790 - National Defense Authorization Act for Fiscal Year 2020,” 116th Congress, December 20, 2019.

③ “Public Law No.115-232, H. R. 5515 - John S. McCain National Defense Authorization Act for Fiscal Year 2019,” sec. 1286.

④ “S. 4049 - A Bill,” 116th Congress, 2nd Session, June 23, 2020, sec.1285.

⑤ Ibid., sec.232.

⑥ “Public Law No.115-232, H. R. 5515 - John S. McCain National Defense Authorization Act for Fiscal Year 2019,” sec. 1261.

登记为“外国代理人”，并随后启动“中国行动计划”（China Initiative）。[①] 2019年，美国能源部发布政策备忘录，限制能源部研究人员和受资助人员参与被该机构列为敏感国家的外国人才计划。[②] 2020年，在“军民融合战略”话语背景下，美国对可能具备军事用途的技术进行更加严格的出口审查[③]，强行将多个中国企业、政府机构、研究院所和个人列入“实体清单”（Entity List）[④]，并调查和起诉多位华裔科学家。

其二，美国国务院还利用签证政策限制特定领域或者特定类别的中国相关人员进入和居留美国。2018年6月，美国国务院将航空和机器人专业的中国留学生签证由五年缩短为一年。2020年上半年，特朗普连续签署三项行政令，限制对特定人群的签证发放，限制对象渐由“新的永久移民”扩大为“非移民工作者”，并特别针对中国，要求“暂停和限制部分中国留学生和研究人员持F签证和J签证进入美国”。

其三，行政系统的“安全化”实践遵循设置存在性威胁背景、刺激敌对性政策判断和指涉对象扩大化等逻辑。例如，美国所谓的“关于暂停部分中华人民共和国留学生和研究人员以非移民身份入境的公告”指出，中国在通过全面性资源动员来推行“军民融合战略”，从而获取美国先进的敏感技术与知识产权，以提升中国军队的现代化水平。[⑤] 与此同时，特朗普政府强力渲染中国留学生与军方的联系痕迹，直接将中国留学生（主要是研究生和博士后研究人员）视为“军民融合战略”的直接实施者和“知识产权非传统采集者”，指责中国留学生和研究人员“极有可能”被中国“利用或选择”。此外，美国始终没有对受到影响的“部分”学生和研究员

---

① “Attorney General Jeff Session’s China Initiative Fact Sheet,” Department of Justice, November 1, 2018, https://china.usc.edu/sites/default/files/article/attachments/doj-2018-china-initiative-fact-sheet.pdf.

② “Memorandum for Heads of Departmental Elements,” The Deputy Secretary of Energy, January 31, 2019, https://www.sciencemag.org/sites/default/files/January%20DOE%20memo.pdf.

③ Michael R. Pompeo, “Silicon Valley and National Security,” U.S. Department of State, January 13, 2020, https://www.state.gov/silicon-valley-and-national-security/.

④ “Entity List,” U.S. Department of Commerce, https://www.commerce.gov/tags/entity-list.

⑤ “Proclamation on the Suspension of Entry as Nonimmigrants of Certain Students and Researchers from the People’s Republic of China,” The White House, May 29, 2020, https://www.whitehouse.gov/presidential-actions/proclamation-suspension-entry-nonimmigrant.

作出清晰、具体的说明，也没有明确地回答哪些背景院校、哪些专业以及有多少中国学生会受到影响等关键问题。[①] 特别是，在新冠疫情加剧的情势下，特朗普政府以新冠疫情导致失业率快速攀升为理由，将责任归至更加宽泛的“外国人”群体（永久性移民和临时工作者）。这又使中美人员往来、中美人文交流受到更为严重的签证限制和时间延长制约。[②]

最后，尽管美国立法和行政系统正致力于针对中国人文交流塑造“存在性威胁”共识，但美国国内的“安全化”听众并未完全将其视为一种存在性威胁。

一方面，“安全化”施动者所建构的人文交流“安全化”言语与实践确实已经获得了部分听众的“共鸣”，尤其取得了“授权听众”美国议员的同意。美国国会中的少数议员充当着中美人文交流“安全化”的施动者角色，他们提出议案、发起动议，而更多的议员和选民则是听众，他们对施动者的话语作出反应。2018年8月和2019年12月分别发布的2019财年和2020财年“国防授权法案”各自以87票与86票赞成票得到通过[③]，说明中国人文交流开展“非传统间谍活动”损害美国国家安全等安全话语在国会层面拥有了某种共识。

另一方面，人文交流“安全化”言语和实践面向的听众并不是“铁板一块”，它也引发了若干机构和团体的抗议与反弹。

其一，特朗普政府对中国留学生进行限制引起了美国高校的公开反对与批评。2018年，斯坦福大学在公开场合表示“将致力于保护所有学生免

① “Briefing on Limiting the CCP’s Ability to Steal U.S. Technologies and Intellectual Property,” U.S. Department of State, June 2, 2020, https://www.state.gov/briefing-with-senior-state-department-officials-on-u-s-limiting-the-peoples-liberation-armys-ability-to-use-nonimmigrant-visa-programs-to-illicitly-acquire-u-s-technologies-an/.

② “Proclamation Suspending Entry of Aliens Who Present a Risk to the U.S. Labor Market Following the Coronavirus Outbreak,” The White House, June 22, 2020, https://www.whitehouse.gov/presidential-actions/proclamation-suspending-entry-aliens-present-risk-u-s-labor-market-following-coronavirus-outbreak/.

③ “Roll Call Vote 115th Congress - 2nd Session,” “Roll Call Vote 116th Congress - 1st Session,” United States Senate, https://www.senate.gov/legislative/LIS/roll_call_lists/roll_call_vote_cfm.cfm?congress=116&session=1&vote=00400.

遭移民身份”或其他可能因素的影响；[①] 2019年，美国大学人事协会——国际高校教育者组织（ACPA-College Student Educators International）和美国大学教授协会（AAUP）等22个组织发表联合声明，强调“仅仅根据原籍国去监控个人的呼吁违反了正当程序的规范”。[②]

其二，不少美国媒体舆论认为，限制中国留学生政策将削弱美国的创新优势。例如，《纽约时报》指出，“限制人员和信息的自由流动可能会破坏美国实验室的创新能力”，华盛顿的安全担忧不应压倒创新。[③]《华尔街日报》抨击签证限令将损害美国高等教育，“可能削弱整个美国的经济创新能力”。[④] 2020年7月，《纽约时报》再度警告特朗普政府对中国留学生的敌意或将使美国放弃创新这种“战略资产”。[⑤]

其三，谷歌、苹果、特斯拉、高盛等多家科技公司和美国企业抗议美国政府的高科技人才签证政策。例如，2020年，美国暂停诸如跨国公司员工签证L-1和高技能人才签证H-1B在内的工作签证后，字母控股（Alphabet）首席执行官桑达·皮采（Sundar Pichai）、苹果首席执行官蒂姆·库克（Tim Cook）和在线支付平台PayPal首席执行官丹·舒尔曼（Dan Schulman）等均对此“深感失望”，亚马逊批评特朗普政府暂停高技能签

---

① Peace Chiu, “Stanford University Pledges ‘Equity of Access’ Amid Chinese Student Visa Fears over Trump Plans,” South China Morning Post, October 4, 2018, https://www.scmp.com/news/hong-kong/education/article/2167036/stanford-university-pledges-equity-access-amid-chinese.

② “Statement in Response to Report the FBI Is Urging Universities to Monitor Chinese Students and Scholars,” Scholars at Risk, August 12, 2019, https://www.scholarsatrisk.org/2019/08/statement-in-response-to-report-the-fbi-is-urging-universities-to-monitor-chinese-students-and-scholars/.

③ 安娜·斯旺森、基恩·布拉德舍：《忧间谍活动，白宫或限制中国人在美从事敏感研究》，纽约时报中文网，2018年5月2日，https://cn.nytimes.com/usa/20180502/trump-china-researchers-espionage/。

④ Philip J. Hanlon and Matthew J. Slaughter, “Chinese Students Help America Innovate,” The Wall Street Journal, November 12, 2018, https://www.wsj.com/articles/chinese-students-help-america-innovate-1542066465.

⑤ L. Rafael Reif, “I'm the President of M.I.T. America Needs Foreign Students,” New York Times, July 14, 2020, https://www.nytimes.com/2020/07/14/opinion/coronavirus-trump-immigration-students.html?_ga=2.254228872.1652162493.1600042151-1241178358.1600042151.

证计划的决定是“短视”行为。[①] 实际上，这其中既能够反映“安全化”施动者与听众间的权力结构关系，也能揭示充斥其中的经济利益逻辑。例如，权力结构关系体现在美国“军民融合”的双重标准上，“2019财年国防授权法案”已强调国防部与学术界、社区和商业部门的紧密联系。[②] 同时，中国人文交流能够给美国带来不菲的经济收益，也有利于推动美国科技巨头发展。[③] 这些逻辑也在一定程度上约束着美国国内的“安全化”趋势。

其四，人文交流“安全化”施动者与听众的互动受到双方权力关系的制约。“安全化”施动者希望其“安全化”行为实践得到听众同意从而增强自己的权力，但听众亦有拒绝“安全化”行为的权利，这也在某种程度上构成了人文交流“安全化”程度深化的约束因素。例如，在这种背景下，美国联邦分权的政治体系、高等教育“独立性”和营利性、中美经济高度互嵌，以及大学、科技公司和地方政府在中美人文交流“安全化”问题上的不合作等因素将对“安全化”趋势恶化产生持续阻力。可以说，在中美人文交流“安全化”趋势中，相较于联邦政府的激进态度，美国大学、科技公司和地方政府对中美人文交流“安全化”行为的拒绝值得关注。例如，美国大学享有“显著的不受政府控制”的高度自治，中国留学生能够带来巨大的经济利益。美国高科技公司对国际员工的依赖也在制约着美国对H-1B签证限制的行政令，实际上导致特朗普政府向这些高科技巨头妥协，并放松某种限制。[④] 相对于联邦政府“影响力行动”和“军民融合战略”的话语建构，美国地方政府以更为务实的姿态推动中美人员往来。2018年，

---

① “Factbox: Apple, Google, Amazon Take Aim at Trump Visa Ban,” Reuters, June 23, 2020, https://www.reuters.com/article/uk-usa-immigration-workers-factbox/factbox-apple-google-amazon-take-aim-at-trump-visa-ban-idUKKBN23U1VS.

② “Public Law No.115-232, H. R. 5515 - John S. McCain National Defense Authorization Act for Fiscal Year 2019,” 115th Congress, August 13, 2018, sec. 218.

③ “Tech Companies Write to Trump Against Banning H-1B, Other Non-immigrant Visas,” The Week, June 15, 2020, https://www.theweek.in/news/biz-tech/2020/06/15/tech-companies-write-to-trump-against-banning-h-1b-other-non-immigrant-visas.html.

④ “Tech Companies Write to Trump Against Banning H-1B, Other Non-immigrant Visas,” “President Donald J. Trump Is Putting American Workers First as We Restore Our Economy to Greatness,” The White House, June 22, 2020, https://www.whitehouse.gov/briefings-statements/president-donald-j-trump-putting-american-workers-first-restore-economy-greatness/.

中美新建八对友好省州和友城关系。2019年5月底，美国举行第五届中美省州长论坛。肯塔基州州长马特·贝文（Matt Bevin）并不认为国家层面的紧张气氛影响了地方层面的合作意愿。[①] 但是，人文交流政治化的逻辑持续深入，中美地方交流态势也遭受重大冲击。2020年2月，国务卿蓬佩奥在美国全国州长协会会议上发表演讲，鼓动美地方政府慎重开展对华合作；10月，蓬佩奥宣布计划终止《关于建立中美省州长论坛以促进地方合作的谅解备忘录》。[②]

（三）中美人文交流“安全化”的驱动因素

国际实践正塑造人文交流“安全化”的进程。当前，国际体系面临深刻转型，世界迎来“大变局”和“分水岭时代”[③]，国际力量对比重新调整，全球资源在世界范围重新分配，大国竞争不断加剧，崛起国的快速发展与霸权国的地位焦虑为“泛安全化”思维模式提供土壤。2020年7月，特朗普政府甚至考虑全面禁止中共党员及其家属入境美国[④]，并强制关闭中国驻休斯敦总领馆。美国在国内防疫不力的情况下以打压中国、煽动民粹情绪争取选票等行为，说明意识形态化、情绪化和冷战思维正越发成为国际氛围的主要特点。在此背景下，国家决策中的安全权重提升。同时，人文交流活动易受政治影响且其自身的功能发挥需要较长时间。因此，人文交流沦为“安全化”的指涉对象。

到目前为止，中美人文交流“安全化”的驱动因素主要包括能力、动机和话语框定背景等三个方面。

---

① 熊茂伶、高攀、金悦磊：《通讯：逆风前行——美地方政府积极寻求对华合作》，《国际商报》2019年8月21日，第4版。

② Michael R. Pempeo, “Designation of the National Association for China’s Peaceful Unification (NACPU) as a Foreign Mission of the PRC,” U.S. Department of State, October 28, 2020, https://www.state.gov/designation-of-the-national-association-for-chinas-peaceful-unification-nacpu-as-a-foreign-mission-of-the-prc//.

③ Paul Kenned, “Crossing a Watershed, Unawares,” New York Times, October 25, 2011, https://www.nytimes.com/2011/10/26/opinion/26iht-edkennedy26.html.

④ Matt Spetalnick, “U.S. Targets Chinese Communist Party Members in Possible Travel Ban: Source,” Reuters, July 17, 2020, https://www.reuters.com/article/us-usa-china-travel/u-s-targets-all-chinese-communist-party-members-for-possible-travel-ban-source-idUSKCN24H2TQ.

第一，美国共和党上台执政，赋予了鹰派人物实施“安全化”行为的能力，并建构起施展该种能力的场域。

一方面，特朗普政府对中美人文交流的扭转根植于美国对华接触战略的转变。2008年全球金融危机后，遏制中国逐渐成为美国朝野及两党的战略共识。[①] 2010年后，美国先后提出“重返亚太”和“亚太再平衡”战略，主导和推动建立《跨太平洋伙伴关系协定》（TPP）。2017年特朗普上任后，美国陆续推出“印太战略”、对华“全政府战略”、对华“贸易战”等，均是这一转变的具体体现。另一方面，极端保守派和对华鹰派人物加入特朗普团队，不断加固特朗普政府对华负面认知，构筑起对华决策的“实践场域”。该“场域”内的成员有着共同的利益，对中国有着相似的“威胁”认知，都主张对华采取进攻性和对抗性行动。“场域”能够建构“惯习”和“社会机制”，鹰派人物之间的互动强化了原有知识，个人所持立场聚合为鹰派政策团队整体的话语系统和行为选择。其后，涉华政策团队通过自己所框定的视角和所掌握的权力资源去操纵中美人文交流，从而建构起中美人文交流威胁国家安全的认知。

第二，大国战略竞争加剧赋予了美国实施“安全化”行为的动机。

在特朗普政府时期，中国日益增长的经济实力、科技实力和影响力客观上对美国地位形成一定程度的挑战。在经济、科技和政治竞争加剧的变局时期，将中美人文交流以“存在性威胁”的方式提出，有助于打破既有规则和常规政治程序的束缚，使美国可以动员更多的社会资源以应对大国竞争。以经贸领域为例，中美人文交流“安全化”是美国对华发动贸易攻势的附属品。美国政客肆意攻击中国实施“猖獗”的知识产权盗窃行为损

---

① 如达巍认为，美国战略界对中国的焦虑程度、对华观点的消极程度在影响奥巴马政府对华战略的同时，构成特朗普政府制定对华战略的外部环境，参见：达巍《美国对华战略逻辑的演进与“特朗普冲击”》，《世界经济与政治》2017年第5期，第28—37页；又如，潘亚玲亦论述特朗普上任后中美人文交流的战略环境发生重大改变，中国是美国的“战略竞争对手”成为特朗普政府内部乃至整个美国战略界的战略共识，参见：潘亚玲《中美人文交流四十年：回顾与展望》，第37—39页；再如，李捷、杨恕认为，美国府院、两党在对华战略认知和对华战略选择上基本达成共识，美国对华战略认知全面负面化乃至敌对化，对华战略选择越加倾向遏制战略，参见：李捷、杨恕《遏制与干涉：美国涉华核心利益法案分析》，《亚太安全与海洋研究》2020年第4期，第18—22页。

害美国的创新经济，从而塑造经济安全“言语—行为”结构。① 2020年5月，美国商务部在一周之内两次公布实体清单，增加了33个中国机构和个人，限制清单所列机构与美国企业间的贸易往来，其中包括13所中国高校。② 在科技领域中，美国更是将教育和科技领域的人文交流视为“存在性威胁”，指责“军民融合战略”是“技术—军事逻辑和教育—科研逻辑”叠加，从话语上强调中国正努力建设发动“智能战争”（intelligent warfare）的能力。③ 政治领域的影响力竞逐也增加了美国对人文交流予以“安全化”的动机。美国2017年公布的“国家安全战略报告”将增强美国影响力列为美国优先的国家安全战略的重要内容，明确将中国列为“战略竞争对手”，指责中国操纵“影响力”，挑战美国的地缘政治优势。④ 随后，美国又进一步强调影响力中的安全风险和进攻性，编造中国影响力是一种渗透性、破坏性的“尖锐力量”和“锐实力”。⑤ 此外，从共识建构到极端对抗，美国政治文化的转型也削弱了美国联邦政府推动人文交流的动机，在中美关系竞争加剧时期，两国政府曾经致力推进的人文交流被贴上“中国威胁论”的标签。⑥

第三，西方社会“意识形态威胁论”的出炉强化了中美人文交流的冲突性话语框定效应。

美国担心中美人文交流导致中国意识形态在美扩展。自2017年起，西

---

① Michael R. Pompeo, “Silicon Valley and National Security,” U.S. Department of State, January 13, 2020, https://www.state.gov/silicon-valley-and-national-security/.

② “Entity List,” U.S. Department of Commerce, https://www.commerce.gov/tags/entity-list.

③ Jenny Bavisotto, “China’s Military-Civil Fusion Strategy Poses a Risk to National Security,” U.S. Department of State, January 30, 2020, https://www.state.gov/chinas-military-civil-fusion-strategy-poses-a-risk-to-national-security/.

④ “National Security Strategy of the United States of America,” The White House, December 18, 2017, pp.4, 27, http://nssarchive.us/wp-content/uploads/2020/04/2017.pdf.

⑤ Larry Diamond et al., “Chinese Influence and American Interests: Promoting Constructive Vigilance,” pp.2, 5.

⑥ 潘亚玲:《中美人文交流四十年：回顾与展望》，第42—44页。

方社会兴起新一轮“意识形态威胁论”。[①] 在中美人文交流“安全化”的过程中，中国共产党经常被视为一个“安全化”指涉主体而出现。例如，美国炮制的所谓“中国影响与美国利益”的报告指责，“中国共产党党国同构的体制广泛利用执政党、国家和非国家行为体来推进其寻求影响的目标”。[②] 美国政客蔑称“影响力行动”所具有的“全社会”特征源自“中国党国同构的政治体制”。[③] “安全化”施动者之所以频频提及中国共产党，其背后意图在于从意识形态对立角度强调中国对西方所谓“民主”的威胁，并笼络“民主社会”对中国“影响力行动”加以应对，抵制“威权国家”政治影响或指控中国“无声侵略”等。[④]

五、结语

综上所述，在大变局背景之下，中国对外人文交流活动正在承受西方国家操纵的日益上升的“安全化”压力。“安全化”冲击着中国利用人文交

---

① 如印度学者布拉马·切兰尼在2017年1月抛出“债务陷阱式外交”概念，污蔑“一带一路”倡议是中国的“新殖民主义设计”，此举引发国际社会对中国战略意图的恶意揣测，参见：Brahma Chellaney, “China’s Debt-Trap Diplomacy,” Stagecraft and Statecraft, January 25, 2017, https://chellaney.net/2017/01/25/chinas-debt-trap-diplomacy/；又如，特朗普政府在2017年12月公布的“国家安全战略报告”中为中国贴上“修正主义大国”（the revisionist power）标签，称中国试图“塑造一个与美国价值观和利益背道而驰的世界”，参见：“National Security Strategy of the United States of America,” The White House, December 18, 2017, http://nssarchive.us/wp-content/uploads/2020/04/2017.pdf。此外，对这一时期的“意识形态威胁论”或“中国威胁论”特征及原因进行分析的国内研究请见：刘强《新一轮“中国威胁论”的内因检视及对策思考——中国对外宣传的技术误区因素分析》,《世界经济与政治论坛》2018年第4期，第74—90页；朱锋《面对中国的崛起，西方为什么忧虑》,《人民论坛·学术前沿》2020年第10期，第18—30页。

② Larry Diamond et al., “Chinese Influence and American Interests: Promoting Constructive Vigilance,” p.3.

③ Michael R. Pompeo, “Silicon Valley and National Security,” U.S. Department of State, January 13, 2020, https://www.state.gov/silicon-valley-and-national-security/.

④ Thorsten Benner et al., “Authoritarian Advance: Responding to China’s Growing Political Influence in Europe,” Global Public Policy Institute, February 5, 2018, https://www.gppi.net/2018/02/05/authoritarian-advance-responding-to-chinas-growing-political-influence-in-europe; Clive Hamilton, *Silent Invasion: China’s Influence in Australia* (Richmond, Victoria: Hardie Grant Books, 2018).

流推动双（多）边关系的政策设计，瓦解着人文交流促进国家关系深入的作用机制，对中国对外人文交流的进一步拓展和深入带来了巨大挑战。

当前，美国等西方国家正操纵"安全化"工具在言语建构和政策实践等维度攻击人文交流作用机制中内含的信号、溢出和黏性机制，建构起一个包涵多种变量的人文交流"安全化"运作系统，试图将中国开展的人文交流活动建构为一种针对西方国家的"存在性威胁"。特别是，美国对中国的人文交流的态度变化更能展现"安全化"趋势的基本逻辑，即美国各界（立法、行政、政客、学界、智库等）通过操纵"软实力""锐实力""影响力行动"和"军民融合"等术语来塑造"安全化"的言语维度，通过一系列法律措施和行政命令来辅助"安全化"言语并推动"安全化"实践行为深入，强化了安全化"言语—行为"之间的联结机制。从路径依赖、美国舆情和政治程序来看，即使在拜登时期，这种运作系统还是会遵循大国对抗逻辑和霸权护持目标延续下去[①]，因此也势必会影响中国对外开展人文交流的进程和效率。

当然，美国对中国人文交流的"安全化"行为还面临多种约束，甚至其激进态势已经引发不少听众如公司和团体的反对，这种约束和反对既有经济利益的考量，也包含权力结构的制约。美国为了在大国竞争中占据优势地位并得到打破常规的特权和资源，使用"安全化"话语和"安全化"实践建构起中美人文交流威胁国家安全的话语环境。与此同时，美国大学、科技公司和地方政府为维护自己在人文领域的权限以及自身利益，对联邦政府的"安全化"行为进行制约。

从某种程度上说，西方政客对人文交流的"安全化"操作具有一定的必然性。在特定背景之下，大国的行为实践塑造着人文交流的"安全化"深入程度。其中，美国国内政治变局和鹰派执政赋予了美国政客团体操纵"安全化"的能力；中美之间战略竞争的加剧赋予了美国在科技、经贸和影响力等领域诉诸"安全化"言语与行为的动机；西方社会正在流行的"意识形态威胁论"则进一步加强了中美人文交流"安全化"的话语框定效应。

面对这种日益恶化的局面，中国需要在未来一段时间内主动应对甚至

---

① 毛维准：《霸权护持：大变局时代美国国际秩序观的坚持与调适》，《国际展望》2021年第1期，第42页。

扭转中国人文交流的“安全化”趋势。“安全化”实际上是一种通过“言语—行为”逻辑将常规政治转变为“例外政治”，从而获取更高政治议程等级的过程。那么，对消人文交流“安全化”效应的一个基本思路就是人文交流关联方需要节制不友善话语和冲突性行动，在一个较长时期内，降低双方在人文交流领域中的对抗行为，从而重新发掘人文合作新基础，并将该议题回归到正常的政治议题之中。当然，这种思路在中美战略竞争结构之下面临着天然的阻力。

其一，中国需要继续强调人文交流对国家互动的推进功能，尽可能地在大国竞争结构下争取并重新培育人文交流的拓展空间，集中于人文交流相关人文措辞的落地，不过分拔高人文交流的正面功能，充分利用对“安全化”趋势的制约力量，争取继续保持和深化两国在学生学者交流、科技创新合作、地方商贸往来上的联系，限制美国少数政客对中国开展的人才与科技“脱钩”。

其二，中国应该加强与美国政府的政治沟通，在人文交流议题上重建战略互信。人文交流的开展仰赖于双方战略互信的程度，“去安全化”也需要建立在一定的战略互信基础之上。在此，双方应该全力在话语建构和对外宣传方面将人文交流功能与战略竞争、政治模式、意识形态、影响力、软实力、文化与文明等级等高度敏感政治议题剥离开来，重启正常的人文交流局面。

其三，中国也应该总结人文交流开展的经验教训，探索一种系统且富有韧性的开展方式，保持战略耐心，尊重文化交流的基本规律，避免“一窝蜂”式地开展活动，加强人文交流的双向性，降低政治化色彩，争取更多的目标国民众与社团参与，积极推动中国人文交流在目标国扎根落地。

新冠肺炎疫情与百年未有之大变局下的国际秩序变革*

张　骥

【内容提要】新冠疫情不仅仅是一次公共卫生危机，它还对世界各国和人类社会产生了全方位的重要影响。新冠疫情对国际关系和国际秩序的影响是在百年未有之大变局的国际格局下产生的，它不仅使百年未有之大变局的特征在各个领域更加凸显，更通过其本身诱发的政治经济社会危机大大加剧和催化了百年未有之大变局。本文从权力结构、秩序结构、观念结构三个层面分析新冠疫情对国际秩序造成的重大影响：大国间的全方位竞争关系加剧，地缘政治结构和国家间关系面临新的分化组合；国际制度改革和重构更加紧迫，国际社会面临新一波的反全球化浪潮，传统政治结构和国内秩序加速嬗变；意识形态和观念领域的竞争与对抗更趋激烈。

【关键词】新冠疫情　百年未有之大变局　国际秩序　观念结构

【作者简介】张骥，复旦大学国际关系与公共事务学院院长助理、研究员，复旦大学中外人文交流研究中心主任。

进入21世纪第三个十年之际，一场突如其来的新冠疫情渐次席卷全球，影响遍及世界各个地区和国家，对人类社会产生了全方位的重要影响。关于疫情对国际关系和世界秩序的影响，引发了两种不同的观点。一种观点认为，疫情对国际关系造成了根本性影响，将永久性地改变世界秩

* 本文曾发表在《中央社会主义学院学报》2020年第3期。

序，例如美国前国务卿基辛格等所说。[①] 另一种观点认为，疫情并未改变国际关系的基本面，尤其是并未改变国际权力格局和世界秩序，疫情的影响只是暂时性的。本文认为，新冠疫情不仅仅是一次公共卫生危机，也不仅仅是一场局部的危机，而是诱发了一场全球性、系统性的政治经济社会危机。新冠疫情对国际关系和国际秩序的影响是在百年未有之大变局的国际格局下产生的，疫情不仅使百年未有之大变局的特征在各个领域更加凸显，更是通过其诱发的政治经济社会危机大大加剧和催化了百年未有之大变局。如果没有这场席卷全球的疫情，人们对百年未有之大变局的认识和理解还仅仅停留在概念层面。国际秩序的大变革意外地由于非传统威胁引发的疫情危机而加剧。我们可以从权力结构、秩序结构、观念结构三个层面来前瞻这场疫情将会对国际秩序造成的重大而深远的影响。

一、新冠疫情凸显并将进一步加剧国际权力结构的变革

权力结构的变化是国际格局中最为根本和基础性的变化。进入21世纪以来，国际力量对比的变化加速推进，主要体现为以中国为代表的新兴市场国家和发展中国家群体性崛起，从根本上改变了自工业革命以来西方国家在国际政治经济格局中长期占据主导地位的局面。国际力量对比更趋平衡，这是百年未有之大变局最大的变化。国际力量的对比，不仅表现为综合国力的对比、国际影响力的对比，也表现为人们对国家实力和影响力的认知的对比。[②] 新冠疫情发生之前，尽管国际权力结构已经在发生巨大的变动，但给人们的感觉是这种变动仍然处于一个量变的阶段。新冠疫情的发生，大大加速了国际力量对比向质变的临界点推进。[③]

第一，新冠疫情发生后，应对疫情成为一场综合国力和国家治理能力

---

① Henry Alfred Kissinger, “The Coronavirus Pandemic Will Forever Alter the World Order,” The Wall Street Journal, April 3, 2020, https://www.wsj.com/articles/the-coronavirus-pandemic-will-forever-alter-the-world-order-11585953005.

② 国务院新闻办公室:《新时代的中国与世界》白皮书，中华人民共和国国务院新闻办公室网站，2019年9月，http://www.scio.gov.cn/zfbps/32832/Document/1665426/1665426.htm。

③ 杨洁勉教授认为，此次暴发的新冠疫情使国际力量对比正在接近质变的临界点。参见:《专家：大疫情与大变局叠加，加速现有国际体系向某种临界点推进》，上观新闻，2020年4月7日，https://www.shobserver.com/zaker/html/233925.html。

的竞赛、国际公共产品供给能力和国际领导力的竞赛。国家间的力量对比不是像传统上那样通过战争或是经济、意识形态的较量体现出来，而是通过对重大传染病这一非传统威胁的应对而体现出来，又强化了政治、经济、科技、意识形态和外交的较量。原有国际体系中的主导国家——美欧发达国家，在疫情应对中暴露了综合国力和国家治理能力的相对下降，而中国等国家则表现出综合国力的积累效应和国家治理能力的优势。更有甚者，作为原有国际体系中的领导力量，美欧国家在全球疫情应对中的国际领导力明显下降，公共产品供给的能力和意愿也双双下降。而中国不仅彰显人类命运共同体的理念，倡导国际合作、承担国际责任，还以强大的生产能力和供给能力向其他国家和国际社会提供了大量的抗疫物资、医疗救治防控经验及技术标准，并向很多国家派出援外医疗队，体现出了不断增强的国际公共产品供给能力和初步的国际领导力。新冠疫情的发生及其应对，不仅凸显了百年未有之大变局下国家综合国力、国际影响力对比的巨大变化，而且使人们更加显著地感受到了这种变化。

第二，新冠疫情加剧了权力结构的变革，将会不可避免地对现存地缘政治格局和联盟体系带来冲击，国家间关系有可能形成新的分化组合。尤其是国际体系中的中等国家和小国，将有可能重新考虑其依赖或倾向的大国，而原有大国对于失去权力和势力范围的焦虑将进一步上升。疫情发生后，一些中小国家向国际体系中原有的大国或大国集团寻求帮助遭拒。面对部分大国自利倾向和自私行为的加剧，有关中小国家转而向中国寻求帮助，得到中国的积极回应。特朗普政府的单边主义和民粹倾向在疫情应对上变本加厉，甚至对盟国欧洲国家也同样表现出自利倾向。尽管美欧联盟的基础尚存，但它们在全球治理领域的分歧进一步扩大。欧盟在最初的应对中手足无措，甚至没有回应意大利等国的救助要求，不少成员国各自为政，进一步加剧了“再国家化”的倾向。如若大国的自利倾向和自私行为在疫情之后仍然得不到纠正，将严重削弱其联盟体系的基础。而新兴大国的成功经验和奉献精神将会吸引更多国家的认同、支持，甚至跟随。

第三，新冠疫情的应对显示，西方国家不甘于权力结构的变化，竭尽所能阻止新兴国家影响力的增长，新旧大国的全方位竞争关系将加剧。一些西方国家一方面将应对疫情不力的国内矛盾转嫁于中国，利用国内选举将疫情政治化，并试图拉拢其他国家向中国施压；另一方面则竭力阻止中国影响力的增强，污名化中国的对外援助行为，并借机挑拨中国与发展中国家、中国和一些中等发达国家的关系。中美关系原有的矛盾和竞争性在疫情的影响下也进一步升级和扩大。王缉思教授指出，新冠疫情对中美关系造成了相当大的冲击，双边关系下滑的速度加快，官方关系处在几乎冻结的状态，战略互信缺失日益严重，民间相互反感的情绪前所未有。[①]

二、新冠疫情凸显并将进一步推动国际秩序结构的变革

随着国际权力结构的变革，国际秩序结构不适应权力结构的矛盾日益突出。旧的国际秩序惯性强大但挑战日增，新的国际秩序酝酿萌发但尚未形成，新旧国际秩序交织成为百年未有之大变局的又一重要特征。新冠疫情的发生，进一步凸显了原有国际秩序在解决人类社会面临的挑战问题上日益不适应的矛盾，也进一步呼唤新的国际秩序的构建。

第一，新冠疫情凸显了现存国际制度和国际机制的危机，催生国际制度的嬗变重构。现存国际制度总体上是二战后形成的，美欧尤其是美国，是现行国际政治经济制度的主要构建者和维护者、国际公共产品的主要供给者。然而，早在新冠疫情发生以前，特朗普政府上台后在政治上奉行单边主义、经济上奉行保护主义、贸易上奉行霸凌主义，并退出了一系列国际机制、条约、协议、安排，已经造成了原有国际制度体系的危机。疫情发生后，美国更加自行其是，不但不积极支持世界卫生组织等国际机制的抗疫合作，还威胁暂停向世界卫生组织提供资助，进一步加剧了国际制度体系的危机。同时，在全球疫情的应对中，现存国际制度和机制的缺陷和缺位也进一步凸显，各国应对措施倒退到各自为政的状态，国家主义、民族主义、民粹主义明显上升。阎学通教授就指出，疫情放大了无政府国际体系，国家各自为政将成为一个长期趋势。[②]

新冠疫情不只是一次公共卫生危机，还给全球和世界各国带来了一系列的政治、经济和社会挑战。事实已经证明，这些问题靠各自为政无法解

---

① 王缉思：《新冠疫情下的中美关系》，北京大学国家发展研究院网站，2020年3月26日，http://nsd.pku.edu.cn/sylm/gd/501976.htm。

② 阎学通：《疫情放大了无政府国际体系，全球合作还有未来吗？》，观察者网，2020年4月6日，https://www.guancha.cn/YanXueTong/2020_04_06_545622_s.shtml。

决，单靠原有的国际制度和国际机制也无法得以有效解决，需要改革原有的国际制度或者构建新的国际制度和全球治理机制。国际制度的嬗变和重组必然要反映权力结构的变化。在这一过程中，原有主导国家在国际制度和国际机制中的地位和作用必然发生变化，这当中将伴随着国际领导力的激烈竞争。

第二，新冠疫情凸显了全球化的危机，全球化与反全球化的较量将更加激烈。全球化所带来的人员的全球性流动和交通方式的便捷，客观上便利了新冠疫情的全球传播，因此有不少人简单地将疫情的根源归咎于全球化。随着各国采取隔离措施，在全球化过程中形成的产业全球分布与民族国家利益之间的矛盾凸显，全球价值链、产业链、供应链的暂时性中断凸显了发达国家产业结构的弊端，近年来在欧美发达资本主义国家内部已经呈高涨之势的民粹主义和孤立主义进一步加剧。不少国家开始反思，试图重构工业体系和对外贸易体系，收缩产业链，这将对全球自由贸易体系产生负面影响。疫情的发生也使全球化不可逆的固有认知大打折扣，突如其来的疫情以非传统威胁的方式瞬间就使国家间的硬边界重新树立起来，哪怕像欧盟这样一体化程度最高、国家间边界“消失”的地区也出现了“再国家化”趋势。

新兴国家作为新一轮全球化的主要受益者和推动者，在还未完全享受到应有的全球化红利时，可能将面临原有全球化主导者欧美国家的反全球化浪潮。新兴国家构建新型全球化和全球互联互通网络的构想将直接遭遇这一新的反全球化浪潮。

此外，如果新冠疫情得不到有效遏制而长期蔓延，将有可能导致部分治理能力不足的国家陷入经济停滞、贫困、社会混乱甚至动乱。这将进一步严重削弱全球化的动力，使新型全球化遭遇新的障碍和挑战。

第三，新冠疫情可能加剧各国内部秩序的嬗变，挑战传统政治结构。新冠疫情对世界各个国家形成的挑战是全方位的，对各国社会的冲击也是全方位的。世界各国基本上都进行了社会总体动员以应对疫情，大部分国家进入了紧急状态。不少国家的领导人指出，这是自二战以来，少有的全方位危机和全方位社会动员。在这个过程中，疫情的应对不仅是国家治理能力的竞争，也构成了政治制度和社会形态的对比。重大危机对原有的国家形态形成了冲击。国家边界的重新恢复，国家紧急状态的长期延续，准军事动员，以及种族主义的言论和煽动等都在挑战原有的政治结构和国内秩序。危机应对中形成的权威主义也可能进一步加剧美欧国家中的民粹主义和强人政治。这些都将对国家内部的政治结构和政治秩序带来重大影响。

三、新冠疫情凸显并将进一步加剧观念结构的变革

观念结构的变化在大多数情况下滞后于权力结构和秩序结构的变化，并与后者相互交织，产生更加复杂的影响。百年未有之大变局下，东西方权力结构的变化和新旧秩序的交织，反映在观念结构的变化就是自由主义意识形态的式微。[①] 近年来，自由主义意识形态的优势地位已经在不断受到挑战。在西方社会内部，随着全球金融危机和欧债危机的爆发，新自由主义理论和制度盛极而衰。[②] 非西方国家经济的快速增长和社会发展取得的巨大进步则直接挑战了西方制度和意识形态所谓的“普世性”和“优越性”。在新冠疫情的应对中，不同社会制度在危机应对中的效率和优势差异更加直白地显现出来，不同社会制度背后的价值导向也更加直白地表现出来。虽然疫情应对本身不是简单的制度之争，但是制度优越性的对比却在疫情应对中体现出来，展现在全世界面前。

第一，在抗击新冠疫情和后疫情经济社会恢复的努力中，自由主义意识形态进一步受到挑战。前所未有的危机应对，使政府、社会和个人的关系经历重大的历史性调整，强化政府干预和资源配置能力的“新国家主义”在全球各地受到关注。[③] 对全球化的反思也进一步促进了对新自由主义意识形态的反思。

第二，西方国家在人权保障方面的优势不再，中国体现出对人民生命基本权利保障的优势。中国在抗击疫情过程中将人民的生命权和健康权放在第一位，不惜一切代价和以举国力量抢救生命、救治病患，在疫情防控

---

① 张骥：《百年未有之大变局下中法关系的再定位——国际关系创新的伙伴》，《欧洲研究》2019 年第6期，第36页。

② 王缉思：《世界政治进入新阶段》，载王缉思主编《中国国际战略评论（2018上）》，世界知识出版社，2018，第6页。

③ 朱锋：《新冠疫情会如何改变世界》，《环球时报》2020年5月6日。

和经济发展的关系上始终将人民的生命健康作为最重要的考量。与之形成鲜明对比的是，一些西方国家在抗击疫情初期提出所谓的“群体免疫”，以及把经济发展放在人民生命健康之上来权衡政策。

第三，中国倡导的人类命运共同体理念在新冠疫情应对中体现出价值优势，获得越来越多的认同。新冠疫情的发生再次证明，人类是一个休戚与共的命运共同体。在应对疫情的过程中，中国始终倡导并身体力行人类命运共同体理念，不仅通过自身作出的巨大牺牲为其他国家抗击疫情赢得宝贵时间，还向世界各国提供力所能及的帮助，始终奉行多边主义，并积极支持联合国，特别是世界卫生组织等国际机构发挥作用，加大国际公共产品的供给。这与一些西方国家的自利行为和民粹主义、排外主义形成鲜明对比。中国提出的人类命运共同体理念占据了全球抗疫斗争的道德制高点，获得了更多国家的支持和认同，越来越多的中小国家接受了这一理念。

当然，如同秩序结构一样，西方国家并不甘心其在观念结构中的地位下降，在意识形态领域的优越感和惯性依然非常强大。一方面，在新冠疫情下，意识形态的竞争和对抗在某些领域被放大和政治化，观念结构中的竞争和对抗有强化的趋势。另一方面，必须清醒地看到，自由民主制度及其意识形态在一些国家仍然具有强大的制度韧性，其社会具有很强的修复能力。当这些国家从严重的危机中修复过来的时候，同样会在观念结构中保持惯性，强化竞争。

四、结语

新冠疫情对国际关系和国际秩序带来的影响是重大而深远的。疫情发生在世界正处于百年未有之大变局之际，疫情的发生及其应对过程，将世界在权力结构、秩序结构、观念结构中已经在积累酝酿的重大变革凸显出来，凸显了国家在综合国力、治理能力和国际公共产品供给能力、国际领导力方面的对比与竞争，凸显了国际制度、全球治理的危机以及国际、国内秩序的嬗变，凸显了自由主义意识形态的式微。同时，新冠疫情所带来的全方位的政治经济社会挑战，进一步加剧和催化了权力结构、秩序结构和观念结构的重大变革：大国间的全方位竞争关系加剧，地缘政治结构和国家间关系面临新的分化组合；国际制度改革和重构更加紧迫，国际社会面临新一波的反全球化浪潮，传统政治结构和国内秩序加速嬗变；意识形态和观念领域的竞争与对抗更趋激烈。

后疫情时代的中外人文交流：机遇与挑战

王　文

【内容提要】新冠疫情已成为百年来最大的全球卫生危机，人流、物流、信息流、资金流都受到难以想象的阻碍。中外人文交流面临着比传统时代更复杂的挑战，也迎来比过去更富有创新空间的机遇。笔者认为，后疫情时代，应增加人文交流的预算支出，推进人文交流机制体制改革，完善配套激励机制和保障机制，开拓多元化渠道，对外发声更具国际化视野和成效，培养人文交流人才，打造专业化中外人文交流团队。总之，后疫情时代，百年变局的程度远超预期。变局不等于定局，变局可能还有大变数。切不可盲目乐观，而应该戒骄戒躁，稳扎稳打。

【关键词】后疫情时代　中外人文交流　机遇与挑战

【作者简介】王文，中国人民大学重阳金融研究院执行院长、丝路学院副院长、中美人文交流研究中心执行主任，教授。

新冠疫情已成为百年来最大的全球卫生危机，全面冲击了人类政治、经济、社会的运行。人们早已习以为常的全球化进程面临前所未有的“休克”状态，人流、物流、信息流、资金流都受到难以想象的阻碍。17世纪建立的由民族国家为核心的威斯特伐利亚体系，也面临着从未有过的严峻挑战。不只是民族国家，跨国市场经济、日益碎片化的社会个体在全球化的“后休克时代”注定会彼此竞争、长期共存。中国既是全球化重启的塑造者、推动者，也是承受者、应对者。[①] 中国面临的不是“G2时代”“G0

① 王文：《“全球化休克”与“后疫情时代”的中国策略》，《世界社会主义研究》2020年第3期。

时代”或“G20时代”，而是如同回到“新中世纪主义”那样的“Gn时代”，在权力分层化的空间里，与无数个国际行为主体共同博弈。① 对此，中外人文交流面临着比传统时代更复杂的挑战，也迎来比过去更富有创新空间的机遇。

一、全球化面临三类危机

病毒无国界，传染无止境。以领土主义为指导的国家观念与全球治理，显然无法应对这场突如其来的人类大灾难。全球化被迫遭遇三类始料未及的危机：

一是全球生命危机。截至2020年10月初，全球约3500万人感染新冠病毒，超过100万人死亡，全球正在研发的候选疫苗已超过200种。但科学家发现，新冠病毒已出现了上百个变种，疫苗恐怕很难跟上其变化速度。最悲观的估计是，如果人类不能在短期内生产出疫苗和特效药物的话，全球77亿人口中将有超过10亿人感染，将有约7000万人会因新冠病毒死亡，超过1918年“西班牙大流感”（约6000万人）和第二次世界大战（约5000万人）的死亡人数。那将是人类史上最大的一次浩劫。②

二是全球经济危机。新冠疫情给餐饮业、零售业、旅游业、影视业、航空运输业等产业都带来毁灭性冲击。根据国际货币基金组织（IMF）、世界银行、经济合作与发展组织（OCED）预估，2020年全球经济增长率预计为–4.9%至–6%。根据国际劳工组织预计，疫情将影响81%的劳动力和27亿人的工作。国际贸易下滑，跨境投资至少下降30%，衍生出下一轮的债务危机、金融危机、能源危机，以及如粮食危机等其他次生灾害。全球经济正在面临二战之后的最大衰退，远超2008年全球金融危机。

三是全球社会危机。疫情冲击正加剧国家间关系的结构性重塑，如产业链本地化、区域化等。笔者以“全球化休克”来形容此轮疫情影响下的

---

① 关于“新中世纪主义”与“Gn时代”，可参见：张建新《后现代视野中的国际体系——全球化和新中世纪主义体系观之比较》,《世界经济与政治》2003年第6期；王文《世界政治进入“Gn”时代》,《对外传播》2019年第4期。

② World Health Organization, “Coronavirus disease (COVID-19) pandemic,” October, 2020, https://www.who.int/emergencies/diseases/novel-coronavirus-2019.

人流、物流、信息流前所未有的大停摆，行禁令、入境管控，甚至封锁边境措施正变成许多国家的“新常态”。其结果则使要素流动更难，国际交往受限，生产和贸易活动处于放缓或停滞状态，此前已十分脆弱的全球化“雪上加霜”。失业率的飙升导致一些国家的内部社会出现严重的混乱和撕裂。疫情、失业率、民权运动将冲击原本就脆弱的国际社会，极可能会导致局部战争与地缘政治冲突。一场自二战结束以来最严重的人类社会失序正在发生。

目前，人们对病毒的认知仍是非常有限的。如果把新冠病毒比作一场外星人入侵，那么，这场新的世界大战已经到了保卫人类文明的高度。如果人类再不团结，将遭遇人类文明史以来最坏的“黑暗时代”。但美国作为唯一超级大国的领袖作用缺位且自身难保，诸大国协调难度加大，国际机制行动迟缓、国际组织部分失灵。更糟糕的是，很多人并没有充分认识到新冠疫情给人类社会带来的严重危害。笔者认为，人类抗疫正面临着三方面的阻碍：

一是反科学主义。欧美国家的一些人不相信科学，笃定自由比生命更重要。类似观念助推了病毒的全球二次传播。这些人不愿意戴口罩，认为新冠疫情不过是一场流感，甚至是一场阴谋。聚餐、聚集、派对狂欢导致相当多的人感染，但仍有许多人心存侥幸，认为感染概率很低，不会影响自己。事实是，戴口罩、勤洗手、居家令的实施使各国感染曲线放缓。对科学的轻视，就是对人类文明的轻视。不尊重科学，不尊重生命，单纯地谈论自由没有意义。

二是反全球主义。“全球化休克”，正符合一些反全球主义者的想法。美国特朗普政府选择迎合国内的民粹主义，采取保护主义的贸易政策，限制移民和签证，并且退出许多国际组织和协定。但事实并非如此，因为人类之间紧密相连的程度，所以没有哪个国家能够回避难民、气候变化、人权、生态、移民、毒品、走私等全球问题。

三是反合作主义。只要还有一个国家存在确诊者，就不能宣告疫情结束，就不能完全取消防疫检查。在这场疫情下，美国的形象尽失，还公然抹黑和攻击其他国家，试图将疫情怪罪到某一个国家的头上来转移国内矛盾，并且试图切断对世界卫生组织的资金支持，间接地将许多需要世卫组织援助的国家置于更加危险的地步。其实，片面地采取某个种族或者某个国家优先而忽视人类共同的利益并不可取，国际合作才是解决全球问题的必经之路。

在这样的大背景下，中外人文交流面临着经济全球化以来的重大挑战，不只是作为人与人的面对面交流受到了阻碍，相关信息的互动与传递也受到了不同思潮的干扰。但另一方面，人们也开始重新思考后疫情时代的新特征与人文交流的新机遇。

二、“超中国化”面临着全球“Gn时代”

人类要真正躲过这场浩劫，一是要把人的生命放在第一位。在大灾难面前，保障公民的生命安全是各国政府的基本责任，也是人性的基本要求。要保护妇女、儿童、老年人、残疾人等弱势群体，保障人民基本生活。每一个生命消逝的背后可能都意味着一个家庭的破裂，重视自己和他人的生命是人类面对灾难时的第一要务，不应让那些背离这个基本宗旨的舆论混淆是非。

二是要跨国分享医疗信息，联合研发疫苗。人类科学界的大部分成就都是合作的结果，每一次突破都建立在前人的成果之上。面对变种繁多的病毒，各国应毫无保留地分享医疗信息和成果，共同致力于研发疫苗和挽救生命，这将是人类能够击败病毒的唯一办法。

三是要协调各国联手加大宏观政策对冲力度，防止世界经济陷入大衰退。这包括但不限于实施有力有效的财政和货币政策，促进各国货币汇率保持基本稳定；加强金融监管协调，维护全球金融市场稳定；共同维护全球产业链、供应链稳定。此外，还包括共同拓展数字经济、智慧城市、清洁能源、5G等新业态合作。避免疫情之后再次发生全球金融危机和大萧条，与抗击疫情同样重要。

秉持上述这些理念，自疫情全球暴发以来，中国以生命至上的理念，果断“封城”，减少疫情外输，借助本国制造业的全生产链，加足马力，为世界生产与出口医疗物资，全力倡导国际合作，为世界提供新冠病毒数据与其他公共产品，受到了国际社会的普遍欢迎。在这样的条件下，中外人文交流往往会收到意想不到的效果。

由此看，人口迁徙、商品交换、资金流动、技术变革等人类文明发展的必然规律决定了全球化不可能消亡，变化的只是全球化的重心、速度、方向而已。冷战结束以来，以美国为中心的全球化已走到了尽头。过去10年，中国对全球经济增长的年均贡献率接近30%，早已成为全球化的新发动机。

疫情蔓延在强化中国作为全球化新发动机的地位。世界贸易组织在2020年4月预计，疫情将使2020年全球贸易缩水13%至32%。2020年前4个月，美国对外贸易总额逐月下降，4月比1月下降了22%。中国在2月触底后呈反弹之势，5月已大体接近于疫情前的正常值。可见，国际贸易缩水主要源于美国，而中国则是全球贸易稳定的“压舱石”。全球跨境投资也严重萎靡，联合国贸易和发展委员会预估，2020年全球跨境投资将缩水40%，但前5个月中国实际使用外资增长超过8%。可见，后疫情时代，贸易与投资的“趋中国化”势头将越来越明显。“趋中国化”势头并不等于中国取代美国的领衔地位，也更不意味着中国发展的格局变得一马平川。从这个角度看，中美人文交流变得更加重要。

此外，疫情将瓦解原有的治理体系，权力结构进一步碎片化、分层化、区域化。由一个或多个国家集团主导着全球化的时代已终结（即不可能是“G0”“G2”或“G20”），而是有n种力量在不同层面影响或主导着全球不同的事态（即“Gn”）。换句话说，这些力量不只是传统大国，更有区域强国、国际组织、非政府机构、金融机构、跨国公司、意见领袖、智库、媒体等，组成了交叉重叠的国际权力网络，模糊化了全球权威归属，突破了主权归属权益，削弱了传统政治结构。全球化呈现了比过去更复杂的境况，中国需要审慎思考、重新布局战略议题，中外人文交流的广度与深度都将得到前所未有的拓展。

三、后疫情时代的人文交流[1]

综上所述，在当前内外部环境日益严峻复杂的情况下，要真正在平台、手段、渠道、人脉等各个领域重点突破，提振中国人文交流的国际话

① 在这部分建议中，笔者所在机构的同事杨清清、张梦晨、武音璇、张灏筠等作出了重要贡献。

语权和权威度，是一次对中国政府和社会各界提出的新要求、新考验，也是中国日益走近世界舞台中心不得不亟待正视的难题。

基于此，笔者提出以下可操作的建议：

第一，增加人文交流的预算支出，开放社会资金融入，形成以政府、企业、私人捐赠和基金会为主体的多元化资金来源，调动社会各界力量参与中国对外人文交流建设。

自新冠疫情暴发以来，“武汉病毒”“东亚病夫论”等言论甚嚣尘上，诸多负面国际舆论使中外人文交流面临诸多挑战。而国际舆论战和公共关系宣传活动是一场资本的战役，大量资金的注入是国际舆论战的基础。

美国政府有组织地开展人文交流活动始于第一次世界大战期间，威尔逊政府在1917年设立了公共信息委员会，专门负责美国的公共外交与人文交流。1953年，美国政府建立美国新闻署，从事公共外交与人文交流信息服务活动。在长达100多年的时间里，美国对公共外交与人文交流的资金投入与日俱增。而中国开始官方的有组织的公共外交与人文交流活动，在时间和投资上落后于美国半个多世纪。

增加人文交流预算支出，全方位增加舆论宣传力度。2015年，中国一般公共服务支出为1005亿元人民币，用于外交的支出为477亿元人民币。[①] 美国行政管理支出为729亿美元，用于外交的支出为409亿美元。[②] 中国用于外交的支出仅为美国的16%。近几年来，美国用于外交的支出与日俱增，中国与之差距日益拉大，大量的资金投入成为关键。增加中国在对外交往中人文交流各领域的支出，尤其是用于舆论宣传和全民教育方面的支出至关重要。

发挥中国企业优势，建立人文交流基金会。随着“一带一路”倡议的推进和中国外部环境竞争加剧，中国企业也对人文交流提出巨大需求，并逐渐拥有了“双重身份”——人文交流传播载体和人文交流需求方。这类中国企业包括中国交建、中国铁建、中国电建、葛洲坝集团和华为等，可将此类企业的资源进行整合，捐赠成立“中国企业人文交流基金会”，进

---

① 《中国统计年鉴（2016）》，国家统计局网站，http://www.stats.gov.cn/tjsj/ndsj/2016/indexch.htm。

② “Discretionary Spending 2015,” National Priorities Project，https://www.nationalpriorities.org/charts/interactive/2015/proposed_discretionary/.

行中国企业海外人文交流宣传整体布局和资金统筹。此外，也可进一步将国内知名社会人士、海外华侨和国际知名基金会的捐赠纳入其中。

推动中国声音立体化，形成“官学民商”四位立体发声系统。现阶段，国际社交媒体和国际舆论中的中国声音多以官方声音为主，传播渠道太窄，声音内容过于单一，也给中国企业和华人华侨发声带来局限和困扰。以基金会为契机，形成政府、媒体、智库、企业和海外民众为行动主体的多元化发声系统，充分利用海外资源和基金会资金，推动中国企业、海外华侨、中国智库与海外当地媒体、海外智库互动，自下而上实现多层次、多样化的发声和声音传递。

鼓励企业和个人为人文交流活动捐资。首先，相关部门可以通过公益广告等形式，营造一种鼓励民间捐助的正向社会氛围，吸引更多民间资本。其次，官方通过适当的措施引导，鼓励企业和个人为人文交流活动提供资金支持。例如，为提供人文交流资金的企业减免企业税额，授予提供人文交流资金的个人相应的荣誉称号，或者予以适当奖励。最后，设置相应的人文交流基金运营机构，专门接收来自企业和个人的捐资，并在捐资程序上予以简化，以方便捐资者。与此同时，还要做好资金运营明细公开等工作，让捐资者能够放心捐资，从而吸引更多的民间捐助。

第二，推进人文交流机制体制改革，完善配套激励机制和保障机制，提高全民人文交流意识，长效化、可持续地进行人文交流“大布局”。

全面推进中外人文交流，发挥人文交流引领作用。面对美国对华日益挑衅的行为，还需全民共同参与人文交流建设，做到“外交有限反击，全民无限合作”。在有关部委引领下，开展全民人文交流行动，并通过自上而下的人文交流学习提升全民意识，逐步推动“官学商”三方声音形成有效配合机制，丰富中国对外人文交流声音，使其内涵多元化，提高权威性和可信度。

加强人文交流机制体制改革，形成自下而上的有效协调机制。目前，中外人文交流已得到各级政府的关注，但是仍未形成有效的系统统筹。外交系统、全国政协外事委员会、地方政协和高校都参与人文交流事业建设，但仍缺乏全面统筹和有效协调机制。2012年，中国公共外交协会成立，主要业务范围包括人文交流理论研究和实践探索、举办各类人文交流活动、与国外机构开展对口交流合作，以及提供人文交流专业人才培训。建议在现有基础上进行进一步业务拓展，业务辐射范围延伸至全国各地，与当地政府和教育部门实现“人文交流教育下乡”，在外交部指导下，以中国人文交流协会为核心，进行自上而下的全民外交意识培养。

建议利用省市级外事办公室，形成全面人文交流培训系统，并建立中国人文交流培训基地。邀请中国各领域专家和学者，针对现阶段中国在国际舆论中的困境和议题，如涉疆问题、海洋权益、扶贫攻坚和绿色发展等议题，编写相关指导培训教材，进行全面的人文交流培训和学习，形成战略清晰、教学完善和分工明确的培训机制，逐步培养相关人员对外宣传意识，提升其对外宣传能力和讲好中国故事的能力。

发掘企业人文交流潜力，打造中国人文交流生力军。为了形成“官学商”相结合的全民人文交流氛围，还要发动社会各界的力量广泛参与。就企业层面而言，中国企业作为对外讲好中国故事、进行人文交流的重要主体，其相关培训不应仅局限于“一带一路”相关常识以及当地国家文化和语言学习，更应开展多样化培训。建议以“中国企业人文交流基金会”为试点，开展全方位人文交流培训，形成完整的企业培训机制，使中国企业在“出海”过程中成为中国人文交流最有力的国际生力军。

建议调动中国社会科学学者的积极性，改革当前高校的学术考核与奖励机制。譬如，可将出国参加国际会议、在国内举办重大国际会议、在海外媒体发表有利于中国形象国际传播的文章或接受海外媒体采访、在海外宣讲中国政策等行为，一并纳入高校学术评价体系和学者考核机制，鼓励哲学社会科学研究者投身于国家人文交流建设，以百年为目标进行人文交流全布局。建议设立“人文交流百名学者”，给予各类经济激励和安全保障，以便其在各类国际学术活动和会议上积极发声，以更具说服力和权威性的身份传递中国声音。此类专家学者和专业人士不应仅限于人文交流学者，更要放眼政治、经济、文化、气候变化、跨国犯罪、防疫医学等领域。

国际印象的改变，尤其是学术刻板印象的改观，并不是一蹴而就的，而是需要几十年甚至近百年的耕耘和潜移默化的影响，但是其意义却是深远、长久且广泛的。在有关部委指导下，团结各界学者在国际舆论场积极发声，逐渐打破国际学术次元壁，通过学术交流逐渐实现观念改变，冲破国外学术界刻板印象，相关改变必然辐射至各国专家的研究和教学当中，逐渐拓展印象范围。

百年为目标，提升全民意识，培养中国人文交流后备军。每一位中国人都是中国对外人文交流的一张名片，全民人文交流参与度有待进一步提升。建议在相关部委的指导下，在中国基础教育和高等教育领域开设中国人文交流人才培训班，培训班可设置“小学组”“中学组”“高中组”“大学组”和“社会组”，调动学生、家长和社会人士的积极性，实现人文交流全民参与的基础覆盖，打造全民人文交流社会影响力。此外，中国人民大学于2019年成立国际组织学院，旨在培养具有国际视野、通晓国际规则、拥有出色外语能力和具备跨文化交流的复合型国际组织后备人才，可以在此基础上，针对不同需求，充分利用现有高校资源，培养国际组织复合型人才和涉外复合型人才。

第三，开拓多元化渠道，对外发声更具国际化视野和成效。深挖后疫情时代线上与线下组合优势，搭建更多既契合国际社会关切又展现真实客观之中国的人文交流平台，说好新时代下的中国与世界的故事。

人文交流面向的主体是多元化的国际社会，因此根据不同国家和地区的现实发展需要，建立不同的多层次的对外传播平台是非常必要的。针对人文交流“引进来”，可推动微信、微博、QQ等中国社交平台走向国际化，吸引更多外国人使用中国的社交软件。针对人文交流“走出去”，可借助国外社交平台，鼓励更多政府部门及发言人、学者和意见领袖开设账号，以“入乡随俗”的方式讲述真实的中国故事，而且是能触动国际舆论的好故事，并对外传播中国理念、回应国际关切、澄清外部误解，但前提必须保证数据的真实性以及对外公开信息传播的权威度和准确性。同时，建立多语种宣传渠道，借助多语种平台，达到全方位、国际化、系统性介绍中国与世界关系的目的，让更多的国家和民众能随时了解中国的最新资讯。例如，博鳌亚洲论坛网使用了世界主要地区的通用语言，包括法语、西班牙语、俄语、阿拉伯语等。

建立有国际影响力的平台和宣传机制。举办具有影响力的国际论坛，是一个国家开展人文交流活动、提高国家软实力的重要方式。例如，达沃斯论坛、慕尼黑安全会议、瓦尔代国际辩论俱乐部年会、香格里拉对话会等。建议在有关部委的指导下，每年召开一次“中国人文交流年会”，邀请中外人文交流领域的官商学各界人士，以全球媒体互动对话的方式，系统阐述中国人文交流的理念和成绩，发布《中国人文交流白皮书》或研究报告。这不仅为世界了解中国提供了一个窗口和平台，也为中国提高国际影响力提供了机遇。

从会议组织角度来讲，要打破请几个国际知名人士就等于办好国际会议的逻辑。建议可进行公开招标竞投，以市场化、商业化、国际化的标准来寻找最专业的运营团队，以国际化的视野举办会议，提高国际认同感和吸引力。从会议的议题设置来看，要更加具有思想深度和前瞻性，聚焦海内外关注的热点、焦点问题，甚至可以在保障国家利益的前提下，大胆提出具有争议性的议题，这在一定程度上将体现中国的开放性。

第四，培养人文交流人才，打造专业化中外团队。

建议由相关部委牵头，评选年度“中国人文交流之星”或“中国人文交流十大杰出代表”。这一方面是鼓励各领域从事人文交流的人才走向世界，积极在国际机构任职或在国际平台发声；另一方面也是激励一批真正有想法、有能力、懂传播、会外交，具有国际视野和国家情怀，擅长讲好中国故事的人，成为中国人文交流事业和国际话语权建设的中坚力量。

建议在网络实名制的基础上，确定“人文交流人员白名单”，筛选出对党忠诚、觉悟高、有较强国际话语表达和传播能力的个人和组织，鼓励他们在国外主流社交媒体、网络空间积极发声。

建议中国在海外的跨国公司和民间组织（包括非政府组织、慈善机构等）积极参与当地的社会公益活动。鼓励中国有资质的非政府组织、慈善机构，以及在海外布局的中资跨国公司（包括国企、民企）等市场行为体积极参与中外人文交流活动，积极参与当地的社区构建等公益活动，如设立留学奖学金，援建医院、图书馆等。通过中国企业和中国人在海外的现身说法，让人文交流更接地气，更好地和各个国家和地区顺利融合。

建议充分运用好对华友善的国际资源。一方面，加强与联合国，特别是世界卫生组织的全方位合作，为夺取后疫情时代国际人权与卫生安全领域的道德制高点和话语权奠定基础。另一方面，要充分利用好国际社交平台，号召有影响力的政商学媒军等各界活跃人士，围绕与中国相关的话题进行深度讨论，以厘清事实真相。例如，笔者曾于2020年7月25日作为唯一的中国学者代表参加了由48个国家的学者自发组织的题为“任何针对中国的新冷战都违背人类利益"的全球在线公开会议。会议发布了名为《拒绝新冷战》的14个语种版本的共同声明，在国内外媒体平台的浏览量超过2亿，并在国际社会掀起了一股关于反对美国"新冷战"的讨论浪潮，非常有助于中国争取更多国际正向力量。

四、中国应审慎思考后疫情时代

后疫情时代，"趋中国化"之势将使中国深度嵌入全球错综复杂的大博弈中。中国对外博弈的对象不只是国家，还有许多非国家主体。虽然中国在全球化进程中的地位肯定将强于过去，但矛盾交织的世界运行方式可能超过中国当下可掌控与预判的能力范畴。

对中国外交而言，仍需坚持和平、合作、发展的传统理念。有不少国际势力不愿乐见中国崛起，甚至诅咒中国。有的国家对中国发展产生的巨量影响充满焦虑与恐慌，有的国家则对中国的期待空前高涨。对此，中国须对复杂矛盾进行分层管理，要敢于斗争，更须善于斗争；要追求合作，更须巧用合作。拥有14亿多人口的中国是世界最大的发展中国家，对外合作仍应以服务国内发展为主，对外抓主要矛盾，以"一带一路"倡议为主要平台，进一步推进全方位开放，以实现国家长远发展利益，最终实现人类命运共同体的终极理念。

对中国企业而言，则需要立足全球、着眼长远、主动转型。疫情正在倒逼中国企业提升数字化运营能力，促使中国企业借助智能化变革、电子商务平台等重新规划产品与服务目标，重新布局产业链在各个区域、领域的定位。当务之急在于，疫情导致全球化暂时受阻，企业不得不重新思考中国超大规模市场优势与内需潜力的巨大价值，进而寻求企业在国内、国际双循环新发展格局下的新机遇。

对中国民众而言，同样需要坚持艰苦奋斗的优良传统。防疫进程体现了中国人以大局为重、上下齐心、自律互敬的社会成熟度，也重塑了许多中国人的生活观、价值观、世界观与人生观。但"全球化休克"，中国不得不面对糟糕的内外部环境。因此，民众需要放平预期，在各自领域持有前所未有的危机感与忧患意识，平衡工作与生活、消费与储蓄、家庭与社会、短期与长远等日常矛盾关系。

总之，后疫情时代，百年变局的程度远超预期。变局不等于定局，变局可能还有大变数。切不可盲目乐观，而应该戒骄戒躁，稳扎稳打。只有这样，才能真正实现中华民族伟大复兴的目标。

人文交流理论

人文交流：对全球公共产品的贡献*

刘永涛

【内容提要】随着全球化日益扩张和国际发展合作不断深入，有关“人文交流”和“公共产品”的话题引起人们的广泛兴趣。突如其来的新冠肺炎疫情，促使各国更需要加强团结，携手应对共同威胁和挑战。维护和促进全球公共产品、深化人文交流的需求也变得尤为迫切。从社会建构的角度看，人文交流和公共产品之间存在着联系。如果说全社会中的每个人最终都能享受到全球公共产品带来的福利，那么，像人文交流这类在世界范围内的主体间互动所产生的积极能量，将有助于维护和促进全球公共产品。此外，由这类主体间互动所创造出的集体分享的知识、规范和认同，构成全球公共产品不可或缺的部分。从这个意义上，人文交流既是全球公共产品的维护者和促进者，也是提供者。

【关键词】国际发展合作　人文交流　公共产品　社会建构　中拉关系

【作者简介】刘永涛，复旦大学国际问题研究院教授。

随着全球化的日益扩张和国际发展合作不断深入，有关“人文交流”和“公共产品”的话题引起人们日益浓厚的兴趣。前者常见于国际社会、跨文化沟通领域的研究中；后者主要见于全球贸易、金融以及环境保护的探究中。突如其来的新冠肺炎疫情，给国际发展合作和人文交流带来严重冲击和制约。此时，各国更需要加强团结，携手应对共同威胁和挑战。维

* 本文原系英文：Liu Yongtao, “People-to-People Exchanges and Global Public Goods,” in Fudan-Latin America University Consortium (ed.), *Providing Public Goods in Times of Power Transition: Views from Latin America and China* (Beijing: Press of Chinese Social Sciences, 2020), pp. 22-42，感谢博士研究生于凡超对本文的翻译，辑入本书时做了若干文字增补和修订。

护和促进全球公共产品、深化人文交流的需求也变得尤为迫切。[①]

人文交流和公共产品彼此看似并不相关，但在全球化日益扩张的背景下，它们之间是否实际存在着某种潜在联系？本文尝试从社会建构的视角对其予以适当探究。一个基本假设是，倘若全社会中的每个人最终都能享受到全球公共产品带来的福利，那么，像人文交流这类主体间互动所产生的积极能量，将有助于维护和增进全球公共产品。此外，这类主体间互动还往往创造出集体分享的知识、规范和认同，构成全球公共产品不可或缺的部分。从这个意义上，人文交流既是全球公共产品的维护者和促进者，也是提供者。

本文首先从社会建构的角度理解全球公共产品和人文交流。在此基础上，本文将探究人文交流如何起着维护和促进全球公共产品的作用，揭示人文交流本身如何具有提供全球公共产品的功能。最后，本文将以国际发展合作中的中拉关系为例给予说明。

一

任何探究活动离不开一定的视角。不同的视角提出不同的问题、选择不同的分析方法，由此获得不同的答案。在当今国际发展合作领域，人文交流和全球公共产品均为日益引人注目的话题。如何推动它们朝着更加令人期待的方向发展，乃是人们的主要关切。事实上，国际发展合作的未来不仅取决于实际发生的事件，而且取决于人们从何种角度去理解和说明它们。

长期以来，一种占主导地位的看法是（尤其在西方），由于人性的缺陷和情理上的不完美，国际体系在本质上处于无政府状态。国际政治被悲观地描述为国家为了自我生存而彼此争权夺利的场所，国际关系被审慎地视为身居高位的政治家的事务。[②] 根据这一看法，对全球公共产品的理解

① 赵文昌：《疫情后谁来提供全球公共产品？》，《中国发展观察》2020年Z4期；刘晓黎：《面向互惠性理解：疫情语境下高校推进中美人文交流的探索——以武汉大学为例》，《世界教育信息》2020年第7期；秦丹：《疫情下中英人文交流的发展趋势与应对之策》，《世界教育信息》2020年第11期。

② Kenneth N. Waltz, *Theory of International Politics* (New York: McGraw-Hill, 1979); John J. Mearsheimer, *The Tragedy of Great Power Politics* (New York: Norton, 2001).

和认识主要基于国家以及其外交层面。这是一种以国家为中心的视角，它固然抓住了国家作为国际发展合作中的核心行为体，但也面临着“自相矛盾和难题”，因为它过于强调国家和物质的作用，低估了国际关系中其他行为体的作用，以及这些行为所处的广阔社会文化背景。[①] 现实地看，全球化和数字化正在把世界各个角落联系起来，各国民众之间彼此沟通和交流日趋频繁，形成国际关系中不可忽视的重要力量。在国家外交层面，政府更趋于为本国公民更好地与他国公民开展交流和沟通提供服务。在这种情况下，以国家为中心的视角尚不足以充分理解和说明当今世界正在发生的变化。

另一种看法则更多地关注人在创造社会和世界中的作用。这是一种社会建构的视角，认为社会关系使人们成为社会行为体。作为社会行为体，人们“从他们的社会关系中创造了全部的世界，而非仅仅是一个意义世界”。[②] 它的一个基本命题是，这个世界从根本上讲还是由社会（而非仅由物质）所构成，社会世界看似理所当然，却是“被创造出来”的，或者说，是经由社会行为体的行为所建构出来的。[③] 它试图超越仅对物质要素给予狭隘关注的藩篱，强调社会世界和人的主体行动之间存在着彼此构成的关系。这种带有本体论的看法引导出这样一种观点，即一定的规范、观念和知识对行为体身份、利益及行为的形成具有意义。

把社会建构的视角引入人文交流和全球公共产品的讨论，主要基于这样的认识：既然行为体的利益、效用和偏好是一定环境下经由行为体的社会建构而成，那么，要想理解和说明人文交流和全球公共产品之间的可能联系，有必要把二者放置在一定的社会文化情境中加以考察。正如一位评论者指出，人们参与社会活动，经过一定的社会互动和必要的文化实践，

---

① John Hoffman, “Reconstructing diplomacy,” *British Journal of Political and International Relations* 5, no.4 (2003): 526; Costas M. Constantinou, “Between Statecraft and Humanism: Diplomacy and Its Forms of Knowledge,” *International Studies Review* 15 (2013): 141-162.

② Nicholas Onuf, “A Constructivist Manifesto,” in Kurt Burch and Robert Denemark (eds.), *Constituting International Political Economy* (Boulder: Lynne Rienner, 1997), p.7.

③ Fredrick V. Kratochwil,“Constructivism as an Approach to Interdisciplinary Study,” in Karin M. Fierke and Knud Erik JØrgensen (eds.), *Constructing International Relations: The Next Generation* (New York: M.E. Sharpe, 2001),p.17.

人们“进一步参与活动的动机偏好”被社会建构起来。[①] 的确，全球化使国际关系在行动领域变得更加错综复杂。更多基层的社会行为体开始发挥重要作用，相比之下，传统的权威精英行为体（尤其是政体）收缩了它们的行动能力，甚至发生根本的转型。从这个意义上讲，全球化正在把世界变成经济、政治和观念复杂交错的单一空间，人类命运被更加紧密地交织在一起。

二

不同于私人产品或会员服务，公共产品是可供全社会每个成员获得并共同享用的产品或服务。这种产品或服务是不可分割的，也并非仅属某个单一个体所消费，因此往往被认为具有“非排他性”和“非竞争性”特征。公共图书馆（或者公共绿地）乃是公共产品的典型例子。它们一旦落成对外开放，任何人都可以利用它们（非排他性），单个读者或市民对图书馆（或绿地）的资源使用，并不影响其他读者或市民对它们的使用（非竞争性），尽管节假日或周末休息时可能出现人多拥挤的情形。

公共产品大体可分为国家、区域和全球三个层面。国家公共产品主要由本国政府税收及公共支出来实现供给；区域公共产品则由区域内诸国家共同提供。这两个层面的公共产品并不具有绝对意义的非排他性和非竞争性，因为它们所提供的诸多利益和福祉分别只有本国国民或区域内国家的国民所享受。

随着全球化空前扩张，具有挑战性的全球性问题日益突出，国家和区域层面的难题转化并上升为全球性难题的机会增大。一个国家的政策有可能对其他国家的福祉造成影响，这种影响往往是非排他性的和不可分割的。例如，稳定的全球气候系统可能因某个国家的政策及行为而遭破坏。换言之，确保人民的福祉单凭本国政府提供公共产品是不够的，它还依赖于全球层面的公共产品供给。

作为一种新型层面的公共产品，全球公共产品被理解为是一种“为每

---

① James C. Roberts, *Constructing Global Public Goods* (Maryland: Lexington Books, 2019), pp.1-2.

个人从心所欲生活而提供更好机会的产品”。[①] 它所提供的好处应该“覆盖众多国家、诸多民族，乃至未来几代人，在满足当代人需求的同时，不影响未来人们的发展选择”。[②] 全球公共产品具备三个基本特征，除了具有一般公共产品所蕴含的非竞争性、非排他性特征，它还必须具有惠及全球的特征。

全球公共产品覆盖范围广泛，大致可分为以下几种类型。一种是天然的全球公共产品，如臭氧层和气候稳定。真正意义上的天然全球公共产品并不多见，稳定的全球气候乃是一个突出的例外，因为地球上所有人都需要清洁的空气和顺应天时的气温，而这些需要的满足乃有赖于所有国家的共同努力。另一种是经济和社会的全球公共产品，如全球经贸合作、金融稳定、防止核扩散、打击跨国恐怖主义和预防大流行病蔓延。还有一种同样重要却鲜为提及的是文化的全球公共产品，譬如全球范围内的科学与实践知识、信息、价值、规范以及文化遗产等。一种新知识或新技术（如互联网）一旦形成，便会传播到世界各处，使整个人类社会受益。[③]

一个核心关切是如何确保全球公共产品的供给。成功且有效地提供全球公共产品，对于增进“整个全球社会”的福祉至关重要，也有助于应对21世纪所面临的全球新挑战。[④] 一般来说，非排他性会带来搭便车的情形。消费者在免费使用他人提供的公共产品的同时，可能不愿意为公共产品的供给作出自己的贡献。应对公共产品供给不足的传统做法，乃是由一些更高权威或政府提供。全球公共产品供给的难题在于，在国际体系中，实际

① Séverine Deneulin and Nicolas Townsend, “Public Goods, Global Public Goods and the Common Good,” *International Journal of Social Economics* 34, no.1/2 (2007): 32.

② Inge Kaul, Isabelle Grunberg, and Marc Stern (eds.), *Global Public Goods: International Cooperation in the 21st Century* (Oxford: Oxford University Press, 1999), p.3.

③ 有关全球公共产品种类的具体讨论，可参阅：Inge Kaul, Isabelle Grunberg, and Marc Stern (eds.), *Global Public Goods: International Cooperation in the 21st Century* (Oxford: Oxford University Press, 1999)；S. Niggol Seo, “A Theory of Global Public Goods and Their Provisions,” *Journal of Public Affairs* 16, no.4 (2006): 394-405; Séverine Deneulin and Nicolas Townsend, “Public Goods, Global Public Goods and the Common Good,” *International Journal of Social Economics* 34, no.1/2 (2007): 19-36。

④ S. Niggol Seo, “A Theory of Global Public Goods and Their Provisions,” *Journal of Public Affairs* 16, no.4 (2006): 395.

并不存在比主权国家更高的政治权威或行为体。

在全球公共产品供给方面，大体存在着两种主要模式。霸权供给是一种占主导地位的模式。在（西方）霸权稳定理论倡导者看来，全球公共产品的供给由一个全球性霸权国单独承担足矣。但历史表明，没有哪个超级大国能够经久不衰。倘若霸权的成本过于高昂，那么霸权国也将变得难以维持其霸权地位。历史还表明，霸权国制定全球公共产品供给政策时，往往首先出于满足本国利益需求的考虑。这便产生了问题：以此种模式提供全球公共产品，难以实现真正的公平分配，因为霸权国通常占有最大份额的好处。不仅如此，此种模式缺乏稳定的全球公共产品供给保障，因为霸权国自身面临着历史性的兴衰。① 另一种可能更具吸引力的模式则把重点放在国际（人际）发展合作，强调"联合提供、集体决策，成本合理分摊，利益共同分享"的共赢逻辑。② 换言之，全球公共产品供给乃是由所有国家和它们的人民共同努力所承担。在一些评论者看来，"一带一路"倡议乃是这种全球公共产品供给模式的典范之一。③

另一个核心关切是如何维护和增进全球公共产品。不同文化和身份之间的持续冲突，以及近年来呈上升趋势的反全球化、民粹/民族主义、贸易保护主义等思潮，对国际发展合作以及由此带来的全球公共产品构成新威胁。一直以来，全球公共产品的维护和促进主要依赖于"政府间外交"的努力，就像全球公共产品的供给也依赖于这种努力一样。不过，随着非政府行为体的努力（如人民之间的交往）在全球化进程中不断发挥着重要作用，这种仅依赖"政府间外交"的做法有必要加以拓展。其实，在享受全球公共产品福利的同时，各国民众都有意愿为保护和促进自身从中受益的福利而共同努力。从这个意义上讲，全球层面的人文交流应该加以鼓励，为促进全球公共产品作出贡献。

---

① 参阅：Paul Kennedy, *The Rise and Fall of the Great Powers* (New York: Vintage Books, 1989)。

② 黄河、戴丽婷：《"一带一路"公共产品与中国特色大国外交》，《太平洋学刊》2018年第26卷第8期，第53页。

③ 刘雪莲、李晓霞：《论"一带一路"区域性公共产品的供给创新》，《阅江学刊》2017年第9卷第5期，第5—17页；宋效峰：《全球治理变革背景下中国特色国际公共产品供给范式》，《北华大学学报（社会科学版）》2019年第20卷第1期，第102—108页。

三

在古代中国，文化和自然有着同等重要的地位。“天人合一”的观念在中国最早的哲学经典《易经》中得到表达。它认为，人可以通过观察自然现象去了解季节的变化，通过探究人类现象去促进社会的发展。在塑造和改变社会生活方面，自然和文化被认为具有同等重要的力量。这是古人对社会学习、技能和文化在形成人类文明和推动历史进步方面有着独特作用的朴素认识。

人类现象是一个动态的概念，可一般理解为“人类社会的全部文化现象”。作为生物在成熟过程中逐渐积累起来的知识和经验，文化影响着生物的生存和发展，是生物对自然世界或周围环境适应性的体现。它既涉及人类生活的外在方面，如衣食住行，也涉及其内在的心理和精神活动，即由社会和语言建构起来的思想、价值观和规范。世界上固然存在着不同的生活方式和习俗，人们的观念和认知也固然各不相同，但是人们的追求通常与那些在文化上被认为是先进的、科学的、优秀的、健康的社会生活相关。

如果说人是万物的中心，那么人与人之间的互动，或者说他们之间的交流，乃是世上全部交流中最具吸引力的一种交流，它的独特之处在于人与人之间心灵上的真诚沟通。古人以为：以利相交，利尽则散；以势相交，势去则倾；唯以心相交，淡泊明志，友不失矣。从现代意义上讲，倡导人与人之间交流乃基于这样一种看法：随着国际关系的参与者扩展至非国家行为体，包括社会中的普通人，以国家为中心的视角难以充分理解和认识当今世界。在一个经济日益全球化、政治更趋民主化、技术和数字更加先进的世界里，国际关系不再被简约地理解为民族—国家之间的关系，而是延伸至包括不同社会、文化、民族、种族乃至部落群体之间的相互联系。

于是，人的因素有必要重新引入国际关系考量。人文交流强调人民在国际事务中起着不可忽视的作用，可大致理解为不同国家、不同文明的人群之间跨文化沟通，包括交流甚至分享彼此的观点和体验，以增进相互了解和友谊。通过这种交流所形成的共享知识、规范和观念把各国人民联系在一起，并被视为建立各国良好关系的重要社会基础。从这个意义上讲，

中国签署合作文件的地区国家不断增加，其中包括加勒比共同体成员。[①]

不过，挑战和潜在的障碍并非不存在。在政治方面，西半球的开放性社会难免不受当今贸易保护主义、政治保守主义以及民粹/民族主义等思潮影响，这些思潮与反全球化情绪交织在一起，在全球范围内强势回归。经过近20年的左翼集体治理的所谓“粉红浪潮”（Pink Tide）之后，拉美的政治生态、经济转型和外交政策再度进入调整阶段。随着中美之间战略竞争及权力政治带来超出预期的影响，地缘政治不确定性因素也随之增多。[②]“中国威胁”“中国新殖民主义”以及所谓“债务陷阱”之类的言论，逐渐从美国向外蔓延并扩散到拉美和加勒比地区。

在经济方面，中国与拉美和加勒比地区国家拥有类似的技术附加值产品和数字产品，也有着以出口导向为主的相似产业结构。此外，可持续发展是一个主要关切。如同世界其他地区一样，该地区面临着既要追求经济快速增长，又要保护环境和自然资源的两难境地。所有这些可能导致其出现市场竞争甚至贸易摩擦。

在文化方面，近年来，中国同拉美和加勒比地区国家的文化交流日益增加，但与金融投资、贸易量和技术设施项目所取得的成就相比，双方对彼此社会价值、信仰、文化以及生活方式方面的相互理解和欣赏仍然不足。

为了解决这些难题——该地区国家对中拉国际发展合作尤其是“一带一路”倡议所提供的全球公共产品构成潜在威胁的担忧，深化中拉人文交流势在必行。人民之间的友好纽带关系是支撑中拉合作和共建“一带一路”的文化和社会基础。追求和平与繁荣生活是各国人民的共同梦想。通过各种形式的外交活动和文化交流，“一带一路”沿线国家人民将增进相互了解和认同，为推进“一带一路”建设奠定坚实的文化和社会基础。正如一些

---

① Lu Kun, “Ambassador Lu Kun Published a signed Article on the Belt and Road Initiative (BRI),” Embassy of The People’s Republic of China in the Commonwealth of Dominica, http://dm.chineseembassy.org/eng/.

② Sandra Zapata y Aldo Adrián Martínez-Hernández,“La política exterior latinoamericana ante la potencia hegemónica de Estados Unidos y la potencia emergente de China,” *Colombia Internacional*, issue 104 (2020): 63-93, 31.

评论者指出,文化及社会交往是21世纪中拉关系的核心主题之一。[①] 通过文化和学术交流、人力资源和媒体合作、青年和妇女参与等人文交流，该地区全球公共产品可以得到更好的维护和促进。尽管新冠肺炎疫情给中拉关系带来新的挑战，但是中国同拉美和加勒比地区仍然保持着密切的交流合作。疫情期间（以及后疫情时代）中拉关系的发展，更需要以双方深化人文交流作为助力。[②]

中拉人文交流亦有着提升空间。一是获得更多来自政府的支持，包括提供顶层设计和制度支撑。二是拓宽双方文化交流平台和项目，进一步发展既有的文化交流项目，吸引更多知识分子、社会精英和青年参与其中。三是促进双方文化产品和旅游交流。四是加强双方社交媒体和智库之间的交流，让媒体工作者、专家学者在文化传播中发挥更大的作用。五是扩大双方高等院校师生之间的学术及教育交流。

综上所述，回到本文开始提出的问题，人文交流和公共产品彼此看似并不相关，它们之间是否实际存在着某种潜在联系？答案是肯定的。本文利用社会建构的视角，从两个方面理解和说明了这种联系。第一，维护和促进全球公共产品并非局限于各国政府的外交努力，而是可以把这种努力扩展至非政府行为体中间。全球性的人文交流实践可以为维护和促进全球公共产品作出积极贡献，使人们能够享受到全球公共产品带来的更多福祉。第二，除了作为维护和促进全球公共产品的工具，人文交流也提供着全球公共产品，其产品形式乃是通过社会建构而形成的分享知识、共同价值和集体认同。文化上的全球公共产品存在于人类共同的人文努力中，这种努力反过来也生产出文化上的全球公共产品。

本文以国际发展合作背景下的中拉关系为例，强调人文交流在克服各种复杂挑战，维护和促进中拉共建“一带一路”——作为一种全球公共产品——过程中发挥的积极作用，并认为中国与拉美和加勒比地区人民之间的友好沟通和交往，也为文化上的全球公共产品供给作出了一定贡献。

---

① 程洪、杨悦:《试论21世纪中国与拉美国家关系发展中的文化因素》,《拉丁美洲研究》2017年第39卷第3期，第146页。

② 参阅：张凡等《中国与拉美：软实力视域下的人文交流》，朝华出版社，2020。

人文交流及其在国际关系中的意义*

俞沂暄

【内容提要】本文尝试对人文交流的内涵和外延，以及在国际关系中的意义进行初步的梳理。由于文化外交与人文交流的关系较为密切，且较易相互混淆，所以对人文交流的定义和特征的论述将通过与文化外交的对比来进行。总体而言，文化外交属于政治进程；而人文交流属于社会进程，其参与者可以遍及社会各个层面，大体可分为知识界和大众两个群体。文化外交是服务于一国对外政策的单向活动，而人文交流是目标长远的双向进程。人文交流有自身的独立属性，在国际关系中的意义要通过综合性的社会进程来把握。从长远来看，人文交流有助于减少国家间的错误知觉，为国家间关系托底，增加促进积极发展方向的权威性声音，塑造国家的人文形象。

【关键词】文化外交　社会进程　知识界和大众　国家人文形象

【作者简介】俞沂暄，复旦大学国际关系与公共事务学院讲师。

近年来，人文交流在中国对外交往中的地位很突出。当前，很多研究都涉及人文交流的具体问题和对策，但不可否认，对人文交流本身及其意义反倒缺乏专门的关注。虽然仅凭常识就可大致理解什么是人文交流，但是仍然需要在学理上进行把握。为此，本文首先界定“人文交流”的内涵。由于国际关系层面上理解的人文交流与“文化外交”最为接近，也常常相

---

* 本文原题为《人文交流与新时代中国对外关系发展——兼与文化外交的比较分析》，原载于《外交评论》2019年第5期，辑入本书时略有删改。

互混用，所以对人文交流内涵的界定将在同文化外交的比较中呈现。[①] 在此基础上，本文将就人文交流在国际关系中的意义进行初步的解释。

一、人文交流与文化外交的区别

"人文交流"一词主要见诸当前的中国官方文献，其所涵盖的范围远远超出了传统的文化交流，几乎涉及人类所有的精神生产领域，以及与人事有关的经验、实践和机制。综合近年来的相关文本可以发现，当前中国政府使用的"人文交流"术语具有以下几个特征。

第一，人文交流涵盖的领域非常之广，除政治、经济、军事、环境保护以外，几乎所有领域的交流合作都可以纳入人文交流。第二，除了一般理解的相互举办文化、教育等各项活动，人文交流还包括了相关交流机制和传播能力的建设，以及有影响的项目、交流品牌的打造。第三，提出了"人文公共产品"的概念，并且要向国际社会积极提供。对于具体什么是"人文公共产品"，2017年中办、国办印发的《关于加强和改进中外人文交流工作的若干意见》(以下简称《意见》)特别指出，要"分享我国在扶贫、教育、卫生等领域的经验做法"。[②] 这就使人文交流包含了实践经验的总结与分享，与传统理解的"文化交流"相比，这是一种未曾有过的内容创新。

与中国现在主要使用的"人文交流"相比，"文化外交"的研究基础更厚实一些。不过，对于文化外交的含义，则大体有两类理解。一类把文化外交看作政府组织或推动的对外文化交往活动，虽然提到是"一种外交形式"，目的是"实现某种战略意图"，但是并没有特别强调与对外政策的关

① 目前，国内的很多研究实际上把人文交流、文化外交、人文外交看作对同一现象的不同表达，对这些术语之间的联系与区别着墨不多。虽然对人文交流的研究不少，但大多集中于对中国与有关国家或地区人文交流具体情况的描述上，对人文交流的理论性研究相对缺乏。值得注意的是，张骥与邢丽菊近期提出不能用文化外交、公共外交等传统思路解释人文交流，参见：张骥、邢丽菊主编《人文化成：中国与周边国家人文交流》，世界知识出版社，2018。

② 《中共中央办公厅、国务院办公厅印发〈关于加强和改进中外人文交流工作的若干意见〉》，新华网，2017年12月21日，http://www.xinhuanet.com/politics/2017-12/21/c_1122148432.htm。

系。[①] 另一类则强调文化外交与对外政策的联系，基本上把文化作为实现对外政策的一种手段。[②] “外交”一般被理解为国家间和平的、制度性的交往方式，是政治性的行为。第一种理解显然没有触及“外交”的核心，而是更接近对人文交流的描述。因此，本文将以第二类对文化外交的理解作为与人文交流对照的基础。

首先，人文交流与文化外交的目标不一样。人文交流着眼于长远、宏观的目标，具体可以分为两类。一是综合性的国家内外战略目标，如《意见》提到“加强与改进中外人文交流工作要以服务国家改革发展和对外战略为根本”。这样的综合性战略目标着眼长远，尽管包含了政治与对外关系方面的内容，但是无论覆盖面还是参与实施的部门都远远超出了政治与外交的范围；而且目标具有稳定性，不随一时一事而改变。[③] 二是人文领域自身的目标，如《意见》所说“以促进中外民心相通和文明互鉴为宗旨”。具体来说，这一目标既包含着人民之间相互理解的内容，也包含着精神生产领域的共享与提升的期望。也就是说，人文交流不但具有促进各国在文

① 例如，将文化外交界定为：“政府或者非政府组织通过教育文化项目交流、人员往来、艺术表演与展示以及文化产品贸易等手段为促进国家与国家之间、人民与人民之间相互理解与信任，构建和提升本国国际形象与软实力的一种有效外交形式，是外交领域中继政治、经济之后的第三支柱。”参见：胡文涛《解读文化外交：一种学理分析》，《外交评论》2007年第3期，第55页。“文化外交指一国政府主导下的、以实现某种战略意图为目的的对外文化活动。”参见：彭姝祎《试论法国的文化外交》，《欧洲研究》2009年第4期，第107页。“由政府或政府委托、资助的机构基于平等关系而进行的对等性与相互性的文化交往活动。其目标是塑造一国的良好形象，增强一国在国际上的吸引力、认同度和影响力，除了注重短期的、具体的效果，更强调长远的、深层的影响。其内容要求具有相对真实性和善意性。”参见：范勇鹏《论文化外交》，《国际安全研究》2013年第3期，第27页。“文化外交不同于政治外交，它是在官方组织动员和鼓励资助下对外国开展持续性人员交流、文化艺术传播，以及价值观、生活方式推广活动。”参见：吴白乙《文化外交：历史、现实的审视与思考》，《美国研究》2016年第3期，第18页。

② 例如，“文化外交即以文化传播、交流与沟通为内容展开的外交，是主权国家利用文化手段达到特定政治目的或对外战略意图的一种外交活动。”参见：李智《试论文化外交》，《外交学院学报》2003年第1期，第83页。“（文化外交）是支持政治与经济目的的努力的一个部分。”参见：David Clarke, “Theorizing the Role of Cultural Products from a Cultural Studies Perspective,” *International Journal of Cultural Policy* 22, no. 2 (2016): 149。

③ 中国提出的“一带一路”倡议和人类命运共同体，都属于这类综合性的长远目标。它们都是关涉长远、宏观的国家与世界发展大计的规划或设想，不是简单的外交或对外政策。参与这类目标规划和实施的部门众多，外交部门只是其中的一个。

化等诸领域互相学习、共同提高的目标，而且最终还可以为形成某种文化互鉴共享的区域打下基础。总之，人文交流是长期、深远、细致且连续性的进程，在某种程度上体现了对人文领域自身学习交融的理想化追求；人文本身的共享提升是交流的主要目的，急功近利反而可能对其造成伤害。

文化外交则不同。与人文交流致力于长远而宏观的目标相比，文化外交更注重具体而实际的中短期目标。这是由文化外交本质上附属于对外政策而决定的。因为对外政策目标较为具体，理想化成分也少，对中短期的成果有着比较明确的要求。从实际运作来看，各国进行文化外交，都是出于一时的对外政策需要，基本上不考虑人文交流可能有的长远而理想化的前景。例如，法国就是一个用文化手段服务于对外政策的典型代表。19世纪后期，法国在海外大力输出文化和宗教，就是为了列强之间的竞争。[①] 美国的例证更加凸显文化外交与对外政策的密切联系。美国的文化外交始于20世纪30年代向拉美宣传和输出美国的文化，其直接目的是应对纳粹德国在拉美的文化扩张。[②] 1949年希腊内战结束后，美国对希腊进行文化外交的目标就是要促进形成反共、亲美、接纳资本主义生产方式的价值观和信仰体系。[③] 这同样也是美国对苏联冷战的主要政策目标。由此不难理解，冷战结束后，美国的文化外交也随之被冷落。1999年，连冷战时负责文化外交的美国新闻署（U.S. Information Agency）也遭裁撤。[④] 从这些事例来看，文化外交中的文化只是实现对外政策的手段，服务于中短期的政策目标。换言之，文化外交的实质在于外交，而不在于文化，一般不会过多考虑文化自身的需求与发展。

从这个意义上来看，孔子学院的定位就很清楚了。孔子学院章程的第一条就提出："致力于适应世界各国（地区）人民对汉语学习的需要，增进世界各国（地区）人民对中国语言文化的了解，加强中国与世界各国教育文化交流合作，发展中国与外国的友好关系，促进世界多元文化发展，构

---

① 彭姝祎:《试论法国的文化外交》，第108页。

② 吴白乙:《文化外交：历史、现实的审视与思考》，第15页。

③ Zinovia Lialiouti, "American Cultural Diplomacy in Greece, 1953-1968," *Journal of Transatlantic Studies* 15, no. 3 (2017): 230.

④ David Clarke, "Theorizing the Role of Cultural Products from a Cultural Studies Perspective," p. 148；胡文涛:《解读文化外交：一种学理分析》，第53页。

建和谐世界。”[①] 孔子学院的主要业务范围也是汉语教学、培训汉语教师等语言文化交流活动。这说明孔子学院是典型的中外人文交流项目，而不是服务于对外政策具体目标的文化外交项目。其发展规划与成效评估都应该从语言文化学习的长远意义和国家综合性人文交流目标的角度理解，急于把其与文化外交挂钩，反而会损害这一长远目标。

其次，鉴于人文交流与文化外交的目标不同，它们各自的进程也不同。人文交流是双向的，既要在人文领域让外国理解本国，又要让本国理解外国，这样才能达到“民心相通、文明互鉴”的目的。因此，人文交流总是包含“走出去”和“请进来”两个同时发生的进程。2019年3月，中国和意大利发布联合公报，其中关于人文交流的内容就提到，要互办文化和旅游年，在中国中学开展意大利语教学和在意大利中学开展中文教学。[②] 在人文交流中，对外传播推广本国的文化等精神产品固然重要，引进外部优秀文化也同样关键。有些对外人文交流项目的主要目的，就是弥补本国某一方面的不足而“请进来”进行学习吸收。中意在足球方面的交流合作，主要就是为了满足中国观众对高水平足球赛事的需求，提高中国的足球水平。[③]“2019中芬冬季运动年”也是为了提高中国的冬季运动水平，为2022年北京冬奥会作准备。[④]

文化外交则主要是单向的。虽然很多文化外交以交流的形式出现，但是学习借鉴对方的文化成就基本上不在考虑之列。这是由文化外交的外交性质决定的。外交是对外维护国家利益的和平方式，文化又只是达到外交目标的手段。因此，文化外交的任务就局限在宣传和输出本国的文化等精神产品，扩大自己的文化和价值观的影响力方面，从而有助于对外政策的实施。这一点在冷战时期有非常典型的表现。例如，美国中央情报局一直资助“文化自由代表大会”及其文学艺术活动，不仅以此对抗苏联的文化

---

① 孔子学院总部/国家汉办网站，http://www.hanban.org/confuciousinstitutes/node_7537.htm。

② 《中华人民共和国和意大利共和国关于加强全面战略伙伴关系的联合公报》，中华人民共和国外交部网站，2019年3月23日，https://www.fmprc.gov.cn/web/zyxw/t1647837.shtml。

③ 《中央广播电视总台将助推中意足球交流》，新华网，2019年3月25日，http://www.xinhuanet.com/sports/2019-03/25/c_1124278788.htm。

④ 《孙春兰同芬兰总统尼尼斯托共同出席“2019中芬冬季运动年”开幕式》，中国政府网，2019年1月15日，http://www.gov.cn/guowuyuan/2019-01/15/content_5358124.htm。

影响力，而且有意识地为权力中心从西欧转移到美国提供文化支持。[①] 需要指出的是，这里的“单向”是就文化外交行为的内核或实质而言的，而不是说文化外交会排除邀请别国人文领域团体到本国交流。作为外交的手段，邀请也是其中的一个方面，只不过一般不是以学习借鉴为目的而已。

再次，推动人文交流和文化外交的力量不同。人文交流除政府主导以外，商业目的、文化发展自身的内在需要都是重要的推动力。很多时候，政府只是人文交流的第一把推力，此后则由文化自身的规律和需要来继续推动交流合作。而这样的发展恰恰又是政府最乐意见到的，也是人文交流的初衷。新中国成立以后的很长一段时间，国外一流音乐团体和艺术家来华演出大多是政府间协议的规定。例如，苏联小提琴大师大卫·奥伊斯特拉赫、美国小提琴大师艾萨克·斯特恩分别于1957年和1979年访华，前者根据《中苏文化合作协定1957年执行计划》来华举行了多场音乐会，后者是中美建交后受中国政府邀请访华的。[②] 但是，进入21世纪以后，来华演出的国外音乐团体日益增多，其中商业与艺术本身的需要占据了重要的地位。这里的关键因素在于，中国的古典音乐观众呈年轻化且规模不断扩大，在欧美观众普遍老龄化且数量下降的情况下，无论从艺术发展还是商业收益来看，中国市场都不容忽视。[③]

文化外交则不同。作为外交的一种手段，且与对外政策有较为密切的联系，文化外交的推动力基本上来自政府。政府出于具体对外政策的需要进行文化外交，选择的项目、采取的方式也是根据政策要求确定的，而不是从文化的角度考虑。一般来说，在文化外交中，基本上看不到来自文化内在的推动力或者商业上的动机。一种常见的文化外交形式就是为外国领导人来访专门举行的演出活动，这类演出的节目、演员的选择就是一项极

---

① 安德鲁·N. 鲁宾：《帝国权威的档案：帝国、文化与冷战》，言予馨译，商务印书馆，2014，第20页。

② 奥伊斯特拉赫访华的详情请参阅：毛宇宽《与大卫·奥伊斯特拉赫相处的日子》，载《毛宇宽音乐文集：世纪安魂曲》上卷，中央音乐学院出版社，2010，第319—336页。另外，美国纪录片《从毛泽东到莫扎特》记录了艾萨克·斯特恩的访华全程。

③ 很多国际古典音乐界人士都看到了这一现象。例如，俄罗斯指挥家捷杰耶夫就指出，中国歌剧事业发展非常快，中国的古典音乐观众越来越年轻。参见：《捷杰耶夫：年轻人接受艺术熏陶将会改变世界》（原载《北京日报》），人民网，2014年3月17日，http://culture.people.com.cn/n/2014/0317/c22219-24656446.html。

具政治性的工作，其文化效果必须服从服务于外交效果。1961年，周恩来总理就在招待英国陆军元帅蒙哥马利的文艺晚会节目单中撤掉了折子戏《木兰从军》，加上了口技、杂技和中国戏法节目。[①] 为来访外宾演出什么节目，并不是由文化作品自身决定的，而是由外交目标决定的。当时，蒙哥马利提出了“和平三原则”[②]，被中国领导人看作一个外交的突破口。在这一特殊条件下，撤掉蒙哥马利不能接受的“女元帅”节目，实际上就成了一个外交行动，而不是文化行动。

综上所述，人文交流与文化外交的差异可以概括为：人文交流致力于长远综合性的目标，而文化外交只顾及中短期的对外政策目标；人文交流很大程度上以人文领域自身的互鉴共享为目的，而文化外交一般只是把文化作为达到政策目标的手段；人文交流具有文化、文明层面的意义，而文化外交的核心是政治性的。如果比照文化国际主义和文化民族主义的分野[③]，前者一定程度上可以用来描述人文交流，而后者则更多地与文化外交联系在一起。

二、人文交流与文化外交的联系

上述关于人文交流与文化外交的区别是基于两者各自的性质与展开逻辑而言的，总体来说是一种理想状态。然而，在实践中，人文交流与文化外交不但相互交错，而且有时分别也不是那么明显。具体来说，这些联系可以从下面几个角度理解。

---

① 熊向晖：《我的情报与外交生涯》，中共党史出版社，2006，第117—118页。

② 1961年9月7日，蒙哥马利在访华时提出了“和平三原则”：一、都承认只有一个中国——中华人民共和国；二、都承认有两个德国——东德和西德；三、一切地方的一切武装部队都撤退到他们自己的国土上去。参见：中华人民共和国外交部、中共中央文献研究室编《毛泽东外交文选》，中央文献出版社、世界知识出版社，1994，第647页注释260。

③ 文化国际主义强调文化的共有共享性，反对把文化交流与某一国家的现实政治过分捆绑在一起；文化民族主义则强调文化交流与国家具体政策的联系，认为文化同样服务于国家利益。归泳涛在讨论日本把动漫当作文化外交手段时提到了这一点。参见：归泳涛《日本的动漫外交——从文化商品到战略资源》，《外交评论》2012年第6期，第138页。还可参见：Manuela Aguilar, “Cultural Diplomacy and Foreign Policy: German-American Relations: 1955-1968” (PhD. diss. University of Kansas, 1993), p. 5.

第一，人文交流是文化外交的载体。无论文化外交要达到什么样的政策目标，都需要通过具体的人文交流项目来实现；反过来说，如果没有合适的人文项目，文化外交就会无计可施。从这个意义上讲，尽管文化只是文化外交的手段，但是文化外交必须以人文交流的形式呈现出来。在1954年日内瓦会议期间，周恩来总理指示中国代表团新闻处为新闻界放映新中国第一部彩色电影《梁祝哀史》(即后来的《梁山伯与祝英台》)。电影在日内瓦会议间隙的很多场合放映，得到了包括电影大师卓别林在内的各界人士的肯定。①

放映《梁祝哀史》本身是一种人文交流行为，但是放映的起因则是出于外交需要。日内瓦会议是新中国参加的第一次重要的国际会议，虽然这代表着中国在解决地区热点问题上已经具有举足轻重的作用，但是西方舆论还是对新中国充满敌意。新闻界的普通人士和一般民众基本上无从了解中国的实情，就连会议休息期间中国为各国记者放映的纪录片《1952年国庆节》，都有美国记者针对国庆阅兵说“中国在搞军国主义”。放映《梁祝哀史》这部爱情悲剧电影，目的就是促进西方全面了解新中国，打消由于西方敌对宣传造成的对新中国的错误印象。周总理的这一举措是文化外交的典型例证。

第二，由于文化外交必须采取人文各领域交流的具体形式，因此有些时候人文交流与文化外交实际上交织在一起。最典型、最理想化的文化外交模式就是“乒乓外交”。中美建交前并没有乒乓球领域的交流合作，邀请美国乒乓球队访华是毛泽东主席经过反复权衡作出的决定，就是为了中美关系的破冰。② 但是，绝大多数文化外交行为都不具有如此的典型性，往往和一段时间的人文交流合作交错在一起。只有与相关外交行为和对外政策联系在一起进行具体分析，才有可能对两者进行区分。前述的奥伊斯特拉赫访华交流演出总体上属于中苏人文交流的一个组成部分，并没有明确的政治和外交目的。不过，苏联驻华大使尤金于1957年10月10日举行的十月革命40周年音乐招待会是一个外交活动，奥伊斯特拉赫在招待会上

① 熊向晖:《我的情报与外交生涯》，第115—116页。

② 相关细节参见：中共中央文献研究室编，逄先知、金冲及主编《毛泽东传：1949—1976》，中央文献出版社，2003，第1629—1632页。

为中国领导人演奏[①]，也就具有了苏联文化外交的性质。类似的还有1973年费城交响乐团访华。作为第一个访华的美国交响乐团，费城交响乐团在中国的演出总体上属于人文交流活动。但是，乐团成行是美中关系全国委员会、美国国务院努力推动的结果，访问的目的与当时美国的对华政策息息相关。中美关系解冻后，美国在台湾问题上不能满足中国的要求，两国关系无法继续突破；但是，为了从对苏联的外交中获益，美国又需要保持一定的中美关系热度，人文交流就这样成为美国最好的外交手段。[②]费城交响乐团在这样的背景下访华，也就成为美国对华文化外交的一部分。

第三，虽然文化外交的本质在于外交，但能否成功很大程度上依赖于作为其载体的人文交流项目的效果。招待来访外宾或者为重大活动举行文艺演出，是文化外交最常见的一种形式。评价这类文化外交活动的成效，一是要看演出的节目能否代表本国的艺术水平，二是要看节目是否受到宾客的欢迎。也就是说，此时的外交效果已经替换为文艺演出本身的效果，超出了外交所能控制的范围。如果演出的水准与内容没有收到预期效果，那么就意味着这一文化外交活动并不成功。奥伊斯特拉赫是世界顶尖的小提琴大师，代表了苏联艺术的世界水准，这无疑是尤金大使举办音乐招待会成功的关键。周总理用口技等节目代替蒙哥马利不喜欢的折子戏，中国政府的包容与善意也就通过节目内容传递了出来。

不过，无论政治或外交的目的是否达到，人文交流本身的价值一般不会受到损害。这是因为人文各领域分别受自身规律支配，是一个与政治、外交完全不同的世界。一般来说，虽然创作者有政治立场和政治关切，但是文化等人文作品的出现主要并不是为了承担政治功能，它们是出于艺术、思想、商业或者其他社会性目标而创作的。有些文化作品确实发挥了政治作用，但那大多是特定环境的产物，或者是为了特殊的政治、外交目的而被有意识运用的结果，并不是文化作品创作者的主动作为。从本质上

① 中共中央文献研究室编《毛泽东年谱：1949—1976》第三卷，中央文献出版社，2013，第224页。

② 何慧:《从“美中关系全国委员会”看民间力量在中美关系中的作用》，载徐蓝主编《近现代国际关系史研究》第十四辑，世界知识出版社，2018，第210页；毛瑞鹏:《关系正常化与人文交流——建交前后中美关于人文交流的磋商》，载吴心伯主编《美国问题研究》总第二十二辑，上海人民出版社，2016，第36页。

讲，政治与文化分属完全不同的领域，各自受到完全不同的规则支配，因而政治领域的成败也就无法损害文化等人文作品本身。美国政治学家摩根索认为，跨越国界的知识和艺术联系只是知识和情感的分享，而不是道德准则和政治行动的分享，后者才是世界共同体的必要条件。[①] 反过来看，这一观点也能论证政治行动不能从根本上对人文领域本身造成损害。1968年8月21日晚，苏联国家交响乐团在伦敦皇家阿尔伯特音乐厅的演出在一片嘈杂的抗议声中开始，这是英国观众对前一晚苏联武装入侵捷克斯洛伐克的抗议。但是，肖斯塔科维奇的《第十交响曲》开始不久，抗议声便平息了，乐曲终了，乐团照样收获了雷鸣般的掌声。[②] 这个例子一方面显示了某种极端情况下政治对正常人文交流的干扰；另一方面也体现出，只要人文活动按其自身规律进行，这种干扰终究是有限度的。

三、作为社会进程的人文交流

到此，通过与文化外交进行对比，人文交流的内涵和外延已经有了基本的展现。由于文化外交一般把文化当作外交的手段，所以不能以文化外交的思路来看待人文交流。那么，针对如此分散的人文交流活动，该如何理解其在国际关系中的作用呢？

大量关于人文交流的讨论，都会把其他国家自觉认可本国的价值观看作最有意义的目标。这里所说的“自觉认可”，应该是其他国家各个社会群体，或者至少是主流社会的自觉认可，而不是个别人、个别团体的认可。由此可见，人文交流是一种社会性的活动，要理解人文交流的国际关系作用，立足点就不是单个领域的交流行动，而应该是一个不断发展并自我加强的社会交往进程。

所谓社会进程，在这里是相对于政治进程和经济进程来说的。外交属于政治进程，国际经贸活动则属于经济进程。与经济进程、政治进程相

---

① 汉斯·摩根索：《国家间政治：权力斗争与和平》，徐昕等译，北京大学出版社，2006，第546页。

② 2011年，国际古典艺术家有限公司（International Classical Artists Ltd，简称ICA）出版了1968年8月21日斯维特兰诺夫指挥苏联国家交响乐团演奏肖斯塔科维奇《第十交响曲》的激光唱片。唱片清晰记录下演奏开始前的抗议和演奏结束后的掌声。

比，社会进程参与者更多，涵盖的面也更广。国家间的人文交流，就是这样一种长期、多层次、多领域、参与人数众多的社会交往进程。尽管政府一开始是很多人文交流项目的推动力量，政府间也会有人文交流的合作机制，但是从承载主体和实施领域来看，人文交流基本属于社会性活动，而不是政治性活动。持续长期的交往，会在人文诸领域形成各自的利益共同体。和物质利益、政治利益相比，人文交流所形成的利益共同体的专业性更强，而政治性更弱。两国的教育机构经过长期合作，可以形成常态性的师资、生源交流模式，从而达到双赢的效果；科研机构之间也会建立共同的科研项目团队，长期从事合作研究。这些随处可见的交流活动，单独来看可能只具有专业上的意义，但是所有的交流活动贯串在一起，就会对国家间的政治进程产生意义。作为社会进程的人文交流，可以跨越国界打下星罗棋布的合作桩基，把这些桩基联结起来，就是一张多层面的、复杂的人文交流网络。从这个意义上讲，人文交流是创造国家间社会网络的进程。

从社会进程的角度理解人文交流在外交与国际关系方面的意义，很多事件就有了更为清晰的轮廓。日本松山芭蕾舞团是世界上第一个将《白毛女》的故事搬上芭蕾舞台的舞蹈团，舞蹈作品于1955年2月在日本东京首演。[①] 改编《白毛女》是日本艺术家的自发行为，吸引和感动他们的，就是《白毛女》体现的“解放”主题。松山芭蕾舞团的创始人清水正夫在谈到为什么要改编《白毛女》的故事时说：“打动我们心弦并使我们难以忘怀的是受压迫的农民们如何去求得自己国家的解放这一主题。我们对这一

① 《白毛女》是1945年延安鲁迅艺术学校创作的民族歌剧，1950年改编为电影，1952年由冲破阻力访华的日本友好人士高良富等人把拷贝带到了日本巡回放映。中国版的芭蕾舞剧《白毛女》1965年才由上海市舞蹈学校（上海芭蕾舞团的前身）创作演出。将电影《白毛女》拷贝带到日本的高良富、宫腰喜助、帆足计是新中国成立后首批访华的日本人士，他们于1952年5月访华，并与中国国际贸易促进会签订了第一个中日民间贸易协定。参见：中共中央文献研究室编《周恩来年谱：1949—1976》上卷，中央文献出版社，1997，第240页；宋成有、李寒梅等《战后日本外交史：1945—1994》，世界知识出版社，1995，第122—125页；《日本松山芭蕾舞团60年的中国情缘》，中青在线，2008年5月13日，http://qnck.cyol.com/content/2008-05/13/content_2178561.htm。

主题感到了强烈的共鸣，对这个戏的主人公喜儿也怀有深切的同情。”[①] 而“被压迫者获得解放”正是新中国的历史与政治成就。《白毛女》的故事在日本首登芭蕾舞台，充分说明了一些日本艺术家对新中国历史与政治成就的认同。不过，尽管松山芭蕾舞团以此为中日关系作出了重要的贡献[②]，但是无论是20世纪五六十年代还是现在，都没有改变日本主流社会对中国的态度，也无法对抗冷战结束以后日本右翼势力不断扩大的影响。松山芭蕾舞团为中日关系尽了一个文艺团体最大的力量，但由于没能形成广泛的社会进程，对两国政治进程的影响也就相对有限。由此可见，人文交流的作用应建立在总体性的社会网络有效互动的基础之上。

面对如此复杂庞大的人文交流社会网络，目前还难以归纳整理出一个可以和国际关系建立联系的有效框架。比较简便的入口是首先关注人文交流的主体，从而在方法上能够稍微前进一步。

人文交流的主体既是交流的承担者，又是交流的接受者，可以简单地分为知识界和大众两个群体。有的交流领域和活动主要存在于知识界，有的则针对一般大众，也有一些交流项目可以上下贯通。科技学术交流合作是知识界的专享领域，通俗文化交流为大众所喜闻乐见，而教育、传媒、体育等领域的交流合作，知识界和大众都是主体，尽管在具体的领域会有所倾斜。以知识界为主体的人文交流更侧重于理性对话，概念和逻辑在其中占据了重要位置，对哲学、科学、艺术水平提出了很高的要求。上述关于让其他国家认可本国价值观的交流目标，首先就需要从理论上说服对方知识界，这就需要本国知识界具备足够的理论厚度。以大众为主体的人文交流更侧重于直接明了的沟通，情感和故事以及由此带来的视觉、听觉体

---

① 参见日本松山芭蕾舞团第15次访华演出纪念画册《新白毛女：再创不朽传奇》。1970年9月，清水正夫对时任新华社驻日记者王泰平说道：“演《白毛女》不是只揭露封建地主阶级的残暴，使人感到悲哀，而是要通过白毛女和杨白劳等人物的反抗，说明哪里有压迫，哪里就有反抗，胜利属于敢于斗争的人民，强调的是斗争。”参见：王泰平《王泰平文存：中日建交前后在东京》，社会科学文献出版社，2012，第154页。

② 1958年携《白毛女》首次访华后，截至2017年，日本松山芭蕾舞团共15次访华，并受到中国几代领导人的接见。2008年5月，胡锦涛主席访日时，曾专程到访松山芭蕾舞团，看望了清水正夫和松山树子夫妇。参见:《芭蕾舞传递中日两国人民友谊——记胡锦涛看望日本友人清水正夫夫妇和松山芭蕾舞团》，人民网，2008年5月9日，http://politics.people.com.cn/GB/1024/7218634.html。

验更能吸引他们的目光。

从当前的人文交流项目来看，大部分是由知识界承载的。古典艺术交流是政府比较喜欢推动的交流形式，而古典艺术在现代社会的受众群体主要在知识界。无论是西方古典音乐、芭蕾舞，还是中国的戏曲，以及中外文物、美术作品展览，其青睐者基本上都是对方的知识群体。① 而主要面向大众的人文交流活动，除旅游和体育比赛以外，其他形式相对比较少。然而，要论人文交流对国际关系发挥的作用，大众并不比知识界少，特别是在交通、通信发达的当代。如何扩展以大众为承载者的人文交流项目，或许是一个新的课题。

四、人文交流对国际关系的作用

将人文交流看作长期综合性的社会进程，就可以从以下方面探讨其在国际关系中的作用。

第一，致密而复杂的社会交往网络可以促进国民间的了解，有助于国家在面临政治问题时降低出现错误知觉的概率，减少对对方意图的误判。国家间的很多纠纷来自误解带来的误判，这是美国著名国际关系学者杰维斯的重要研究成果。② 误解的原因较为复杂，但相互间缺乏多方面的综合性了解无疑是一个重要原因。这既是知识和信息不完备造成的，也有传统或习惯的某些思维定式或惯性在起作用。第二次世界大战期间，日本偷袭珍珠港，在战术上非常成功。然而，日本完全没有考虑到美国人的心理会因此而发生的变化：正是日军的偷袭，使美国人一时间同仇敌忾，曾经

---

① 例如，1935年梅兰芳剧团访苏，除了演出，还和斯坦尼斯拉夫斯基、爱森斯坦、梅耶荷德等戏剧、电影大师进行了交流讨论。参见：陈世雄《梅兰芳1935年访苏档案考》，《戏剧艺术》2015年第2期。1980年在中国舞台上用英语公演京剧《贵妃醉酒》的魏莉莎（Elizabeth Wichmann-Walczak），则是美国夏威夷大学的亚洲戏剧研究者。参见：孙玫《艺术家型的学者，学者型的艺术家——小记夏威夷大学戏剧暨舞蹈系主任魏莉莎教授》，《戏曲艺术》2000年第2期。

② 罗伯特·杰维斯：《国际政治中的知觉与错误知觉》，秦亚青译，世界知识出版社，2003。杰维斯指出，错误知觉形成的一个机制是心理学上“认知相符”导致的，简单来说，就是原来形成的一系列认识会自动地把不符合已有认知的信息过滤掉，从而导致了错误知觉和误判。参见该书第四章。

强大的孤立主义思潮立即销声匿迹，为美国全面投入战争扫清了最大的障碍。这一事例说明，如果要全面准确把握一个国家的情况，将知觉漏洞或错误知觉降到最低，社会心理层面的因素同样不容忽视。而要了解别国的社会心理、社会情绪或思维方式等总体上属于文化、传统、心理层面的状况，人文交流可能是最为重要的途径，其中大众群体和知识群体的交流同样重要。

不过，人文交流可以减少误判，却不能根除误判，更不可能阻止国家之间的冲突。欧洲恐怕是国际人文交流最为深入和广泛的地区之一，但是近代欧洲却是各种战争的频发之地。同样的道理，一个国家内部一般是文化融合程度最高的区域，但是人类历史上的内战和自相残杀可能要远多于对外战争。因此，不能用国际关系建构主义的视角去看待人文交流的作用，因为亚历山大·温特的建构主义讨论的是政治进程，而人文交流则属于社会进程，无法直接产生国际政治的后果。

第二，人文交流在国家间关系中可以起到托底的作用。知识界和大众在其中都承担了重要的角色。托底作用可以从几个角度理解。

首先，密集化的社会交往形成了人文交流各个领域的利益共同体，它们围绕各自的专业领域建立了长期的合作关系，共同进行某个项目，并共享合作成果。这种利益共享也是进一步巩固和推进人文交流的动力。和经济利益相比，人文交流领域的利益极为分散，而且无法用数字来估量，更难以像经济利益那样可以被纳入国家的综合实力，因此在国家间关系中处于相对超脱的地位。国家间一般的纠纷，甚至是关系的一度恶化，一般不大会对大部分人文交流领域产生过大的影响。

其次，经济利益经常被当作国家间博弈的筹码，但是人文领域内的一些利益，除少数与战略安全等政治议题相关的以外，成为筹码的可能性相对不大。也就是说，当两国关系出现问题时，只要不是20世纪60年代中苏关系那样的全面决裂，一般的人文领域交流还是会继续进行的。新冠疫情之前，美国向中国施加压力，是以“贸易战”、打压中国高科技企业等经济利益为筹码，一般的人文交流，特别是旅游和文化艺术领域基本没有受到影响。21世纪以后的中日关系下行多于上行，但是中国游客赴日旅游的热度一直在上升，哪怕是在两国政治关系几乎冰冻时，旅游、文教等一般的人文交流活动都没有太大降温。究其原因，一是因为中美、中日几十年来的人文交流已经在各领域内部形成了习惯性的交往路线，双方都从中受益。这种根植于社会中的利益共同体非常顽强，只要两国关系没有全面决裂，就会继续存在。二是人文交流构筑的社会关系网络处于国家间关系中的最下层，离最上层的政治关系最远；同时又太零散，无法像经济层面交往那样用数字计入国家的实力对比，因而很少会被当作国家间博弈的筹码。因此，如果两国关系出现了下行走势，政治交往会主要受到影响，经济交往也可能成为讨价还价的筹码，而人文交流则是受影响最小的领域，从而在政治关系冷淡或冰冻之时维持了静悄悄的社会层面互动，为国家间托住了最为基础性的民间交往的底盘。

最后，一旦两国关系有了转圜的可能，人文交流领域往往会率先作出反应，“春江水暖鸭先知”，成为两国关系重修于好的某种象征和助力。中日建交前，两国的民间交往已经有了较为深厚的基础。1972年7月，中日友好协会副秘书长孙平化率领上海舞剧团按照交流计划访日演出。在代表团赴日途中，日本佐藤内阁下台，新任首相田中角荣表达了加紧实现中日邦交正常化的意愿。正在访问的上海舞剧团成为显示日本政府这一意愿的最好窗口——日本副首相三木武夫、内阁大臣中曾根康弘都出席观看了在东京的首演。[①] 这次上海舞剧团访日被称作“舞剧外交”，实际上为田中角荣1972年9月访华作了准备[②]，成为中日邦交正常化的最后助力。哪怕是曾经全面决裂的中苏关系，当20世纪80年代前期两国关系开始松动时，首先传递出来的信息就是开始放映六七十年代的苏联电影，以及出版苏联小说。

第三，人文交流一般远离物质利益，可以发出推动国家间关系发展的更具权威性的声音。这一作用主要依赖知识界的交流达成。一般认为，国家间经济交往的获益者会积极支持两国关系的发展，以维持并扩大已有的利益。20世纪90年代初，当美国企图取消或有条件延长中国的最惠国待遇时，在对华进出口和投资方面有重要利益的美国工商界是反对此项做法的重要力量。[③] 从总体和宏观上来看，经济利益的相互交错确实是国家间关

① 王泰平:《王泰平文存：中日建交前后在东京》，第357—358页。

② 孙平化:《周恩来总理与中日邦交正常化》,《当代亚太》1992年第5期。

③ 王勇:《试论利益集团在美国对华政策中的影响——以美国对华最惠国待遇政策为例》,《美国研究》1998年第2期。

系的“压舱石”。不过，以经济利益为理由支持或反对某项政策，在面对并未共享这些利益的听众时，会欠缺些“道德”优势，还可能会被扣上所谓“利欲熏心”的帽子。因此，那些支持无条件延长中国最惠国待遇的美国工商界人士，通常也要标榜美式政治正确，尽力避免被看作“见利忘义”之徒。[①]

人文交流形成的利益交错和融合就不会带来道德上的弱点。人文领域的交流离金钱等物质利益较远，而所关注的文学艺术、教育健康等又都是受人尊敬并带有普遍性意义的领域。当国家间关系出现问题时，支持维持两国关系的声音如果来自人文领域，在一般大众面前或许比来自经济领域的声音更具有权威性。企业家发声，会被看作不能丢弃经济好处，甚至是“见利忘义”，这就减弱了其发声的道德力量。而科学家、哲学家、文学家则不然，因为这些职业本身就远离具体的物质利益，并具有探讨人类深层次、根本性问题的使命，传统上受到社会各个阶层的尊重。1999年北约违反国际法、侵略南联盟时，欧盟国家的舆论一边倒地支持北约的行动。当代著名哲学家尤尔根·哈贝马斯也加入了支持者的队列，对北约的暴行进行“道德”和“法律”的辩护，对舆论起了推波助澜的作用。[②]尽管这是一个反例，但是确实说明人文领域的权威人物发声，在为某些政策获得支持率方面有特殊的作用。在国家间关系中，能够得到对方国家人文领域有影响的人物的支持，甚至是在道义上进行论证，恐怕是人文交流最成功的政治表现了。而要做到这一点，在理性上说服对方至关重要。这虽然对人文交流的水平提出了高要求，但是也唯有人文交流才能有此功效。

第四，人文交流可以构筑国家的人文形象。虽然人文形象不会直接转变为政治形象，但是正面的、符合国家内外政策和基本价值观的人文形象有助于积极的政治形象的形成。知识界对人文形象的构筑可以起引领作用，但是大众的印象也不容忽视。

---

① 王勇:《试论利益集团在美国对华政策中的影响——以美国对华最惠国待遇政策为例》, 第21页。

② 哈贝马斯当时在德国《时代》周刊上发表了文章《兽性与人性：一场法律与道德边界上的战争》，为北约侵略行为辩护。中译版参见：正来学堂网站，2006年8月10日，http://dzl.ias.fudan.edu.cn/MasterArticle.aspx?ID=12300。张汝伦在《哈贝马斯和帝国主义》一文中对其进行了批驳，参见《读书》1999年第9期。

对于世界上大多数人来说，政治与国际关系领域的问题都太过专业，而在人文领域却可以找到自己的兴趣所在。因此，一般来说，一国的人文形象最容易被别国的普通人所认识，并可能在其记忆中持续最长的时间。对一个国家的文化充满敬意，会使人有兴趣和动力去全面了解这个国家，从而增加客观看待，乃至理解认可该国基本政治观点的可能性。如果蔑视一个国家的文化，那么就很难会继续了解该国在其他方面的情况，文化上的蔑视将会很容易滑向对整个国家的蔑视。中国在这方面有着痛苦的创伤和记忆。近代以来，西方对中国的一些描述只是把浅表的某些文化形式（其中很多是糟粕）当作猎奇的对象，以此来满足一些西方人的异域想象，帮助他们去塑造需要西方启蒙的愚昧、落后的中国文化形象。[①] 这一文化形象由当时西方的知识界塑造，并被大众接受，它并没有局限在文化领域，而是在很长时间内成为整个中国的国家形象。与此形成对比的是，英国、法国、德国、意大利这些欧洲主要国家由于文学艺术大师辈出，又有足球、电影等代表当代大众生活的丰厚人文成果，因而国家的人文形象非常积极。人文形象延伸到其他领域，帮助其塑造出文明、发达的正面国家形象。因此，任何国家都不能忽视自己的人文形象，而塑造良好的国家人文形象则是人文交流的千秋之功。

综上所述，人文交流增进国家间了解的机制是复杂而密集的社会交往互动。也就是说，人文交流在国际关系中的意义，需要通过社会进程来理解。虽然这个进程极为分散，但是只要足够持久而密集，就可以构筑一张国家间社会交往的网络，在其无数节点上形成各个领域的利益共同体。知识界和大众在其中的作用同样重要。虽然人文交流不可能直接带来政治互信，甚至和平，但是其作用并非可有可无。如果说，政治进程是国家间交往的动脉，那么人文交流就是密布的毛细血管。每个方面的交流看起来微不足道，但综合在一起就是一张必不可少的网络。仅仅依靠人文交流当然不能达成政治互信，但是不可否认，依靠人文交流搭建的“毛细血管网络”，国家间传递、阐释政策和观念的渠道可以下沉到社会层面。一种方式不行，还有无数其他种；单个渠道没有效果，可能很多种综合在一起就

---

① 萨义德的“东方主义”从理论上说明了这一点。参见：爱德华·W. 萨义德《东方学》，王宇根译，生活·读书·新知三联书店，2007，第8页。

有了效果。这张像毛细血管一样星罗棋布的网络，每时每刻都在发生着互动交往的进程。它的所有作用，都不是即时之利，却有滴水穿石之功；它最为深厚的力量，不是来自政府的推动，而是民间逐渐形成的需求。因此，即便不考虑人文本身，仅仅从政治角度出发，也需要最大限度地调动起民间各专业领域织造"毛细血管"的积极性和能力，不急不躁，切不可急于求成。

五、结论

人文交流就是"承认差异，搭建桥梁"。无论使用什么样的名称，它都是人类不同群体之间自古就存在的交往方式。第二次世界大战以前，人文交流一般都以民间自发为主。第二次世界大战以后，特别是冷战结束后，政府在其中的推动作用越来越突出，这一时期也是人类历史上大国间战争最少、经济社会变化最为迅速的时期。这或许是一时的巧合。不过，如果政府仍然将战争以及其他强制手段当作实施对外政策的日常工具，那么肯定不屑于花精力推进人文交流。从这个角度来看，人文交流在当前能够成为外交与国际关系领域的话题，并非毫无道理。传统的国际关系理论家关于文化无法直接达到政治效果的论述总体仍是正确的，但是考虑到他们生活的时代距离世界大战很近，确实有必要根据新的国际关系状况为老问题添加一些新东西。

无论人文交流于国际关系中的意义是减少误判、增加促进积极发展方向的权威性声音，还是托底国家间关系、塑造国家人文形象，都不是某一个或某几个项目的作用，而是人文交流作为一个整体性社会进程的结果。相对于政治进程和经济进程，社会进程的参与者更为广泛，覆盖的群体也可能贯通社会各阶层，人文交流是国家间最为基础性的交往空间。20世纪交通、通信手段和传播媒介的革命性变革，为人文交流创造了前所未有的积极条件，特别是让大众群体有了更多的机会参与交流。

就实践来说，尽管人文交流在政府层面和文化外交有时交错在一起，但文化外交属于政治进程，而人文交流已经覆盖和深入到更复杂的社会之中，早已超越了文化外交的范畴。如果仍然用文化外交的思维看待人文交流，追求短期的政策效果，而不去探索人文交流本身的规律，将适得其反。虽然我们正经历着人类历史上从未有过的快速变革，但是社会进程的孕育、开启、成长和开花结果不仅需要时间，而且需要经济进程和政治进程的共同协力。人文交流只有作为其中的一个组成部分，才能获得其应有的文化意义、社会意义和政治意义。

通向世界共同体的两种路径：斯多亚学派与儒家世界主义之比较*

陈玉聃　韩善聪（译）

【内容提要】自20世纪末以来，世界主义思想不仅在西方世界重受关注，也以“天下主义”之名复兴于中国。当今之世，民族国家面临日益严峻的挑战，对东西方世界主义之先祖进行比较研究，或是有趣而又有益之事。本文第一部分比较了两种世界主义如何理解政治空间之构成。两者均强调人类共同体之“无外”，但斯多亚学派将世界（cosmos）视为本源和终极，儒家则以家庭为起始和归宿。本文第二部分比较了两种世界主义如何阐述栖居世界之道，即在如此政治空间，其和谐状态因何且如何可能。斯多亚学派自个体理性（logos）推导而上，儒家则以人际之“仁”为出发点，但两者殊途同归，其终点都是世界共同体中基于实践和责任的“自我”与“他者”的合一。本文认为，斯多亚学派和儒家的世界主义在核心价值上并非不能相容。对两者的研究，甚或为长期忽视世界主义思想的国际政治理论注入新的思考。

【关键词】斯多亚学派　儒家　世界主义　世界共同体

【作/译者简介】作者：陈玉聃，复旦大学国际关系与公共事务学院副教授；译者：韩善聪，复旦大学国际关系与公共事务学院2017级硕士研究生。

---

* 本文原系英文：Chen Yudan, “Two Roads to a World Community: Comparing Stoic and Confucian Cosmopolitanism,” *Chinese Political Science Review* 1, no.2 (2016): 322-335，由韩善聪译作中文，后由作者本人校订，辑入本书时有部分修改。

一、导论

在《威斯特伐利亚和约》签署后的近400年间，一个以民族主权（national sovereignty）为基本原则的国家间体系（inter-state system）已从欧洲扩散到整个世界。当民族国家已成为实践中的核心要素时，从严谨的哲学著作到浪漫的诗作，在人类的思想中对世界主义在民族国家之外的反思从未消失。① 然而，从20世纪早期国际关系学科建立开始，大多国际关系理论家将“国际”（inter-national）的概念和界限置于研究的中心。他们视民族国家的存在为分析的必要前提，却对世界主义兴趣寥寥。② 同时，对世界主义的关注却仍活跃于政治科学、社会学和哲学等学科之中。例如，在现代的世界主义学者中，乌尔里希·贝克（Ulrich Beck）、罗伯特·法恩（Robert Fine）、玛莎·努斯鲍姆（Martha Nussbaum）和托马斯·博格（Thomas Pogge）等学者，都对国际关系研究尤其是规范主义理论（normative theory）产生了一定的影响。③ 西方世界主义学者通常将其传统追溯到斯多亚学派（Stoicism），甚至是犬儒学派（Cynicism）。“在近期以及时下对世界主义运动问题重重的重启和安排之前，已有三次重大世界主义思想运动”④，而斯多亚学派则无疑是其中的第一次。斯多亚世界主义为现代世界主义研究者提供的不仅有“人类和谐共居的世界”这一概念，在某种程度上还有“世界公民”这一理念。⑤

① 有趣的是，在18和19世纪，当欧洲的民族国家制度业已定型时，像康德、歌德和席勒等一些重要人物却迫切呼唤一种“世界公民”理念。参见：Kuno Francke, “Cosmopolitanism in German Romantic Thought,” *Proceedings of the American Philosophical Society* 66 (1927): 183-190。

② 当然也有例外，可参见克里斯·布朗（Chris Brown）、延斯·巴特森（Jens Bartelson）等学者的论著；在国内学界，蔡拓教授对世界主义研究有着开拓之功。

③ 值得注意的是，玛莎·努斯鲍姆本身就是著名的古典学家。

④ Richard Beardsworth, *Cosmopolitanism and International Relations Theory* (Cambridge: Polity, 2011), p.17.

⑤ David Held, “Principles of Cosmopolitan Order,” in Gillian Brock and Harry Brighouse (eds.), *The Political Philosophy of Cosmopolitanism* (Cambridge: Cambridge University Press, 2005), p.18; Jocelyne Couture and Kai Nielsen, “Cosmopolitanism and the Compatriot Priority Principle,” ibid., p.183.

在地球另一端，中国从20世纪90年代中期开始，兴起了以“天下主义”为名的世界主义思潮。一些学者已经倾向于使用这一得自中国传统经典的概念来超越民族国家这个舶来理念。20世纪杰出的中国国际关系学者之一、曾任中国社会科学院副院长的李慎之先生，在他1994年发表的文章《全球化与中国文化》中就指出：“粗鄙的民族主义，是完全违反全球化的趋势与精神的，也是违反中国的传统的……中国传统的理想却是‘天下主义’而不是‘民族主义’。”[①] 另一篇引起热烈讨论甚或争议的关于中国世界主义思想的文章，是盛洪于1996年发表在《战略与管理》杂志上的《从民族主义到天下主义》。作者认为，“既然中国是人类历史中唯一的一个曾经结束战国时代、建立起天下主义文化的文明，那么，她的文化传统可能会成为我们今天建立天下主义文化的精神源泉”。[②] 如他们的西方同行那样，中国的学者也常常回溯经典时代，重拾2000多年儒家的经典词句，这被看作传统世界主义的主要源泉。当中国在2005年提出“和谐世界”的概念时，一些学者也倾向于将古典的世界主义与“和谐世界”理念联系起来，借此证明后者基于独特的中国文化而产生，并得益于传统的世界主义。[③]

既然现代西方与中国的世界主义都呼吁某种程度上超越民族国家之外的意识，那么在各自学说的源泉之间，即在斯多亚世界城邦论和儒家天下学说之间进行比较亦将饶有趣味和裨益。[④] 它们是否存在根本差异且不可相提并论，或者说，它们是否存在着某些共性，有助于人们反思当今这个变动的世界？在本文中，对这两种世界主义的比较包括两个方面：人们在这个世界所居处的政治空间，以及人们在此空间中和谐居处的方式。在结论部分，本文将以古观今，讨论古典思想对现当代理论的启示。

---

① 李慎之：《全球化与中国文化》，《太平洋学报》1994年第2期，第3—11页。

② 盛洪：《从民族主义到天下主义》，《战略与管理》1996年第1期，第14—19页。

③ 其中不乏严谨而深入的学术论著，如：杨发喜《从“协和万邦”到建设和谐世界》，人民出版社，2008。

④ 斯多亚学派和儒家学说中各自也有多种论说，仅凭此文难以述及所有，所以笔者在文中将其各自视为统一的学说。

二、世界（cosmos）与天下：安居之所

在古典时代（公元前5世纪至公元前4世纪），古希腊的政治思想和政治实践都以城邦（polis）为最高实体。在城邦的层次之外，还有着族群意识，甚至还有“希腊认同”（Greek identity），但后者仅涉及共同的宗教、文化及血统，而非一个政治共同体。希腊各城邦在公元前4世纪遭遇了来自马其顿王国（一个边缘王国）的征服，在马其顿国王亚历山大大帝的领导下，他们毁灭了被其视为最具代表性的蛮族实体——波斯帝国。而城邦体系随后逐渐崩解于他们的政治实践之中。与此同时，在他们的政治思想中，出现了一种跳出城邦视野外的，甚至是超越希腊人与蛮族之区别的观念。

第欧根尼（Diogenēs）是公元前4世纪犬儒学派著名哲学家，作为“一个被放逐的亡国流民”，他可能是提出世界主义理念的第一人。他曾说，“我是一个世界公民（cosmopolitēs）”。[①] 然而，他的著作今天皆已亡佚，所以人们很难弄清他话语中的真实含义。他想说的可能“更多是对任何来自个体之上的共同体所施加的压迫的一种反抗”，而非世界主义的真正“哲学意蕴”。[②]

创立于公元前4世纪晚期的斯多亚学派一直被视为西方世界主义的真正起源。学派的早期发展是在希腊化（Hellenistic）时期，即希腊文明在非希腊世界得到广泛传播的时期。芝诺（Zeno）虽是斯多亚学派的创立者，但也并非来自希腊文明的核心地带。斯多亚学派的中心在其中期发展阶段转移到了希腊世界之外。晚期，斯多亚学派最终在罗马建立了其大本营。因此，斯多亚主义天然地带有普遍性（universality）与宽容性（tolerance）

---

① Diogenes Laertius, *Lives of Eminent Philosophers*, trans. by Hicks, R.D. (London: Heinemann; Cambridge: Harvard University Press, 1972), VI. 38, 63. 在该书中另可参见VI. 72，“他说，唯一真正存在的国家（commonwealth）便是这无远弗届的世界（universe）”。

② Moses Hadas, “From Nationalism to Cosmopolitanism in the Greco-Roman World,” *Journal of the History of Ideas* 4, no.1 (1943): 105-111. 关于第欧根尼世界主义思想及其与斯多亚学派的渊源，参见：Malclm Schofield, *The Stoic Idea of the City* (Cambridge: Cambridge University Press, 1991)。

的特征。在晚期斯多亚学派中不乏罗马政治家，故而在他们的著作中读出某种对世界公民的伦理偏好也不足为奇。

儒家的世界主义却是在一个不同背景中发展的，其出现和发展并未紧随世界的变动。相反，儒家追求一种古老而普遍的世界秩序，而反对新出现的独立国家间的体系。[①] 如历史学家许倬云先生所言，孔子在“礼崩乐坏”的时代“则是以重新阐释西周秩序，界定了儒家政治文化的理念”，进而将西周的制度“改组为中国文化的理想政治体制”。[②]

初看之下，斯多亚学派在其对政治的沉思中面向未来，儒家则回首往昔。然而，两者却有着殊途同归的理念，那就是国家体系（state system）并不能与世界的发展相适应，人们需要一种更高的政治形态以超越独立国家的观念——不论这个理想模式（ideal pattern）或新或旧。这种模式，即“世界”（cosmos）之于斯多亚，与“天下”之于儒家。由此便引发了如下两个问题。

一个问题是，世界与天下都被视作超越国家之上的更高政治空间，它们各自都有何特征？

不难发现，世界与天下都有一个共同的本质：一个囊括一切人在内的最大空间。著名学者赵汀阳在其著作《天下体系：世界制度哲学导论》中将“天下”界定为“无外”的存在。尽管他的论述不失清晰，但笔者无法认同他下面这样的陈述：“中国有着完全不同于西方的世界观……只有中国思想才能够思考和谐。”[③] 至少，斯多亚学派的“世界”也是“无外”的。况且，更不要忘记，在古希腊语中，cosmos（世界）一词本就指涉一个和谐的体系，尽管中国人与希腊人看待“和谐”的视角有些许不同。

毋庸置疑，天下这一概念并未将政治含义排除在外。在儒家的经典中，这样的例子并不鲜见，例如《诗经·小雅·北山》和《尚书·大禹谟》分别有名句“普天之下，莫非王土；率土之滨，莫非王臣”和“皇天眷命，奄有四海，为天下君”。然而，并不能就此断定儒家的观点中不存在“我

---

① 关于公元前771年至公元前221年诸侯国之间的体系在多大程度上可以和现代民族国家社会相提并论，到目前仍然是存在争议的问题。

② 许倬云：《我者与他者：中国历史上的内外分际》，生活·读书·新知三联书店，2010，第14页。

③ 赵汀阳：《天下体系：世界制度哲学导论》，江苏教育出版社，2005，第14—15页。

者”与“他者”的区分。儒家经典(《尚书·舜典》)中所说的“蛮夷猾夏”使人们不难联想起古希腊人对蛮族(barbarians)的观感。但与古希腊人不同的是，蛮夷在儒家学者看来，同样是囊括在天下之内的。蛮夷并非如波斯人之于古希腊人那样完全是未开化的外人，而是可借由教化以转变并融入中原文明的。更有甚者，虞舜和周文王这两个传说中备受儒家学者推崇的古代理想统治者，却在《孟子·离娄下》中被称作“东夷之人”和“西夷之人”——“舜生于诸冯，迁于负夏，卒于鸣条，东夷之人也。文王生于岐周，卒于毕郢，西夷之人也。地之相去也，千有余里；世之相后也，千有余岁。得志行乎中国，若合符节。先圣后圣，其揆一也”。换言之，蛮夷与非蛮夷之间并不存在明确区分，关键的区分不是血统，而是其所践行的种种“准则”。这种特别的路径也引起了近代政治家、学者梁启超先生的思考，他如是说道:“我国人四海一家万人平等的理想，发达甚早。”①

这样一种“无外”的世界对古典时期的希腊人来说是很难想象的，因为“他者”在本质上是帮助其建立“自我”认同的。② 而之后，正是在斯多亚学派形成之时，一种新的思想出现了。据罗马帝国时代的希腊作家、历史学家普鲁塔克(Plutarch)记载，“斯多亚学派创始人芝诺的那部备受推崇的《政制》(*Republic*)一书概括了这样一个主要原则：居处于这个世界的我们所有人，不应当安居在不同的城邦和乡镇中，各有自己的法理，而应当视所有人为乡党和同邦人，有同一种生活和秩序(cosmos)”。③

芝诺的《政制》如今大多亡佚，但斯多亚学派的晚期代表马克·奥略留(Marcus Aurelius)对世界观念的重申和发展还可以看到。他将世界视作一个囊括一切的政治空间:“这世界在某种意义上就是一个国家。因为有什么人会说整个人类是别的政治共同体的成员呢?”④ 因此，一个斯多亚主

---

① 梁启超:《先秦政治思想史》，岳麓书社，2010，第51页。

② 如参见：Edith Hall, *Inventing the Barbarian: Greek Self Definition Through Tragedy* (Oxford: Oxford University Press, 1991); Thomas Harrison (ed.), *Greeks and Barbarians* (London: Routledge, 2001); Paul Cartledge, *The Greeks: a Portrait of Self and Others* (Oxford: Oxford University Press, 2002)。

③ Plutarch, *Moralia(IV)*, trans. by Frank Cole Babbitt (Massachusetts: Harvard University Press, 1936), 329A-B.

④ 马克·奥略留·安东尼:《沉思录》，何怀宏译，生活·读书·新知三联书店，2008，第30页，IV.4。

义者，或一个世界公民，不会将世界中的任何人视为令“我者”陌生的“他者”。如玛莎·努斯鲍姆所推论的那样，根据斯多亚主义的思想，“我们不应将任何人视作处在我们关怀边界和责任范围以外的陌生人”。[①]

在意识到世界与天下都具有“无外”的特征后，本文在此处将讨论另一个问题：在世界/天下与个体国家（individual states）之间存在着怎样的关系？

在它们各自的体系中，世界与天下显然超越了独立的国家，但并不能就此说，后者已被前者移除或取代。无论是斯多亚学派还是儒家，都没有将个体的国家或其他社会政治组织排除在世界/天下之外。希洛克洛斯（Hierocles）是一个生平至今鲜为人知的斯多亚主义者，他有一个著名的“同心圆”比喻：“以我们自己的身体为起始，接下来的一个圆表示我们的父母、兄弟、妻儿，向外则是其他的亲属。再向外则是同宗之人、同部族之人、同城邦之人，以及同种族之人相继构成的圆。而最外、最大的一个圆就是整个人类。”[②] 同时，儒家经典中也有类似圈层的阐述，如《礼记·大学》中即有“身修而后家齐，家齐而后国治，国治而后天下平”之说。因而，斯多亚学派和儒家都允许一个人同时拥有不同的身份，从小家到世界/天下。

在现代国际关系理论中，国际社会往往被认为是与国内社会相对立的，而斯多亚学派与儒家的准则与此截然相悖。世界/天下都是对国家的一种放大。奥略留多次论及“世界（cosmos）就有如一个城邦”。[③] 而且，斯多亚学派经常使用的术语cosmopolitēs（世界公民）一词本身就是cosmos与politēs（城邦的公民）的结合。世界因此是城邦政治理念在更高更大空间中的一种实现。同样，儒家将天下视作邦国的延伸，而非与之对立。根据儒家的观点，如《尚书·尧典》所言，一个有为的帝王应该“平章百姓”，还要“协和万邦”，最终使“黎民于变时雍”。

① Martha Nussbaum, “Kant and Stoic Cosmopolitanism,” *The Journal of Political Philosophy* 5, no.1 (1997): 9.

② Ilaria Ramelli, *Hierocles the Stoic: Elements of Ethics, Fragments, and Excerpts* (Atlanta: Society of Biblical Literature, 2009), p.lvi. 努斯鲍姆也曾提到过西塞罗《论义务》（*De Officiis*）中的类似阐述，参见：Martha Nussbaum, “Kant and Stoic Cosmopolitanism,” p.9.

③ 马克·奥略留·安东尼：《沉思录》，第30页，IV.3-4。

然而，斯多亚学派与儒家的世界主义又存在着一个重要的不同。对斯多亚学派来说，尽管世界是一种放大了的城邦，但它高于且先于城邦，是后者的终极实现，将所有低层的政治共同体都内蕴于中——世界是至高的城邦，“人是至高之城的一个公民，所有其他的城都像是至高之城的下属”[①]。同样，著名哲学家爱比克泰德（Epictetus）也对读者说道：“假如有人问你是哪国人，你千万不要回答说你是雅典人，或者说你是科林斯人，你应该说，你是个世界公民。”他还曾说道：“对于一个睿智的人来说，当他审视这个世界的结构的时候，如果他发现，人类最伟大的、最崇高的、最广阔的共同体就是由人和神组成的共同体……那么，他为什么不把自己叫作世界公民?”[②] 最著名的表述莫过于古罗马政治家、哲学家塞涅卡（Seneca）的这段话：“让我们认清如下的事实：存在着两个共同体（res publicae），其一宏伟广大，真正可谓‘共同’，神与人皆在其中，这个共同体无法以边界限之，凡阳光照耀之处均为其领土；而另一个共同体，我们之所以归属此处，却是因为碰巧降生于斯。”简言之，对斯多亚学派而言，“真正的城邦就是这座世界城邦（the cosmosic city）”。[③]

相反，在儒家看来，构成同心圆第二个圈层的最亲密的家庭伦理才是政治的根本要素。《礼记·祭义》中提到：“立爱自亲始，教民睦也……是故至孝近乎王，至弟近乎霸……先王之教，因而弗改，所以领天下国家也。”更广为人知的则是《孟子·梁惠王》中的这段话：“老吾老，以及人之老；幼吾幼，以及人之幼。天下可运于掌。”天下只是一种比国家更大的形态，但并不高于国家。不论天下抑或国家都延伸自最基础的关系形式——家。

概括而言，世界与天下作为人们所居处的政治空间是相似的。两个概念都指涉一个“无外”的空间，囊括了全体人类，消弭了“我者”与“他者”的区别；两者都包含并放大了国家，而非排斥后者。而两者之间唯一的不同是：对斯多亚学派来说，世界是终极且根本的；而在儒家看来，家是至上优先的，天下是对家的效仿和反映。

---

① 马克·奥略留·安东尼：《沉思录》，第24页，III.11。

② 爱比克泰德：《爱比克泰德论说集》，王文华译，商务印书馆，第58—59页，I.9.1-6。

③ Malclm Schofield, *The Stoic Idea of the City*, p.93.

三、世界与天下：安居之道

尽管斯多亚学派和儒家都倡导一个超越个体国家的、使所有人居处于其中的“无外”的世界共同体（世界/天下），但这并不意味着共同体的成员（人、国家及其他组织）天然就是和谐的，即便是一个有着最高权威的国内社会也非注定和谐。因此，关于斯多亚学派和儒家的世界主义，本文还需要探讨另一个问题：世界或天下的和平与和谐是怎样产生的？

在斯多亚学派看来，世界共同体并非处在如现代政治哲学家所述的那种“自然状态”（state of nature）之中。实际上，cosmos这一术语本身就暗指一种和谐良善的共同体。那么，斯多亚学派与大多现代政治科学研究者之间为何会存在着显著区别？具体又是一种怎样的区别呢？世界作为一个政治空间，在本质上又不只是政治性的，它是一个综合本性/自然［nature（physis）］、理性（logos）和伦理的复合体。在其中，自然哲学与政治哲学的分野被打破。logos是cosmos中的普遍原则，它有着丰富的含义，包含逻辑、言语以及至关重要的理性。既然世界由普遍的理性支配，那么它显然是和谐而有秩序的。如爱比克泰德所说，神已经“安排了夏天，又安排了冬天；安排了丰足，又安排了饥馑；安排了美德，又安排了丑恶；所有这些都互相对立，这样，整体（宇宙）就和谐地统一起来了”。[①] 显而易见，这种普遍和谐的理念含有一种“自然法”思想的萌芽，也使人们容易联想起哲学家斯宾诺莎（Spinoza）关于和谐的学说。[②]

然而，这并非要说，人以及世界中的其他生物什么都不必做，只是尽享已被安排好的和谐就好。恰恰相反，个体应该“与自然相一致”，因为“自然［神、元气、因果（cause）、理性（logos）或 命运］是一个完美的存在，世界中任何事物的价值都取决于它与自然的关系”。[③] 这展现了斯多亚主义（世界主义）的伦理。如爱比克泰德所论及的那样，一个“世界公

---

① 爱比克泰德：《爱比克泰德论说集》，第77页，I.12.16。

② 更具体的讨论参见：A.A Long, *Hellenistic Philosophy* (London: Duckworth, 1986), pp.147-209; Marcia L. Colish, *The Stoic Tradition from Antiquity to the Early Middle Ages: Stoicism in Classical Latin Literature* (Leiden: E. J. Brill, 1985), pp.31-36.

③ A.A Long, *Hellenistic Philosophy*, p.179.

民”是一个能够“理解世界中的神性的统治（divine administration），并会考虑何者自其而出”的人。[①]

因此，作为政治共同体的世界中的和谐、个体之间的纽带，或世界秩序的基础，就是每个人所共有的普遍理性（universal reason）。“如果我们的理智部分是共同的，就我们是理性的存在而言，那么，理性也是共同的。”[②] 人类的共有理性得自神的赐予：“是神撒下种子……造就了地球产生出来的所有生物，尤其是造就了地球上的理性生物——因为只有这些理性生物的自然本性才使他们得以与神交流，而且通过理性与神结合成为一体。——人为什么不把自己叫作世界公民？为什么不把自己叫作神的儿子？”[③] 既然每个人都是神的子女，有着共同的理性，那么人类就能够也应该在平等与友谊之中彼此互助。因为“所有理性动物都是同类”，而且“关心所有人是符合人的本性的”；因为“理性的动物是互相依存的”；因为“宇宙本性为相互合作的目的造就了理性动物，要他们根据他们的应分彼此帮助，而不要相互损害”。[④] 斯多亚主义的世界中的良好秩序因此植根于单个个体（single individuals），以及个体的能力与责任。在这种秩序下，个体遵循理性的指导得以实现其自我人格的完善，这种理性（logos）是为自然与人类所共有的。

在天下之中，儒家认为神或上天并不天然地确保某种已制定好的和谐。然而，像斯多亚学派那样，儒家坚持人类共同体的秩序并不与自然分离，也就是说，上天（自然）是人类伦理的根本基础和来源，人类可能由此获得和谐。儒家最重要的一部经典《礼记·中庸》在其起始之处就告诉人们：“天命之谓性，率性之谓道……中也者，天下之大本也；和也者，天下之达道也。”

虽然斯多亚学派和儒家都强调，伦理的个人与上天或自然之间的联系创造了和谐的政治空间，但儒家所关注的核心概念并不是斯多亚学派的个体“理性”，而是“仁”（英语中的benevolence或virtue勉强可与之对应）。

---

① G.R. Stanton, “The Cosmopolitan Ideas of Epictetus and Marcus Aurelius,” *Phronesis* 13, no.2 (1968): 184.

② 马克·奥略留·安东尼:《沉思录》，第30页，IV.4。

③ 爱比克泰德:《爱比克泰德论说集》，第58—59页，I.9.4-6。

④ 马克·奥略留·安东尼:《沉思录》，第21、29、108页，III.4, IV.3, IX.1。

这一概念传统上被解释为“相人偶也”（即二人相对之意），“非人与人相偶，则‘人’之概念不能成立。申言之，若世界上只有一个人，则所谓‘人格’者决无从看出”。[①]

如上所述，儒家将家庭伦理珍视为代表“仁”的本质的根本价值。天下中的政治准则无非是亲子兄弟关系的复制。家庭内的爱与同情是社会政治秩序，也就是“礼”的基础。世界共同体中的和谐，如存在于其他组织中的和谐一样，并非只是毫无规制的协调和顺。“和”本身虽然是重要的，但只不过是“礼”的应用效果，正如《论语·学而》中所说的那样，“礼之用，和为贵……不以礼节之，亦不可行也”。

因此，儒家的世界主义就是将爱从家庭扩充到整个世界共同体之中，从最初“各亲其亲，各子其子”，到最终“不独亲其亲，不独子其子”，从而实现《礼记·礼运》的大同目标——“天下为公”。尽管如此，儒家表现了一种作为其世界主义基本特征的对别人“有等差”的爱。而斯多亚学派则坚持一种对世界中所有人的“无差别”的爱，人们作为神的子女都是平等的。

可以简单地说，斯多亚学派的世界主义关注的是个人（individual persons），儒家的世界主义关注的则是人与人之间的伦理关系。初看之下，这很接近政治哲学中的自由主义（liberalism）与社群主义（communitarianism）之间存在的冲突，或国际关系规范主义理论中的（现代意义上的）世界主义与社群主义之争。[②] 的确，现代世界主义常常被视为对斯多亚主义和康德的继承，而儒家时而被自由主义学者批评为社群主义。[③] 然而，通过更具体的研究将会发现，斯多亚学派与儒家的世界主义并非像现代语境中自由主义/世界主义同社群主义那般彼此对立。尽管它们始于不同的起点，却有着同样的指归。

斯多亚学派的世界主义看起来并没有与托马斯·博格那句广为引用的表述相一致，即个体主义（individualism）、普遍性（universality）和一般

---

① 梁启超：《先秦政治思想史》，第20页。

② Chris Brown, *International Relations Theory: New Normative Approaches* (New York: Columbia University Press, 1992), p.12.

③ 李明辉：《儒家视野下的政治思想》，北京大学出版社，2005，第11—46页。

性（generality）这三个要素是“所有世界主义的立场所共有的”。[①] 笔者以为，博格所关注的是普遍的个体权利（universal individual rights）。这是现代政治哲学主要关注的一个问题，但不是古典的斯多亚学派所关心的。在现代政治思想家看来，国家主要是一种用于保护个体权利的制度。对古典时代的希腊人来说，城邦更主要是一个使公民通过参与政治和践行其对共同体的责任来完善和展示公民德行（aretē）的空间。当斯多亚学派说到“世界有如一个城邦”时，并非像现代自由主义者或世界主义者那样，表达对普遍的一般权利的诉求。

奥略留告诉人们，以及告诉他自己，“那高度尊重一个理性灵魂……的人……他的灵魂保持在符合理性和社会生活的一种状态和活动之中，他和那些像他一样的人合作达到这一目的”[②]。一个“无牵累的自我”（unencumbered self）[③] 在斯多亚学派的世界主义思想中并不存在。“自我”只能在为了世界共同体而践行其责任之时得以界定和完善，这种方式同时也可以实现个体的理性，并构筑有序的内在灵魂。[④] 同时，既然人们都可以共同拥有理性，那就意味着“所有人与生便具有对彼此的道德义务。所有人都来自一个由理性生物构成的自然道德共同体”[⑤]。

另外，尽管儒家的世界主义认为人们之间的伦理关系是根本要素，但这并不像现代某些“集体主义”（collectivism）那样，倾向于消除或压抑个体。从家到国，从国到天下，个体在共同体之中完成了自我实现。这就是《论语・宪问》和《孟子・尽心下》中所说的，君子“修己以安百姓”，“修其身而天下平”。最终的“天下为公”则意味着“宇宙间一大人格”的“完全实现”。[⑥]

著名学者张灏认为，儒家思想蕴含着一种“人格主义”（personalism），

---

① Thomas Pogge, “Cosmopolitanism and Sovereignty,” *Ethics* 103, no.1 (1992): 48-49.

② 马克・奥略留・安东尼：《沉思录》，第62页，VI.14。

③ 这里借用了哈佛大学教授迈克尔・桑德尔（Michael Sandel）在批判自由主义时使用的术语，参见：Michael J. Sandel, “The Procedural Republic and the Unencumbered Self,” *Political Theory* 12, no.1 (1984): 85-87.

④ 石敏敏、章雪富：《斯多亚主义II》，中国社会科学出版社，2009，第336页。

⑤ Marcia L. Colish, *The Stoic Tradition from Antiquity to the Early Middle Ages: Stoicism in Classical Latin Literature*, p.38.

⑥ 梁启超：《先秦政治思想史》，第88页。

是在自由主义与社群主义之外的第三种路径，它将整体主义与个体主义整合了起来。[①] 因此，可以说，儒家的世界主义并不是国际关系规范主义理论中的某种社群主义，因为它所追求的是在天下中、个体与共同体之间的和谐与共同的完善。正因此，著名历史学家钱穆先生才指出，“家”的观念并没有束缚闭塞中国人的思维。相反，正因中国人由家的观念过渡到人道观念，才把狭隘的民族观念与国家观念转而超脱解放了。[②]

斯多亚学派和儒家的世界主义虽分别始于个体理性和人际关系，最终却通往同样的归途：在世界共同体中通过实践和责任实现自我的存在。

四、结论

斯多亚世界城邦学说和儒家天下学说都提出了一种并无“他者”与“我者”对立的“无外”的世界共同体。关于人们在这个最大共同体之中的安居之道，两者提出了颇为相似的看法。当然，两种世界主义思想之间也有些许差异，但它们具有一些共同的关键之处而并非不可同日而语。对这两种2000多年前便已存在的政治思想进行的历史比较，或许已蜕变为对当今国际事务的反思中的些许亮点。

首先，这种比较蕴含着沟通西方与中国关怀世界的不同传统的可能性。如上所述，由于意识到西方近代政治思想过多地关注个体国家的利益与国家间的斗争后，一些中国学者试图证明中国文化是对西方思想的超越，可以塑造更美好的世界。但中西思想之间的比较有时会流于简单的二元对立，其中的内在联系往往被忽略了。笔者赞同汪丁丁在其《世界公民与天下主义》一文中所期待的那样，斯多亚学派的世界主义或可扮演一座使当代国人与我们祖先那个被遗忘已久的天下观念相沟通的桥梁。[③] 更为重要的是，要避免在中国传统与西方传统之间建立武断的对照，这只会限制人们在实践和理论中的思维。此外，至今一直扎根西方哲学传统的现代世界主义政治思想，或也可反过来从中国的传统中汲取有助益的养分。

---

① 李明辉：《儒家视野下的政治思想》，第21页。

② 钱穆：《中国文化导论》，商务印书馆，1994，第52页。

③ 汪丁丁：《世界公民与天下主义》，《IT经理世界》2008年第8期，第103页。

其次，两种世界主义所共有的理念在主流国际关系理论中往往被忽视。很明显，两者提供了另一种世界视野，或可启发人们在思想上摆脱“威斯特伐利亚束身衣”（Westphalian Straitjacket）。正如延斯·巴特森（Jens Bartelson）所言，世界共同体视野的许多根源“向来或少或无地吸引着国际政治思想研究者”[①]。与此同时，现代国际关系理论经常关注国家、国际组织与跨国合作等主题，充斥着“科学”模式，而活生生的人却消逝其间。两种强调个体责任的古典世界主义思想给人们提供了一种新视角——囊括所有人的国际舞台。

显然，不能简单地期盼建立一种带有斯多亚学派或儒家特征的世界“秩序”或“制度”。[②] 有意思的是，科利士（Colish）和朗（Long）关于斯多亚世界主义的论断，同样也适用于儒家。“理想的世界城邦中并没有太多制度。制度是不需要的，因为人们在其中根据他们的自然理性（natural reason）行事……构成理想世界城邦的种种共同的自然义务（natural obligations）对于身处这个不完美中的斯多亚学派来说也是不可推辞的……斯多亚学派政治理论并未提供一张改革的蓝图，而是提供了一种世界的范式（paradigm），将人们凝聚于其中的并非种种人设纽带，而是人们对相互间共同价值与共同目标的承认。”[③] 对斯多亚学派来说，每个人都有可能拥有共同理性（common reason）；在儒家看来，正如《孟子·告子下》中所示，“人皆可以为尧舜……尧舜之道，孝悌而已矣”。随着国际事务日益嵌入普遍的个人伦理之中，两种世界主义思想可以帮助人们反思国际关系研究中的“非人化”（dehumanization）倾向，也提醒人们，世界政治绝不只是权力斗争与国家间及政治家之间为利益而冲突的领域，它还是一个有可能通过每个人思维和实践中的责任来完善人格与德行的领域。

最后，还有一点也很重要，斯多亚学派与儒家的两种世界主义可能会

---

① Jens Bartelson, *Visions of World Community* (Cambridge: Cambridge University Press, 2009), p.ix.

② 譬如，对现代世界来说，儒家的天下秩序颇为棘手，因为难以回答这些问题：哪一个个人或国家可为“圣王”？妇女拥有何种地位？如何在主权国家间进行“分义（distribute justice）”？等等。

③ Marcia L. Colish, *The Stoic Tradition from Antiquity to the Early Middle Ages: Stoicism in Classical Latin Literature*, p.39; A.A Long, *Hellenistic philosophy*, p.205.

帮助人们找到另一条路径，以摆脱现代国际政治理论中世界主义与社群主义之间的困境。克里斯·布朗（Chris Brown）在2000年基于玛莎·努斯鲍姆的研究而提出了“一种可能解决世界主义与社群主义争端的新亚里士多德式的框架”。由于对德行伦理（virtue ethics）极为重视，布朗敏锐地观察到，“那些德行只能被一个真实的共同体塑造，也只能在其中得到践行［这也支持了社群主义的中心直觉（intuition）］。那些德行在某种意义上是普遍的，反映着人类对共同经历的共同反应（因而也维护了世界主义的中心直觉）”。[①] 同样关注德行伦理的斯多亚学派与儒家的世界主义若非更好，也可以提供另一种方案解决“世界主义—社群主义之争”。如上所述，两种古典世界主义思想殊途同归，两者都意欲通过每个人实践的德行与责任在一个普遍“无外”的地域中实现个体与集体的统合。在古典学说有效启发现代国际政治思想之前，这仍有很长的路要走。但这种尝试绝非无用，如一句古罗马格言所说：“古代即新者。”（Antiquitas est Nova.）

① Chris Brown, “Towards a Neo-Aristotelian Resolution of the Cosmopolitan-Communitarian Debate,” in Maria Lensu and Jan-Stefan Fritz (eds.), *Value Pluralism, Normative Theory and International Relations* (Basingstoke: Palgrave Macmillan, 2000), pp.76-99.

学术领域中外高级别人文交流机制中的模式构建研究

黄 昊 钱斯蕴 吕 雅 刘斯媛*

【内容提要】自2000年以来，中国已先后建立十大中外高级别人文交流机制。通过体制化、机制化、高层引领的方式，中外高级别人文交流机制越发成为增强国家间关系韧性、化解国家间潜在矛盾、推动国家间理解和合作的重要桥梁。在现有成效的基础上和百年未有之大变局下，为进一步推动中外人文交流的深入，对过往交流机制中模式构建和品牌设计的评估也成为亟须深入思考的问题。本文以案例分析为主要研究方法，关注学术领域人文交流在学理建设与人才培养中的独特作用，回顾了中英、中法、中德高级别人文交流机制模式的成效与挑战，重点评估了学位项目、海外中心、访问学者、高校联盟四类现有的中外人文交流品牌项目，为下一步学术领域中外人文交流机制模式提质增效提出了发展建议。

【关键词】人文交流　学术　模式构建

【作者简介】黄昊，复旦发展研究院副院长、助理研究员；钱斯蕴，复旦发展研究院国际合作和重大活动办公室主任；吕雅，复旦发展研究院研究人员；刘斯媛，复旦发展研究院研究人员。

近年来，随着全球化的深入，国家间关系日益呈现为不同社会、不同文化、不同族群之间的关系，人文交流与战略互信、经贸合作一道，成为中国对外关系发展的三大支柱。中外高级别人文交流作为元首外交和首

* 吴炅、焦露曦、黄晨、丁媛媛、黄昕蒙、张颉文、黄小惠亦有贡献。

脑外交的辅助机制，有助于巩固深化中国同有关国家的人文合作。[①] 其中，学术领域因其兼具人才培养与理论研究的功能，为人文交流提供了丰富的主体力量与理论支撑，成为新时代高级别人文交流机制的一大着力点。因此，从学理和经验层面研究学术领域中外高级别人文交流、透过人文视角认识当今国际关系中的人文特质具有重要意义。

一、中外高级别人文交流机制的内涵与背景

（一）中外高级别人文交流的内涵

中国传统文化中的“人文”，往往被提到与天道同等重要的高度，是人世的规范与准则。“观乎天文以察时变，观乎人文以化成天下。”(《易经·贲卦·彖曰》)[②] 人文乃“人之道”，是国家治理与社会运作不可或缺的基石之一。现代意义上的“人文”泛指人类社会的各种文化现象[③]，不仅包括人们外在的衣食住行，也涉及内在的观念、价值等思维活动。

“交流”意味着双向沟通的互动行为，要求具备交流的双方、交流的内容以及交流的渠道。

从本质属性来看，“人文交流”具有动态、丰富的内涵，可以延伸至教育、旅游、科技、体育、艺术、民俗等多个领域。人文交流可理解为不同国家、不同文明背景下的人民之间为了增进相互理解和友谊所进行的跨文化交往[④]，能够“超越文明隔阂、超越文明冲突、超越文明优越”。

从具体实践来看，中国所开展的人文交流兼重“人”与“文”两个方面。“惟以心相交，方成其久远”[⑤]，相比于传统的文化外交、文化交流，人文交流立足更为广阔、立意更为高远，它侧重人与人心灵之间的沟通，以

---

① 《中共中央办公厅、国务院办公厅印发〈关于加强和改进中外人文交流工作的若干意见〉》，新华网，2017年12月21日，http://www.xinhuanet.com/politics/2017-12/21/c_1122148432.htm。

② 朱熹:《周易本义》，廖名春点校，中华书局，2009，第104页。

③ 中国社会科学院语言研究所词典编辑室编《现代汉语词典》，商务印书馆，1979，第952页。

④ 刘永涛:《人文交流：概念、视野和运行机制》，载邢丽菊、张骥主编《中外人文交流与新型国际关系构建》，世界知识出版社，2019，第37页。

⑤ 王通:《中说校注》，张沛校注，中华书局，2013，第167页。

人民为主要载体与联结纽带，以相互性、平等性、包容性为主要原则，以文体教各领域的合作交流为主要形式，是当代中国对外交流发展的新路径。[①]

关于“高级别”的定义,《中英高级别人文交流机制研究》中指出，一是“会议主席层级高、起点高”，二是“合作项目水平高”。[②] 高级别意味着高平台、大战略、广范围，它以国家或政府的顶层设计为指挥棒，以国家对外关系发展需求为方向标，标示着中外人文交流进入了新阶段。

总的来说,“中外高级别人文交流机制”是辅助元首外交和首脑外交引领作用的机制，是服务于中国特色大国外交，以人文领域国与国之间的文明对话、人与人之间的心灵沟通为内容的对话交流模式。

（二）新形势下中外高级别人文交流机制的发展需求

“国之交在于民相亲，民相亲在于心相通。”人文交流作为国家间关系的重要组成部分，与政治互信、经济合作一起构成当代中国对外关系的三大支柱。[③] 国家间关系不仅需要通过硬性的政治对话建立互尊互信、通过经济合作实现互利互赢，也需要柔性的人文交流增进各国人民间的了解互信，打好铺路石，夯实国与国关系的社会民意基础[④]，承担公共外交职能，增强各国关系的韧性，化解潜在的国际关系矛盾，防止或缓解突发事件对国际关系造成的冲击。

随着全球化带来的发展，在各国的相互依存度加深的同时，世界各国的竞争角逐也越发激烈，从传统的安全和经济领域逐步拓宽到人文交流领域。从历史来看，人文交流在国与国关系中一直发挥着重要作用，古希腊、古罗马、波斯以及古代中国都十分重视人文因素在对外交往中的重要

---

① 刘永涛:《人文交流：概念、视野和运行机制》，第38页；邢丽菊:《人类命运共同体视域下的人文交流：内涵、挑战与路径》，载邢丽菊、张骥主编《中外人文交流与新型国际关系构建》，世界知识出版社，2019，第98页。

② 陈文妍:《中英高级别人文交流机制研究》，硕士学位论文，北京外国语大学，2017，第14页。

③ 复旦大学国际问题研究院:《构建人文外交新格局：中外人文交流对话机制研究》专题报告，2015年7月27日，http://www.iis.fudan.edu.cn/48/15/c7015a83989/page.htm。

④ 《中共中央办公厅、国务院办公厅印发〈关于加强和改进中外人文交流工作的若干意见〉》，新华网。

作用。[①] 曾任美国助理国务卿的约翰·理查森在记述中美关系正常化的过程时说:“尽管实现关系正常化的进程明显依赖于交流之外的因素,然而,一个由两个社会的学术和文化联系编织成的有力的和正在壮大的网络将继续培育这一进程并使其完全实现。”[②] 习近平主席也指出:“人民的深厚友谊是国家关系发展的力量源泉。”[③] 近年来,西方国家都加大了人文交流的力度,英国文化委员会、法语联盟、歌德学院、塞万提斯学院、富布赖特项目等都在全球范围内建立了由语言教学、教育文化交流、国际服务等构成的人文交流网络,发挥着充分的争取、说服、号召、引领的柔性作用。[④] 因此,人文交流也越发成为国家间相互理解和达成合作的重要桥梁。

近年来,中国的综合国力与国际地位空前提升,在国际和平与发展事务上发挥了显著的作用。一方面,国际社会越来越希望了解中国,了解中国的发展和治理经验,倾听中国智慧和中国方案;另一方面,在世界文化格局和国际舆论格局中,“西强我弱”的态势尚未根本改变[⑤],在国际上有时还处于“有理说不出,说了传不开”的境地,软实力与国际话语的“逆差”仍然显著存在,加之不适应国际社会的话语体系[⑥],难以有效消除西方国家对中国的警惕,“传统中国观”的文化定式持续影响现代国际交流的有效开展。而人文交流是增进双方亲近感、扩大沟通基础的有效渠道,是促进世界了解客观、真实、立体、全面的中国的最佳途径。推进人文交流体系化、制度化,有助于进一步提升国家形象和软实力,增强中华文化的吸引力、感召力、影响力和竞争力[⑦],讲好中国故事,使之真正在国际听众中入脑入心。

当前,世界局势发生深刻改变,政治、经济、科技、文化、社会各个

---

① 柴如瑾:《中外人文交流的新方向》,《光明日报》2018年2月8日,第6版。

② 毛瑞鹏:《关系正常化与人文交流——建交前后中美关于人文交流的磋商》,载吴心伯主编《美国问题研究》总第二十二辑,上海人民出版社,第33—45、183—184页。

③ 习近平:《习近平谈治国理政》,外文出版社,2014,第276页。

④ 柴如瑾:《中外人文交流的新方向》。

⑤ 张骥:《为构建人类命运共同体作出独特贡献》,《神州学人》2018年第5期,第13—15页。

⑥ 张宁、赵卫星、罗晓舫、赵磊:《世界格局变化背景下中外人文交流》,《陕西师范大学学报(哲学社会科学版)》2019年第48卷第6期,第45—52页。

⑦ 张骥:《为构建人类命运共同体作出独特贡献》,第13—15页。

层面都面临变革，堪称百年未有之大变局。各国之间的经济和政治摩擦日益频繁，国际权力结构正在发生根本性震荡乃至变革，随之而来的是大国竞争持续升级，成为影响下一个时代国际格局的重要变量之一，更给人文交流带来前所未有的限制与挑战。

然而，越是在国家间的竞争与博弈中，人文交流的价值就越发凸显。一方面，长期的博弈离不开对竞争对手的充分认知，也需要争取对中国友好的人员与资源网络，锻造一定程度的民间友好群体基础，避免国家间关系的“硬着陆”。另一方面，在大国竞争的全球背景下，人文交流有助于保证中国长期对外开放的大门与通道畅通，不断争取扩充国际上的友华势力，同时进一步提升全方位对外开放水平，分享与借鉴一切有利于全人类发展的优秀文明成果。

在竞争加剧的同时，国际合作的必要性也越发凸显。习近平主席强调:“当今世界正经历百年未有之大变局，人类应对共同挑战、迈向美好未来离不开文化的力量。世界各国人民应该把握大势、顺应潮流、加强交流，共同谱写人类文明新篇章。”[①] 当今世界正经历科技、环境、伦理、社会剧变，全体人类都面临共同的挑战，甚至是危机。人文交流有助于促进各国人民携手合作，共同关注重大议题并应对当今全球性的挑战，推动不同文明向更加和谐共生的局面迈进。

总而言之，在百年未有之大变局下，中外人文交流面临新的挑战与机遇，在新时期更要进一步加强人文交流的理论研究与实践能力，实现“文化在交往中求通、在交流中出彩、在交融中互补、在交锋中求进”[②]。因此，中外高级别人文交流机制的设立，通过体制化、机制化、高层引领的方式，极大程度上满足了中国对外人文交流的外交需要和发展需要。

（三）中外高级别人文交流机制的发展历程

进入21世纪以来，中国逐步提升人文交流领域的分量，并创造性地开始与世界主要国家（国际组织）建立高级别的人文交流和对话机制，已先

① 《习近平向中日高级别人文交流磋商机制首次会议致贺信》，新华网，2019年11月25日，http://www.xinhuanet.com/politics/leaders/2019-11/25/c_1125271273.htm。

② 《文化交流“殊声而合响”》，人民网，2015年12月21日，http://theory.people.com.cn/n1/2015/1221/c40531-27953309.html。

后建立中俄、中美、中英、中欧、中法、中印尼、中南、中德、中印、中日十大中外高级别人文交流机制，覆盖了世界主要发达大国、发展中大国和地区代表性国家。[①]

这些高级别人文交流机制的建立使中国的大国外交从政治、经济双轮驱动迈向政治、经济、人文三足鼎立。[②] 在与其他国家双边关系和中非、中拉、中阿、中国东盟等多边合作框架中，中国也逐渐将人文交流列为重要领域。在中国的“一带一路”倡议、新型国际关系和人类命运共同体等概念中，人文交流都被作为主要维度和政策重点。[③]

当前，中外高级别人文交流机制的内涵广阔，主体和实践路径多元，形式内容丰富。虽然现有的十大中外高级别人文交流机制各有不同，但基本上都涵盖了教育、科技、文化、卫生、体育、媒体、旅游、妇女、青年、地方合作、智库等领域。[④]

交流路径方面，在定期举行中外高级别会晤和会议活动的基础上，中外交流既有官方参与推动的自上而下的交流实践，亦出现了民间自发推动的自下而上的交流活动，形成了高层引领、官民并举、多方参与的良好格局。[⑤]

近年来，党和国家越发重视中外人文交流工作。2017年12月，中共中央办公厅、国务院办公厅印发了《关于加强和改进中外人文交流工作的若干意见》。[⑥] 这是党和国家首次针对中外人文交流工作制定专门文件，对于进一步做好新时代中外人文交流工作提出具体要求，作出全面部署。伴随国力提升与政策引领的是中国与外部世界的交往日益频繁广泛，世界了解中国的愿望日益增加。

可以说，随着中外人文交流的深入开展，中外人文交流已成为夯实中

---

① 张骥、丁媛媛:《中国民间外交、地方外交与人文交流70年——人民的外交》,《国际展望》2019年第05期，第54—72、154—155页。

② 张骥:《超越“大国”和“周边”，中国式“全球外交”显雏形》,《东方早报》2015年12月25日，第13版。

③ 张骥、丁媛媛:《中国民间外交、地方外交与人文交流70年——人民的外交》，第67页。

④ 同上。

⑤ 同上文，第70页。

⑥《中共中央办公厅、国务院办公厅印发〈关于加强和改进中外人文交流工作的若干意见〉》，新华网。

外关系社会民意基础、提高我国对外开放水平的重要途径，是中国特色大国外交的重要支柱，是国家关系的稳定器、务实合作的推进器、人民友谊的催化器，在党和国家的对外工作中发挥着越来越重要的作用。

（四）探索人文交流模式构建的内涵与意义

在现有成效的基础上，高级别人文交流机制需要进一步考虑未来应如何更加持续有效地开展工作。模式构建和品牌设计也因而成为亟须深入思考的问题。对中外高级别人文交流机制的模式构建进行分析与反思有助于总结既往经验，推行有效措施，提高运营效率，增强全社会开展人文交流与合作的能力。其中，对于品牌设计进行研究与策划，则有助于打造亮点项目，提升认知程度，推动高水平发展。这对于推动人文交流机制的改革创新，以及打造具有中国特色和国际影响的人文交流品牌而言，都具有重要意义。①

近年来，有关于中外高级别人文交流机制的研究也有了一定的积累。虽然目前对于中外高级别人文交流机制的模式构建和品牌设计并无明确的、系统的研究，但研究团队经过初步的资料检索和分析，认为可以在目前的研究基础上加以总结和提炼，形成对中外高级别人文交流机制的模式构建的有效建议。

要探究中外高级别人文交流机制的模式，就要从目的性、现实性、突破性三个方面出发，回答以下问题：模式构建和品牌设计如何能更好地服务于高级别人文交流机制的建设？实现模式构建和品牌设计有哪些合理的现实依据？目前想要有效实现模式构建和品牌设计，需要突破哪些关键的困难和障碍？应当如何突破？

从目的性角度而言，目前中外人文交流机制的研究中，有相当一部分成果探讨中外高级别人文交流机制或人文交流本身的作用和意义；而近几年人文交流机制建设的实践，也在不断发现需求和缺口。这些研究成果和实践成果也都有助于形成有关目的性方面的判断。

从现实性角度而言，目前的研究中，对现有高级别人文交流机制建设

---

① 《中共中央办公厅、国务院办公厅印发〈关于加强和改进中外人文交流工作的若干意见〉》，新华网。

的经验描述，以及探寻现有人文交流机制建设的历史基础，这两个方向都属于体量相对较大的类别，也为模式构建的研究提供了现实性的依据。

从突破性角度而言，目前的研究著作也从不同的角度分析了现有高级别人文交流机制所面临的困难和挑战，包括配套制度建设，项目执行力，国际传播能力，各国政治、经济、文化差异等多个方面。这对于整体模式研究方面的突破而言，都具有重要的借鉴意义。

（五）学术领域人文交流的重要性

人文交流领域十分广泛，涉及十数个内容丰富、广阔、复杂的子领域。其中，学术领域以其在学理建设与人才培养中的独特作用，成为人文交流的底层建筑与前线参与者，是新时代高级别人文交流机制的重要突破口与长期基本盘，亟须进一步研究并推进。

从学理建设角度，应当认识到，当前中国的客观形象与发展经验之所以与外部印象形成“反差”，之所以缺乏话语权、难以在全球形成统一友善的中国国家叙事，根本还是在于缺乏有效的理论供给。这导致其理论性不彻底、不明晰，没有构建起中国特色社会主义哲学社会科学体系，相较于西方从启蒙运动起一路发展的政治、文化、哲学思想基础，未能形成自己的特色和优势。理论创新是人文交流与公共外交的根基，而要形成理论创新，学术领域可谓当仁不让。

同时，国际人才培养更是被广泛认为是软实力培养的重要方式。越来越多的专家学者意识到，“学生流动和智囊发展、商业和社会关系的积极经验，可以共同构筑一个国家的声誉，加强该国参与和影响区域或全球成果的能力”。[①] 软实力的提出者约瑟夫·奈也认可教育交流可以“强化官方外交政策”，改善国家间关系，而如果这些留学生“最终坐上决策者的位置上”，教育交流有机会最大可能地实现其在外交上的影响力。[②]

在百年未有之大变局下，面对国际越发激烈的竞争现实与越加迫切的合作需要，学术领域对人文交流的积极贡献显得更为紧迫和关键。因此，

---

① Caitlin Byrne and Rebecca Hall, “Realising Australia’s International Education as Public Diplomacy,” *Australian Journal of International Affairs* 67, no. 4 (2013): 419-438.

② Joseph S. Nye Jr., *Soft Power: The Means to Success in World Politics* (New York: Public Affairs, 2004), pp.17, 45.

为提升课题的针对性和深入性，研究团队重点关注学术领域，以英、法、德三国为案例，分析评估中英、中法、中德高级别人文交流机制的模式构建，比照英、法、德三国与国内现有的潜力“品牌项目”，就下一步教育领域高级别人文交流机制的模式和品牌建设提出对策与建议。

二、中英、中法、中德高级别人文交流机制模式的成效与挑战

（一）中英高级别人文交流机制

英国是首批与中国建立中外高级别人文交流合作机制的三个国家之一。自2012年中英高级别人文交流机制建立以来，中英在教育、科技、文化、卫生、体育、青年、旅游、新闻媒体、地方合作、社会、妇女等领域签署了超过50项合作协议，达成上百项合作成果，两国人文交流合作精彩纷呈，广度和深度不断拓展。[①]

两国教育合作交流成果颇丰。以2019年为例，20多万中国留学生在英求学，是英国高等教育最大的国际学生群体；1300多名英国中小学生通过“中文卓越计划”（MEP）学习中文，并赴华参观访问。全英孔子学院和孔子课堂数量分别从20所和63间增至30所和163间，注册学员超过19万。[②] 2018年全年，约有19.1万人在全英孔子学院和孔子课堂学习汉语和中国文化，178万余人参与孔子学院组织的各种丰富多彩的文化活动。[③] 中英大学伙伴服务“一带一路”项目启动，在食品安全等领域开展教学与科研合作；中英合作办学项目344个、合作办学机构27个，涉及139所英国高校和232所中国高校。

同时，中英学术领域的人文交流也已经形成了影响广泛的品牌项目，

---

① 《中英高级别人文交流机制会议举行　刘延东和英国卫生大臣亨特共同主持》，人民网，2017年12月9日，http://cpc.people.com.cn/n1/2017/1209/c64094-29695916.html。

② 《驻英国大使刘晓明在2020年中英教育界新春招待会上的讲话：〈时不我待，紧抓机遇，谱写中英教育合作新篇章〉》，中华人民共和国外交部网站，2020年1月24日，https://www.fmprc.gov.cn/web/wjdt_674879/zwbd_674895/t1735986.shtml。

③ 《为中英关系“黄金时代”绽放青春梦想——驻英国大使刘晓明在“英国未来计划”5周年庆典上的讲话》，中华人民共和国外交部网站，2019年6月29日，https://www.fmprc.gov.cn/web/dszlsjt_673036/t1676791.shtml。

较有代表性的是英国未来计划、中英数学教师交流项目和中英青年领导者圆桌会议等。

英国未来计划日益成为中英人文交流中一道亮丽的风景线。过去6年间，7万多名英国优秀青年通过英国未来计划赴华学习、实习和参与各类交流活动。[①] 英国邓克然爵士赞扬英国未来计划是英国文化委员会40年来最重要、最成功的项目，获得英国政府部门和相关机构以及中国驻英使馆的大力支持，对所有参与者产生深远影响。中英两国青年通过教育文化交流，增进彼此了解和理解，为中英关系"黄金时代"行稳致远提供了有力保障。[②]

另一个促交流、拓合作的品牌项目是中英数学教师交流项目。截至2019年底，双方已完成827名教师互派工作[③]，受到英国广播电视公司纪录片报道，在中英两国民间获得广泛的关注，对于展现中国优秀教育成果，以及促进中国教育模式"走出去"、提升中国教育话语权和软实力有着显著的推动作用。

中英青年领导者圆桌会议是全国青联与英国英中协会合作开展的对话交流项目，邀请中英青年政治家等各界青年领导人参加。自2010年启动以来，截至2019年，会议已举办9届。中英双方青年代表聚会在海纳百川的上海，通过沟通分享，寻求教育、文化、体育、科技、医疗等方面的深入交流与合作，以人文促理解，以交流谋信任，对增进两国友谊、促进政治互信起到重要影响。[④]

然而，中英高级别人文交流主要存在两个问题。一是随着中英交流合作领域的不断增加，人文交流逐渐变为无所不包的"篮子"。例如，中英在高铁建设、地产项目方面的地区合作应属经贸领域的合作范畴，并非完全是人文交流。如果不深刻理解人文交流的内涵和中国实现中英人文交流

---

① 《驻英国大使刘晓明在2020年中英教育界新春招待会上的讲话:〈时不我待，紧抓机遇，谱写中英教育合作新篇章〉》，中华人民共和国外交部网站。

② 《为中英关系"黄金时代"绽放青春梦想——驻英国大使刘晓明在"英国未来计划"5周年庆典上的讲话》，中华人民共和国外交部网站。

③ 《驻英国大使刘晓明在2020年中英教育界新春招待会上的讲话:〈时不我待，紧抓机遇，谱写中英教育合作新篇章〉》，中华人民共和国外交部网站。

④ 《中英青年领导者圆桌会议在沪举行》，青年报网站，2016年12月8日，http://app.why.com.cn/epaper/webpc/qnb/html/2016-12/08/content_12704.html。

的战略目的，就容易把除政治、经济以外的所有交流都纳入人文交流的内涵，导致人文交流泛化、人文内涵弱化、缺乏专业性的倾向。这不仅将冲淡、改变中英人文交流的初衷和战略目标，更易使人文交流的实践失去重心和突破点，拉低人文交流的效率。[①]

二是中英人文交流模式存在“官重民轻”的特点。当前，中英高级别人文交流机制下的很多活动是在官方指导下开展的，受到较强的官方指导和影响。虽然官方指导确保了中英人文交流和国家战略目标的一致性，在初期成为各项活动的孵化器和推动者，但经过多年发展下来，中英民间基层交流仍相对缺乏，少数交流活动流于形式、忽视内容，市场和民间的活力仍然有待释放，中英之间特别是民间的交流仍然存在着显著的误会与认知差异。[②]

（二）中法高级别人文交流机制

自2014年中法两国宣布建立中法高级别人文交流机制以来，借助建交50周年的春风，双边人文交流实现了良好开局，已逐步扩大到教育、科技、文化、卫生、体育、媒体、旅游、地方合作、青年和妇女等10个合作领域。在该机制的引领和推动下，中法人文交流全面开花，结出了累累硕果。

法国是第一个与中国互办文化年、语言年，互设文化中心的国家，也是第一个与中国开展青年交流的西方大国。[③] 在教育与科研领域，双方优先进行大学合作与高等院校的留学生交流，实施中法博士生学院项目、中国—欧盟学生交流奖学金项目、中法“蔡元培”合作交流项目等。[④] 2019年，中国留法学生已有4万多人，今后或将成为法国第一大外国留学生群体；法国在华留学生也达到1万多人，是在华留学生最多的欧盟国家，双

① 复旦大学国际问题研究院：《构建人文外交新格局：中外人文交流对话机制研究》专题报告，第26页。

② 陈文妍：《中英高级别人文交流机制研究》，第39页。

③ 复旦大学国际问题研究院：《构建人文外交新格局：中外人文交流对话机制研究》专题报告，第30页。

④ 曹静：《中欧关系框架内人文交流机制研究》，硕士学位论文，山西大学，2016，第26页。

边学术领域交流正在蓬勃发展。[①]

近年来，中法人文交流亮点工程众多。例如，中法共建亚洲首个生物安全实验室。这个位于武汉的生物安全四级实验室是全球生物安全最高级别的实验室，将对两国防控传染病病毒起到重要作用。[②] 这标志着中法进一步深化在尖端科研合作领域的合作交流。2017年，法国总理贝尔纳·卡泽纳夫亲到武汉国家生物安全实验室剪彩，称为此项目感到骄傲。

另一个品牌项目是北京西山中法人文交流基地。2015年，国务院副总理刘延东与法国外长法比尤斯共同为北京西山中法人文交流基地揭牌。"北京西山中法文化交流史迹展"通过系统梳理100多年以来在北京西山一带所遗留的中法文化交流的史料，以图文、视频、装置、实物、互动电子书等多维形式，真实还原更多鲜为人知的历史细节，让今天的人们了解中法两国绵长深厚的不解情缘。[③] 这是中法双方充分挖掘本土民间交流资源，共同打造中法人文交流及公共外交的特殊平台。

中法高级别人文交流机制总体运行健康，成绩斐然，但仍面临一定挑战。首先，法国对中法人文交流关注度低、关注面窄。以精英化和政策服务导向为主的法国智库为例，其关于中国的各类成果超过250个，涉及外交、军事、经济等领域，然而直接带有"中法人文交流"关键词的却没有，可以划归到人文领域的相关成果不足20个，远远低于10%。同时，法国主要的关注重点集中在环境、科技、体育、人口、宗教几个侧面，对高等教育与科研等学术领域的关注比较匮乏。[④]

其次，中法对人文交流机制的认知不同，法国对机制存在"泛政治化"解读，即法国片面强调人文交流与国家形象和软实力的相关性，将人文交流视作政治、外交的附属。[⑤] 不论是"高政治"议题（如宗教）还是"低

---

① 《专访：中法务实合作将争取确定新的重大标志性项目——访中国驻法国大使翟隽》，新华网，2019年1月17日，http://www.xinhuanet.com/world/2019-01/17/c_1124003508.htm。

② 《中法共建生物安全全球最高级别实验室》，人民网，2014年8月18日，http://health.people.com.cn/n/2014/0818/c14739-25488333.html。

③ 《北京西山中法人文交流基地成立》，北京市海淀区人民政府网站，2015年5月21日，http://www.bjhd.gov.cn/ztzl/kjcx/ywdt/201810/t20181027_3889699.htm。

④ 程平：《浅析法国智库对"中法人文交流"的认知倾向》，《法国研究》2019年第1期，第72—81页。

⑤ 程平：《浅析法国智库对"中法人文交流"的认知倾向》，第72—81页。

政治”议题（如足球），不少法国专家学者惯性抱持对中国政治动机的警惕与意识形态的敌视，友华学者往往被边缘化，甚至被指作“中国政府的同谋”。

（三）中德高级别人文交流对话机制

2017年，时值中德建交45周年之际，两国建立中德高级别人文交流对话机制，双方签署教育、文化、体育等领域的7项合作协议，并确定了2017—2018年度两国人文交流的25项重点项目。“中德关系不是简单的买卖关系”①，它不仅仅是亚欧两大经济体强强联手，更是两大文明的交流与对话。而中德人文交流的最终目标，是在两国民众间建立起命运共同体意识，推动安全问题、粮食问题、环境问题、气候问题等全球性问题的解决。从这个意义上看，中德人文交流的意义远远超出了双边文化交流的范畴，在全球层面上也举足轻重。②

据统计，中国目前在德留学生超过6万人，德国在华留学生超过8000人，从人口比例来看是一个比较高的数字。与此同时，还有大量民间机构参与的交流活动，成果十分丰富。

其中，“西门子杯”中国智能制造挑战赛成为中德高级别人文交流机制的亮点项目。自2006年发展至今，大赛已经成为目前国内工业自动化工程领域规模最大的学生类竞赛之一，2016年纳入中德青少年交流年项目，2017年又纳入中德高级别人文交流机制成果。这项挑战赛不仅是各院校师生之间的交流平台，也是相关专业之间相互交流的桥梁，从人才角度促进传统工业技术与信息化技术的两化融合，更是中德两个全球制造业大国的深度交融交会。③

然而，根据皮尤研究中心的民调数据，英法两国民众对华好感度较高，而德国对华的形象认知在欧盟中最为消极。这与中德人文交往中的不

---

① 《李克强：中德关系不是简单的买卖关系》，中国政府网，2014年10月11日，http://www.gov.cn/guowuyuan/2014-10/11/content_2762648.htm。

② 于芳:《中德人文交流的发展历程及启示》,《学术探索》2018年第4期，第134—140页。

③ “西门子杯”中国智能制造挑战赛官网，http://www.siemenscup-cimc.org.cn/home/index。

对称性和单向性密切相关。①

这首先体现在人员流动和交流兴趣的不对称上，中国社会对于德国的兴趣和了解要远远大于德国对于中国。在人员交流方面，两国间的人员流动还不够广泛和深入，许多德国人并不了解中国北京、上海、广州之外的城市和文化。相对而言，中国人更了解德国和欧洲的生活与文化。②

更关键的是，中德人文交流仍局限在传统友华、知华的“小圈子”里，没有提升德国民众了解中国的意愿与兴趣。中国学习德语的人数在增加，对德国文化的了解兴趣在增强；与之形成对比的是，德国对汉语的学习兴趣却在下降，德国学习汉语的中小学生人数一直在5000人左右止步不前。③ 参与中德青少年交流的学校和学生人数从2008年到2010年快速增长，但却在2010年后开始下跌，2018年后才略微有所回升。

三、学术领域人文交流的模式与品牌项目评估

在充分评估中英、中法、中德高级别人文交流的基础上，研究团队总结了国内教育领域对外交流的4种主要模式，并通过横纵向对比的方式，重点评估了4种模式下现有的品牌项目或潜在品牌项目的发展现状。

（一）学位教育旗舰项目

自20世纪90年代以来，来华学习的外国籍留学生数量增长了7500%。④ 然而，4个因素限制了外国留学生的数量与交流质量。第一，大多数留学生无法在中国高校获得学位。据统计，近60%的外国留学生在华

---

① 王义桅、李燕燕：《国之交缘何民不亲？——中德经济依存与民众好感度的非对称性分析》，《德国研究》2015年第3期，第17页。

② 于芳：《中德人文交流的发展历程及启示》，第134—140页。

③ 郑春荣、周佳颖：《中德人文交流的挑战与改进建议》，《对外传播》2019年第10期，第11页。

④ Su-Yan Pan, “China’s Approach to the International Market for Higher Education Students: Strategies and Implications,” *Journal of Higher Education Policy & Management* 35, no.3 (2013): 249-263.

攻读的是无学位项目[①]，这很大程度上限制了在华学习的价值与这些留学生未来的市场竞争力，对潜在的高质量来华留学生吸引力不足。第二，中国高校与世界一流高校仍有差距，较难吸引到真正的外国精英学生。第三，当前来华学习的学生大多攻读的是汉语语言或汉学，一定程度上很难有机会接触更多侧面的客观中国现实。第四，很多高校的国际学生项目隔绝了中国学生的参与，中外学生深入交流的机会受限。因此，如何吸引更多数量、来自更多领域、有世界领袖潜能的精英学生，成为中国国际教育和人文交流的攻坚任务。

2013年，依托于中外交流需要，清华大学苏世民学者项目确立，在一定程度上弥补了中国大学为全球精英提供学位教育的短板，成为世界知名的高等教育旗舰项目。比照欧美类似的全球顶尖人才学位旗舰项目——英国牛津大学的罗德学者与美国富布赖特项目，苏世民学者项目虽然成立时间较短，但也已展现出勃勃生机。自成立以来，苏世民学者项目得到了中美双方领导人高度的关注与支持，来自中美政界、军界、学界、商界的精英人士均成为苏世民项目的设计者、评审官、讲师和导师。通过全球化师资配置，苏世民学者项目在世界范围内吸引了一部分顶尖学生资源。部分自哈佛大学、耶鲁大学、剑桥大学等世界一流高校毕业的优秀学子，以及在多元领域初具潜力的青年人才，成为苏世民学者项目的申请者。某种程度上，这展现了中国高校推动中外精英交流的积极作为，将有望为下一代“潜力者”提供一座了解中国、对接世界的宝贵桥梁。

（二）海外中心品牌项目

近年来，部分具有前沿意识的中国大学率先在海外设立中国研究中心，为世界开启了解中国的一扇窗。

自1996年起，华东师范大学推出4家海外中国研究中心，以史学理论与史学史学科为基本背景和依托，在了解海外中国形象发展史的同时，向美国、澳大利亚等国学者介绍中国史观，并在此基础上开展跨学科、多学

---

① Chiharu Kuroda, “The New Sphere of International Student Education in Chinese Higher Education: A Focus on English-Medium Degree Programs,” *Journal of Studies in International Education* 18, no.5 (2014): 445-462.

科的研究。[①]

自2012年起，复旦大学发展研究院与美国加州大学、北欧部长理事会、墨西哥蒙特雷科技大学、新西兰奥克兰大学分别合作，成立了4所海外中国研究中心，分布于美洲、欧洲和大洋洲。

这些海外中心旨在以学术交流的形式，在国际平台上建立认识中国社会、了解中国发展的窗口，并让中国学者深入海外学界，更早地获得中立、客观与真实的来自国际学术界的声音；同时以海外中心为平台，积极开拓与海外优秀高校的合作，培养新一代对未来有影响的海外"中国问题"专家，吸引更多的海外学生、学者到复旦大学以及中国其他高校进行访问交流。中国专家学者还可以充分运用"地利"优势，提升以"人"为核心单位的交流密度和交流质量，在海外舆论前线广泛布局人脉网络，厚植国家间的民意基础。

（三）访问学者亮点工程

在中国高校对外人文交流中，访问学者项目是实现点对点、人与人沟通交流的核心机制。目前，各高校广泛邀请海外访问学者，很多受邀的访问学者最终成为中国故事的可信诉说者、中国实践的可靠支持者。通过著书或在媒体上积极发声，由西方人以西方可理解的思维模式，阐述新时代中国真实客观的发展现状，产生了一定的社会影响力和关注度，为世界了解中国打开了一扇门。然而，当前中国所邀请的海外访问学者仍以汉学家为主，多领域沟通交流仍显不足，且总体上这些访问学者在世界学术圈和政策圈的声量仍相对有限，导致人文交流的影响力受到制约。

复旦大学发展研究院与澎湃新闻的英文产品"第六声"（Sixth Tone）联合主办的第六声全球青年学者计划（Sixth Tone Fellowship）亦颇为创新。该项目不仅为访问学者准备了在象牙塔里访学问道的空间，更安排了在田间地头亲身体会的机会。他们在科技创新、产业经济、青年亚文化、社会变迁等前沿研究课题中选取角度，来华进行为期6周的田野调查、研讨（较之传统田野调查时长更长），撰写研究报告，举办讲座，并且在新

① 华东师范大学历史学系网站，2019年3月25日，http://history.ecnu.edu.cn/61/13/c21731a221459/page.htm。

闻界上升迅速的知名网站第六声上发布媒体评论。通过在贵州参观中国的大数据中心、在义乌观察世界的小商品中心、在内蒙古研究中国的风力发电，第六声全球青年学者计划不断鼓励和吸引全球青年学者深入认识、了解、传播真实的当代中国，致力于培养下一代亲华、友华、知华力量。

（四）高校联盟战略计划

随着教育领域人文交流的深入，部分中国高校创造性地与海外高校建设高校联盟，打破西方国家对教育领域的垄断性领导地位，实现了首次由中国高校引领话题、促进交流的创举。

清华大学牵头创立的亚洲大学联盟具有巨大的影响力和潜能。2017年，清华大学作为联盟创始主席单位，牵头亚洲14个国家和地区的15所高校创立亚洲大学联盟，成员还包括北京大学、香港科技大学、日本东京大学、韩国国立首尔大学、新加坡国立大学、印度尼西亚大学、马来西亚马来亚大学、泰国朱拉隆功大学、缅甸仰光大学、印度理工学院孟买分校、斯里兰卡科伦坡大学、沙特国王大学、阿联酋大学、哈萨克斯坦纳扎尔巴耶夫大学。亚洲大学联盟旨在促进亚洲内部各高校的资源整合，进行包括共享在线教育在内的教育创新与合作。①

随着多所位于世界前列的亚洲大学的加入，亚洲大学联盟引起西方高等教育界的重点关注，被认为是最有潜能提升亚洲大学全球声誉与世界影响力的大学联盟，甚至有可能逆转或颠覆长期以来东西方在国际教育话语权的平衡，重塑国际教育界的权力结构，极大提升亚洲各国的软实力。

此外，复旦大学成立运营了多元丰富的大学联盟，包括创立复旦—拉美大学联盟，设立政治学与国际关系学院联盟，运营金砖国家大学联盟等，进行常态化、机制化的沟通交流，包括但不限于学术会议、教师交流、研究合作和年度会议，填补中国与“一带一路”国家，以及和新兴经济体国家间的教育交流空白，受到这些国家高层的高度重视与学界的广泛参与认可。与传统热门的和西方国家建立教育联盟不同，加强“一带一路”沿线国家以及新型经济体国家的人文交流，一是有助于中国在日益激烈的

---

① 《清华发起成立亚洲大学联盟》，清华大学网站，2017年4月29日，https://www.tsinghua.edu.cn/info/1137/1770.htm。

国际竞争中寻找可以团结的力量，二是可以与之共同探讨交流发展中国家的发展模式，推动中国治理模式与中国标准“走出去”，三是有利于各国携手应对经济、社会、环境等全球性挑战。

四、对策与建议

（一）坚持学术主导、行政引导，弱化政治色彩

针对中英、中法、中德三国高级别人文交流目前遭遇的挑战，包括中外人文交流缺乏专业性、“官重民轻”、“泛政治化”、不对称性与单向性等，行政机关应担负引导的角色，在对外人文交流中减少行政主导和行政干预。

人文交流之所以能与政治、经贸交流区分开，正是因为其本质是人与人、心与心之间的交流，是人类心灵的真诚沟通，具有深厚的非官方性、非利益性色彩，才能使交流双方放下成见与过度的防备，在交融中不断增进理解、重塑观念，实现润物无声、细水长流。

在教育领域中外高级别人文交流的过程中，政府职能应更多地从台前退回幕后，发挥宏观指导作用，做好宏观规划、资源分配和绩效评估，适当减少微观干预；应鼓励支持学校与研究机构创新交流形式，发挥主体作用，彰显人文交流的独立性与专业性。

随着高校与科研机构逐渐成为人文交流的前沿阵地，民间力量也因此承担起人文交流的义务与责任。由此，行政机构的负担将大大减轻，更加有利于行政人员“腾开手”监测各交流项目的进展，着眼长远布局，发现、指导、支持一些已有一定合作基础、条件成熟、运行良好、有可持续性的精品项目，把资源用在刀刃上，改善原有的行政“一把抓”模式下实践后期出现的人文交流项目运行疲软的现象。与此同时，政治宣传色彩得以进一步淡化，交流得以落实到“人”上，减少西方的“泛政治化”解读和顾虑，提高国家之间信息传递效率，避免信息损耗和失真，更易于达到增信释疑、沟通民众的目的，避免孔子学院在海外发展的瓶颈与困局。此外，高校或科研机构可以充分运用自身的专家人员优势，通过主动积极的对外人文交流，获得更贴近民间真实的他国国情、社情、民意的信息，并发挥其在人才培养上的天然优势，为中长期人文交流活动，甚至是国家外交战

略与外事活动作出应有的贡献。

正如富布赖特项目的发起人詹姆斯·威廉·富布赖特所说："教育交流应当从国家转向人民，实现任何其他的交流形式所无法实现的、将国际关系人性化（的效果）。"①

（二）致力学术建设，打造高校的国际核心竞争力

交流者的综合实力在相当程度上决定了人文交流的效果。同时，当前中外人文交流的效果（包括文化吸引力、话语权、价值观等软实力），在某种程度上也显示了高校真实的综合建设成效。

当前中国话语权在某些领域不强的原因，主要就在于缺乏有效的理论供给，导致其理论性不彻底、不明晰，没有构建起中国特色社会主义哲学社会科学体系，未能形成自己的特色和优势。科学理论是支撑话语权的基础。这意味着，话语权不仅仅是词语和概念的争论，而是理论的斗争。②

高校作为中外人文交流的重要主体，具有学理贡献、人才培养、国际交流的独特优势。根本上，这就需要高校走出形式化的交流套路，潜入学术建设的深水区，提升学术水平，根植于中华传统优秀文化、革命文化、社会主义先进文化，从哲学、社会学、经济学、政治学、伦理学等综合理论体系和哲学基础上作出富含深刻内涵的学理贡献。如此，高校不仅提升了自身在国际学界的影响力与话语权，还能促使中外人文交流机制扎根学理、生机勃勃，更能进一步吸引顶尖人才交流，正所谓"筑好巢，自然引得凤凰来"，最终形成人文交流的良性闭环，在他国民众心中构建立体、全面、真实的中国新形象。

（三）多点开花布局，全国人文交流均衡发展

必须认可的是，苏世民学者项目已然在声誉、资源配置能力、可持续发展能力上展现了国际一流的水准和成效，预计在未来依然会拥有长久的

① Seong-Hun Yun, "Does Student Exchange Bring Symmetrical Benefits to Both Countries? An Exploration Case for China and Korea," *International Journal of Communication* 9, no.1 (2015): 710-731.

② 《以中国特色新型智库提升中国话语权》，中国教育新闻网，2018年6月21日，http://www.jyb.cn/zgjyb/201806/t20180621_1120329.html。

影响力与品牌价值，值得进一步维护和发展。

然而，只有一个苏世民学者项目是不够的。首先，北京的政治气息较浓，该项目从创办到运营都受到了过多的官方关注。虽然这种顶层的关注是促使此项目一举跃上国际一流旗舰教育项目的直接推手，但官方的支持也引发了部分西方观察者的敏感和警惕，他们对项目意图进行狭隘的软实力解读，掀起了一定的舆论争议。

其次，中外人文交流不是一校一城的对外交流，国家间关系需要广泛的社会基础。并且，中国幅员辽阔，各地民生民情往往相距甚远，这种天然的复杂性更要求在中外人文交流中加入多元文化的参与，这也有利于海外学生学者对中国形成更加立体、全面的认知。

因此，应开放上海、广州、深圳等全国重点城市的重点高校开设类似旗舰类全球学位项目。一方面，更多城市高校的加入有助于淡化政治宣传色彩，强化大学的独立性，回归人文交流的温和调性。另一方面，在多个重点城市重点大学布局，有助于弥补当前高校在国际学位项目的短缺，广泛吸纳世界精英，把中外人文交流的数量和质量都推上新的高度。

（四）推广海外中心，实现人文交流“零距离”

传统的对外人文交流，往往是吸引、邀请海外访问学者来华交流，或在海外开展活动、举办会议，总体上交流范围窄、交流时间短、交流深度不足。因此，建设中国常驻海外的人文交流机构十分有必要。这类机构的传统形态往往是海外孔子学院。虽然孔子学院对弘扬中国文化、增进国外民众对中国的了解起到了积极作用，但由于孔子学院的定位是面向一般民众的文化传播平台，所以难以对精英层甚至决策层的中国观产生影响。同时，近年来，针对孔子学院的意识形态攻击和学术独立性的质疑颇多，孔子学院的发展遭遇瓶颈，对下一步中外人文交流的效率提升帮助有限。

借鉴华东师范大学与复旦大学的海外中国研究中心的成功经验，下一步应在海外重点地区多点布局，通过双边甚至多边合作来创设海外中国研究中心。

第一，通过平台建设，有利于统筹海外精英与学术资源，实现与海外交流“零距离”，极大减少中国在海外交流的阻力。第二，有利于变地理客场为学术主场，化文化冲突为文化交流。第三，有助于外派专家直面中

区域国别

特朗普政府对华人文交流政策的演变和影响

程宏亮

【内容提要】人文交流是中美关系的根基和重要组成部分，但是随着特朗普政府转向奉行对华全面竞争战略，尤其在新冠疫情发生后，为摆脱其抗疫不力的责任，服务其大选连任的政治目的，故意全面恶化中美关系，其对中美两国人文交流的态度因此发生逆转。人文交流因成为其谋求对华科技“脱钩”以及发难的重要途径和手段而遭遇两国建交以来的最大挫折。美国社会甚至还形成了一定规模的“反华”和“仇华”氛围，美国的做法对其他国家也产生了不良示范，中美两国民众对彼此的看法因此更趋负面。

【关键词】人文交流　中国　美国　中美关系

【作者简介】程宏亮，中国现代国际关系研究院美国研究所副研究员。

特朗普政府执政初期曾一度对与中国进一步发展人文交流持积极态度，但是随着对中国发动“贸易战”和“科技战”，尤其是转而奉行对华全面竞争战略后，其态度开始日渐消极。特别是进入2020年后，新冠疫情暴发并在全球蔓延，特朗普政府因抗疫不力使疫情在美国失控，对美国经济和社会生活造成巨大负面影响，特朗普政府因此在国内饱受批评。一方面，为摆脱责任，特朗普政府加大向中国的“甩锅”力度；另一方面，特朗普政府和共和党也希望服务于当年大选的政治需求，采取了加速全面恶化中美关系的极端举措，导致中美面临“脱钩”态势，人文交流也因此成为其对华发难的重要领域和实现目的的重要手段。

一、特朗普政府对华人文交流政策的演变

2017年至2020年，特朗普政府对中美人文交流的态度经历了从相对积极、消极再到全面逆转和发难的变化过程，其相关政策也相应发生了一系列变化。人文交流成为观察这段时期中美关系动荡起伏的一个重要“晴雨表”。

（一）特朗普政府上台之初曾对中美人文交流持相对积极态度

2017年特朗普政府上台后，把应对朝鲜核问题视为其工作重点，认为要取得进展就需要争取中国的合作。为此，特朗普未兑现2016年大选期间向选民作出的“上台就会对华强硬”的承诺，反而采取了相对积极和务实的对华态度和交往方式。① 特朗普本人和其团队在这段时期尤其重视与中国领导人的互动，双方也得以较顺畅地建立起工作关系。2017年4月6日至7日，中国国家主席习近平赴美与特朗普在海湖庄园举行会晤。中美通过此次会晤规划了未来合作的优先领域和机制，决定建立新的政府间对话机制，其中就包括社会和人文高级别对话机制。② 特朗普为凸显对两国人文交流的重视，还安排正在学习中文的外孙女与习近平主席用中文互动。同年11月8日至10日，特朗普应邀对中国进行上任后的首次国事访问，两国同意加强高层及各级别交往，拓展合作并管控分歧，加强两国人民间的相互了解和友谊，也再次就包括人文交流在内的多领域合作达成共识。③

中美人文交流因此得以延续从奥巴马时期开始的发展态势。这在教育领域表现明显，如2017—2018学年，被美国高等教育机构录取的国际留学生有27.1万人，虽然同比下降6.6%，但中国仍是美国国际留学生第一大来

① 中国现代国际关系研究院美国研究所：《中美关系：元首外交引领平稳过渡》，载《美国大势2017》，时事出版社，2018，第54页。

② 《王毅谈习近平主席访问芬兰并赴美国举行中美元首会晤》，新华网，2017年4月9日，http://www.xinhuanet.com/world/2017-04/09/c_129527847.htm。

③ 《中美元首会晤达成多方面重要共识　同意共同努力推动两国关系取得更大发展》，新华网，2017年11月9日，http://www.xinhuanet.com/world/2017-11/09/c_1121931994.htm。

源国，该年度共有超过36万名中国留学生赴美留学，同比增长3.6%，在美国全部国际留学生中占比约为33%。[①] 可以说，特朗普上台之初因尚未彻底改变对华关系基调，两国对话机制虽有所调整，但包括人文交流在内的各领域合作仍然得以在正常运转轨道运转。

（二）特朗普政府对中美人文交流的态度转为消极

2017年底，特朗普政府在“国家安全战略报告”中明确把中国界定为“战略竞争对手”，在彻底否定其前任的对华战略和对中国无理指责的基础上，转而奉行全面对华竞争的战略，为此在经贸、科技、军事、意识形态、国际规则、“一带一路”等诸多领域开始对中国进行打压。[②] 美国政府、国会和战略界随之出现一股要求对“中国强硬”的暗流，部分机构和人士也故意渲染中国构成“全方位威胁”，人文交流因此成为被恶意攻击和抹黑的目标。如美国国家民主基金会从2017年底开始就在国际社会污蔑中国正实施不同于“软实力”的“锐实力”，称中国对美国等所谓民主国家“全面渗透”，孔子学院、媒体、留学生等都是中国施展“锐实力”的主要途径，“呼吁”所谓民主国家积极应对。[③] 一些研究机构的报告也夸大中国对美国等国家的“影响力”。如美国斯坦福大学胡佛研究所在名为“中国影响力与美国利益”的报告中，就罗列中国对美国等国的企业、媒体、智库和学生的所谓“影响行为”的“锐实力”行动，称西方应对此给予“建设性警惕”。[④] 一些国会议员更称中国在利用“锐实力”削弱美国全球影响力的同时，努力寻求地缘政治优势。

在此过程中，特朗普政府还对中国发起“贸易战”，同时对以华为为

---

① 《赴美留学生人数连续第二年下降》，新华网，2018年11月14日，http://www.xinhuanet.com/world/2018-11/14/c_1123712357.htm。

② “National Security Strategy of the United States of America,” The White House, December 18, 2017, https://www.whitehouse.gov/wp-content/uploads/2017/12/NSS-Final-12-18-2017-0905.pdf.

③ Juan Pablo Cardenal，Jacek Kucharczyk，Grigorij Mesežnikov, and Gabriela Pleschová，“Sharp Power：Rising Authoritarian Influence,” December, 2017, https://www.ned.org/wp-content/uploads/2017/12/Sharp-Power-Rising-Authoritarian-Influence-Full-Report.pdf.

④ Hoover Institution,“Chinese Influence & American Interests: Promoting Constructive Vigilance,” November, 2018, https://www.hoover.org/research/chinas-influence-american-interests-promoting-constructive-vigilance.

代表的中国高科技企业进行打压，为迫使中国让步而采取了全领域极限施压做法。面对这种针对人文交流而可能动摇两国关系根基的态势，特朗普政府不仅未出手制止，反而积极配合，其对两国人文交流的态度也从积极变为消极。这种转变表现在两个方面。一是签署了“2019财年国防授权法案”①，一些反华议员在该法中塞入禁止美国国防部向开办孔子学院的美国院校汉语教学项目提供资助的条款，甚至向美国院校施压关闭孔子学院。二是以联邦调查局等美国联邦政府机构在人文交流领域渲染“中国威胁”，然后有针对性地对在美国的华人学者开展所谓“执法”活动，制造寒蝉效应。

（三）特朗普政府对中美人文交流的态度彻底逆转并全面发难

2020年初，新冠疫情暴发并蔓延全球，特朗普政府因未积极采取有效应对举措，导致疫情在美国全面失控，无论确诊人数还是死亡病例都占到全球的近1/4，导致美国经济停摆甚至衰退。与此同时，美国爆发了“黑人的命也是命”的种族骚乱和社会运动，特朗普政府因此在国内饱受诟病。由于2020年是美国大选年，特朗普和共和党原本占优的竞选前景变得不明朗起来，民主党的选情则不断提升。面对该情形，特朗普和共和党一方面就疫情加大向中国“甩锅”的力度，试图以此推卸抗疫不力的责任；另一方面，特朗普和共和党在国内政绩乏善可陈而无法取悦更多选民的情况下，确定了“对中国强硬”和“甩锅中国”的基本竞选策略，试图以此提升选情。②

为此，特朗普政府采取了加速全面恶化中美关系的做法。例如，借口疫情加大向中国“甩锅”的力度，鼓动美国反华团体和人士围绕疫情向中国发动所谓的“索赔”和“追责”；实质性提升与台湾当局的关系，派遣卫生部长和副国务卿等高阶官员访台，多次向台湾地区出售武器，试图破坏一个中国原则；借口香港国安法颁布实施对香港实施制裁；在世界范围内恶炒所谓的涉疆问题；国务卿蓬佩奥等内阁官员围绕中美关系发表系列

① “H.R.5515 - John S. McCain National Defense Authorization Act for Fiscal Year 2019,” Congress Gov, https://www.congress.gov/bill/115th-congress/house-bill/5515/text.

② 《美国共和党机构抹黑中国备忘录被曝光》，新华网，2020年4月26日，http://www.xinhuanet.com/world/2020-04/26/c_1125907287.htm。

讲话，试图动员美国全社会就对华强硬形成共识，同时在全球范围内谋求构建“反华同盟”等。人文交流领域也成为美国的一个重点打击目标，尤其是特朗普政府以维护“国家安全”和“防止高科技技术流入中国”等为借口而在该领域频频发难，导致人文交流成为中美矛盾焦点之一。至此，特朗普政府的态度实现彻底逆转，两国人文交流也出现“脱钩”态势。

简言之，特朗普政府之所以逆转对中美人文交流的看法，有着明显的国内政治和战略动机。国内政治动机上，这是“美国优先”理念在人文交流领域的表现，特别是对中国发动“贸易战”和“科技战”后，为动员美国社会就对华极限施压形成一致意见而故意在人文交流领域制造摩擦和矛盾，破坏两国民众对彼此的观感。战略动机上，特朗普政府欲对中国展开全方位战略竞争，尤其无法接受中国科技快速发展这一事实，担心会威胁到美国的科技霸主地位，因此把与中国科技“脱钩”作为对华战略的重要内容，认为对两国人文交流下手有助实现该目标。此外，美国还意图在国际社会“孤立”中国，所以在人文交流上刻意突出两国意识形态的差异甚至是对立。

二、特朗普政府对中美人文交流的发难情况

2017年底以来，随着对中美人文交流态度的改变，特朗普政府采取了一系列人为破坏甚至是割裂中美人文交流的举动。在因为新冠疫情导致两国人员往来困难的情形下，这更对两国关系产生严重后果和影响。具体而言，特朗普政府对中国人文交流的发难情况表现在以下几个方面：

（一）通过对中美人文交流展开系统性抹黑形成舆论风暴，试图对美国社会进行充分动员并就与中国“脱钩”达成共识

这些系统性抹黑主要有：一是由联邦调查局等机构利用所谓“案件”，通过炒作“中国留学生是间谍”等负面舆论，逐渐引导美国社会对与中国的人文交流活动产生“警惕”。如联邦调查局局长克里斯托弗·雷多次在国会听证会和其他公开场合，渲染中国留学生和访问学者在美国从事所谓

“间谍”活动，对美国国家安全构成威胁[①]，理由是“中国在美国的学生和科研人员窃取美方高精尖技术”等。[②]二是国务卿蓬佩奥在其针对中国的系列讲话中，数次针对美国高校和州市地方发表讲话，警告其不要落入所谓的“中国的圈套”，同时极力对孔子学院等正常的中美人文交流活动进行抹黑。[③]三是一些美国官员、反华国会议员和右翼保守媒体，利用一些突发敏感事件进行恶意炒作，或是给在美国的中国留学生和访问学者“贴标签”，恶意突出在该领域对中国的意识形态博弈色彩。这些举动本质上是特朗普政府中的对华鹰派试图动员美国社会就对华强硬形成广泛社会共识的组成部分，但起到了对中美人文交流污名化的实际效果。

（二）通过“精准打击”阻挠和破坏中美人文交流

这主要聚焦于中美过去正常的科技交流与合作活动。为实现该目标，美国政府和国会合作，借口维护“国家安全”和“保护美国知识产权”而发动一系列行动。其中，最典型的就是以中国“千人计划”对美国国家安全构成威胁为由，对中美间正常的科学交流与合作展开系统性排查，为此以“欺诈罪”或与中国军方有关联等为借口，抓捕多名美国著名华裔学者或在美国开展正常学术交流的中国学者，导致他们被迫离职或遭到起诉。为更好地起到“警示”效果，美国司法部门还以“在与中国的关系上说谎”为由逮捕了哈佛大学的化学和生化系前主任查尔斯·利伯（Dr. Charles Lieber）等美籍本土学者，极大地震动了美国学术界。美国国立卫生研究院（NIH）等部门也迫于压力，被迫以“担心知识产权泄露”为由发动规模浩大、主要针对华人或与中国有关联的美国学者的调查行动，有339人被列入怀疑之列，导致54名教授失业，其中多数是华裔科研人员。[④] 2020

---

① U.S. Senate Select Committee on Intelligence, February 13, 2018, https://www.intelligence.senate.gov/hearings/open-hearing-worldwide-threats-0#.

② “Here are 5 Cases Where the U.S. Says Chinese Companies and Workers Stole American Trade Secrets,” Chicago Tribune, February 21, 2019, https://www.chicagotribune.com/business/ct-biz-us-china-trade-war-ip-theft-20190221-story.html.

③ “State Legislatures and the China Challenge,” September 23, 2020, https://www.state.gov/state-legislatures-and-the-china-challenge/.

④ 《叶水送：“最新报告：54位教授在美失业，华人为主，很少转知识产权”》，中美印象网，http://www.uscnpm.com/model_item.html?action=view&table=article&id=22049。

年7月7日，联邦调查局局长雷在基于上述行动的基础上发表演讲，无端称中国对美国国家安全和科研构成“威胁”和“渗透”，把中美间正常的科研学术交流指责为“中国在系统性地窃取美国先进知识产权”，称该局平均“每10个小时就会调查一起与中国有关的案件”。[①]

（三）对中美人文交流活动全方位发难

除了上述“精准打击”，美国也对中美人文交流活动开始全面发难。例如，针对孔子学院，先从美国国会反华议员鼓噪和推动“2019财年国防授权法案”开始，再到国务卿蓬佩奥亲自走到反对孔子学院的前台。共和党和民主党中的对华强硬人士甚至分别发动各自下属的青年团体，以两党学生领袖共识的方式推出联名信，称“中国正通过在世界各国高校设立孔子学院等方式，公然试图胁迫并控制校内言论，对学术自由构成致命威胁”，呼吁“美国政府立即永久关闭所有在美国的孔子学院”。[②] 面对上述压力，一些美国院校被迫以各种理由选择关停孔子学院。例如，2004年开办美国第一所孔子学院的马里兰大学在2020年1月初称，因须遵守美国政府规定而决定关闭该校孔子学院。科技领域同样如此，美国政府为打压中国科技，除了在芯片等核心产品上“卡脖子”，也开始阻止中国学生在美国一些所谓敏感领域学习交流，为此采用的一项做法就是拒绝或吊销签证，并把一些中国高校列入制裁名单。如2020年9月，美国政府公开承认从当年6月开始已经吊销1000多名中国学者的签证，“因为他们是高风险的研究生和研究人员”[③]，同年又借口与中国军方有关系，把中国人民大学、

---

① Christopher Wray, “The Threat Posed by the Chinese Government and the Chinese Communist Party to the Economic and National Security of the United States,” https://www.fbi.gov/news/speeches/the-threat-posed-by-the-chinese-government-and-the-chinese-communist-party-to-the-economic-and-national-security-of-the-united-states.

② “Newly Formed Athenai Institute College Group Takes Aim at a Chinese Language and Cultural Program, Says CIUS Center,” Cision PR Newswire, June 11, 2020, https://www.prnewswire.com/news-releases/newly-formed-athenai-institute-college-group-takes-aim-at-a-chinese-language-and-cultural-program-says-cius-center-301074165.html.

③ “U.S. Cancels Over 1000 Visas for Chinese Nationals Deemed Security Risks,” CNBC, September 9, 2020, https://www.cnbc.com/2020/09/10/us-cancels-over-1000-visas-for-chinese-nationals-deemed-security-risks.html.

北京航空航天大学、哈尔滨工业大学等多所中国高校列入制裁名单。

至此，特朗普政府通过上述有步骤和目的性很强的行动，逐步实现了对中美人文交流全方位的打击，意图实现中美在该领域的“脱钩”目标。更有甚者，美国政府还以毫无根据的“外交官协助进行经济间谍活动和企图窃取科研成果”为借口，蛮横地要求关闭对两国关系和人文交流都具有重要象征意义的中国驻休斯敦总领馆，意味着美国对中美人文交流活动的打压上升到新的高度。

三、特朗普政府做法的后果和影响

特朗普政府的上述做法不仅对中美关系带来负面后果，也对一些国家产生了极为负面的示范作用。这具体表现在以下几个方面：

（一）对中美两国相关机构和民众利益构成实质性损害

特朗普政府在人文交流领域强行推动“脱钩”的举动，直接威胁到两国有关机构和民众的利益。例如，美国在科技领域对中国“卡脖子”、拒绝和吊销签证等，导致中国有关企业和民众利益受到伤害，使其业务无法开展，许多原计划到美国求学的中国学生不得不重新思考出路。受到特朗普政府政策的影响，一些美国高校注意到中国学生正在远离美国而选择其他国家作为留学目的地，为此担心自身的利益受损。① 美国科研界更担心这种包括科技在内的人文交流“脱钩”，这会使本应相互补充的中美科技关系割裂，并使全球科技被迫分成两个不同的阵营，这不利于全球科技进步，也会对美国的技术发展产生负面影响。②

（二）中美民众对彼此观感更趋负面，两国政治互信达到历史新低

受到美国方面极限施压和对华全面战略竞争，尤其是特朗普政府恶意

---

① 《美国高校为留学生数量锐减做准备，尤其是中国留学生》，华尔街日报网，2020年7月9日，https://cn.wsj.com/articles/美国高校为留学生数量锐减做准备，尤其是中国留学生-11594187109。

② 池志培：《美国对华科技遏制战略的实施与制约》，《太平洋学报》2020年第6期，第38页。

破坏两国人文交流关系做法的影响，中国民众针对美国的民族主义情绪明显上升。美国方面，在特朗普政府和共和党的操控下，两党都在争相展示“谁对中国更强硬”，“对华强硬”几乎成为美国国会唯一的“共识”。两党议员为了政治私利争相在国会推动涉华法案，使本届国会成为中美建交以来对华最为敌对、通过涉华法案最多、对中美关系破坏力最大的一届国会。受此影响，美国民众对中国的好感也降到历史新低。皮尤研究中心2020年10月的一次民调显示，对中国持负面观感的美国民众高达74%。[①] 中国虽然缺少类似民调，但就整个社会对美国的气氛而言，对美国持负面观感的民众比例或许远高于美国方面的同类数据。两国民众对彼此的观感都很负面，导致的直接后果就是双方的政治互信达到历史新低。

（三）美国的做法对其他少数国家产生负面示范作用

受到美国做法的影响或“启示”，一些与中国有争端的国家也开始“效仿”甚至“超越”美国的做法，同时反过来又刺激着美国，形成一定程度的恶性循环。其中，最为典型的例子就是印度在与中国爆发边境冲突后，“学习”美国做法，对中印科技关系进行打击，大规模禁用中国手机App，该做法又让特朗普政府觉得可以效仿，为此针对微信和抖音国际版出台“禁令”。美国针对中国留学生的限制政策则对英国产生“启迪”，英国也仿效美国，以维护国家安全为名禁止中国学生在一些敏感院校机构和专业学习。

四、结论

总之，特朗普政府从根本上调整对华战略，尤其是为服务其赢得2020年大选连任的政治私利，极力想把中美关系推向深渊，同时实现与中国“脱钩”并在全球构建反华同盟的目的。此外，特朗普政府在对华开打“贸易战”“科技战”以及不断就涉港、涉疆、涉藏等问题干涉中国内政、高

① “Unfavorable Views of China Reach Historic Highs in Many Countries,” Pew Research Center, October 6, 2020, https://www.pewresearch.org/global/2020/10/06/unfavorable-views-of-china-reach-historic-highs-in-many-countries/.

调提升与台湾关系的同时，又对长期以来作为两国关系根基的人文交流领域发难。这些举措除了加大中美人员往来的困难程度，还导致两国政府、社会和民众的敌对情绪明显提升，进一步加大中美关系转圜难度，两国人文交流更是遭遇建交以来的重大挫折。未来如不及时扭转这种势头，中美关系前景难言乐观。

百年未有之大变局下的中美人文交流*

邢丽菊

【内容提要】国际社会正在经历百年未有之大变局，各种力量的较量更为激烈。“文明冲突论”在西方国家特别是美国受到推崇，人文交流面临更多掣肘。美国一些政客煽动针对中国的“文明冲突论”并打压中美正常的人文交流，严重损害中美关系的健康发展，也违背国际社会对和平发展的渴望。世界本来就不应该由某一个国家控制，本来就不应当由某一种文化或文明主导。不同国家、不同文化和文明之间应当平等相待、互尊互鉴、共同发展。作为世界上最大的发展中国家、最大的发达国家和前两大经济体，中美两国应大力加强人文交流，积极开展文明对话，通过互学互鉴增进相互了解与合作，推动实现构建人类命运共同体这一符合全人类利益的目标。

【关键词】百年未有之大变局　中国文化　美国文化　交流互鉴　文明之争

【作者简介】邢丽菊，复旦大学国际问题研究院教授、博士生导师，复旦大学中外人文交流研究中心研究员。

国际社会正在经历近百年来最引人注目的深刻变革。习近平主席指出，放眼世界，我们面对的是百年未有之大变局。新世纪以来，一大批新兴市场国家和发展中国家快速发展，世界多极化加速发展，国际格局日趋均衡，国际潮流大势不可逆转。[①] 在历史变化的关键时期，各种文化思潮

---

* 本文系教育部2020年度中外人文交流研究课题（编号JWRW20-BS029）与“复旦大学—金光集团思想库”2020年度课题（编号JGSXK2005）的研究成果。

① 《习近平：放眼世界，我们面对的是百年未有之大变局》，中国新闻网，2017年12月29日，http://www.chinanews.com/gn/2017/12-29/8412268.shtml。

往往激流涌荡，这既是历史巨变的产物，同时又推动历史的深刻演变。在百年未有之大变局下，是开展人文交流，还是挑起文化斗争？是推动文明互鉴，还是煽动文明冲突？两种不同的选择摆在世人面前。毫无疑问，国际社会应当通过加强人文交流增进相互理解，通过推动文明互鉴化解文明冲突，把握人类和平发展的大方向。

一、大变局彰显人文交流和文明互鉴的重要性

随着世界多极化、经济全球化、社会信息化深入推进，各种挑战层出不穷，各国利益紧密相连。当前，国际形势复杂多变，呈现出一系列显著特点。

国际力量对比发生重大变化，国际格局从西方主导走向东西方平衡。新兴市场国家和发展中国家快速发展，对全球经济增长的贡献率已经达到80%。[①] 特别是中国日益走近世界舞台中央，成为百年变局的定盘星和稳定器。中国在短短几十年的时间里完成了西方国家几百年的工业化进程，并且迎来了从站起来、富起来到强起来的伟大飞跃。中国已经成为世界第二大经济体、第一大货物贸易国、第二大外资目的地国，连续多年对世界经济增长贡献率超过30%，对全球减贫贡献率超过70%。[②] 中国加速崛起带来的权力转移，引起美国的极大焦虑，甚至是恐惧。特朗普及蓬佩奥主导下的美国政府越来越突出对华“战略竞争”，宣扬“脱钩”，在全球大搞反华圈子，逼迫其他国家选边站队。

国际秩序进入关键转换期，各种力量较量更为激烈。特朗普政府一意孤行，抛弃多边主义和自由贸易，大搞“美国优先”、单边主义、保护主义，挑起“贸易战”，肆意挥舞制裁大棒，甚至不断“退群”“毁约”，导致国际秩序受到严重冲击，多边合作变得更加困难。美国对世界的领导能

---

① 《习近平主席在世界经济论坛2017年年会开幕式上的主旨演讲（全文）》，新华网，2017年1月18日，http://www.xinhuanet.com/world/2017-01/18/c_1120331545.htm。

② 《中国日益成为百年变局的定盘星和稳定器——外交部副部长乐玉成在第九届北京香山论坛“中华人民共和国成立70周年与世界和平发展”特别议题上的主旨发言》，中国日报网，2019年10月22日，http://cn.chinadaily.com.cn/a/201910/22/WS5dae951ea31099ab995e710b.html。

力下降，世界多极化特点进一步突出。旧秩序难以发挥有效作用，新秩序尚未建立起来，各种力量的互动尤为复杂，全球治理体系明显滞后，难以适应世界政治、经济的新变化。联合国的作用受到削弱，世界贸易组织的功能难以发挥，国际货币基金组织和世界银行的影响力下降，全球军控体系接近崩溃。美国无视国际关系准则，在国际事务中一味我行我素。逆全球化、产业回流、民粹主义等思潮兴起，引发各国对未来发展的大反思、大讨论。2020年，新冠疫情全球大流行，成为此轮国际秩序演变的加速器和助推剂。

非传统安全问题对人类构成更大挑战。当前，人类正处在一个挑战层出不穷、风险日益增多的时代。新冠疫情波及世界各地，人类健康遭受严重威胁。截至2020年11月底，全球新冠肺炎确诊病例数量最多的国家依次是美国、巴西、印度、俄罗斯和南非，死亡人数排名前三的国家分别是美国、巴西和墨西哥。世界卫生组织总干事谭德塞称，有太多国家走错了方向，新冠病毒成为人类不得不长期面对的可怕对手。[①]与此同时，恐怖主义、难民危机、气候变化等非传统安全威胁持续蔓延。治理赤字、信任赤字、和平赤字、发展赤字有增无减，全球治理面临空前危机。[②]人类面临的共同挑战进一步表明，各国之间的相互联系、相互依存从未如此密切，各国人民命运与共、休戚相关。放眼全球，主张和平、要求发展的力量仍占主导地位，远远超过战争因素的增长。

新一轮科技革命风起云涌，创新驱动更加成为综合实力竞争的突出要素。从历史来看，突破性的重大科技革命，都带来了社会生产力的大解放和生活水平的大跃升，从根本上改变了人类历史的发展轨迹。当前，人类社会正在经历一场更大范围、更深层次的科技革命和产业变革。新一代信息技术的发展与新能源、新材料和生物科技等诸多领域呈现出融合创新、全面发展的态势。新一轮工业革命将对生产方式产生深刻影响，也将给人

① 《谭德塞警告：太多国家正朝错误方向前进，新冠病毒仍是头号公敌》，搜狐网，2020年7月14日，https://www.sohu.com/a/407458231_162522?_f=index_betapagehotnews_5&_trans_=000018_mpcgame。

② 《深入学习贯彻习近平外交思想　不断开创中国特色大国外交新局面——国务委员兼外交部长王毅在习近平外交思想研究中心成立仪式上的讲话》，中华人民共和国外交部网站，2020年7月20日，https://www.fmprc.gov.cn/web/wjbzhd/t1798986.shtml。

类社会的生活方式带来重大影响，并对社会结构调整产生深远影响。一方面，以新技术、新产业、新业态、新模式为核心的新经济给人们带来新机遇，但也将进一步加剧发展不平衡问题，扩大资本回报和劳动力回报的差距。国与国、地区与地区、人与人之间的贫富差距有可能进一步拉大，社会矛盾也会更加突出。一些国家为了转嫁内部矛盾，将会在对外经济、科技、金融等政策上更加倾向采取单边主义、保护主义政策。如美国为维护全球科技霸权，不择手段地对快速崛起的中国进行技术封堵，对在5G领域领跑全球的华为公司实行全面封杀。未来，围绕人工智能、5G等新技术主导权和话语权的争夺将成为新一轮国际竞争的核心和“风暴眼”。

美国一些政治人物竭力把力量对比的变化、国际秩序的转换、新冠疫情的冲击和科技革命的挑战都归咎于中国，谋求通过煽动“文明冲突论”形成对中国的围堵。2020年7月23日，美国国务卿蓬佩奥在加利福尼亚州发表演讲，专门阐述特朗普政府的对华政策，大肆鼓吹意识形态斗争，恶毒攻击中国的政治体制，宣称尼克松总统近50年前开启的对华接触政策已经失败。可以说，这标志着特朗普和蓬佩奥主导的美国对华遏制新战略全面出笼，也表明他们把针对中国的文明冲突上升到国家战略层面。在此之前，2020年5月20日，特朗普政府发布名为“美国对中华人民共和国战略指针”的报告，否定美国过去历届政府推行的对华接触政策，渲染中国崛起对美国带来的“威胁”和“挑战”，充满意识形态对抗的措辞。

世界上各个民族都有其文化血脉，每个国家都有其文化渊源，文化是决定一个国家价值观取向的重要源泉。世界因有不同的文化而丰富多彩，同样因有不同的文化而容易产生隔阂。文化交流和文明互鉴是不同国家、不同民族以及不同社会增进了解、建立互信、构筑友谊、加强合作的应有之义。然而，西方一些国家，特别是美国，谋求把自己的文化及价值观强加给其他国家及其民众，这就给世界制造了矛盾，带来了不和谐因素。在蓬佩奥等人看来，美国与中国之间发生的冲突是“不同的文明和意识形态之间的斗争”，是“美国第一次面对非白人种族的强势竞争对手”。[①] 事实上，近年来，西方接连遭遇金融危机、难民危机、“黄马甲”运动、英国

① Joel Gehrke, “Kiron Skinner on Clashes of Civilization,” *Washington Examiner*, April 30, 2019.

“脱欧”、反种族歧视社会抗议等冲击，这充分暴露西方社会体制的弊端，“西方的缺失”成为历史之问。

二、中美人文交流面临突出问题

特朗普政府上台后，强化对中国的战略敌视和战略竞争，否定中美建交以来两国在各个领域取得的合作成果，在经贸往来、人文交流等方面采取“脱钩”政策，中美人文交流面临前所未有的困难。特朗普政府对中美人文交流进行打压，突出体现美国一些政治人物对自身文化自信、制度自信的缺失，也从一个侧面反映出美国正在走上保守、封闭、偏执的道路。

回顾新中国成立后的中美关系史，两国人文交流经历了曲折的历程。1949年新中国成立后，由于美国对新中国采取敌视的政策，中美在很长一段时间处于隔绝状态。随着美国和苏联冷战加剧，20世纪60年代末，中美逐渐开始互动。1971年4月，美国乒乓球队访华，开启了中美人文交流的新阶段。1972年4月，中国乒乓球队访美，这是第一个访问美国的非官方中国代表团，“小球转动大球”的“乒乓外交”推动实现了中美关系的正常化。人文交流为中美关系的正常化发挥了“探路者”和“铺路者”的独特作用。1972年美国总统尼克松访华后，两国人文交流明显增多。1978年，52名中国学生赴美、8名美国学生来华，开启了两国人民相互学习、友好交往的序曲。1979年1月1日，中美两国正式建立外交关系，两国人员交流迅速发展。

长期以来，人文交流是中美关系的三大支柱之一，被称为中美关系发展的“助推器”和“增信释疑的润滑剂”。[①] 经过中美双方长期共同的努力，中美互为重要的经贸合作伙伴，互为重要的旅游目的地，互为重要的留学往访国。2015年，中美之间人员往来达500万人次，中国游客成为美国旅游市场重要的消费者，平均每天有1.2万人往返于中美之间，每17分钟就有一趟航班往返于大洋两岸。[②] 中国自2010年起成为美国第一大海外学生

---

① 《刘延东：人文交流是构建中美新型大国关系的助推器》，新华网，2014年7月10日，http://www.xinhuanet.com/world/2014-07/10/c_1111559162.htm。

② 《共同分享中美改革发展的政策利好》，人民网，2015年9月25日，http://politics.people.com.cn/n/2015/0925/c1001-27634404.html。

来源国；美国一度仅次于韩国，成为中国第二大留学生来源国。2016—2017学年，就读于美国高校的中国学生超过35万人，占在美国国际学生总数的32.5%。随着中国经济不断发展，中美经贸和人员往来日益增多，两国人文交流也变得更加积极主动，朝向系统化、机制化和战略化的方向发展。时任美国国务卿希拉里曾指出，人文交流虽不能消除中美两种制度和不同文化以及历史进程之间存在的差异，但它确实会加强并增进理解、共鸣和信任。①

2010年5月，中美人文交流高层磋商机制在北京正式成立，这是两国人文交流史上的一件大事，表明两国政府均认为，加强中美人文交流有利于两国构建长期稳定的友好合作关系。中美人文交流高层磋商机制的建立为中美人文交流与合作搭建了新的平台，两国人文交流呈现出前所未有的良好态势。② 自创立以来，中美人文交流高层磋商机制已经连续举行七轮，推动中美人文交流不断迈向更高水平的系统化、机制化和战略化，其成果突出表现为中美人文交流高层磋商机制存续期间的可持续性项目数量稳步上升。2011年第二轮只有 4 项是持续性项目，2012年共13项，2013年达11项，2014年猛增至34项，2015年为49项，2016年更达到59项。中美人文交流高层磋商机制的推进与美国对华政策氛围的改善呈正相关关系，人文交流的有效性得到了强化。③

中美人文交流高层磋商机制是中美两国专门就教育、科技、文化、体育等领域交流合作而设立的一个重要对话平台，服从和服务于建设21世纪积极合作全面的中美关系的总目标。④ 2009年4月，国务委员刘延东在访美时指出，中美在人文领域的交流合作对增进互信、加深两国人民的友谊、推动中美关系进一步保持良好势头方面具有重要意义，并建议中美应在此领域加强合作。2009年11月，奥巴马上任后首次访华，中美双方决定

① 希拉里・克林顿：《中美人文交流将增进两国之间的理解、共鸣和信任——在第三轮中美人文交流高层磋商会议上的讲话》，《世界教育信息》2012年第6期，第23页。

② 《背景资料：中美人文交流高层磋商机制》，新华网，2015年6月24日，http://www.xinhuanet.com//world/2015-06/24/c_1115704655.htm。

③ 潘亚玲：《中美人文交流40年：回顾与展望》，《美国问题研究》2018年第2期，第35页。

④ 中美人文交流研究基地：《中美人文交流高层磋商机制》，https://www.cuppe.pku.edu.cn/jlhd/dwjl/230207.htm。

建立年度副总理级别的中美人文交流高层磋商机制，这也是奥巴马此行访问的重要成果。2010年5月25日，中美在北京举行了首次机制会议，双方同意在教育、科技、文化、体育等领域开展合作，并宣布启动一系列人文交流项目，包括美国未来4年派遣10万名学生来华留学，中国未来4年派遣万名学生赴美攻读博士学位，实施汉语桥万人来华研修项目，资助重点领域设立联合研究中心和“乒乓外交”40周年纪念活动等。[①] 此后，该机制同战略与经济对话一道成为中美间最重要的双边年度对话机制。相比于后者所侧重的政治、经济、安全等“硬”议题，该机制更加侧重于教科文体等“软”议题，二者共同构成中美互动的基本机制框架。[②]

在中美人文交流机制的引领下，人文交流对稳定并推动中美关系的全面发展产生了明显积极的效果。2016年，在第八轮中美战略与经济对话和第七轮中美人文交流高层磋商联合开幕式上，习近平主席指出，中美两国更应该从两国人民和各国人民根本利益出发，勇于担当，朝着构建中美新型大国关系的方向奋力前行，强调要厚植中美两国人民友谊，为两国各界交往搭建更多平台、提供更多便利，让中美友好薪火相传、生生不息。[③] 奥巴马总统也表示，两国必须努力开辟渠道，进一步加强人文交往纽带。从两国领导人致辞可见，中美政府高度认可人文交流对促进双边关系的积极作用。而就民间层面来看，根据2016年3月美国皮尤研究中心的调查显示，两国年轻人对彼此国家的看法明显更加积极，在18—29岁的年轻受访者中，55%的美国年轻人对中国有好感，而59%的中国年轻人对美国持有好感。可见，在奥巴马时期，中美人文交流无论是层级、领域还是合作水平都达到了前所未有的高度。

2017年1月特朗普上台后，中美人文交流在其任职初期总体保持平稳，实现了交流机制的平稳过渡。2017年4月，习近平主席赴美国与特朗普总

---

① 《中美人文交流高层磋商机制成立并召开第一次会议》，中国政府网，2010年5月25日，http://www.gov.cn/ldhd/2010-05/25/content_1613568.htm。

② 程宏亮：《人文交流对中美关系的作用和影响》，载邢丽菊、张骥主编《中外人文交流与新型国际关系构建》，世界知识出版社，2019，第158页。

③ 《习近平在第八轮中美战略与经济对话和第七轮中美人文交流高层磋商联合开幕式上的讲话》，新华网，2016年6月6日，http://www.xinhuanet.com/world/2016-06/06/c_1118997076.htm。

统举行会谈，其间同特朗普总统确定了新时期中美全面交流的机制化安排，新建立了外交安全对话、全面经济对话、执法及网络安全对话、社会和人文对话 4 个高级别对话合作机制。2017 年 9 月 28 日，首轮中美社会和人文对话在美国华盛顿举行，涉及教育、科技、环保、文化、卫生、社会发展（涵盖体育、妇女、青年、社会组织）、地方人文合作七大合作领域，并通过《首轮中美社会和人文对话行动计划》，明确提出了未来一段时间中美双方围绕上述七大合作领域展开的具体合作项目。① 如果上述合作机制及具体合作项目得以落实，中美各领域务实合作关系势将得到加强，中美整体关系也将进入一个新的阶段。

然而，特朗普政府在2017年底颁布其首份“国家安全战略报告”，声称当今世界已重回“大国竞争时代”，把矛头直指中国。在蓬佩奥等极端反华势力主导下，中美人文交流受到不断干扰破坏，许多合作项目被迫取消或陷入实质停滞状态。蓬佩奥等人首先把枪口对准孔子学院，炮制“孔子学院威胁论”，污蔑中国政府利用孔子学院输出价值观并进行意识形态渗透，声称孔子学院的教育活动对美国学术及言论自由构成了威胁。② 2018年初，特朗普要求国家安全委员会成立跨机构小组调查中国通过人文交流活动对美“渗透”或“影响”的具体情况。美国联邦调查局（FBI）也启动对中美人文交流活动的调查，重点针对孔子学院。在2018年8月签署生效的“2019财年国防授权法案”中，美国国会明确将孔子学院列入其国家安全考虑并采取行动来限制部分孔子学院的办学活动。③ 2020年8月，美国要求孔子学院登记为“外国使团”。2020年9月1日，蓬佩奥在接受电视采访时称，他希望美国高校内的孔子学院在2020年底前全部关闭。④

不仅如此，特朗普政府倒行逆施，强力推动中美人文交流全面“脱钩”。蓬佩奥等诬称中国正常赴美留学生、访问学者及科研人员怀有窃取

---

① 《首轮中美社会和人文对话行动计划》，新华网，2017年9月29日，http://www.xinhuanet.com/world/2017-09/29/c_1121748212.htm。

② 孙冰岩、王栋：《当前中美人文交流的挑战与应对》，载邢丽菊、张骥主编《中外人文交流与新型国际关系构建》，第184—185页。

③ 同上文，第174页。

④ 《打压升级！蓬佩奥威胁关闭全美孔子学院》，环球网，2020年9月3日，https://world.huanqiu.com/article/3zj2W4Japgi。

美国科研成果和知识产权等不可告人的目的，大肆渲染这是中国对美国等西方国家的“逆向和平演变”。一段时间以来，美国对中国学生、学者、科研人员等赴美采取了拒签、拖延签证申请、吊销赴美长期签证、盘查骚扰等措施，阻挠中美正常的人文交流与人员往来，损害了上述人员的人身安全与合法权益。据统计，美国对中国公民拒签率从2013年的8.5%上升到2018年的17%。[①] 2019年前8个月，中国因公团组被拒签量已达到2018年全年拒签量。其中，专家学者和科技人员占比高达75%。2019年10月30日，蓬佩奥在纽约智库哈德逊研究所的讲话中把矛头指向中国共产党，称中国共产党敌视美国和美式价值观，给美国和全世界带来挑战。他完全无视中美建交以来两国在各领域合作中取得的丰硕成果，无视人文交流给两国人民带来的深入互动，无视中美合作给世界和平发展带来的巨大红利。他竭力升级针对中国的意识形态斗争，试图把中美关系推向难以挽回的困境。[②]

“孔子学院威胁论”和“人文交流脱钩论”是美国一些热衷冷战的“斗士”制造的奇谈怪论。这些论调既违背历史潮流，也不符合两国人民的根本利益。美国国内也有不少希望中美友好的人士发出积极声音，批评蓬佩奥等人的蛮横言行。哈佛大学著名中国问题专家傅高义教授指出，所谓“人文交流脱钩”是不可能实现的事情。他认为，主张人文交流“脱钩”的人是少数派，包括哈佛大学在内的大多数美国大学都欢迎中国学生来美留学或深造。[③] 美国学院和大学协会（AACU）和美国大学教授协会（AAUP）等22个组织联合发表声明指出，应当对这种做法提高警惕，政府现有举措会阻碍未来美国对有才华的外国学生和学者的招聘，严重阻碍新一代科学家的培养或者损害相关项目进展。[④] 美国外交关系委员会主席哈斯说：“蓬佩奥和他的同事们需要去做的是与中国政府谈判，美国还有很多事务需要

① Sapra Bani, “US Travel Industry to Chinese Tourists: What Trade War?” ABC News, October 28, 2019, https://abcnews.go.com/US/wireStory/us-travel-industry-chinese-tourists-trade-war-66576399.

② 《蓬佩奥宣称中国共产党给全世界带来挑战》，《环球时报》2019年10月31日。

③ 《发展美中关系最好的方式是交流——访哈佛大学荣誉退休教授傅高义》，《光明日报》2019年8月12日。

④ 程宏亮：《人文交流对中美关系的作用和影响》，第166页。

与中国合作，比如朝鲜、阿富汗问题和气候变化、核不扩散这样的全球挑战。”[①] 美国著名国际政治学者约瑟夫·奈（Joseph S. Nye）也认为，美中之间归根结底是一种合作竞争关系，过分恐慌和“凡事都往坏处想”可能不会促成理想的平衡。美国不可能单独解决世界面临的问题，新冠疫情对国家安全带来的挑战就是最好的证明。疫情蔓延、气候变化和经济不稳定威胁着美国，但依靠美国自己的力量难以应对。[②] 普林斯顿大学教授约翰·伊肯伯里（G. John Ikenberry）认为，“新冠病毒就是全球性跨国挑战的典型代表：它不在乎边界，谁也躲不过，也不能靠一场战争来击败它。无论如何，美国和世界其他国家在一条船上”。[③] 美国埃德加·斯诺纪念基金会会长詹姆斯·麦克库思科（James McKusick）指出，中国不是美国的敌人，现在连来美国的中国学生和学者都被个别美国人以怀疑的眼光看待，希望美国能尽快扭转这一局面。美国没有任何理由不与中国合作，双方应该在不同领域建立并维持友好和相互合作的关系。[④] 哈佛大学、耶鲁大学、斯坦福大学等在内的美国大学的校长纷纷发声，强调开放是美国大学取得卓越成就的关键，美国大学欢迎和尊重国际学生，美中高校应进一步加强合作交流。

三、美国打压中美人文交流并煽动文明冲突的深层动因

民间友好是中美关系的基础。中美建交以来，两国人文交流广泛深入，有33万多名美国学生来华学习，中国是最受美国学生欢迎的留学目的国之一。中国连续多年成为美国海外留学生第一大生源国，仅2018—2019学年，中国在美留学生总数就达37万人。中国在美留学人员占在美全部留学生总数的1/3，每年给美国贡献的价值超过150亿美元。[⑤] 中美互为第一

① Richard Hass, “What Mike Pompeo Doesn’t Understand About China, Richard Nixon and U.S. Foreign Policy,” *Washington Post*, July 26, 2020.

② Joseph S. Nye, Jr., “Perspective for a China Strategy,” *PRISM* 8, no. 4 (2020).

③ G. John Ikenberry, “The Next Liberal Order,” *Foreign Affairs* 99, no. 4 (July/August 2020).

④ 《我们没有任何理由不与中国合作》，人民网，2020年8月26日，http://world.people.com.cn/gb/n1/2020/0826/c1002-31836545.html。

⑤ 《2020年9月1日外交部发言人华春莹主持例行记者会》，中华人民共和国外交部网站，2020年9月1日，https://www.fmprc.gov.cn/web/fyrbt_673021/t1811042.shtml。

大国际合著论文合作对象，相互依赖远超其他任何国家。留学和科研交流促进了两国人民的相互沟通与了解，为中美各自的发展进步发挥了积极的推动作用。在这样的背景下，特朗普政府竭力打压两国人文交流，不遗余力挑起意识形态斗争，其背后的深层原因令人深思。深入分析这些原因，对中国认识当前中美人文交流的困境，谋求重启中美双方的人文互动是十分必要的。

特朗普政府内的极端右翼反华势力把持了政策制定权。特朗普在任时期，副总统彭斯、国务卿蓬佩奥、国家安全事务助理奥布莱恩等都是极端反华政客，他们操弄意识形态问题，借所谓“文明冲突”为其反华行径寻找理论依据。蓬佩奥一再诋毁中国的政治制度，竭力拉拢西方其他国家同中国展开意识形态斗争。蓬佩奥及其同伙声称，在中美对抗中，若美国不为价值观而战，美国就无法取得上风。[①] 前美国国务院政策规划办公室主任斯金纳声称，与中国的对抗“是一场前所未有的、真正不同文明和不同意识形态的斗争”。[②] 在白宫前首席战略师班农的帮助下，20世纪70年代和80年代反对苏联的“当前危险委员会”恢复了运作，警告中国对美国构成生存威胁。该委员会充斥了右派军人、民粹主义者，还有各式各样的反华分子。“对中国的担忧已蔓延到政府，从白宫到国会再到联邦机构，北京的崛起无疑被视为经济和国家安全威胁，也是21世纪的决定性挑战”。[③]

所谓“美国人是上帝的选民”等美国至上、美国白人至上的种族优越主义思想在美国有相当的市场。斯金纳认为，中国是一个独特的挑战，因为中国不是西方哲学和历史的产物。她甚至称“冷战在某种程度上是西方家庭内部的斗争”，而中国“是我们第一次遇到的强大竞争对手，并且不是高加索人”。[④] 传统的现实主义理论信奉者虽然突出硬实力，但也不否认文化的作用，支持包括使用文明冲突在内的手段打压对手。针对中美实力对比的变化及其带来的影响，一些学者用“修昔底德陷阱”加以描述。修

---

① 《蓬佩奥对华新策略开打“文明战”》，星岛环球网，2019年5月3日，http://news.stnn.cc/guoji/2019/0503/633620.shtml。

② Joel Gehrke, “Kiron Skinner on Clashes of Civilization,” *Washington Examiner*, April 30, 2019.

③ “Fear on China Is Reshaping the U.S. Government,” *New York Times*, July 20, 2020.

④ Joel Gehrke, “Kiron Skinner on Clashes of Civilization”.

昔底德将伯罗奔尼撒战争的爆发归结为两个原因：一是新势力雅典的崛起，二是旧势力斯巴达的恐慌。他被认为是西方政治现实主义理论的鼻祖。美国当代现实主义者认为，中国崛起预示着一场撕裂世界的冲突，就像1914年欧洲的分裂。美国哈佛大学肯尼迪学院创始院长格雷厄姆·艾利森（Graham Allison）曾警告说，中美很难避免落入"修昔底德陷阱"，类似伯罗奔尼撒战争的历史将会重现。① 历史上，很多战争特别是重要国家之间的战争，爆发的原因往往都是一方的崛起及其给另一方带来的恐惧引发的。约瑟夫·奈也认为，尽管艾利森援引的案例和数据遭受质疑，但其观点不失为一个有用的预警，战略家必须关注中国崛起。② 美国热衷意识形态斗争的极右分子与势力十分强大的军工集团往往相互勾结，通过输出战争牟取暴利，这是美国存在大批战争吹鼓手，以及不停发动对外战争的一个重要原因。

美国文化突出的宗教性和政治性，使其具有对外传播扩张的狂热。美国精英认为，美国文化所代表的西方文明是独一无二的，包含了人类最高级、最进步、最自由、最理性、最现代和最文明的思想。③ 这种狂妄的思想与美国社会残酷的现实越来越脱节，致使美国一些政治人物陷入极端主义的偏执思维。美国面临的现实是，社会贫富差距更加突出，政治极化日益严重，越来越多的人对"美国梦"失去信心。2018年，美国最富1%家庭占有家庭财富总额的32%，比1989年上升9个百分点，而最底层50%家庭的财富净增长基本为零，40%的美国人拿不出400美元的紧急支出。④ 种族政治进一步加剧美国两党政治极化，党派分野甚至已经超越种族、宗教及地理等因素，成为美国人政治身份的主要标志。⑤《纽约时报》指出，特朗普毫无人性，当成千上万美国人正在死去，他却在吹嘘电视前有多少人

---

① 《艾利森："中美如何避免'修昔底德陷阱'"》，搜狐网，2019年4月1日，https://www.sohu.com/a/305309830_828358。

② Joseph S. Nye, Jr., "Perspective for a China Strategy," *PRISM* 8, no. 4 (2020).

③ Ibid.

④ 《美国贫富分化现实如此冷酷》，新华网，2020年3月16日，http://www.xinhuanet.com/2020-03/16/c_1125717322.htm。

⑤ Amy Chua, "Divided We Fall, What Is Tearing America Apart," *Foreign Affairs* 99, no. 6 (November/December 2020).

为他着迷。[①] 美国有线电视新闻网（CNN）指出，蓬佩奥是位“文化斗士”，滥用职权，打压异己，其政治野心和意识形态偏见不可思议，他的信誉已经低得不能再低了，他盯着未来总统的位置，谋求继承特朗普的遗产，已经成为美国历史上最差的国务卿。[②] 美国一些学者指出，白人种族主义对社会的撕裂更加突出，这才是美国面临的最大挑战。[③] 非洲裔男子乔治·弗洛伊德被白人警察扼颈身亡，引发了一场席卷全美的种族斗争运动，其根本原因是美国严重的社会问题不断累积的结果。[④]

美国本质上是缺乏文化自信的国家，一些人幻想重演冷战胜利的一幕给自己打气。印第安人是北美大陆的原住民，但随着欧洲移民的涌入及其对印第安人的屠杀，以欧洲文化为基础的美国文化逐渐形成。美国独立前后，来自欧洲各国的移民进一步增多，同时贩卖黑奴、从亚洲及拉美输入大批劳工，使美国的人口构成更加复杂。在这样的背景下，什么是美国民族，何谓美国文化，以及美国文化的核心是什么，这些问题变得突出且一直困扰着美国人。美国政治学家塞缪尔·亨廷顿（Samuel Huntington）在20世纪90年代就提出了“我们是谁”这样的疑惑。这种文化自信的缺失，导致美国谋求不断证明自身文化的优越性，也从另一个侧面造成了美国对外政策的冒险性特点。美国政治人物把目光更多投向外部，既希望通过打压外部对手为美国获取更多财富，也希望借此转移视线减轻内部政治压力。在苏联、德国和日本于不同时期被分别打压后，中国成了文明冲突鼓吹者最合适的对手。在他们看来，“美国和中国之间的冲突包括经济、人权、西藏、台湾、南中国海和武器扩散问题。美国和中国几乎在所有重大的问题上都没有共同的目标，两国的分歧是全面的。中国作为东亚占主导地位的地区大国的状况如果继续下去，将对美国的核心利益构成威胁”。[⑤]

---

① Frank Bruni, “Has Anyone Found Trump’s Soul? Anyone?” New York Times, April 6, 2020, https://www.nytimes.com/2020/04/06/opinion/trump-coronavirus-empathy.html.

② Aaron David Miller and Richard Sokolsky, “Mike Pompeo is Botching His Job,” July 22, 2020, http://www.cnn.com/cnn/2020/07/22/opinions.

③ Nell Irvin Painter, “What is White America?” *Foreign Affairs* 98, no. 6 (November/December 2019).

④ “Legacies of Jorge Freud,” *Economist*, June13, 2020.

⑤ 塞缪尔·亨廷顿:《文明的冲突与世界秩序的重建》，周琪等译，新华出版社，2010，第254页。

一些美国政客及学者认为，中国如果取代美国成为全球霸权国家，不仅意味着在权力斗争较量中取得胜利，也意味着在价值观念及意识形态方面战胜美国。而美国立国的根基正是美国独有的意识形态，因此美国的国本将被动摇。亨廷顿在论述文明冲突的观点时就指出，美国和西方的未来取决于美国人再次确认他们对西方文明的责任，美中冲突在很大程度上是基于两个社会的文化差异。“如果中国的经济继续发展，这可能是21世纪初美国政策制定者面临的唯一最严峻的安全问题”。①

美国既没有绝对的实力也没有充分的理由和足够的号召力掀起一场对华全面战略围堵。中国大力支持多边主义，积极倡导构建人类命运共同体。美国则大肆推行“美国优先”，竭力谋求霸权地位。一些美国学者分析认为，与苏联不同，中国已深刻融入世界，并与美国经济紧密交织，况且美国针对苏联的遏制战略是基于其有一天会在压力下瓦解的预测，如今对中国进行这样的预测根本不成立。曾担任美国国务院主管亚太事务的助理国务卿坎贝尔提出，把中国比作苏联并不恰当，因为中国与苏联相比在经济上更为强大，外交上更加成熟，意识形态上更加灵活。他提出，美国同中国应构建包含竞争与合作的“共存关系”，即既要通过竞争最大程度上保护美国的利益，也要通过合作防止危险升级。他建议中美双方对竞争进行管理，防止不可避免的紧张局势演变成彻底对抗。他还指出，冷战的类比夸大了中国所构成的生存威胁，贬低了中国与美国进行长期竞争的优势。② 美国外交关系委员会主席哈斯指出，美国改变不了中国，决定不了中国的未来，蓬佩奥的对华政策注定将失败。③

“文明冲突论”本身就是一个经不起历史检验、具有理论缺陷的“理论创造”。人类历史表明，很多冲突及战争并不发生在不同的文化和文明间，而恰恰相反，往往发生在同种或同类文明之间。无论是古希腊的伯罗奔尼撒战争，还是17世纪的欧洲三十年战争，或是英国、法国、德国围绕欧洲霸权展开的长期争夺，抑或是18—19世纪美英之间发生的多次冲突，

---

① 塞缪尔·亨廷顿：《文明的冲突与世界秩序的重建》，第259页。

② Kurt M.Campbell and Jake Sullivan, “Competition without Catastrophe, How America Can both Challenge and Coexist with China,” *Foreign Affairs* 98, no.5 (September/October 2019).

③ Richard Hass, “What Mike Pompeo Doesn’t Understand About China, Richard Nixon and U.S. Foreign Policy”.

都是鲜明的例证。德国著名政治学家哈拉尔德·米勒（Harald Müller）从理论范式、概念界定和实证研究三个方面对亨廷顿的理论进行了彻底的批驳，认为那种美国式的过于简单化的国际政治理论模式对认识和理解现实问题是极其危险的。[①]

四、中美加强人文交流与文明互鉴是时代要求

习近平主席指出，深化人文交流互鉴是消除隔阂和误解、促进民心相知相通的重要途径。[②] 文明因交流而多彩，文明因互鉴而丰富。[③] 世界上有多种文化和文明，都是人类社会的宝贵财富。正因为不同文化和文明存在差异，世界才丰富多彩。要理解不同文化和文明之间的差异，欣赏它们形成的多彩之美，这需要不同国家、不同民族既坚持自身文化和文明传统，又对其他文化和文明持开放包容的态度。只有开展人文交流，加强文明对话，才能消除因文化差异而带来的隔阂，才能避免落入文明冲突的陷阱。

习近平主席高度重视中外人文交流。他强调，要提高对外文化交流水平，完善人文交流机制，创新人文交流方式；要用“随风潜入夜，润物细无声”的方式去做人文交流工作，推进民心相通，发挥文化影响力。[④] 他还指出，要建立多层次人文合作机制，搭建更多合作平台，开辟更多合作渠道；要推动教育合作，扩大互派留学生规模，提升合作办学水平；要发挥智库作用，建设好智库联盟和合作网络。在文化、体育、卫生领域，要创新合作模式，推动务实项目；要用好历史文化遗产，联合打造具有丝绸之路特色的旅游产品和遗产保护；要加强各国议会、政党、民间组织往来，密切妇女、青年、残疾人等群体交流，促进包容发展。[⑤]

---

① 邢悦编《文化与国际关系精选文献导读》，天津人民出版社，2011，第73页。

② 《习近平在亚洲文明对话大会开幕式上的主旨演讲》，中国共产党新闻网，2019年5月15日，http://cpc.people.com.cn/n1/2019/0516/c64094-31087252.html。

③ 《文明因交流而多彩，文明因互鉴而丰富》，中国共产党新闻网，2019年5月15日，http://theory.people.com.cn/n1/2019/0515/c40531-31085100.html。

④ 《习近平关于社会主义文化建设论述摘编》，中国共产党新闻网，2019年1月7日，http://theory.people.com.cn/n1/2019/0107/c40531-30507321.html。

⑤ 《习近平在“一带一路”国际合作高峰论坛开幕式上的演讲》，新华网，2017年5月14日，http://www.xinhuanet.com/politics/2017-05/14/c_1120969677.htm。

习近平主席高度重视不同文明的交流互鉴。他指出，文明交流互鉴，是推动人类文明进步和世界和平发展的重要动力。文明交流互鉴是古丝绸之路留下的精神财富，民心相通应该成为“一带一路”建设国际合作的重要组成部分。[①] 他倡议将“一带一路”建成文明之路。“一带一路”建设要以文明交流超越文明隔阂、文明互鉴超越文明冲突、文明共存超越文明优越，推动各国相互理解、相互尊重、相互信任。[②] 文明交流互鉴应该是对等的、平等的，应该是多元的、多向的，而不应该是强制的、强迫的，不应该是单一的、单向的。要以海纳百川的宽广胸怀打破文化交往的壁垒，以兼收并蓄的态度汲取其他文明的养分。要加强世界上不同国家、不同民族、不同文化的交流互鉴，构筑共建人类命运共同体的人文基础。[③]

习近平主席高度重视中华优秀传统文化。“和”是中华文明的核心价值理念。“和”意指多样性的统一，尊崇“和而不同”，体现的是和谐共生性思维。“和”既肯定和接受事物的多样性，又包容和接纳事物的差异性，并将不同的事物融合到一个和合体中。他指出，中华文明绵延数千年，有其独特的价值体系。中华优秀传统文化已经成为中华民族的基因，植根在中国人内心，潜移默化影响着中国人的思想方式和行为方式。[④] 中华优秀传统文化是中华民族的精神命脉，是涵养社会主义核心价值观的重要源泉，也是我们在世界文化激荡中站稳脚跟的坚实根基。[⑤] 他强调指出，中华优秀传统文化是中华民族的文化根脉，其蕴含的思想观念、人文精神、道德规范，不仅是我们中国人思想和精神的内核，对解决人类问题也有重要价值。[⑥] 他特别强调，中国特色社会主义文化，源自中华民族五千多年文明

---

① 《习近平在“一带一路”国际合作高峰论坛圆桌峰会上的闭幕辞》，新华网，2017年5月15日，http://www.xinhuanet.com/politics/2017-05/15/c_1120976534.htm。

② 《习近平在亚洲文明对话大会开幕式上的主旨演讲》，人民网，2019年5月15日，http://jhsjk.people.cn/article/31086573。

③ 同上。

④ 《习近平总书记眼中的中华文明》，搜狐网，2019年4月1日，https://www.sohu.com/a/305118401_120038816。

⑤ 《习近平：坚持以人民为中心的创作导向　创作更多无愧于时代的优秀作品》，中国共产党新闻网，2014年10月16日，http://cpc.people.com.cn/n/2014/1016/c64094-25843852.html。

⑥ 《习近平出席全国宣传思想工作会议并发表重要讲话》，中国政府网，2018年8月22日，http://www.gov.cn/xinwen/2018-08/22/content_5315723.htm。

历史所孕育的中华优秀传统文化，熔铸于党领导人民在革命、建设、改革中创造的革命文化和社会主义先进文化，植根于中国特色社会主义伟大实践。①

习近平主席关于中外人文交流和文明互鉴的论述有一系列突出特点。一是主张相互尊重、平等相待。他指出，每一种文明都扎根于自己的生存土壤，凝聚着一个国家、一个民族的非凡智慧和精神追求，都有自己存在的价值，文明绝无高低优劣之分。应该秉持平等和尊重，摒弃傲慢和偏见，加深对自身文明和其他文明差异性的认知，推动不同文明交流对话、和谐共生。二是主张美人之美、美美与共。他指出，每一种文明都是美的结晶，都彰显着创造之美。一切美好的事物都是相通的，各种文明本没有冲突。既要让本国文明充满勃勃生机，又要为他国文明发展创造条件，让世界文明百花园群芳竞艳。三是主张坚持开放包容、互学互鉴。他指出，如果长期自我封闭，必将走向衰落。交流互鉴是文明发展的本质要求。只有同其他文明交流互鉴、取长补短，才能保持旺盛生命活力。四是主张与时俱进、创新发展。他指出，世界文明历史揭示了一个规律：任何一种文明都要与时偕行，不断吸纳时代精华。应该用创新增添文明发展动力、激活文明进步的源头活水，不断创造出跨越时空、富有永恒魅力的文明成果。②

习近平主席为中美两国通过人文交流和文明互鉴推动务实合作的发展指出了明确方向。一是要增强互信。他指出，信任是人与人关系的基础、国与国交往的前提。中美两国要防止浮云遮眼，避免战略误判，就要通过经常性沟通，积累战略互信。这个问题解决好了，中美合作基础就会更加坚实，动力就会更加强劲。二是要妥善管控分歧。他指出，中美两国各具特色，历史、文化、社会制度、民众诉求等不尽相同，双方存在一些分歧是难以避免的。世界是多样的，没有分歧就没有世界。有了分歧并不可怕，关键是不要把分歧当成采取对抗态度的理由。有些分歧是可以通过努力解决的，双方应该加把劲，把它们解决掉。双方应该多从对方的具体处境着想，以务实和建设性的态度加以管控。只要遵循相互尊重、平等相待

① 《习近平在中国共产党第十九次全国代表大会上的报告》，中国共产党新闻网，2017年10月28日，http://cpc.people.com.cn/n1/2017/1028/c64094-29613660.html。

② 《习近平在亚洲文明对话大会开幕式上的主旨演讲》，人民网，2019年5月15日，http://jhsjk.people.cn/article/31086573。

原则，坚持求同存异、聚同化异，就没有过不去的坎，中美两国关系就能避免受到大的干扰。三是要厚植两国人民友谊。人民友好交往是国与国关系的源头活水。中美关系发展的基础是两国人民相互了解和友谊。他特别提到，中美双方要为两国各界交往搭建更多平台、提供更多便利，让中美友好薪火相传、生生不息。[①]

世界正在快速发展变化，零和博弈、冲突对抗不符合时代潮流，也与各国人民的根本利益完全违背。对中国的恐惧正在重新塑造美国政府及其对华政策，其实质是担心中国的崛起导致美国霸权失落，担心美国文化失去吸引力，担心美国的意识形态不再受到追捧。但是，世界本来就不应该由某一个国家控制，本来就不应当由某一种文化或文明主导。不同国家、不同文化和文明之间应当平等相待、互尊互鉴、共同发展。作为世界上最大的发展中国家、最大的发达国家和前两大经济体，中美两国应当从两国人民和各国人民的根本利益出发，肩负起应有的历史责任，朝着构建中美新型大国关系的方向奋力前行。中美合则两利，斗则两伤，双方应致力于不冲突、不对抗，相互尊重、互利共赢，共同推进以协调、稳定、合作为基调的双边关系。"文明因多样而交流，因交流而互鉴，因互鉴而发展。"[②]中美两国应当大力加强人文交流，积极开展文明对话，通过互学互鉴增进相互了解与合作，推动实现构建人类命运共同体这一符合全人类利益的目标。

---

① 《习近平在第八轮中美战略与经济对话和第七轮中美人文交流高层磋商联合开幕式上的讲话》，新华网，2016年6月6日，http://www.xinhuanet.com/world/2016-06/06/c_1118997076.htm。

② 《习近平在亚洲文明对话大会开幕式上的主旨演讲》，人民网，2019年5月15日，http://jhsjk.people.cn/article/31086573。

百年变局下的美国对华战略竞争与中外人文交流：挑战与应对[*]

王　鹏

【内容提要】“百年未有之大变局”是以习近平同志为核心的党中央对当前和未来国际国内形势作出的重大论断。它不仅点明了当前中国所处的国内外战略环境，也为中国一系列内外工作、政策的制定与实施指明了方向。在百年未有之大变局理念的启发下，本文首先探讨其基本概念与政策意蕴，然后在百年变局背景下讨论美国当前对华战略竞争的总体态势及其对中美/中外人文交流所产生的负面影响，包括特朗普政府对孔子学院的认知与打击，新冠疫情因素妨害中美学术与人文交流等严峻挑战，最后提出有可操作性的应对方案。

【关键词】百年未有之大变局　美国　战略竞争　中外人文交流

【作者简介】王鹏，中国人民大学国际关系学院中国对外战略研究中心主任助理，中国国际文化交流中心“一带一路”绿色发展研究院研究员。

习近平总书记曾指出，当今中国所面对的是“百年未有之大变局”。① 这一重大论断不仅点明了当前中国所处的国内外战略环境，也为中国一系列内外工作、政策的制定与实施指明了方向。与此同时，近年来，中国也面临美国等西方大国越来越强的战略竞争，对包括中美/中外人文交流在内的诸多事业、领域造成相当程度的负面影响。

---

* 本文受中国国家社科基金重大项目“不结盟运动文献资料的整理、翻译与研究（1961—2021）”（项目批准号18ZDA205）资助。

① 《习近平接见2017年度驻外使节工作会议与会使节并发表重要讲话》，新华网，2017年12月28日，http://www.xinhuanet.com/politics/2017-12/28/c_1122181743.htm。

百年变局与美国对华战略竞争是什么关系？美国对华战略竞争对中美/中外人文交流机制造成哪些具体冲击？对此，中国应当且可以采取哪些具体措施予以转圜，从而重塑中外人文交流的新基础、新平台？本文试对上述问题进行探析。

一、何谓“百年未有之大变局”？

2017年12月28日，中共中央总书记、国家主席、中央军委主席习近平在人民大会堂接见回国参加2017年度驻外使节工作会议的全体使节并发表讲话，正式提出“百年未有之大变局”的重大论断：“中国特色社会主义进入了新时代。做好新时代外交工作，首先要深刻领会党的十九大精神，正确认识当今时代潮流和国际大势。放眼世界，我们面对的是百年未有之大变局。”[①]

仔细考察党的十八大以来习近平总书记的相关讲话和指示，不难发现，“百年未有之大变局”重大论断不仅其来有自，且在中国积极参与全球治理的进程中不断演进、深化、发展。

早在2015年10月12日，中共中央政治局就全球治理格局和全球治理体制进行第二十七次集体学习，习近平总书记主持集体学习并发表讲话，指出：“国际社会普遍认为，全球治理体制变革正处在历史转折点上。国际力量对比发生深刻变化，新兴市场国家和一大批发展中国家快速发展，国际影响力不断增强，是近代以来国际力量对比中最具革命性的变化。数百年来，列强通过战争、殖民、划分势力范围等方式争夺利益和霸权，逐步向各国以制度规则协调关系和利益的方式演进。现在，世界上的事情越来越需要各国共同商量着办，建立国际机制、遵守国际规则、追求国际正义成为多数国家的共识。经济全球化深入发展，把世界各国利益和命运更加紧密地联系在一起，形成了你中有我、我中有你的利益共同体。很多问题不再局限于一国内部，很多挑战也不再是一国之力所能应对，全球性挑战

① 《习近平接见2017年度驻外使节工作会议与会使节并发表重要讲话》，新华网。

需要各国通力合作来应对。”[①] 这次会议被普遍认为是党的十八大以来，习近平总书记第一次从“百年”维度回顾中国近代史。

2016年9月，中国在杭州成功举办G20峰会，被国际社会认为是中国特色全球治理观的一次伟大实践。[②]

2017年10月18日至10月24日，中国共产党第十九次全国代表大会在北京胜利召开。党的十九大报告中明确指出，“世界正处于大发展大变革大调整时期，和平与发展仍然是时代主题”。如果用历史的眼光看，“大变局”这一带有总括性的核心概念，可以被看作此前“大发展”“大变革”“大调整”这三个分支性概念的凝练与总结。

值得注意的是，据刘洪等学者统计，在党的十九大报告中，“变”字共出现43次。这一出现频率相对党的十八大报告中出现的40次、党的十七大报告中出现的34次都有明显增加。与此同时，与“变”相关联的“改革”一词也出现了69次。[③] 外界普遍认为，这些有关“变化”“改变”“改革”的语汇在一定程度上反映出中国对世界趋势、国际格局等重大问题的基本看法和应对态度。

“百年未有之大变局”的重大论断自2017年末正式提出后，迅速在全国和国际社会引起巨大反响。同时，这一理念自身也处于不断发展、演进之中，从而更趋完备、成熟。在2018年中国对外关系的重要场合和重大国际会议上，“百年未有之大变局”论断多次出现，并在国内外迅速形成共识。[④]

2018年6月21日，国家主席习近平在北京钓鱼台国宾馆会见来华出席全球首席执行官委员会特别圆桌峰会的知名跨国企业负责人，同他们座谈交流。其间，他对“百年未有之大变局”的概念作了进一步阐发，并在与

---

① 《习近平：推动全球治理体制更加公正更加合理》，新华网，2015年10月13日，http://www.xinhuanet.com/politics/2015-10/13/c_1116812159.htm；《关于全球治理，习近平有哪些深刻阐述？》，新华网，2016年8月30日，http://www.xinhuanet.com/world/2016-08/30/c_129263290.htm。

② 王洪波、李占英：《G20杭州峰会：国际舆论的关切与期待》，《当代世界》2016年7期，第46—49页。

③ 《十九大报告，为什么其中有“43变”？》，新华网，2017年10月24日，http://theory.cyol.com/content/2017-10/24/content_16615886.htm。

④ 金灿荣：《如何深入理解“世界正面临百年未有之大变局”》，《领导科学论坛》2019年第14期，第66—77页。

会企业界人士中引发强烈共鸣。[①] 当月25日，习近平主席出席在南非约翰内斯堡召开的金砖国家工商论坛，进一步阐述了“大变局”的具体体现：第一，未来10年将是世界经济新旧动能转换的关键10年，新一轮科技革命和产业变革正在积聚力量，“给全球发展和人类生产生活带来翻天覆地的变化”；第二，国际格局和力量对比将加速演变，新兴市场国家和发展中国家群体性崛起“势不可当”；第三，全球治理体系将深刻重塑，“要合作还是要对立，要开放还是要封闭，要互利共赢还是要以邻为壑，国际社会再次来到何去何从的十字路口”；第四，这一变局，对新兴市场和发展中国家而言意味着实现跨越式发展的机遇，也关乎未来发展空间；第五，金砖国家要顺应历史大势，把握发展机遇，合力克服挑战。[②]

2019年3月22日至4月1日，习近平主席对荷兰、法国、德国、比利时进行国事访问并出席在荷兰海牙举行的核安全峰会。在与欧洲多国领导人会晤时，他多次强调：“当今世界正经历百年未有之大变局，人类处在何去何从的十字路口。”[③] 与会各国元首也对这一判断表示赞同。

而在国内外学术界，自“百年未有之大变局”论断提出后，也立刻引发热议。[④] 正如朱锋等学者所总结的，当前国内外学者对“大变局”的认识和分析，大体可以概括为四个方面：一是将“百年未有之大变局”视为是国家间加速权力再分配的国际权力结构的“大变局”，即世界多极化的发展使国际力量对比更趋平衡，西方国家出现了严重的国内矛盾和危机。二是认为“百年未有之大变局”是世界战略格局和全球秩序正在出现的重大调整进程。三是将“百年未有之大变局”看作经济全球化、政治多极化和国际力量多元化在过去30年中所引发的全球治理结构的“大变局”。四是着眼于新一轮科技革命（第四次工业革命）对人类世界的重塑作用，尤其是新技术在人类经济活动、生活方式和国家间竞争形态上所引发的“大

① 《习近平：为改革和优化全球治理注入中国力量》，国际在线网站，2018年6月25日，http://news.cri.cn/20180625/c2688c57-394d-2d6c-6f5d-76dd5152f20b.html。

② 《世界面临百年未有大变局》，大公网，2018年7月27日，http://www.takungpao.com/news/232108/2018/0727/194233.html。

③ 《习近平访问欧洲四国出席海牙核安全峰会——欧洲演讲视频集》，新华网，2019年4月，http://www.xinhuanet.com/video/xjpyj/。

④ 张宇燕：《理解百年未有之大变局》，《国际经济评论》2019年第5期，第9—19页。

变局”。[①]

二、百年变局下美国对华战略竞争对中外人文交流的冲击

上文对百年未有之大变局（以下简称“百年变局”）理念的考证与梳理，为下文深入研讨百年变局下美国对华战略的出台及其对中外/中美人文交流事业所造成的冲击作了政策背景和学理脉络上的铺垫。

（一）百年变局背景下的美国对华战略竞争

首先，中国加速崛起所造成的中美实力差距缩小，既是推动百年变局的核心动力，也是引起美国强化对华战略竞争的重要因素。

在物质层面，新中国成立70年来，尤其是40年改革开放所带来的中国经济实力、总体实力的急速增长，正在改变中美实力对比。

从经典的结构现实主义角度看，过去维系中美关系“合作性大于竞争性”的根本因素主要在于中国总体国力长期远逊于美国。然而，2008年全球金融危机后，美国等西方国家恢复乏力，而中国经济则继续保持相对高速增长，中美实力差距在加速缩小。尤其在东亚/亚太区域层面上，有学者捕捉到“亚太中美两极格局”的形成趋势[②]，过去由美国主导的单极结构正在向中美两强转化。从奥巴马政府2011年抛出“重返亚洲/亚太”（pivot to Asia）开始[③]，到2012年美国防长帕内塔（Leon Panetta）提出的美国“亚

---

① 朱锋：《近期学界关于“百年未有之大变局”研究综述》，《人民论坛·学术前沿》2019年第7期，第6—12页。

② 阎学通：《亚太已形成中美两极格局》，新华网，2015年2月5日，http://www.xinhuanet.com/herald/2015-02/05/c_133972187.htm。

③ Mike Green, “The Legacy of Obama’s ‘Pivot’ to Asia,” Foreign Policy, September 3, 2016, http://foreignpolicy.com/2016/09/03/the-legacy-of-obamas-pivot-to-asia/.

太再平衡战略”（rebalancing）[①]，再到特朗普上台后发布的“国家安全战略报告”“国防战略报告”，这一系列举措清晰地描绘出这一趋势及其发展、演化的路径。[②]

其次，中国在制度和意识形态层面上的独特性，或者说对美国而言的某种“不可（和平）演变性”，进一步强化了美国对华战略疑惧，从而强化其战略竞争的决心。

引发美国政界、学界对华战略疑惧的因素不仅来源于物质层面两国实力差距的缩小，同时也部分地受其对华行为负面认知以及对中国未来发展方向“悲观”预期的影响。

在制度和意识形态层面，党的十八大以来，中国外交在国际舞台上更加积极主动、奋发有为。中国政府和民众对中国道路、理论、制度和文化更加自信，这让过去寄希望于通过“接触”来“和平演变”中国政治体制的美国政策人士产生挫败感。[③] 中国近年来对自身道路、理论、制度、文化越加“自信”（confident）[④]，但这一趋势在西方部分国家和媒体看来则有一种“强势”（assertive）的意味。[⑤]

在内政方面，中国治理模式所展示出的生命力和吸引力，让指望中国“自行和平演变”的部分美国政策精英感到“失望”。过去他们坚持认

---

① “FACT SHEET: Advancing the Rebalance to Asia and the Pacific,” The White House, November 16, 2015, https://obamawhitehouse.archives.gov/the-press-office/2015/11/16/fact-sheet-advancing-rebalance-asia-and-pacific; Kenneth Lieberthal, “The American Pivot to Asia: Why President Obama’s Turn to the East is Easier Said Than Done,” Foreign Policy, December 21, 2011, http://foreignpolicy.com/2011/12/21/the-american-pivot-to-asia/.

② 滕建群:《特朗普“美国第一”安全战略与中美博弈》,《太平洋学报》2018年第1期，第18—24页。

③ Kurt M. Campbell and Ely Ratner, “The China Reckoning: How Beijing Defied American Expectations,” Foreign Affairs, February 13, 2018, https://www.foreignaffairs.com/articles/united-states/2018-02-13/china-reckoning.

④ 江琳:《坚持“四个自信”推进伟大事业》,《人民日报》2016年7月11日，第1版。

⑤ Thomas J. Christensen, “The Advantages of an Assertive China: Responding to Beijing’s Abrasive Diplomacy,” Foreign Affairs, February 21, 2011, https://www.foreignaffairs.com/articles/east-asia/2011-02-21/advantages-assertive-china; Kathy Gilsinan, “Cliché of the Moment: ‘China’s Increasing Assertiveness’,” The Atlantic, September 2015, https://www.theatlantic.com/international/archive/2015/09/south-china-sea-assertiveness/407203/.

为，正在进行改革开放的中国必然培养出越加强大的中产阶级。而按照西方“民主化”理论的预测，庞大的中产阶级必将导致国家政治的民主化。因此，尽管他们对中国政治体制抱有深重的成见和敌意，但有关“中国一定会民主化”的预期使他们愿意支持对华接触与交流，主张将中国“融入”以美为首的西方国际社会。① 这些主张在外交层面是有利于中国的。然而，目前事情正在发生变化。

最后，近年来，中国治理模式随着中国通过“一带一路”倡议、亚投行等参与引领全球治理而外溢，被美国部分政策人士认为是对美式自由国际秩序的“威胁”。

如果说中国治理模式在中国国内的成功让美国“民主化派”政策人士感到失望，那么党的十八大后，中国外交从“韬光养晦”到“奋发有为”的转变，尤其是党的十九大后中国所展现出的可能在国际舞台与“美国模式”相竞争的“中国模式”，则更让美国越加感到威胁。在这种情况下，主张在安全和经贸等领域同时对华强硬、防范、围堵的声音随之高涨，美国政界、军界亦随之开始调整对华认知与威胁判断。② 譬如，美国参谋长联席会议主席约瑟夫·邓福德（Joseph Dunford）就公开对国会表示，到2025年中国将成为美国的最大威胁。美国太平洋司令部司令、海军上将哈里·哈里斯（Harry Harris）在新加坡举行的一个讲座上也把中国界定为一个“挑战”。③

在国际制度与规范层面，不同于“华盛顿共识”的“中国模式”在世界范围内和“美国模式”形成一定程度的对比，故让美方政策精英在主观心态层面感到威胁。上述客观—物质层面和主观—认知层面的要素共同作

---

① Jie Chen and Chunlong Lu, “Democratization and the Middle Class in China: The Middle Class’s Attitudes toward Democracy,” *Political Research Quarterly* 64, no. 3 (2011): 705; Minxin Pei, “Transition in China? More Likely Than You Think,” *Journal of Democracy* 27, no. 4 (2016): 5-20.

② Aaron Mehta, “National Defense Strategy Released with Clear Priority: Stay Ahead of Russia and China,” Defense News, January 19, 2018, https://www.defensenews.com/breaking-news/2018/01/19/national-defense-strategy-released-with-clear-priority-stay-ahead-of-russia-and-china/.

③ 卡特里娜·曼森：《蒂勒森：美国愿与印度发展百年战略关系》，英国《金融时报》中文网，2017年10月19日，http://www.ftchinese.com/story/001074726。

用，使中美关系开始产生质变，从“合作性大于竞争性”转向“竞争性大于合作性”。①

综上所述，推动百年变局形成的最重要动因就是东西方力量对比的逆转。中国相对实力的加速上升，以及“中国模式”在国内外的成功实践强化了美国政策精英对“中国威胁”的感知，共同导致美国产生越加强烈的反制中国的动机与行为。这种心态和行为也不可避免地对中美人文交流产生负面冲击。同时，鉴于美国在国际社会的巨大影响力，尤其是二战以来美国所经营的全球联盟网络，美国政府在对中美人文交流制造障碍的同时，也影响到中国与其他国家，尤其是与美国重要盟国之间的人文交流。近年来频频发生于美国各地及部分西欧国家的排斥孔子学院事件，以及被这些国家媒体所热炒的所谓“中国渗透”“收买议员”等事件，正是上述战略焦虑的产物。②

（二）美国对华战略竞争对中美/中外人文交流的冲击

特朗普执政以来，随着其对华战略竞争的步步紧逼，美国政府和一些社会力量对中美人文交流的阻挠、破坏力度也在不断加大。在这一大背景下，作为中国对外人文交流、教育交流旗舰项目的孔子学院首当其冲，成为美国对华战略竞争的牺牲品。除此之外，中国学者赴美交流、中国留学生赴美求学等事项，也遭受了越来越强的阻力。

据美国《圣路易斯邮报》2020年10月9日消息，韦伯斯特大学孔子学院中方代表刘强（Qiang David Liu）当地时间周二（6日）在被警方与美国

---

① 有关中国学者对中美之间“竞争性”与“合作性”的研判与争鸣，可参见：崔立如《国际格局演变与多极时代的秩序建构（上）》，《现代国际关系》2016年第1期，第1—5页；崔立如《国际格局演变与多极时代的秩序建构（下）》，《现代国际关系》2016年第2期，第1—8页；阎学通、漆海霞《中美竞争前景：假朋友而非新冷战》，《国际政治科学》2012年第3期，第1—23页；朱锋《中美战略竞争与东亚安全秩序的未来》，《世界经济与政治》2013年第3期，第4—26页；阎学通《外交转型、利益排序与大国崛起》，《战略决策研究》2017年第3期，第4—11页。

② Josh Rogin, “University Rejects Chinese Communist Party-linked Influence Efforts on Campus,” Washington Post, January 15, 2018, https://www.washingtonpost.com/opinions/global-opinions/university-rejects-chinese-communist-party-linked-influence-efforts-on-campus/2018/01/14/c454b54e-f7de-11e7-beb6-c8d48830c54d_story.html.

联邦调查局（FBI）搜查其住所后死亡。该案作为首起引发人命的重大事件，在美国长期打压中国在美孔子学院的背景下，在中美关系正处于建交以来最艰难时刻突然爆发，显然又为本已岌岌可危的双边关系和人文交流事业投上新的阴影。①

1. 美国政府对中国孔子学院的认知偏见与行政打压

通过多次赴美调研，以及对美国在华学生学者的深度访谈，本文初步认为，当前美国政府和部分学者对中国在美孔子学院存在较强偏见，主要体现在：

第一，美国政府对孔子学院的认知已经高度政治化、安全化与意识形态化。美国特朗普政府将中国在美开办孔子学院、促进人文交流的做法等同为“政治渗透”，污蔑中国试图以学术交流为“幌子”干预美国内政，输出共产主义意识形态，兜售“中国模式”，挑战美国理念，培养“代理人”。对此，美政府不仅向各大学施压，迫使其不再续约或立即终止与中方孔院的合作协议，而且FBI等强力部门更直接针对中外孔院师生以“调查”为名进行骚扰，对其正常教学、生活乃至人身安全构成现实威胁。②

第二，美国认为中美两国人文交流“不透明”“不对等”“不公平”。美国学者普遍认为，中国应在对等准入、对等开放、提高透明度、去政治化等问题上作出实质性改革。具体地，一是希望中国加强孔院在架构、活动、人事和财务上的透明度，以打消他们对中国“渗透”的顾虑。③ 二是“对等地”（reciprocal）开放美国在华设立类似人文交流机构的门槛，去除美国学者、公民来华调研、旅行的制度性障碍。三是对等开放中国的档案、图书馆等学术资源。

---

① 《美媒称一孔子学院中方院长被搜查住所后死亡　北语回应》，中国新闻网，2020年10月11日，http://www.chinanews.com/sh/2020/10-11/9310373.shtml。

② Luwei Rose Luqiu and John D. McCarthy, “Confucius Institutes: The Successful Stealth ‘Soft Power’ Penetration of American Universities,” *The Journal of Higher Education* 90, no. 4 (2019): 620-643.

③ Hannah Knowles and Berber Jin, “Warnings of Chinese Government ‘Influence’ on Campuses Divide Stanford Community,” Stanford Daily, May 30, 2019, https://www.stanforddaily.com/2019/05/30/warnings-of-chinese-government-influence-on-campuses-divide-stanford-community/.

2. 美国政府对中国孔子学院的行政打压已经造成重大损失，但“危”中亦有“机”

不可否认，美国对孔子学院的行政打压已经给中美人文交流造成较大损失。对此，中国在研究应对之策时，需做审慎评估并找到可能的转机和政策抓手，“危”中寻“机”。

第一，需看到，总体不利环境中亦可能存有局部的有利条件。一是美国高校学者对两国人文交流领域出现的困境持一定矛盾心态：一方面对中国存有种种不满，另一方面也坚持认为人文交流不仅是美国软实力的基础，也是夯实中美双边关系的重要手段，同时还是大学自身发展、创收的重要途径，因而对特朗普政府强行砍掉与中国大量人文交流合作项目的行为表示不满。二是美国青年学生、学者和财经商贸实业界人士对华态度较政界、学界更为务实、友好和乐观。

第二，少量机构的关停并不能从根本上动摇、打乱孔子学院的全球布局。自2004年创设以来，“截至目前，全球已有162个国家（地区）设立了541所孔子学院和1170个孔子课堂。其中，亚洲39国（地区），孔子学院135所，孔子课堂115个；非洲46国，孔子学院61所，孔子课堂48个；欧洲43国（地区），孔子学院187所，孔子课堂346个；美洲27国，孔子学院138所，孔子课堂560个；大洋洲7国，孔子学院20所，孔子课堂101个”。[①] 因此，毫不夸张地说，近20年来，在国家汉办和孔子学院的带动下，世界正兴起一股学习中文、了解中国的热潮，有力地形塑了中国的国际形象，为不同文明、文化之间的交流对话搭建了平台。[②] 而站在外国学习者个人利益的角度看，孔子学院也为他们以少量的成本获得高品质教学产品提供了机会，这本质上是一个互利共赢的好事。明确上述基本事实和数据，人们就不会因为北美几家分支机构由于与学术交流、汉语教学全无关系的政治原因关停而对孔子学院整体产生怀疑。

第三，适当调整海外孔子学院数量也可以为中国节省大笔资金，从而将国家宝贵的教育资源用在更需要的地方。譬如有西方评论认为，美国关

---

① 数据参见孔子学院网站，http://www.hanban.org/confuciousinstitutes/node_10961.htm。

② 高玉娟、庄瑶瑶、李宝贵:《孔子学院建设的理念演进、实践成效与发展路向》,《辽宁师范大学学报（社会科学版）》2021年第3期，第101—109页。

停孔子学院很可能弊大于利。因为只要中国保持经济发展的大趋势不变，那么全世界对汉语学习就存在强烈刚需。孔子学院数量的减少有可能在客观上形成一种“饥饿营销”。美国强行关停部分在美孔子学院，正好可以“倒逼”中国把这些资金、资源转移到世界其他地方，比如参与“一带一路”的友好合作国家。将资源集中配置于这些国家，能够更好地发挥其作用，在当地培养较高素质、通晓中文、理解中国的人才，从而为“一带一路”建设的可持续推进打好人力资源基础。[①]

纵观近年来孔子学院全球推广的轨迹，“一带一路”效应越加凸显。近年来，“一带一路”合作国家的学生对来华留学明显更加积极踊跃，对汉语的学习热情也空前高涨。尤其是最近两年来，随着美国对华“贸易战”的加剧和延续，美国已经从中国第一大贸易伙伴迅速下降为第三大贸易伙伴，落在欧盟和东盟之后，而且这一趋势还在继续。而文化的交流与经贸关系的变动又往往相辅相成。数据表明，近年来新增设的孔子学院、孔子课堂，有很大一部分就是投向欧洲、亚洲的“一带一路”合作国家。在这些国家和地区，孔院师生深度参与当地社区的建设与发展，并在严格遵守当地法律法规、尊重当地民风民俗的前提下，与当地学生及其家庭、社区相互交融，打造出一个个欣欣向荣、互学互鉴的文化共同体。

展望未来，所有秉承孔子仁义精神，愿意为中外文化交流、文明互鉴贡献力量的中外仁人志士完全有理由、有信心保持高度的战略定力与道路自信，完全无须为个别孔院所遭受的误解或不公正待遇而感到沮丧，进而对自己付诸心血和信念的事业产生动摇。

第四，外在压力正好可以转化为内在改革的动力，助推孔子学院在5G时代实现转型。正如中国在党的十九大以后自身也开始了国家发展模式的深刻转型，即从大规模、粗放型转向高质量、集约型发展，走“减量提质”的新型发展道路。同理，经过近20年的长足发展，孔子学院已经在规模上成长为全球最大的语言文化教学推广基地。然而，当今世界即将迈进5G时代，一大批如VIPKID这样的跨国网络在线教育公司如雨后春笋般兴

① “US Imposes New Disclosure Demands on Confucius Institutes,” THE, https://www.timeshighereducation.com/news/us-imposes-new-disclosure-demands-confucius-institutes;《为何英国教授会说：中国崛起令西方国家集体感到害怕很正常？》，新浪网，2020年1月6日，http://k.sina.com.cn/article_2381596945_8df4491100100lylu.html。

起。因此，孔院正好借助这样一股“歪打正着”的外力来实现自身朝着网络化、信息化的教育方向华丽转型。人们有理由期待，未来的孔院将孵化出更多的国际语言线上培训和文化交流平台，从而在5G时代以更低成本、更高效率、更佳体验感服务于全球汉语学习者，促进中外人文交流事业的新发展。

三、中国的应对之策

针对美国强力打压孔子学院、阻挠中美人文交流、借新冠疫情进一步推动中美人文交流“脱钩”的种种图谋，本文在前文分析的基础上提出如下可行建议：

（一）加强孔子学院的社会化改革，优化其全球运营模式

从2020年起，孔子学院品牌将由中国国际中文教育基金会全面负责运行。该基金会是由多家高校、企业等发起成立的民间公益组织，将会同孔子学院中外方合作伙伴，继续支持全球孔子学院发展。[①] 在此基础上，本文建议：

第一，短期内不妨在中美关系的总体舆论层面淡化孔子学院的存在。面对美国咄咄逼人的语言挑衅和司法骚扰，在现阶段中国宜保持低调，而不宜过于针锋相对，避免正中美国反华分子的下怀，更避免把孔院推上舆论的风口浪尖。中国甚至不妨在华盛顿、亲共和党的“红州”的高校中，主动撤出部分孔院教师，同时减少活动次数和规模，以避其锋芒，使其误以为“得计”，同时有效保护中国师生、运营人员的人身安全。与此同时，还应采取切实措施降低新冠疫情对中外人文交流造成的损失和阻碍。在全球抗击新冠疫情的过程中，一些国家的机构与媒体借机煽风点火，对中国“污名化”，从而对包括中外人文交流事业在内的众多领域造成损失。对此，中国需要打好疫情的国际舆论战。在国际舆论交锋中，不妨充分发挥智库、学者等专业意见提供者的作用，有针对性、有理有节地进行回应和驳斥。在这个过程中，尤其可借“外嘴”说话。譬如邀请国际政要、名流

① 参见中国国际中文教育基金会网站，https://www.cief.org.cn/。

为中外人文交流发声，进而推动国内外形成强大、有利的舆论氛围。

第二，长期看，不妨借美国外力对孔子学院实施“市场化”改革。巧妙利用美国的外部压力促使孔院系统全面转向“市场化”，改由中资或中外合资的民营企业在全球经营。这不仅能缓解中国因全球兴办孔院而面临的巨大财政负担，还能提供更多教职岗位，解决部分就业问题。同时，在国际层面，大力发动、发展社会力量，以私营的教育公司代替官方外派的汉语推广机构，在当地社会看来显然更加“亲民”，从而打消其“中国政府代理人”的顾虑，因而在客观上能够更加安全、高效、可持续地推广中华文化，促进中美政策沟通和民心相通。在这一转变过程中，政府部门和基金会不妨由操办者转型为规则的制定者和监督者，在准入层面上考察上述汉语教学机构的办学资质，并在宏观层面上指导、监督其在海外的办学活动。

第三，策略上，利用美国高校人士对特朗普政策和意识形态的不满，更加审慎、巧妙地进行“统战”工作，逆美国“脱钩”之流而上，全方位加强沟通，改“走出去”为“请进来”，改“阵地战”为“游击战”。针对当前在美国政策精英和民众中蔓延的一定“恐华”情绪和对孔子学院的忌惮，建议将“走出去”的沟通交流方式改为化整为零的“请进来”。其好处在于：一是不再以整体的，强大国家、政府或政党的形态去刺激美国，以缓解美国社会的“恐华”心态；二是把实施主体由政府机构转向非政府、民间智库等社会机构，有助于缓和美国对中国在人文交流中“掺入战略意图”“搞政治渗透”的恐慌，而且能加大在民间的亲和力；三是主动权下放，激发国内社会力量，有助于更灵活、多角度、点对点地强化对美政策沟通与民心相通，克服由政府单一力量推动所难以避免的灵活性不足等弊端。

（二）提升中国在后疫情时代的国际形象，为进一步促进中外人文交流打下基础

国家形象既是一国软实力的重要组成部分，也是该国国际话语权的重要来源。国家形象与对外人文交流相互促进：好的国家形象能够吸引更多的外国友人产生更大意愿与中国和中国人交流；反过来，有效的中外人文交流也能有力地促进国家形象的提升。因此，本文建议：

第一，进一步改革激励与考核制度，鼓励个人、集体都投身到提升国

家形象、加强中外人文交流的事业中。各级政府、企业不妨将做好自身对外人文交流事业作为绩效考核的重要指标。具体地，建议相关部门牵头评选年度“十大中外人文交流代表人物”，让他们成为中国媒体建设的中坚力量，并鼓励他们走向世界，积极到国际知名媒体或社交、传播平台任职。在高校层面，建议改革当前的学术考核机制和奖励机制，将参加和举办重大国际会议、在海外媒体发表有利于提升中外人文交流水平的文章、在海外宣讲中国政策等纳入学术评价体系，鼓励哲学社会科学研究者投身于中外人文交流事业。

第二，应对来自美国的挑衅和话语打压，在对外人文交流与对外宣传中要理直气壮地显示中国软硬两手准备。具体地，中国需要据理力争，在国际多边场合积极发声，破除美国政府、媒体对华抹黑的种种不实之词，将真实的中国防疫措施与成效呈现给国际社会。但与此同时，中国也需要看到，并不妨公开承认、赞赏美国民间、社会力量（包括在美华人社团）的积极行动和大力援助。这样既能够从人文交流、公共外交、民间外交的层面做好对美友华力量的“统战”工作，又能够在客观上分化、瓦解美国国内有可能形成的对华统一战线和一致立场。

第三，针对“以疫情加速对华脱钩”的图谋，中国宜保持战略定力。中国不妨将中美在人文交流、教育与科技交流、防疫与公共卫生等领域的互利合作与在经贸领域的对美反制区分开来，互不干扰。同样是分头行动，两手都要硬。中国需要向国际社会表明立场：无论美国政府对中国企业、科学家、学者乃至普通出国进修的留学生如何无理打压，都不会改变中国人民和美国人民之间的深情厚谊。

第四，加强与联合国教科文组织、世卫组织等国际组织的全方位合作。到目前为止，无论是联合国教科文组织还是世卫组织都对中国的教育事业、防疫行动给予了高度评价，且在道义、研发等方面给予了中国实质性支持。因此，加强与这些组织的务实合作，不仅能在道义、话语、外交、技术上为中国加分，赢得更多的支持，而且从长远来看，正可以此为契机，进一步强化中国对关键的国际组织的影响力，为将来全面提升中国在人文交流、教育合作、公共卫生等领域的全球治理能力奠定舆论和组织基础。

新型大国关系构建中的中美科技人文交流*

毛瑞鹏

【内容提要】科技人文交流是中美人文交流和中美科技合作中不可或缺的组成部分。经过40多年的发展，中美科技人文交流已经形成了复杂的互动网络。中国科技水平的提升，显著改变了中美科技人文交流的格局。同时，政治因素在中美科技人文交流中扮演着关键性角色。在新型大国关系构建进程中，中美科技人文交流建设需重点增强两国政治互信，美方应改变对科技人文交流的认识偏见，共同致力于通过科技合作解决全球性问题和挑战。

【关键词】科技人文交流　新型大国关系　中美关系

【作者简介】毛瑞鹏，上海国际问题研究院研究员。

科技人文交流是中美人文交流和中美科技合作中不可或缺的组成部分。建交40多年来，在互利共赢的基础上，中美两国科技人员间开展了丰富的学术交流，并在共同认可的科学领域开展联合研究，为推动世界科技进步和两国间的相互信任创造了有利条件。

科学技术是国家综合实力的关键性组成部分，对国家发展具有突出意义，这也使科技人文交流易于受到政治关系的干扰。美国特朗普政府对华奉行打压遏制政策，企图限制中国在科技领域的赶超，对中美科技合作、科研人员的交流互访设置了重重障碍，严重干扰了两国正常的人文交流。在中美新型大国关系的构建进程中，唯有美国方面改变有关“中美科技合

* 本文系2019年度教育部人文社会科学重点研究基地重大项目“新型大国关系语境下的中美人文交流研究”（19JJDGAT001）的阶段性研究成果。

作单方面有利于中国”的片面认识，以平等互利的心态看待两国的科技交流合作，科技人文交流才能够顺利开展并真正取得新的突破，从而为两国及世界人民作出更大的贡献。

一、中美科技人文交流的互动形式和机制框架

科技人文交流的主要目的在于通过开展人才流动、学术交流、合作研究、科技政策协调等一系列活动，扩大民意友善基础、提升科技水平、增强政治互信，并进而对国家总体关系产生积极影响。经过40多年的发展，中美科技人文交流形成了相对完善和基本稳定的互动形式和机制框架。

（一）中美科技人文交流的主要形式

科技合作是中美人文交流的重要组成部分，合作成果及相关协定纳入中美人文交流高层磋商成果清单。在两国关系总体稳定的环境下，科技交流在中美人文交流中的分量不断提升、领域不断扩展。以中美人文交流高层磋商联合成果清单载明的项目为例，2014年第五轮磋商涉及科技领域的成果仅有4项，2015年第六轮磋商上升为13项，2016年第七轮磋商跃升至29项。归纳起来，中美科技人文交流主要采取4种形式。

一是人员流动和学术交流。科研人员间的流动及学术交流，是科技人文交流的重要形式。“中美科技人员交流计划”和“中国青年科学家访美计划”是中美两国旨在推动科研人员加强学术交流而联合举办的连续性项目。根据前一计划，中方每年接收美方优秀博士研究生40名左右，在中方导师指导下开展研究；根据后一计划，中国科技部每年选派科技工作者10名左右，访问美政府、大学和科研机构，与美方科研人员开展交流。中美科技人文交流的一种重要形式是中国学生在美国大学和科研机构学习。中国已经成为美国高校最大的国际学生来源国。据统计，1995—2015年，中国籍学生获得美国科学与工程（S&E）博士学位的人数为63576人，占该学位所有国际学生获得者总数的28.8%。[①] 20年间，中国籍学生获得该学位的

① United States National Science Board, “Science & Engineering Indicators 2018,” January 2018, Table 2-14, https://www.nsf.gov/statistics/2018/nsb20181/.

人数从1995年的675人上升到2015年的近5000人。[①]

举办学术论坛和研讨会是科技人文交流的重要形式。第七轮中美人文交流高层磋商成果清单就包含了在2016年共同举办第十届中美青年科技论坛、"中美+"清洁炉灶国际发展论坛、中美卫生科技领域研讨会等多项学术会议，还确定了两国探讨共同发起国际大科学工作和研究计划的可能性，并寻求相互开放国内大科学工程和举办相关的研讨会。

二是联合研究。中美两国重视通过联合研究推动科技人文交流取得实效。以2016年6月达成的第七轮中美人文交流高层磋商成果为例，两国在科技领域的联合研究方面达成多项具体的合作协议。例如，四川大学华西医院与赛默飞世尔科技公司合作建立现代临床病理联合实验室；北京航空材料研究院与美国加州大学欧文分校签署增材制造领域科技合作协议，北京航空材料研究院还将选派青年专家赴美开展技术交流和联合研究；哈尔滨工程大学与美国德州农工大学开展核安全与核能和平利用领域的联合研究和科技人才培训合作；哈尔滨工程大学与田纳西大学同样将在核安全与核能和平利用领域开展联合科学研究和学术交流。此外，中美还通过建设产学研中心加快科技成果转化。在两国地方政府的支持下，中美合作建设了一批科技园区，使科研机构和高科技企业建立起直接联系。

三是科技信息交流和政策协调。第七轮中美人文交流高层磋商成果清单明确提出推进中美科技政策和管理实践领域的交流合作，鼓励中国科研机构与美国国家标准与技术研究院开展合作研发项目等。奥巴马政府时期，中美两国举办了中美大学技术转移和创新协作大会，建立起两国间国际技术转移协作网络。此外，两国相关部门还共同建立国际技术转移标准化培训课程体系，并依托地方政府建立中美国际技术转移合作培训基地。不仅如此，中美两国还启动"中美+"科技行动计划，旨在将双边科技合作扩大至多个国家间的联合行动。这一创新举措有助于共同应对全球挑战。第七轮中美人文交流高层磋商决定将清洁炉灶作为行动计划的首个优先领域。

四是创新创业交流。创新创业交流是中美科技人文交流的一种新兴形

① United States National Science Board, "Science & Engineering Indicators 2018," Figure 2-19.

式。2016年7月，为落实第七轮中美人文交流高层磋商共识，由中国教育部科技发展中心主办、国际技术转移协作网络（ITTN）承办的中美大学技术转移与创新协作大会在苏州举行。中美创新创业孵化平台建设已成为中美科技合作的一个新亮点。中美创新孵化信息共享平台、中美创新创业论坛、中美创业训练营、中美创客路演平台、中美创客家园基金等一系列新的合作机制和平台相继建立。2017年，由中国科技部和中国驻休斯敦总领馆支持，中国科学技术交流中心（CSTEC）、美中创新联盟（UCIA）、中国国际科学技术合作协会（CAISTC）共同主办的“创之星”中美创新创业大赛正式启动，成为落实中美社会和人文对话成果的重要举措。在功能上，创新创业大赛还成为中美科技企业交流合作的重要平台，为众多美国和加拿大企业进入中国市场牵线搭桥。

（二）中美科技人文交流的主要机制

经过40多年的发展，中美两国政府在科技领域已经形成了“宽领域、多层次、广伙伴、有重点、高水平”的交流格局。[①] 归纳起来，中美科技人文交流主要具有三个层次。

其一,《中美科技合作协定》确立了两国科技人文交流的制度性框架。1979年1月，中美建交伊始，中国国务院副总理邓小平在访问美国时就与美国总统吉米·卡特签署了《中华人民共和国政府和美利坚合众国政府科学技术合作协定》(简称《中美科技合作协定》)，这是两国建交后首批政府间协定之一。协定签署一年后，1980年1月，中美建立了科技合作联合委员会，成为两国在科技交流合作领域重要的政府间合作机制，推动中美科技合作步入常态化和机制化。中美科技联委会每两年在两国轮流召开会议，负责规划、协调、监督及促进双边科技合作。此外，在中美科技联委会不开会的年份，还召开由中国科技部国际合作局和美国国务院科学技术合作办公室牵头的中美科技合作执行秘书会议。

尽管40年来中美关系不时出现起伏，但是两国始终珍惜科技合作协定的重要意义，从而使两国科技交流的机制框架保持了相对稳定。2018年

---

① 王伟中:《加强中美人文交流　提升科技合作水平》,《经济日报》2013年11月21日，第13版。

8月，中美正式续签《中美科技合作协定》，原协定延长五年。这为中美政府间科技合作奠定了合法的框架，也为中美民间科技合作搭建了有效的平台。①

其二，中美人文交流高层磋商机制是两国科技人文交流最高层级的机制框架。随着两国科技联系日益紧密，科技人文交流已经成为中美高层对话机制的重要组成部分。2006年至2016年，中国先后与美国小布什政府和奥巴马政府开展了五次中美战略经济对话（SED）及八轮中美战略与经济对话（S&ED），科技合作成为对话的重要内容，两国共同推动了在科技领域的人文交流。尤为重要的是，2010年5月，中美建立了人文交流高层磋商机制，并在此机制下建立了专门的科技主题工作组，由中国科技部与美国国务院共同主持，就人文交流方面拟共同开展的科技领域活动进行讨论。

2017年4月，中国国家主席习近平和美国总统特朗普在海湖庄园会晤，决定进一步改进原有的双边对话机制。原有的"人文交流高级别磋商"提升为与其他三大对话机制并行的"社会和人文对话"，对话内容涉及教育、科技、环保、文化、卫生、社会发展、地方人文合作等合作领域。2017年9月，中美在华盛顿举行了首轮社会和人文对话。《首轮中美社会和人文对话行动计划》（以下简称《行动计划》）强调："中美科技合作使两国研究人员和政府机构受益，双方在该框架下相互分享有关数据、资源、设备和专长。"《行动计划》提出六个方面的具体合作方向：双方共同开展加强中美联合科研，推进科技联合研究中心建设；探索部州、省州科技创新合作新途径；推动中美科技人员交流合作；开展两国科技部门间的政策交流与对话；鼓励两国企业在创新创业方面开展交流合作；推动两国科技型智库合作，促进科技政策交流。② 然而，在美国特朗普政府加大对华科技遏制的背景下，社会和人文对话陷入停滞。

其三，部门间科技合作协定构成了中美科技人文交流机制的广泛基础。中美科技合作涉及众多的相关政府部门和科研机构。在《中美科技合

① 《中美科技合作》，中华人民共和国驻美利坚合众国大使馆网站，2019年10月31日，http://www.china-embassy.org/chn/ywzn/keji/t1712117.htm。

② 《首轮中美社会和人文对话行动计划》，新华网，2017年9月29日，http://www.xinhuanet.com//world/2017-09/29/c_1121748212.htm。

作协定》的伞状框架下，两国政府部门和专业技术机构之间先后缔结了近50个新的具体领域的科技合作协议。这些部门间科技合作协议不断拓展和深化着中美科技交流合作的内容和形式。例如，旨在促进两国医药卫生领域科技合作的《中国科技部与美国卫生与公众服务部卫生健康医药科学合作谅解备忘录》《中国科技部与美国心脏协会合作谅解备忘录》，促进中美化石能领域科技合作的《中美化石能技术开发与利用合作议定书》等。这些部门协定中往往都会包含人文交流的内容，并正式纳入中美人文交流高层磋商成果清单等高层次政府间文件。

二、中美科技人文交流的发展历程和主要特点

新中国成立以来，中美科技人文交流经历了多次起伏，既有快速发展时期，也有受挫停滞时期。政治关系与科技人文交流之间存在紧密联系，科技人文交流在一定程度上已经成为中美关系发展的重要晴雨表。

（一）中美科技人文交流的历史阶段

中美科技人文交流大致上可以划分为四个阶段：1949—1978年的停滞和初步探索阶段；1979—2000年的机制构建和快速发展阶段；2001—2016年的不断完善和逐渐成熟阶段；2017年至今的徘徊阶段。

停滞和初步探索阶段。早在中美接触和破冰之前，两国的科学家就已经在思考和推动中美科技交流合作。在美国方面起到重要作用的是1966年成立的美中学术交流委员会。该委员会由美国国家科学院负责管理，并得到美国学习型社会委员会和社会科学研究委员会的资助。此外，独立或作为机构代表访问中国的美国学者也发挥了积极的推动作用。美国学者凯瑟琳·史密斯（Kathlin Smith）在关于1965—1979年中美科学家交流的研究中就指出，科学家对中美两国社会之间建立互信发挥了重要作用——“相对非政治性的科学领域的早期交流，帮助建立起信任和确定共同基础，展示了两国社会在经历了多年的对抗后能够开展合作”。[①]

① Kathlin Smith, “The Role of Scientists in Normalizing U.S.-China Relations: 1965-1979,” Annals of the New York Academy of Sciences, 2006, p. 114, https://doi.org/10.1111/j.1749-6632.1998.tb09149.x.

在中美关系解冻的过程中，科技合作曾发挥了积极的作用。美国政府从科技外交的视角看待对华科技合作，将科技合作作为争取同新中国改善关系的筹码。早在1972年美国总统尼克松筹划对中国进行历史性访问时，总统国家安全事务助理基辛格就曾要求白宫科技办公室为中美科技合作提出具体的措施建议。尼克松和基辛格希望在访问北京时能够向中方提供一些具体和实质性的成果。在尼克松访华期间中美双方签署的《上海公报》中，科学技术被列为中美未来合作的重点领域之一。[①] 中国方面同样期待同美国开展科技合作，尤其是在"文革"结束后国家转向经济建设的背景下，邓小平等国家领导人充分意识到学习和引进国外先进科学技术对于实现"四个现代化"的重要性。这一时期，邓小平多次会见美籍华人科学家，恳请这些科学家帮助中国引进、发展先进科学技术和培养科技人才。[②]

机制构建和快速发展阶段。1979年中美正式建立外交关系后，两国逐渐构建起较为完整的科技合作机制，并初步形成较为全面的科技合作网络。1979年1月，中美建交伊始签署的《中美科技合作协定》成为两国建交后首批政府间协定之一。根据协定于1980年1月成立的中美科技合作联合委员会是两国在科技交流合作领域重要的政府间合作机制，推动中美科技合作步入常态化和机制化。1989年政治风波后，美国对华实施制裁，一度中断了两国间大部分的科技合作。伴随克林顿政府调整对华政策，1994年4月，停滞多年的第六届中美科技合作联合委员会在华盛顿举行，并于一年后在北京举行第六届联委会第二次会议。此届联委会强调科技合作与经济合作的结合，并决定扩大合作范围，推动企业参加到中美科技合作之中。这一时期，中美在可再生能源技术发展与利用、和平利用核技术、城市空气质量检测等领域的科技合作取得了突破性的进展。

不断完善和逐渐成熟阶段。进入21世纪以后，中美科技合作机制更加完善，在《中美科技合作协定》的伞状框架下，两国政府部门和专业技术机构之间先后缔结了近50个新的具体领域的科技合作协议，涵盖农业，能源，环境保护，公共卫生，土壤、大气、海洋科学，基础研究，标准和计

① 《中华人民共和国和美利坚合众国联合公报》(《上海公报》)(1972年2月28日)，人民网，2005年10月14日，http://military.people.com.cn/GB/8221/51755/30295/3769186.html。

② 石磊:《中美科技创新合作历程与展望》,《中国软科学》2015年第8期，第118页。

量，以及科技监管政策等诸多方面。

随着两国科技联系日益紧密，科技人文交流成为中美高层对话机制的重要组成部分。2010年5月，中美建立人文交流高层磋商机制，并在此机制下设立专门的科技主题工作组，由中国科技部与美国国务院共同主持，就人文交流方面拟共同开展的科技领域活动进行讨论。科技人文交流最初的关注点比较有限，主要包括中美青年科技论坛、中美科技人员交流计划、中国青年科学家访美计划等内容。从2015年6月第六轮磋商开始，科技领域在中美人文交流中的分量大幅增加，所涉及的成果范围不断扩展。

在科技人文交流的带动下，中美两国研究机构和学者之间的联合研究取得丰硕成果。仅以论文发表一项为例，根据美国国家科学理事会（National Science Board）2018年发布的报告，2016年，美国和中国互为最大的国际合署S&E文章作者来源国，其中美国占到中国国际合署文章的46.1%，中国占到美国国际合署文章的22.9%。[①] 此外，中美还共同创建了白石山国家中美科技国际创新园、武汉国家卫星产业国际创新园、中美（青岛）科技创新园、广州中美东方科技创新园等一系列国际创新园和国际科技合作基地，以及北京中美国际技术转移中心、中美能源国际技术转移中心、广大・康奈尔中美科技转移中心等，共同推动产学研合作以及创新发展。

受阻和徘徊阶段。2017年特朗普政府上台以来，美方对中美科技人文交流设置了重重障碍。[②] 特朗普政府将中国视为战略竞争对手，对华奉行强硬政策，将中国的科技发展和进步视为一种威胁。美国政府加大了对华科技领域的打压，对中美科技人文交流采取了强烈的防范和抑制政策，陆续在人员交流、技术企业投资并购、外资在美投资研发等方面酝酿和出台各种限制性措施。

美国政府从国家安全的角度看待中美人文交流，导致人文交流议题的安全化。2018年2月，美国联邦调查局（FBI）局长克里斯托弗・雷（Christopher Wray）在出席参议院听证会时就发表了专门针对中国籍学生、学者和科学家的言论。一些美国政府官员和国会议员不断渲染所谓的“中

---

① United States National Science Board, “Science & Engineering Indicators 2018,” Table 5-26.

② 韦宗友:《特朗普政府限制中美科技人文交流政策探析》，载吴心伯编《美国问题研究》总第30辑，上海人民出版社，2020，第133—152页。

国学者间谍论”，提出所谓的“2018年停止高等教育间谍和盗窃法案”，称该法案将打击地缘政治对手以防止美国高等教育机构的间谍活动。特朗普政府通过收紧签证政策阻止中国研究人员在美国大学从事敏感研究，对中美科技人文交流设置了巨大的阻碍。2018年6月，美国国务院将攻读航空、机器人和先进制造业等专业的中国留学生的签证期从5年削减至1年。新规定使受影响的中国学生参加国际会议，以及与国外科学家合作变得更加困难。此外，美国调查中国“千人计划”的做法，也引起华人科学家的不安。与此同时，主要针对中国的科技交流限制也传至一些美国科研机构和大学，美国大学的前沿科学专业招收中国留学生也受到越来越严格的签证限制。为此，有评论认为，堵塞中国学习美国科学技术的各种渠道似乎要成为美国的一场运动。[①] 例如，应美国联邦调查局和美国国立卫生研究院（NIH）的要求进行的调查，导致多位华裔科学家辞职或被美国大学和研究机构开除，理由是他们关于与中国关系的陈述存在不实之处。2019年5月，美国电气与电子工程师学会（IEEE）曾禁止与华为“交往”的研究员参与同行评议，在遭受强烈谴责后，该学会于数天后取消该决定。此外，美国对华实施更加严格的出口管制，导致中国的科研机构从美国购买专用实验设备更加困难。[②]

特朗普政府时期，中美人文交流对话机制遭受极大挫折。中美社会和人文对话在2017年9月召开首轮之后便处于停滞状态，到2019年底，第二轮对话仍未能如期举行。中美科技合作联委会在2016年11月于北京召开第16届会议后也被迫中断。此外，自特朗普政府上台以来，通常在中美科技合作联委会不召开的年份举行的中美科技合作执行秘书会议也未能如期召开。这些都对两国科技合作造成伤害，并产生了巨大的不确定性。

尽管如此，在特朗普政府时期，中美人文交流也显示出相当大的韧性，并在科技合作领域取得了一定的发展。2018年8月，中美正式续签《中美科技合作协定》。2017年9月，中美在华盛顿举行了首轮社会和人文对话，所达成的《首轮中美社会和人文对话行动计划》强调：“中美科技合作

① 《美阻挠中美科技交流　莫要歇斯底里》,《环球时报》2018年9月21日，第15版。

② Dennis Normile, “China’s Scientists Alarmed, Bewildered by Growing Anti-Chinese Sentiment in the United States,” July 31, 2019, https://www.sciencemag.org/news/2019/07/china-s-scientists-alarmed-bewildered-growing-anti-chinese-sentiment-united-states.

使两国研究人员和政府机构受益，双方在该框架下相互分享有关数据、资源、设备和专长。”《行动计划》提出双方共同开展加强中美联合科研，推进科技联合研究中心建设；探索部州、省州科技创新合作新途径；推动中美科技人员交流合作；开展两国科技部门间的政策交流与对话；鼓励两国企业在创新创业方面开展交流合作；推动两国科技型智库合作，促进科技政策交流6个方面的具体合作方向。[①] 2017年，中美按照计划举行了年度中美科技人员交流计划，并于当年8月召开了第12届中美青年科学论坛。2017年9月，中国陕西省承办的中美大学现代农业推广与技术转移国际会议顺利召开。2018年7月，中美还首次举行了中美海洋与渔业科技合作联合专家组会议。这些为数不多的合作仍然展示了中美科技合作有着巨大的必要性，并具有广泛的民意基础。

（二）中美科技人文交流发展的主要特点

总结中美科技人文交流的历史进程，可以发现以下5个方面的主要特点，这为我们思考如何在构建中美新型大国关系的过程中推动科技人文交流的发展提供了启示。

其一，经过40多年的发展，中美科技人文交流已经形成了复杂的互动网络。中美科技关系不仅涉及两国多个政府机构，还包括广泛的商业互动和学术联系，已经具有多个制度性分支、多方利益攸关者、多重目标的特征。中美科技合作既包含主要通过政府对政府的渠道支持政府职能和供应公共产品的功能，也包括主要通过公司渠道开展的与商业相关的高技术交流，还包括主要通过大学渠道进行的基础研究和高等教育合作。[②] 中美科技合作在政府高层磋商和《中美科技合作协定》之下已签署了近50个部门间协议，有效地支持了双方跨部委、跨机构的数千个合作项目。在政府关

① 《首轮中美社会和人文对话行动计划》，新华网，2017年9月29日，http://www.xinhuanet.com//world/2017-09/29/c_1121748212.htm。

② Richard P. Suttmeier, “Trends in U.S.-China Science and Technology Cooperation: Collaborative Knowledge Production for the Twenty-First Century?” Research Report Prepared on Behalf of the U.S. – China Economic and Security Review Commission, September 11, 2014, p.4, https://www.uscc.gov/sites/default/files/Research/Trends%20in%20US-China%20Science%20and%20Technology%20Cooperation.pdf.

系之外，中美科技合作也发展了企业、大学、专业协会、非政府组织、各类民间团体和个人等为主体的各种科技关系。在中美科技交流中，中国留学生群体发挥着重要的作用。很多中国留学生在美国取得学位后选择留在美国工作，这些人员作为联合研究合作的参与者和商业性技术流动的推动者，在加强中美之间的合作方面发挥了关键的桥梁作用。这些机构、个人和互动网络的发展使中美科技人文交流具有一定的韧性，并对政府的行为产生制约作用。

其二，政府在中美科技人文交流中发挥着关键性作用。从建交伊始，中美科技合作就具有政府推动的鲜明特征，两国科技交流的内容和重点方面都与两国政府的政策偏好有着紧密联系。中国始终是中美科技交流合作的积极推动者。分析2016年第七轮中美人文高层磋商成果清单可以发现，中国政府对于中美在科技领域的人文交流给予了很大的热情。例如，成果清单中明确包含“科技部支持”字样的条目共有六条；此外，清单中关于科技部拟开展工作的条目另有七条。这表明，此份清单中关于中国政府对中美人文交流将采取支持性做法的条目占很大比例。相比之下，明确表明美方支持态度的条目则寥寥无几。

其三，中国科技水平提升改变了中美科技人文交流的格局。1979年中美建交时，中国由于科技发展水平较低，在与美国的科技合作中的主要诉求是吸收和引进美国的科学技术。1980年1月，邓小平在北京出席中美科技合作等六个协议的签字仪式时就表示：“我们同美国关系中……重要的疙瘩之一就是美国不愿意向中国转让技术。”[①] 随着中国科技水平的显著提升，中美科技能力的不对称性明显降低。如今，中国已经成为世界科学和工程领域越来越重要的成员，中国的研究经费开支和中国研究人员发表的专业学术论文已经仅次于美国，居于世界第二位。2015年，在研究和实验开发的投入方面，美国为4951亿美元，占全球的26%，中国为4088亿美元，超过欧盟和日本，居于世界第二位。[②] 2016年，中国发表的S&E 文章数量首次超过美国，跃居世界第二位，仅次于欧盟。[③] 此外，中国在世界

① 赵刚：《中美科技关系发展历程及其展望》，《美国研究》2018年第5期，第18页。

② United States National Science Board, “Science & Engineering Indicators 2018,” p. 13.

③ Ibid., p. 18.

前1%被引文章中的指数从2011年开始超过日本，居于世界第三位。[①]

中国科技水平的提升对中美科技合作的影响是两方面的。一方面，随着中美科技差距的缩小，两国科技合作已经超越了单向的技术转移和流动，科技合作具有更大的空间。近年来，中国建设了一批重要的大科学设施群，并向美国和其他国家的科研人员、企业和学术机构开放。这些变化反映出原先由美国扮演主导者角色的中美科技合作格局正在向着更加平衡的方向转变。中国的研究人员和研究机构也越来越成为有吸引力的合作伙伴，由此出现了一种新的相互依赖的模式。另一方面，随着领先优势不断缩小，美国对中美科技交流的警惕性进一步提高，转而采取更加保守的科技合作政策。美国学者理查德·萨特梅尔（Richard P. Suttmeier）就认为，国会出台的法案限制了美国科技政策办公室（OSTP）与中国有关的活动，使发展与中国的科技关系变得更加困难。[②]

其四，中美科技人文交流容易受到两国竞争关系的影响。由于科技在国家竞争力中扮演着越来越重要的作用，科技合作交流在具有人文交流的中性特征的同时，也具有较为突出的敏感性。当今社会，科学研究成果通常会在较短时间内转化为实际的应用技术，这就使科学研究与商业应用及军民两用技术之间存在着密切的联系。新的科学知识在商业和国家安全层面的应用使国家间的竞争变得更加复杂，并由此催生着“科技民族主义”的兴起。尤其是，美国作为世界头号科技强国，对保持科技优势极为重视。1999年，美国国务院的一份报告就明确指出：“科技发展已经处于外交斗争的最前沿，科技与外交的关系正在由‘为了外交的科技转变为为了科技的外交’。科技发展战略开始改变以往的从属地位，上升到国家战略的高度，成为国家战略首先考虑的核心问题。”[③]

事实上，为了防范敏感科技转移到国外，美国政府在1998年便开始实施学生、学者特别签证审查制度（Special Visa Mantis System），用于审查在美200个敏感科学领域的其他国家的学生、学者是否对美国家安全构成

① United States National Science Board, “Science & Engineering Indicators 2018,” p. 20, Figure O-9.

② Richard P. Suttmeier, “Trends in U.S.-China Science and Technology Cooperation: Collaborative Knowledge Production for the Twenty-First Century?” p.5.

③ 赵刚：《中美科技关系发展历程及其展望》,《美国研究》2018年第5期，第16页。

威胁。长期以来，美国在中美科技交流方面采取谨慎和提防的态度，这导致两国科技合作往往不得不选择敏感度较低的领域。例如，2005年11月，时任美国国务卿科技顾问阿特金森在与时任中国科协党组书记、副主席邓楠会晤时就提出，中美科技合作应先避开空间、信息等敏感领域，从资源、环境、生物领域入手；邓楠则指出，即使是在生物领域，美方借口防止生物武器扩散，同样对中方人员实施限制，中国科学家访美时常遭受签证申请被拒绝。[①]

其五，中美科技合作体现了两国合力应对全球性问题的共同意愿，这为两国科技合作的未来发展指明了方向。一些研究领域及重大的世界性难题在21世纪如何展开，中美科技伙伴关系将在其中扮演至关重要的角色。[②] 中美科技合作需要从关注两国利益向关注全球利益转变，从由国家发展利益驱动向由全球共同利益驱动转变。2016年第七轮中美人文交流高层磋商成果文件强调，举办中美合作创新高端论坛，共同探讨气候变化、环境污染、粮食安全等全球性重大挑战。作为当今世界最大的发达国家和发展中国家，且经济总量分别位居世界第一位和第二位的国家，中美两国的合作具有广泛的世界影响力。中美双方通过科技合作提供了应对气候变化、生态修复、可再生能源等全球性问题的解决方案，合作成果对世界产生深远影响，增进了全球人民的福祉。

三、以新型大国关系构建为指引推动中美科技人文交流

中美关系关乎世界和平与发展，构建新型大国关系符合中美两国和世界各国的共同利益。中国坚定地做国际秩序的维护者、建设者和改革者，努力推进“不冲突、不对抗，相互尊重，合作共赢”为核心的中美新型大国关系。推动中美科技人文交流，既要立足于现实的影响因素，又要坚持新型大国关系理念的指引作用。

其一，增强政治互信在推进中美科技人文交流中发挥着关键性作用。

① 《邓楠与美国国务卿科技顾问阿特金森商谈中美科技交流》，《学会》2006年第1期，第43页。

② Richard P. Suttmeier, “Trends in U.S.-China Science and Technology Cooperation: Collaborative Knowledge Production for the Twenty-First Century?” p.6.

中美科技合作受到国际环境及中美关系深刻变化的影响。从建交伊始，中美科技合作就具有政府推动的鲜明特征，两国科技交流的内容和重点方面都与两国政府的政策偏好有着紧密联系。20世纪70年代中美关系的缓和，乃至1979年中美建交的一个重要推动因素是苏联。美国出于提升中美关系以应对苏联挑战的考虑，放松对华出口管制政策，从而显著提升了两国间的科技合作水平。冷战结束改变了地缘政治格局，导致中美政府间的科技合作一度出现暂时性的中断。这一时期，中美科技关系的变化突出反映在美国考克斯委员会（the Cox Committee）的报告中。考克斯委员会所要针对的议题是，随着贸易和其他合作形式的增加，在中国公民和组织与美国公民和组织开展多方面交往的情况下，中国获取敏感国家安全机密信息与技术的可能性。这表明，国际环境深刻地影响着美国对华战略，并进而影响到美国对中美科技合作的认知。特朗普政府将中国视为主要的战略竞争对手，在这一背景下，美国对华采取科技遏制和科技“脱钩”政策。中美科技合作及人文交流在战略层面受到美国的限制。

其二，美方应改变“科技合作单方面有利于中国”的偏见。美国将科技合作视为拓展美国影响力的手段，并致力于确保其在国际上的科技领先地位，限制了中美科技人文交流的深化发展。美国长期以科技外交来看待国际科技合作，将促进外交关系的转型、促进公共外交、加强外交访问成果、保护美国的国家安全作为对外签署科技合作协定的主要动机。[①] 2009年，时任美国国务卿希拉里·克林顿提出，美国与其他国家的科学外交和科技合作，是美国最有效地影响和帮助其他国家以及建构美国与对应国家之间真正桥梁关系的手段。[②] 对于美国而言，所拥有的丰富的科技资产是实现外交目标的工具。[③] 将科技合作作为外交手段的做法，意味着美国政府缺乏对科技交流合作所蕴含的巨大潜力的真正认识。美国学者伊丽莎

---

① Bridget M. Dolan, “Science and Technology Agreements as Tools for Science Diplomacy: A U.S. Case Study,” Science & Diplomacy, December 2012, http://www.sciencediplomacy.org/article/2012/science-and-technology-agreements-tools-for-science-diplomacy.

② 樊春良:《科技外交的新发展与中国的战略对策》,《中国科学院院刊》2010年第6期，第621—627页。

③ Richard P. Suttmeier, “Trends in U.S.-China Science and Technology Cooperation: Collaborative Knowledge Production for the Twenty-First Century?” p.6.

白·里昂（Elizabeth E. Lyons）等就曾撰文指出，美国对于日益增长的国际合作对国内科学发展的促进作用的认识一直是缓慢的，这很可能是由于美国在历史上的科技优势，相对的地理隔绝状态，以及关键的是，美国庞大、多样和非中心化的复杂科技共同体。① 这也在一定程度上限制了中美科技合作的深度和广度。美国长期以来在对华高技术产品出口方面施加严格限制，两国在高技术领域的合作存在局限性。

美国政府片面地认为，中美科技合作只是知识从美国向中国的单向流动，是美国限制对华科技合作的一个原因。事实上，尽管中国与美国存在科技实力上的差距，但科技合作并非是美国对中国的单方面援助，美方同样从科技合作中获得巨大收益。例如：中美核聚变研究领域的合作，为美国核聚变研究发展提供了极大助力；中国杂交水稻技术的推广，改变了美国水稻种植格局，极大提高了美国大米产量；自中国引进的多种森林害虫天敌，为美国控制国内森林害虫暴发，减少经济损失，维护生态平衡作出了巨大贡献；通用汽车、强生等许多美国企业也通过两国科技合作拓展了研发空间，降低了研发成本和风险，增进了对中国市场的了解，从而获得了更多商机。② 中美科技合作对美国的积极促进作用，得到美国科技界的认同。美国《科学和外交》（*Science and Diplomacy*）杂志主编沃恩·图雷基安（Vaughan C. Turekian）等人就撰文指出，虽然对当今许多美国人来说，中国在应用科学解决世界面临的广泛挑战方面更多地被视为竞争对手而非合作伙伴，但现实是，科学合作在气候变化，以及环境、能源和粮食安全等领域为两国提供了巨大惠益。③ 理查德·萨特梅尔也指出，在美国，人们越来越认识到，美国的研究和创新企业可以从与中国的合作中受益，与

---

① Elizabeth E. Lyons, E. William Colglazier, Caroline S. Wagner, Katy Börner, David M. Dooley, C. D. Mote Jr., and Mihail C. Roco, “How Collaborating in International Science Helps America,” Science & Diplomacy 5, no. 2, 2016, http://www.sciencediplomacy.org/article/2016/how-collaborating-in-international-science-helps-america.

② 刘海英:《让民众切身感受中美科技合作成果——记驻美大使馆“发展的中国”主题开放日活动》,《科技日报》2019年5月6日，第2版。

③ Vaughan C. Turekian and Norman P. Neureiter, “Science and Diplomacy: The Past as Prologue,” Science & Diplomacy 1, no. 1, 2012, http://www.sciencediplomacy.org/editorial/2012/science-and-diplomacy.

中国在科技领域的接触应该不仅仅是出于政治或外交理由。①

值得注意的是，2017年9月，中美首轮社会和人文对话发表的联合声明强调，中美科技合作使两国研究人员和政府机构受益，双方在该框架下相互分享有关数据、资源、设备和专长。经过40多年的发展，中美已经互为最重要的科技合作伙伴之一。以两国科研人员联合署名的论文为例，1978年只有3篇中美作者合署论文，到2012年已经达到20371篇。以合署论文来衡量，美国与中国的合作已经超过与英国、德国、日本的合作，中美已经成为各自最主要的合作伙伴。

其三，中美科技合作体现了两国合力应对全球性问题的共同意愿，这为两国科技合作的未来发展指明了方向。典型的是，奥巴马政府时期，中美加快在清洁能源领域的合作，显示出美国民主党政府对气候变化问题的重视。这一时期，中美共同成立中美清洁能源联合研究中心，定期举办年度中美化石能议定书协调人会议，审议议定书框架下电力系统、清洁燃料、能源与环境技术等六个附件的合作进展，并确定推进的优先领域。此外，这一时期，中美还举办了三次环境研究联合工作组会，共同商讨环境科技领域的合作。

近年来，中美科技合作的世界意义得到越来越多的彰显。例如：在气象领域，两国气象卫星合作项目为世界气象组织的全球综合观测系统作出了积极贡献；中美专家联合研究设计的近零能耗示范建筑，为现代节能建筑树立了新的标杆；致力于开发安全、清洁核聚变能源的中美国际托卡马克合作研究中心，正在为全人类可持续发展寻求出路。② 此外，第七轮中美人文交流高层磋商提出开展“中美+”科技行动计划，中美将通过与第三国的合作共同应对全球挑战，并提出将清洁炉灶作为行动计划首个优先领域。

中美科技合作对人类未来发展的巨大意义将指引两国未来的合作方

① Richard P. Suttmeier, “Trends in U.S.-China Science and Technology Cooperation: Collaborative Knowledge Production for the Twenty-First Century?” p.6.

② 刘海英：《让民众切身感受中美科技合作成果——记驻美大使馆“发展的中国”主题开放日活动》,《科技日报》2019年5月6日，第2版。

向。科学及其应用几乎是所有重大全球挑战的核心。[①] 中美两国已经成为世界科技领域发展最重要的参与者，科学关系已经超出了双边关系范畴，并越来越多地涉及更广泛的外交政策目标。从解决全球性问题的角度来审视科技合作的价值，将会极大地促进中美科技交流与合作。[②]

四、结语

建交40多年来，中美科技合作经历了从无到有、从科技人员自发接触到两国政府顶层规划的深刻变化，特别是进入21世纪以来，已经形成了涵盖政府、研究机构和研究人员、企业、社会组织等多元主体的网状结构。中央全面深化改革领导小组第37次会议审议通过了《关于加强和改进中外人文交流工作的若干意见》，强调要从服务国家改革发展和对外战略的大局出发，将人文交流理念贯彻到对外交往的各个领域，彰显中国特色、中国风格、中国气派，促进中外民心相通和文明互鉴。科技人文交流是中美关系发展和两国人民交流合作的重要组成部分。

改革开放以来，中国科技取得巨大进步，赋予中美科技合作新的内涵和推动力。然而，美国政府的对华技术遏制政策，使两国科技交流和合作面临巨大挑战。这一做法引起了包括美国学术团体在内的广泛批评。2018年5月1日，美国科学促进会（AAAS）发布了由其首席执行官拉什·霍尔特（Rush Holt）签署的关于中国研究人员前往美国的正式声明，明确表示："科技进步依赖于开放、透明及观念的自由流动……我们对有关美国政府正在考虑进一步收紧签证政策限制中国学生和学者从中国前往美国表达关切……强烈建议行政当局与科学界合作，以评估和制定促进美国繁荣的政策行动……出于针对广泛人群而非特定关切，从而对科学交流实施阻碍，

① Vaughan C. Turekian and Norman P. Neureiter, "Science and Diplomacy: The Past as Prologue," Chemistry in Australia, December 1, 2012, pp. 26-29, https://search.informit.org/doi/epdf/10.3316/ielapa.976077808128898.

② Caroline S. Wagner, Lutz Bornmann, and Loet Leydesdorff, "Recent Developments in China-U.S. Cooperation in Science," Minerva 53, no. 3, pp. 199-214. http://arxiv.org/abs/1404.6545.

是考虑欠妥的和损害美国利益的。”①

构建新型大国关系符合中美两国人民和国际社会的长远利益。中美两国理应大力加强人文交流，积极开展文明对话，通过互学互鉴增进相互了解与合作，推动构建人类命运共同体。② 科学的本质属性要求是国际化的，国际交流合作是世界科学技术发展的重要推动力。中美科技合作不但有利于两国的科技发展，而且有利于世界技术的发展，造福全人类。推动事关两国甚至人类发展的重要领域，如能源资源、人口健康、环境污染、粮食安全、气候变化等的基础和前沿研究，是未来中美科技人文交流应有的定位。

---

① The American Association for the Advancement of Science, “AAAS Statement on Travel of Chinese Researchers to the United States,” May 1, 2018, https://mcmprodaaas.s3.amazonaws.com/s3fs-public/MA_0501Statement_final.pdf?TygcQiCEnudU6HyVK1CpkoE9g5sPLpgY&utm_source=64&utm_medium=social&utm_campaign=AAAS-(@aaas)&utm_term=gbyehuda&utm_content=AAAS.

② 邢丽菊:《中美应保持和加强人文交流》,《国际问题研究》2021年第1期，第29—40页。

中国的俄苏问题研究：进展、不足与未来路径*

冯玉军

【内容提要】俄罗斯对于中国的影响是全方位、大纵深、长时段的，但中国对于俄罗斯、苏联问题的研究却是相对滞后的。在世界处于百年未有之大变局的当下，厘清俄罗斯之于中国的意义，改进和提升中国俄苏问题的研究方法，对于学术的进步、知识的积累与传承以及在外交实践中更好地维护中国国家利益都具有重要价值。本文回顾总结了中国俄苏问题研究的主要历程、取得的成绩以及存在的不足，并从多个方面提出了深化中国俄苏研究的方法论选项。

【关键词】中国　俄罗斯　苏联　俄苏研究　中俄关系　方法论

【作者简介】冯玉军，复旦大学国际问题研究院副院长、教育部中俄人文交流研究中心主任，二级教授。

中俄关系经历了近400年不平凡的历史。不可否认，俄罗斯对于中国的国家安全、经济发展、领土完整、国内政治、制度变迁、民族关系、意识形态、思想文化、思维方式产生过全面而又深刻的影响，始终在中国的对外战略中占有举足轻重的地位。抚今追昔，中俄关系历经风雨沧桑，但无论是情同手足还是反目成仇，中国对于俄罗斯之于中国的意义与影响还缺乏足够清晰的认知。相较于在中俄关系中更好地维护中国国家利益的需要，国内的俄苏问题研究仍显滞后。

在世界处于百年未有之大变局的当下，回顾和总结中国俄苏问题研究

* 本文主要观点刊发于《国际论坛》2021年第6期。

的进展与不足，改进和提升中国俄苏问题的研究方法，对于学术的进步、知识的积累与传承以及在外交实践中更好地维护中国国家利益都具有重要价值。

一、中国俄苏问题研究的历史传承

中国的对俄研究是与中俄两国开始交往，特别是同俄国对华的威胁、侵害分不开的。

清代的对俄文化交流开始之早、持续时间之久，是其他各国所不能相比的。1688年（康熙二十七年），为解决中俄冲突，清政府派索额图出使俄国，张鹏翮和钱良择随团同行。此行给两人留下深刻印象，张鹏翮著有《奉使俄罗斯行程录》（又名《漠北日记》或《奉使俄罗斯日记》），钱良择著有《出塞纪略》。这两部著作是最早记述俄罗斯的中文文献。① 1708年，康熙下旨创立的俄罗斯馆成为中国第一所俄文学校。雍正年间，清朝与俄国通过正式条约，对中俄文化交流作出了具体规定，这在清代中外文化交流史上独一无二。

然而，值得注意的是，"清代的中俄文化交流中，俄国是积极、主动的一方，清朝则是相对消极、保守的一方。正因如此，来京的俄国传教士、留学生中涌现出了一批熟知中国文化的外交人才和汉学家，他们不只是把中国的儒家、佛教、道教经典以及历史、地理、民族、经济等方面的名著译为俄文，而且撰写了不少有关中国问题的研究专著，这些译著和专著在俄国出版，使俄国人民了解了中国和中国文化。而在同一时期，清朝虽在北京开办了俄罗斯馆，但培养学生的目标仅局限于翻译中俄往来信函。俄罗斯馆开办虽早，但未能形成研究机构，培养的学生名不见经传，也似乎没有什么译著或专著问世"。②

清朝前期，中国对俄国的了解并不是很多："终康熙一朝，俄国把中国从一页白纸读成了千里画卷，而中国对于俄国却只有粗浅的认识。"③ 对俄

---

① 张建华：《中国俄国史研究百年检视与思考》，《史学月刊》2020年第1期。

② 王希隆：《清代中俄文化交流述论》，《兰州大学学报（社会科学版）》1997年第4期。

③ 刘玉：《康熙时期的中俄关系：一种文化的视角》，《社科纵横（新理论版）》2010年第4期。

研究也起步较晚，最初仅是极少数亲历边塞者的见闻和游记，如方式济的《龙沙纪略》、张鹏翮的《奉使俄罗斯行程录》等，这些著作一般都局限在见闻杂录，失实处颇多。

1712年，图理琛奉使“假道”俄国，联络厄鲁特蒙古四部之一的土尔扈特部，出使归来写成了记述出使行程和域外见闻的《异域录》。“在记述俄国方面，《异域录》可以说是我国现存最早、最重要的文献之一”，“该书一经出版，立刻引起国际上的广泛注意，先后被译成法、德、俄、英、日等多种文字”。[①]

晚清时期，清政府国力衰微，沙俄趁机入侵中国东北、西北，“俄患”日益严重。随着来自俄国的威胁日益凸显，一大批晚清知识分子希望通过加强对俄研究为中华民族抵御外侮和自立自强提供思想依据和现实方略。

此时，学界缺乏研究中俄边境史地以及俄国史的著作，因此一些学者开始将边疆研究同俄国研究结合在一起，用更加国际化的目光审视边疆问题。他们从研究中俄边境史地继而扩展到研究俄国史，体现出了强烈的民族忧患意识。如历史学家齐思和所说：“夫晚清学术界之风气，倡经世以谋富强，讲掌故以明国事，崇今文以谈变法，究舆地以筹边防。”[②]

“真正具有近代意义的沙俄史研究，当始于嘉道间的俞正燮。”[③] 在边疆史地研究方面，俞正燮的研究在一定程度上开启了经世致用的先河，对后世学者研究边疆史地具有重要的启迪作用，对中俄关系史的研究也是开创性的。

俞正燮考证、记述中俄关系的主要著作是《俄罗斯佐领考》《俄罗斯事辑》和《俄罗斯长篇稿跋》。《俄罗斯佐领考》写于1806年，根据《八旗统志》等记载，考证了俄罗斯人被编入佐领的人数和时间，说明清朝初年“总得罗刹近百人”[④]，与俄罗斯关系极为密切。《俄罗斯事辑》着重考订、记述了俄罗斯的疆域和历史，清初俄罗斯“东南略地，夺雅克萨、尼布楚

---

① 宿丰林：《早期中俄关系史研究》，黑龙江人民出版社，1999，第63页、第69页。

② 齐思和：《魏源与晚清学风》，载周阳山、杨素献编《近代中国思想人物论：晚清思想》，时报文化出版事业有限公司，1982，第194页。

③ 胡逢祥、张文建：《中国近代史学思潮与流派》，华东师范大学出版社，1991，第53页。

④ 俞正燮：《癸巳类稿》卷九《俄罗斯佐领考》。

地”及清政府自卫反击、两国划定疆界的情况。[①] 此外,《俄罗斯事辑》还记载了两国关系相对稳定后，图理琛奉使赴土尔扈特部受到俄官员的礼遇和护送，俄亦派留学生来清朝国子监读书，清朝派满汉教习各一人教其课业，并由理藩院配发衣服和提供饮食。由此，俞正燮认为：“我于俄罗斯，不为纳其藩属；俄罗斯于我，亦非绝置属部于不言。”[②] 这表明了他在民族关系方面的严正立场。《俄罗斯长篇稿跋》记述了与俄罗斯有关的事件和事实，考证精详，材料丰富。清代地理学家何秋涛评价称：“搜采既富，足裨见闻，其考订处亦多能详人所略，然以过求新异，往往失之穿凿，不尽可为典要。”[③] 可以说,“俞正燮的边疆著作常常是针对着现实而撰写的，他听说俄罗斯造使来到北京，就检视官私书籍，以图了解俄罗斯，在‘为攻战之导’中不难见其边疆研究的实用意义”。[④]

俞正燮的忘年之交张穆，在俞氏的研究基础上，采用松筠的《绥服纪略图诗注》补俞氏著作之阙，写成《俄罗斯事补辑》。此后，每见诸书记载俄罗斯事，张穆又随笔札记，作《月斋签记》，在对俄研究方面后来居上。

何秋涛看到“俄患”日益严重，而国内专门研究俄罗斯史地的著作却很少,“俄罗斯地居北檄，尤与我朝边卡切近，而诸家论述尚多抵牾，亦未有专书以资考镜”[⑤]，于是搜罗赵翼、松筠、俞正燮、林则徐、姚莹、张穆等学者关于俄罗斯研究的成果，考订辨伪，始著《北徼汇编》，后以详图解说，卷帙浩繁达80卷，咸丰皇帝阅后赐名《朔方备乘》。该书是中国近代第一部论述中俄关系的代表性巨著，书中不仅用大量篇幅介绍俄罗斯的历史地理、民族宗教、文化贸易等，还详细记录中俄两国交涉以来的历史事件，详细罗列《中国与俄罗斯交界图》《乾隆末年俄罗斯图》《康熙年间俄罗斯图》《历代北徼俄罗斯图》等共25幅插图，对研究俄罗斯史地具有

① 俞正燮:《癸巳类稿》卷九《俄罗斯事辑》。

② 俞正燮撰《俞正燮全集》贰，于石、马君骅、诸伟奇校点，黄山出版社，2005，第228—230页。

③ 何秋涛:《朔方备乘》卷五十八《辩正〈癸巳丛稿〉序》。

④ 郭丽萍:《绝域与绝学：清代中叶西北史地学研究》，生活·读书·新知三联书店，2007，第146—147页。

⑤ 转引自贾建飞《晚清西北史地学研究》，博士学位论文，中国社会科学院研究生院，2002。

里程碑的意义。何秋涛特别强调，“西北塞防乃国家根本”，若想保护北疆安全必须做好防备沙俄的准备，加强西北边防。[①]

继何秋涛之后，越来越多的考据学家开始研究边疆史地学，“清代自嘉道以后，学人多究心西北地理，初仅以新疆伊犁为范围，继则扩及蒙古全部，后移其重心于元史，不惟亚洲西部北部，在所究心，即欧洲东部，亦在研究范围之内”。[②] 他们对于晚清中国边疆问题的分析，开拓了学者的眼界，冲破了传统封闭的“夷夏之分”和“外夷狄内中华”的边疆观念，引起了国人对“俄患”的关注。

1878年，一位号称“鹭江奇迹人”的作者，摘录俄国人自著历史，“译录其国史之大略”，编译成《俄国志略》。他在书的按语中强调：“其俄国所留心著意，无非侵占邻国地土为务。比现在形势而论，西边有英法德奥意各国，皆虎视眈眈，断不容有侵占之事，行之甚难……俄国之东界，乃我中国西北境，若不及早设防之，恐将来事机一露，即难收拾矣。俄之行为险诈，居心叵测，若视之兵戎，尚可预防，倘于玉帛礼貌而来，尤属可虑，不知其蓄意如何，更须严防为是。”[③]

1902年，上海新作出版社出版中国留日学生从日文转译的《哥萨克东方侵略史》。同年，上海广智书局出版署名“养浩斋主人”编译的《俄国蚕食亚洲史略》。该书上篇为日本佐藤弘著，下篇为英国克乐诗著。译者在前言中指出：“今之稍识时务者，必曰俄虎狼也。……闭门避虎，不如退而张弓。”[④] 次年，广智书局出版由日本山本利喜雄著、麦鼎华译的两卷本《俄罗斯史》。译者在序中明示：“必先知虎之可畏焉，然后能忧之，然后能防之，则谈虎之学，其亦不可以已矣。……且西北利亚（西伯利亚）铁道既成，势力骎骎南下，我国实首当其冲。若懵于其国势民情，日言抵御，曷当于事。”[⑤] 爱国学人一派拳拳之心和醒世恒言可见。

十月革命后，山内封介的《俄国革命运动史》、史列泼柯夫的《俄国

---

① 何秋涛：《朔方备乘》卷十《考四·北徼北徼喀伦考》，转引自侯德人《清代边疆史地学》，群言出版社，2006，第215页。

② 金毓黼：《中国史学史》，河北教育出版社，2000，第372—381页。

③ 鹭江奇迹人编译《俄国志略》，中华印务总局，1978。

④ 养浩斋主人编译《俄国蚕食亚洲史略》，广智书局，1902，第1—3页。

⑤ 山本利喜雄：《俄罗斯史》，麦鼎华译，广智书局，1903，第1—4页。

革命史：1905—1907》均被译介，朱枕薪、杨幼炯、金兆梓、陈复光等均自行编写俄国革命史，介绍俄国革命大致经过。[①] 20世纪三四十年代，俄国史研究逐渐发展，研究机构和学术杂志出现，论著数量增加，内容也相对丰富。1929年，何汉文创办《俄罗斯研究杂志》。1930年，俄国史研究专门机构——俄事研究会在南京成立，《俄罗斯研究》也由此创办，开启了俄苏研究的新阶段。此后，苏俄评论社、中苏文化协会、中苏文化杂志社陆续创办，并出版《苏俄评论》《中苏文化》等杂志。这一时期的研究成果仍集中于俄国革命史和通史，译著有波克罗夫斯基、范伦斯基、托洛茨基等的俄国革命史，蒲律托诺夫、迈斯基、佛那次基等的俄国通史，以及普列汉诺夫的《俄国社会思想史》。中国学者以国外学者的成果为基础，经过多年学术积累，逐渐开始自行编写教材，主要有宗华的《俄国革命史概论》，以及娄壮行、顾谷宜、何汉文、陈廷璠等撰著的俄国通史[②]。这一时期，中国出现了一个踊跃传播俄国和苏俄信息的浪潮，但其目的性非常明显，即国共两党和进步人士试图"盗取"苏俄"天火"为国家和民族计。此"天火"是大众层面关于俄国历史和苏俄政治的公共知识，并且相当一部分信息并非国人原创，也并非直接来自俄国，而是经由日文、英文或法文转译而来的，因此时常有以讹传讹之误。这一时期出现的多部名为《俄国史》的研究著作，其研究目的不是俄国历史本身，而是如何将俄国革命移植到中国，并且原创性不强，基本编译自俄文、日文或英文著作。因此，该时期的俄国历史著述仍然还是公共知识范畴中的著作，俄国史专业研究学者尚未出现。[③]

俄语教学与人才培养也经历了一系列发展。康熙于1708年首创的俄罗斯馆至1864 年并入京师同文馆，又于1901 年并入京师大学堂，再于1903年更名为京师大学堂译学馆。1919 年，北京大学正式设立俄文学系，除有主课俄文，还加以文法、散文及会话、地理、俄国文学史、俄国历史五门课，"治俄文，穷俄事"成了俄文界办教育之长远方针。北大俄文学系因政

---

① 张广翔、周嘉滢：《百年以来的中国俄国史研究》，《史学月刊》2015年第11期。

② 娄壮行：《俄国史》，上海中华书局，1933；顾谷宜编著《俄国史纲要》，中国与苏俄杂志社，1935；何汉文：《俄国史》，上海商务印书馆，1939；陈廷璠：《俄国史》，上海商务印书馆，1940。

③ 张建华：《中国俄国史研究百年检视与思考》，《史学月刊》2020年第1期。

治形势所局限，未能持续多久。1927年大革命失败后，北大的俄文课虽未全废，但已趋萎缩，俄文系则被撤销。[①]

二、新中国俄苏问题研究的进展与不足

1949年以来的70多年中，中国的俄苏问题研究经历了一个不平凡的历程。几代学人用自己的艰辛努力为中国的俄苏问题研究作出了卓越贡献，使中国对于俄罗斯这样一个世界大国和重要邻国的认识日益深化。70年多来，中国的俄苏问题研究大致经历了三个阶段。

第一个阶段是从1949年到20世纪50年代末。这基本上是中苏“蜜月”的十年，也是中国“全盘苏化”的十年。如果说这个十年有俄苏问题研究的话，那更多的还是介绍苏联社会主义建设各个方面的“伟大成就和方法”，“全盘照搬苏联”的东西。在俄国史研究方面，张蓉初等人翻译了潘克拉托娃的三卷本《苏联通史》，中国人民大学编译室组织翻译了梁士琴科的两卷本《苏联国民经济史》，秦文允等翻译了波梁斯基的《苏联国民经济史讲义》，叔明翻译了札依翁契诃夫斯基的《俄国农奴制度的废除》，关其侗等翻译了涅奇金娜的《苏联史》等。

20世纪50年代，俄文专业与专业俄文并举。在俄文大普及时期，学科教育形成规模。中苏友好和“全面学习苏联”的形势，促成了20世纪50年代俄文大普及的热潮。大学普遍设俄文为第一外语必修课，有条件的中学也开设俄文课——至少在高中，尤其是“三北”（东北、华北、西北）地区。俄文大普及时期产生了一批名家，代表人物有刘泽荣（1892—1970）和曹靖华（1897—1987）等。[②] 大量的俄苏文学作品，经济、社会、文化、军事管理的书籍被翻译成中文，并得到广泛传播。

尽管上述译作对于第一代和第二代中国俄苏学人发挥了一定的专业启蒙作用，但当时的中国俄苏学界基本上还是处于照本宣科的译介和“全盘接受”阶段，缺乏独立的认知与思考。客观而论，这十年的研究更多的是

① 李明滨：《中国的俄罗斯学：现代进展与历史溯源》，《文汇报》2017 年7 月28日，第5版。

② 同上。

单方面的满腔敬仰和无限热爱，科学的研究相对较少。例如，在俄苏历史研究领域，“由于特殊的政治气候，苏联史学意识形态色彩浓重，学术禁区较多。从苏联学者首批著作问世到20世纪90年代，苏联史学基本围绕‘斗争’主线展开，对中国学者尤其是留苏学者产生深刻影响”。[①]

第二个阶段是20世纪六七十年代。随着中苏关系恶化，特别是两国进入十年论战以及爆发边界冲突，中国的俄苏问题研究发生了180度的大反转——除了揭批“苏联社会帝国主义”的全方位威胁，俄国侵华史的研究也全面展开。这一时期的代表著作有：中国社会科学院近代史研究所主持、吸纳全国力量集体撰写的四卷本《沙俄侵华史》，北京大学历史系集体编写的两卷本《沙皇俄国侵略扩张史》，复旦大学历史系编写的《沙俄侵华史》，北京大学历史系世界史专业工农兵学员和北京部队炮兵理论学习班集体编写的《沙皇俄国侵略扩张简史》，李济棠编著的《中东铁路：沙俄侵华的工具》，黑龙江省黑河地区工农兵业余理论小组和中国社会科学院历史研究所历史地理组编写的《血与火的历史：沙俄霸占我国江东六十四屯的暴行》，施达青所著的《从〈瑷珲条约〉到〈北京条约〉：沙俄侵占我国东北领土一百多万平方公里的罪证》等。佟冬主编的《沙俄与东北》一书虽出版于1985年，但其编写工作始于20世纪70年代。此外，还有译自俄文和英文的著作，作为参考读物以内部发行方式出版，如俄裔美国人乔治·亚历山大·伦森的《俄国向东方的扩张》、苏联历史学家谢·弗·巴赫鲁申的《哥萨克在黑龙江上》、苏联作家阿尔谢尼耶夫的《在乌苏里的莽林中》、苏联历史学家鲍里斯·罗曼诺夫的《俄国在满洲》等。回首来看，这一时期的研究明显有“学术服务于国家政治”的特点，但它同时也是对前十年“全盘苏化”的纠偏过程，从另一个侧面让中国对俄苏有了更加全面、清晰的了解。

第三个阶段是与中国的改革开放进程相伴随的。随着中苏关系逐渐正常化以及中国学术研究的氛围日益好转，中国的俄苏问题研究进入了一个蓬勃发展期。40多年来，有关俄苏问题的研究机构纷纷成立，研究力量日益壮大，研究成果不断涌现。老中青三代俄苏问题研究学者从政治、历史、经济、社会、文化的诸多视角出发，对俄罗斯的历史命运、政治发展、

---

① 张广翔、周嘉滢:《百年以来的中国俄国史研究》,《史学月刊》2015年第11期。

经济转型、对外政策等诸多领域进行了深入研究，用自己的默默耕耘不断深化对俄罗斯的认知。在历史研究方面，几部重要的俄国史、苏联史、冷战史著作的出版，特别是中苏两国档案的整理和研究工作，使中国学术界有了自己有关上述重要问题的历史叙述；在转型研究方面，中国不仅对苏联的改革和转型紧密跟踪，充分借鉴俄罗斯社会转型的经验教训，还对中俄两国不同的转型路径进行了充分的比较研究，对更好地推进改革开放和中国特色社会主义事业发挥了巨大作用。

在肯定成绩的同时，我们也要看到存在的一些不足。

一是中国的俄苏问题研究长时期受到政治氛围、意识形态以及两国关系变化的强烈制约。两国关系好的时候就一片赞歌，两国关系恶化时便全盘否定。就此而言，中国的俄苏问题研究缺乏真正的学术精神和健康的学术氛围。与政策拉不开距离，实际上也就失去了学术研究的意义，同时也失去了为决策提供更多选择的空间。

二是学科建设相对滞后。尽管有着70多年的积淀，但是作为一个综合性的区域国别研究，我们还没有就俄苏问题研究的规律、理论、方法、路径和工具进行过很好的总结。迄今为止，国内还没有一本关于俄苏问题研究的理论和方法论的专著。同时，国内尚未真正形成跨学科的俄罗斯学。尽管2006年8月在北京大学举办了第一次中国俄罗斯学学术研讨会，并提出了“创立跨学科的俄罗斯学”的倡议，国内学者对如何构建中国的俄罗斯学也进行了诸多有益探讨，但受制于现实的科研教学管理体制、学术资源分配模式、人才分布状况以及学科建设本身的难度，中国的俄罗斯学研究尚处于探索阶段。

三是缺乏宏大的国际视野。就俄苏谈俄苏，而不能将其置于全球框架内加以深入研究，使我们难以确定其在世界政治、经济、文化、思想体系中的准确位置。与此相关联的是，中国的俄苏问题研究迄今为止更多的还是对俄苏理论、材料和观点的“文本式解读”，缺乏用“第三只眼睛”观察研究对象的积极尝试，导致我们更多的只是吸纳研究对象本身的思想和观点。

四是缺乏“大历史”的纵深研究。我们的俄苏问题研究往往就事论事，没有将研究对象放在连绵不断的历史长河中加以考察，没有将历史研究、理论研究、战略研究、比较研究与政策研究进行有机结合。实际上，无论是对俄苏问题本身还是对中俄关系的研究，不仅要看苏联解体后这30来年和中俄建交这70多年，更要看俄罗斯的千年历史和中俄关系的近400年历史。当前，中俄关系正经历着百年未有之大变局。在深刻的历史剧变面前，俄罗斯的心态如何，又将实施怎样的对华战略，需要放到历史长河中进行评价。

五是缺乏本体意识。很多学者的“俄罗斯情节”过重，凡是俄罗斯和苏联的就是好的，容不得半个不字，以“非黑即白”“非敌即友”的价值判断代替科学严谨的实证、历史和逻辑分析。这种缺乏深入思考的研究方式无益于学术进步，也无益于中俄关系持续、稳定和健康发展。

三、俄苏问题研究的方法论探讨

当前，国际战略格局进入大变动、大分化、大改组的关键时期。作为大国关系互动中不可忽视的重要变量，俄罗斯的发展前景和政策选择将对国际格局的演变产生深远影响，中国的俄苏问题研究应该在既有成果的基础上提高到一个新的层次。

对于中国的俄苏问题研究而言，应将俄罗斯发展和中俄关系置于由三个坐标轴共同组成的立体空间中加以审视。一是宏大的历史观。俄罗斯千年历史的发展轨道是怎样的？中俄关系近400年，俄罗斯对于中国究竟意味着什么？对于这些问题，要放在长时段的历史周期中进行考察。二是系统性的国际比较。要把俄罗斯置于整个世界体系的框架下加以思考，只有这样才能真正把握它在国际体系中曾经发挥什么作用，现在处于什么样的地位，未来还会发挥怎样的影响。三是要突出本体意识，以中国的国家利益作为研究俄苏问题的根本出发点。俄罗斯在历史上对中国产生过什么影响？现在经历着怎样的变化？未来又会向哪个方向演进？要以客观、严谨、深入的学术研究取代“自言自语”式的梦呓或“鸡同鸭讲”式的争论。只有真正把维护和拓展自身国家利益作为起点和归宿，中国的俄苏问题研究才能真正把握俄罗斯的战略脉动，体察其对世界和中国的影响。

俄苏问题研究是一个跨学科的研究领域，必须打破学科的界限，合理利用不同学科的范式、理论与方法，实现跨学科的研究。西方的苏联研究曾经经历了极权主义、现代化理论、多元主义以及自由主义不同范式的转换，而不同范式的转换为苏联问题研究提供了新的视角。例如，现代化理论范式从发展的角度研究苏联传统农业社会向工业社会的变迁，将苏联经济与政治的关系置于工业化、城市化的背景下加以考察，从而探讨经济制度、政治制度的变迁及其互动关系。而多元主义范式把苏联预设为一个颇似西方多元化的开放社会，引入利益集团、社团主义等分析框架，把政府、国家简约为利益集团现象，强调公共政策是集团压力的结果，是利益集团和同盟相互竞争的结果。不同学科范式的引入与利用拓宽了西方对苏联和俄罗斯问题研究的视野，并提供了多元化的研究路径与分析方法。可以说，跨学科的研究是当代俄罗斯问题研究永恒的增长点，也是这一学术领域能够不断创新的重要保障。

在中国的俄苏研究界，目前还很少有将俄罗斯国内政治、对外政策同俄罗斯文学研究紧密结合起来的实践，而美国的俄罗斯问题学者却在这方面进行了有益的探索。美国莱斯大学的埃娃·汤普逊教授专长俄罗斯文学与文化研究，她的《帝国意识：俄国文学与殖民主义》将萨伊德的后殖民理论引入俄罗斯研究这一领域，专注于俄国文学和俄国文学理论语境中的后殖民主义时代意识。通过细致而又具有历史感的文本分析，她深刻地揭示出俄国文学中政权与文学文本之间的微妙关系。这些联系不仅表现在叙事者的语调和评论中，而且也同样表现在对文学形象的刻画和地理空间在读者记忆中的长期印象之中。实际上，俄国文学在一定程度成为美化俄罗斯殖民主义行为的工具和俄罗斯帝国意识延续的载体。①

美国国会图书馆馆长、俄国文化史专家詹姆斯·比灵顿指出："以自己深厚的文化功底、史学修养以及对史家笔法的重视，重现了俄罗斯文化的动态演变过程，注意到了俄罗斯文化发展轨迹与其社会历史发展的某种相似性，并尝试着透过文化史发展的历程来展望俄罗斯未来的政治走向。"②他在1966年出版的成名作《圣像与斧头：俄罗斯文化史的诠释》中讲述了俄罗斯文化作为一个整体所经历的发展过程，重点强调俄罗斯文化中与众不同的宗教和本土因素。在1998年出版的巅峰之作《俄罗斯的面孔》中，

---

① 参见：埃娃·汤普逊《帝国意识：俄国文学与殖民主义》，杨德友译，北京大学出版社，2009。

② 张红、刘会宝：《俄罗斯国家身份的探寻之旅：詹姆斯·比灵顿的俄国文化研究》，《俄罗斯研究》2012年第3期。

他试图审视俄罗斯文化在引进西方五种艺术形式的过程中从模仿转为创造的过程。2004年出版的封笔之作《俄罗斯寻找自己》则聚焦后苏联时代，通过研究人们的思维和文化表达方式来预测新生的俄罗斯联邦未来的发展前景。这三部跨越不同学科、长时段的著作成为关于俄罗斯文化的经典之作。

深化中国的俄苏问题研究，必须打破学科内部不同研究方向的界限，做到“既专又通”。政治制度与文化、经济发展与转型以及对外政策之间的互动关系是把握当代俄罗斯脉动的一条主线。纵观30年来俄罗斯的发展历程，我们可以清晰地看到政治经济发展与外交政策演变之间的曲折变化与复杂关系。叶利钦执政前期，俄罗斯实行政治民主化和经济自由化，国家的功能与作用被极大地弱化。在这种背景下，俄罗斯对外政策的取向与重心自然是“大西洋主义”所倡导的“向西看”。普京执政之后，政治上“权威主义”强化，经济上“国家资本主义”抬头，而对外政策也经历了“务实外交—强势外交—务实外交”的循环。对于研究者而言，只有深入思考俄罗斯国家战略、经济发展、对外政策之间的内在联系，才能准确把握其国家发展的真实脉动。尽管每一项研究项目的选题与内容相对有限，但研究者必须思考比选题本身宽泛得多的内容。例如，俄罗斯30年的发展历程是否表明，在俄罗斯这样一个国土辽阔、地区经济联系松散的国家，政治集权和经济集中是必然的治国之路？而在苏联地区维系某种“帝国秩序”是否又是维护其国内政治稳定与拓展经济空间的必然选择？上述目标之间如何相互作用、相互影响？是不是只有国家机器才能作为超然的主体保持俄罗斯的完整和生存？是否在这样的国家不需要也不可能允许公民社会的发展？在民众、寡头、社会与国家之间需要建立一种什么样的关系？历史上，俄罗斯曾经历过彼得大帝和斯大林时期的强大与辉煌，但这是建立在“强国家、弱社会”的基础之上，“这样的强大尽管令人畏惧，但不可有持久”[①]，那么，在新的历史时期，俄罗斯国家与社会之间的关系正经历怎样的互动？俄罗斯前总统助理苏尔科夫所提出的“普京的长久国家”站得住脚吗？俄罗斯的国家体系真的是建立在信任而非质疑和批评的基础之

① 范建中、吕磊：《俄罗斯的强盛为何不能持久：对国家与社会关系的历史分析》，《世界经济与政治论坛》2006年第2期。

上吗？[①]

深化中国的俄苏问题研究，必须打破历史与现实的隔阂，实现两者的融会贯通，在现实的氛围中审视历史，在历史的背景下把握现实。詹姆斯·比灵顿不仅在国际俄罗斯学界具有广泛影响，而且也对美国政府的对俄决策发挥着重要影响。比灵顿认为："人文学科比带有计算性质的社会科学更具有洞察力，特别是在判定一些事关历史方向的重大问题的时候。"[②]这就是说，任何一个国家的发展都受到自然条件、历史传统、文化特性的制约，特别是对于俄罗斯这样一个国家来说，无论是分析其当下情境，还是研判其未来发展，如果脱离了俄罗斯历史发展的轨迹，都不会得出正确的结论。

苏联解体后，俄罗斯的转型其实也是国家寻求现代化道路的过程。对这一问题，一个重要的研究路径是将其放在长时段的历史进程中来考察，认识到此番现代化进程是俄罗斯现代化历史进程中的一个新阶段。这样，我们不仅获得了一个新的研究视角，更可以使对现实问题的研究和对未来的预测拥有牢固的历史根基。再如，通过对彼得大帝改革、亚历山大一世改革、维特改革、斯大林推进工业化进程等的回顾，我们可以比较普京时期的现代化与上述不同的现代化进程在目标设定、路径选择上有着怎样的异同，在推进现代化的手段与方式、对待外国资本的态度，在推行现代化的过程中与外部世界的互动上有着怎样的差异，而自然禀赋、经济结构、管理模式、政治文化、官僚机制、社会心态等因素又将对新一轮现代化进程产生怎样的影响。这种将历史与现实紧密结合的方式才能使我们的研究经得起时间的考验和实践的推敲。

推进中国的俄苏问题研究，必须实现"历史回归"，要学会进行科学的历史比较。近代以来，俄罗斯在东亚的存在和影响历经几轮波浪式起伏。1856年克里米亚战争失败后，沙俄掉头东进，借中国陷入太平天国起义内乱和第二次鸦片战争之机迫使中国签署一系列不平等条约，从中国割占上百万平方公里土地，真可谓"失之东隅，收之桑榆"。此后，沙俄与

---

① Владислав Сурков. Долгое государство Путина. https://www.ng.ru/ideas/2019-02-11/5_7503_surkov.html.

② 詹姆斯·比灵顿：《俄罗斯寻找自己》，杨恕译，兰州大学出版社，2007，第3页。

日本在中国东北和朝鲜半岛展开激烈角逐。中日甲午战争后，沙俄借助李鸿章“以俄制日”的想法诱使中国签署《中俄密约》，通过修筑中东铁路等一系列措施在华攫取大量利益。[①] 在日俄战争中被日本击败后，沙俄的东亚战略核心目标即引导日本“南下”，而非“北上”。最终，苏联在1941年以牺牲中国利益为筹码与日本签署《苏日中立条约》，把日本的侵略能量引向中国、东南亚和太平洋。而在二战行将结束之际，苏联却利用《雅尔塔协定》出兵东北亚并取得了巨大利益，特别是让外蒙古实现了法理上的独立。可以看到，尽管历史上俄罗斯在东亚缺乏足够的实力，但却有着连贯的战略并善于借力打力以获得最大利益。当前，东亚战略格局正经历着历史性转折，俄罗斯也开始了新一轮“向东转”进程。在此过程中，俄罗斯有着怎样的战略目标，会运用怎样的策略手法？历史不会给我们全部答案，但肯定会给我们有益的启迪。

创新是任何一门学科发展所必需的动力。要让研究更加理性、客观、准确，就必须以方法创新提升研究质量。一方面，要坚持马克思主义唯物史观，综合运用历史学、政治学、经济学、战略学、国际关系学、社会学的研究方法，将俄苏问题研究置于跨学科的学术视野之内。另一方面，要努力改变国内俄苏问题研究重文本解读、轻数据分析和田野调查的传统，在关注俄罗斯的国家战略文件、领导人讲话等反映其主观意愿的资料的同时，通过对大量经济、政治、社会数据的分析来研判俄罗斯发展的环境制约与现实可能，从而得出客观、公正、经得起实践和时间检验的结论。也只有这样，才能把握研究对象的本质与规律，实现俄苏问题研究历史、现实和预测的有机统一。

对于中国的俄苏问题研究而言，大胆挖掘新的研究领域，提出新的研究视角，运用新的研究方法无疑是极为重要的。例如，西伯利亚的开发不仅对俄罗斯的经济发展具有重要作用，而且对俄罗斯与周边国家的合作也具有重要影响。如果从这些角度考虑，我们就可以对西伯利亚的开发历史、俄罗斯对西伯利亚的开发战略、俄罗斯在西伯利亚开发问题上的对外合作进行相关考察。但如果我们再拓展思维空间，联想到蕴藏丰富但开发

---

① 黄定天等:《战后东北亚国际关系史研究》，社会科学文献出版社，2018，第77—78页。

难度极大的西伯利亚资源，联想到良好而又脆弱的西伯利亚生态环境，联想到随着全球变暖可能带来的北极开发与西伯利亚开发的紧密互动，那么我们也许就会发现许多潜力巨大的学术“新大陆”。

在这方面，美国同行的一些思维方式与研究方法值得我们参考和借鉴。2003年，美国布鲁金斯学会发布了一份名为《西伯利亚的诅咒》的研究报告。报告的作者菲奥娜·希尔和克利福克·加迪集中讨论了过去200年间，特别是苏联时期，俄苏对于西伯利亚的开发。他们提出了“经济温度”这一概念，并试图以此为核心来揭示西伯利亚开发与俄罗斯社会发展之间的复杂关系。他们认为，苏联政府无视西伯利亚恶劣的自然环境，错误地处理人与自然的关系，不断投入金钱、资源和数以百万计的劳动人口在世界“最冰冷的角落”建立城市和企业，但这些城市形成后，城市本身（连同其交通系统）亦几乎同时步入衰败。他们认为，幅员广大但经济效益低下的“西伯利亚不是地球上最美好和资源最富庶的地区，而是一个无底深潭，一个既耗竭又死缠住其的僵冷而无法摆脱的巨大苦恼”。与此同时，他们提出，一个国家或地区的经济力量鼎盛与否，不是取决于国土面积大小，而是要看其经济交易的次数和效率，要看传统智慧、教育及技能、社会结构、法治以及政府是否鼓励投资等。比如18世纪的荷兰和现今的香港和新加坡，因为聚居了能接受新概念、对新科技反应极快的大批商人，所以都取得了经济上的繁荣，而西伯利亚的官僚架构和他们所管理的“冰封之地”却完全是个反例。① 无独有偶，美国学者格雷格·伊斯特布鲁克的著作《刺耳的繁荣：“超音速”经济为我们带来了什么?》，以雅库茨克的案例向我们展示了西伯利亚发展的现实场景和未来发展的种种可能。② 无论我们是否同意他们的最后结论，但这种大胆而新颖的思路和方法无疑对推进相关问题的研究具有重要的参考价值。

推进中国的俄苏问题研究，必须立足中国，面向世界。所谓立足中国，就是要突出中国的主体意识，将维护和推进中国国家利益作为中国俄苏问题研究的根本出发点，用中国的视角来观察俄罗斯、审视俄罗斯。近

---

① Fiona Hill and Clifford G. Gaddy, *The Siberian Curse: How Communist Planners Left Russia Out in the Cold* (Washington, D.C.: Brookings Institution Press, 2003).

② 格雷格·伊斯特布鲁克:《刺耳的繁荣:“超音速”经济为我们带来了什么?》，李升炜译，中信出版社，2011。

400年来，对俄关系始终在中国外交战略中占有举足轻重的地位，俄罗斯对中国的国家安全、经济发展、制度建设、管理模式乃至民族文化有着至关重要的影响。当代俄罗斯的社会转型对于中国的改革有着巨大的参考价值与借鉴意义，俄罗斯的经济发展模式与状况关乎中国的经济安全，俄罗斯的对外战略选择与外交影响着中国的周边安全与国际环境。所以，中国的俄苏问题研究必须高度关注俄罗斯的变化对中国意味着什么、中国要如何应对的问题。北京师范大学的张建华教授认为，中国的俄罗斯学实际上就是“俄罗斯学”在中国的“本土化”，“中国学者必须具备本土文化的本位意识，必须借助于来自中国学术传统中优秀的本土资源，将其‘内化’为自信稳重的心态和有效可操作的技能，对自俄罗斯的‘俄罗斯学’和西方‘俄罗斯学’辐射而来的各种信息加以自觉的过滤、消化和甄别，对‘俄风西雨’择善而从，而不是一味偏信或一味孤妄，坚持自己的学术思路和独立见解，从而形成中国语境下的‘俄罗斯学’”。①

俄罗斯是中国最大的陆上邻国和重要的全面战略协作伙伴。作为两个历史命运曾紧密相连、国家治理模式曾高度相似并继而进入社会转型的国家，中俄两国的未来发展依然息息相关。安全上，俄罗斯的发展前景将深刻影响中国的周边安全环境。冷战结束以来，中俄关系的顺畅发展是在中国快速发展、俄罗斯相对衰落的历史背景下展开的。那么，在俄罗斯进入新的发展阶段之际，中俄安全关系将面临哪些机遇与挑战？经济上，随着中俄两国经济体量、发展水平和发展路径差异扩大，中俄能否实现共同发展，双边经济合作的不平衡收益问题如何解决？外交上，随着俄罗斯积极推进欧亚联盟，而中国在欧亚地区的利益不断扩展，中俄是共同维护欧亚地区稳定还是可能形成正面交锋？随着中美关系恶化，俄罗斯是继续与中国密切保持战略协作还是借中美矛盾坐收渔利？可以说，在新的形势下，俄罗斯的发展前景对中国的影响深远而全面，对这些问题的深入研究是为中央决策服务、为中国和平发展营造良好国际环境提供智力支持的紧迫任务。

所谓面向世界，就是要广泛吸收国际俄罗斯问题研究的学术营养，学习和借鉴其他国家和地区俄罗斯问题研究机构和专家的研究路径和分析方

---

① 张建华：《中国俄国史研究百年检视与思考》，《史学月刊》2020年第1期。

法。[①] 在继续巩固和深化与俄罗斯学术机构交流的同时，中国的俄苏研究界也需要进一步拓宽与其他国家俄罗斯问题研究机构和学者的学术交流，要通过广泛参与国际学术会议、在国际权威俄罗斯问题期刊发表文章等方式在国际斯拉夫学界占有一席之地。相信这种多元化的学术交流，会让我们拥有一面多棱镜，我们可以用它来更准确、更细致地观察五彩斑斓的俄罗斯。在这方面，首都师范大学的林精华教授进行了有益的探索，他的《误读俄罗斯：中国现代性问题中的俄国因素》一书“努力尝试同国际上的俄罗斯研究接轨。书中引用了欧美学者有关这一课题的大量论述，形成多种视角的对话，令人大开眼界，也着实把问题引向了深入”。[②]

中俄关系研究，无论是历史问题研究还是现实问题研究，都在俄苏问题研究中占据重要地位。中俄关系在苏联解体后实现了平稳过渡，两国结为全面战略协作伙伴。历史证明，中俄关系只能搞好，不能搞坏，和则两利，斗则两伤。苏联解体以来，中俄关系在政治、经济、国际、安全、人文等多重领域都取得了长足进展。但必须清醒地认识到，我们说“中俄关系处于历史上的最好时期”并不只是基于具体合作的成果，而是基于在经历了近400年的风雨之后，中俄两国终于找到了“不结盟、不对抗、不针对第三国”以及“世代友好、永不为敌”的关系原则。可以毫不夸张地说，这些原则是中俄关系发展的“黄金定律”。坚持这些原则，中俄关系就可以健康、平稳、可持续地发展；背离这些原则，中俄关系就有可能扭曲变形，甚至重蹈“忽热忽冷”的覆辙。正所谓，“君子之交淡若水，小人之交甘若醴；君子淡以亲，小人甘以绝”。[③] 有了这一定海神针，俄苏问题研究，特别是中俄关系研究，才能保持正确的轨道而不致跑偏。

---

① 近年来，一些国内中青年学者就其他国家和地区的俄罗斯问题研究进行了总结，并取得了扎实的研究成果。可参见：封帅《冷战后英国的俄苏研究》，博士学位论文，华东师范大学，2012；阎德学《冷战后日本的俄苏研究》，博士学位论文，华东师范大学，2011；韩冬涛《冷战后斯堪的纳维亚地区的俄苏研究》，上海人民出版社，2018。

② 林精华：《误读俄罗斯：中国现代性问题中的俄国因素》，商务印书馆，2005。

③ 冯玉军：《欧亚新秩序（三卷本）》，中国社会科学出版社，2018，“自序”第3页。

从人文交流视角看新冠疫情下欧盟对华态度嬗变、挑战与应对*

丁 纯 罗天宇

【内容提要】新冠疫情波及范围之广、影响程度之深超乎想象，是我们回顾2020年难以绕开的重要事件。中国采取果断措施率先控制疫情的传播，其后又主动向全球多个国家提供医疗援助，体现了大国的责任意识。在此次疫情中，欧盟国家与中国开展了较多互动。在疫情之初，欧盟国家对中国伸出援手；而在疫情蔓延至欧陆之后，中国亦对其进行大量的医疗援助。但是，这种良性的互动在欧盟内部得到了截然不同的评价，无论从时间还是空间的维度，欧盟国家的对华态度出现了较大的变化，甚至部分媒体还从阴谋论的角度解读中国的援助。这种态度的特异值得我们进行深入研究。新冠疫情下，欧盟对华态度的变化反映了全方位的问题，中国应当在探究其原因的基础上，加强中欧人文交流，改善双边关系的民意基础。

【关键词】中欧人文交流 医疗援助 态度嬗变 外交政策

【作者简介】丁纯，复旦大学欧洲问题研究中心、中欧人文交流研究中心主任；罗天宇，清华大学社会科学学院博士研究生。

传统上，西方对外交的定义有其局限性。英国著名外交学家哈罗德·尼科松在其《现代外交学》中为外交作出如下定义："外交就是用谈判的方式来处理国际关系；是大使和使节用来调整和处理国际关系的方法；是外交官的业务或技术。"① 类似的观点亦被大多数国际法学家所认可。源

* 本文为国家社科基金重大研究专项（20VGQ012）的阶段性成果。

① 哈罗德·尼科松：《现代外交学》，眺伟译，世界知识出版社，1957，第23—24页。

于对过去秘密外交的继承，外交往往具有较强的技术性。

从这一解释出发，外交较少与人文相联系。“人文外交”的概念具有高度的模糊性，一般也仅将其视作安全保障、经济交流以外的一种补充。①具体而言，尽管人文交流在国际关系中扮演重要的角色，但因其所含内涵太广，学界很难对此进行明确的定义。本文借美国学者尼古拉斯·卡尔（Nicholas J. Cull）所提的公共外交中的“声誉概念”来界定人文外交的范围与作用。卡尔将声誉与国家安全相联系，认为由于过去忽视声誉的泛用性，当学者讨论软实力之时往往指向大国。但声誉同样可以理解为他国对某国的了解程度与价值判断，声誉与一国在国际体系中的合法性密切相关。②声誉的提升往往很难依靠传统外交上的“硬手段”，因此人文外交有其独特的价值与作用。在此，本文将人文外交界定为一国以非军事、政治、经济手段提升自身声誉的外交手段。

从这一维度出发，“医疗外交”也是广义下人文外交的一种变种。有学者曾将当代医疗外交分成三类：第一类是以多边条约、协议、国际会议等为主要表现形式的多边外交，如全球抗击艾滋病或是结核病；第二类是“减灾外交”，旨在为灾害提供公共卫生援助，此次演变成全球性卫生事件的新冠疫情在某种程度上就属此类；第三类为国家或特定的国家集团在特定的区域内开展的双边医疗合作。③医疗外交可以为受援国民众带来明确的福利而显著提升援助国的国家形象，而又以减灾外交最能起到直观的作用。

在此次新冠疫情中，中国采取果断措施率先控制疫情的传播，并在新冠疫情全球性蔓延后向多个国家伸出援手，中国主动派出医疗专家并支援医疗物资，践行了人类命运共同体理念，并尽到负责任大国的义务。但是，中国的支援行为反受到部分西方媒体的恶性解读，在部分受援民众之

① 赵可金：《人文外交：全球化时代的新外交形态》，《外交评论》2011年第6期，第73—89页。

② Nicholas J. Cull and Mark Magnier, “International Reputation and COVID-19: China, the U.S. and Beyond,” USC Center on Public Diplomacy, April 30,2020, https://www.uscpublicdiplomacy.org/blog/international-reputation-covid-19-china-us-and-beyond.

③ 张春：《医疗外交与软实力培育——以中国援非医疗队为例》，《现代国际关系》2010年第3期，第49—53页。

中也并未得到积极的反馈。中国无私的援助被过度政治化，甚至阴谋论化，人文交流本身被赋予了过多的政治色彩。

在此次疫情之中，欧盟国家与中国本该具有良好的互动。在疫情之初，欧盟国家对中国伸出援手；而在疫情蔓延到欧陆之后，中国也同样对其报之以大量的医疗援助。但是，考察欧盟各国对中国援助及疫情前后对华态度的嬗变，我们不难发现欧盟国家在这一问题上的认识是分裂的。这种分裂体现在多个维度，不同国家对中国具有截然不同的认知，单一国家内部的不同政党也对此有不同的看法，甚至同一国家对中国的看法亦因时间的变化而变化，反映出中欧人文交流有待补齐的短板。因此，本文通过考察新冠疫情下欧盟国家对华态度的嬗变，从而分析欧盟缘何在这一问题上出现较大的内部分裂，并进而提出一定的政策建言，夯实中欧关系的人文基础。

一、疫情下中国对欧医疗援助及其影响

相较于10年前，中欧关系本身变得更为多样化而有争议。2019年3月，欧盟委员会将中国定义为“伙伴、经济竞争者和‘系统性竞争对手’（systemic rival）”。这意味着中国对于欧盟而言，扮演着一个具有多种属性的独特角色。在这样的认知下，疫情这一“黑天鹅事件”对中欧关系的影响会显得格外复杂。疫情下，中国对欧援助确实促进了中欧之间的合作，但也同时加深了两者的分歧。进一步来说，疫情还凸显了欧盟与一个影响力日益增强的中国打交道之时的内部分歧。

疫情之下，中国对欧洲的医疗援助多通过双边直接进行。[①] 艾蒂安·索尔（Etienne Soula）等国外学者大略统计了中国在2020年3月到4月的5周时间对欧洲国家进行的援助。据统计，中国向27个欧洲国家（欧盟与非欧盟）提供了70项重要捐赠。其中，意大利收到的捐赠最多（7项），其后是德国与西班牙（各5项），之后是罗马尼亚、波兰、匈牙利与塞尔维亚（各

① 中国对欧盟的援助也直接给到欧盟，由欧盟在其框架下进行分配。

4项)。[①] 总体而言，德国、意大利与西班牙是收到捐赠最多的3个国家。

中国对欧洲各国的捐赠与医疗援助并不仅限于国家层面，地方政府、国有企业、私人基金会等同样发挥了重要的作用。因此，具体的捐赠数据统计略有困难，在此仅从新闻等公开媒介试举几例。首先是收到捐赠项目最多的意大利，其外长迪马约(Luigi Di Maio)在2020年3月24日表示，中国第一批援助物资包括150万个口罩、155个呼吸机等抗疫用品。此外，中国还先后派出三批专家医疗队支援意大利。[②] 法国在3月18日和19日收到100万个口罩、150万副手套与1万件防护服，为其缓解燃眉之急。[③] 类似的援助也出现在其他欧洲国家，即使被认为收到援助不多的北欧国家，在绝对数量上仍然获得了相当的医疗援助。如丹麦就从马云基金会收到了50万个口罩、5万个测剂与5000件防护服。[④]

应该说，中国的医疗援助行为一方面充分展现了中国的负责任大国形象，另一方面也反映了中欧之间醇厚绵长的友谊。同时，对于欧洲的很多国家而言，中国的援助也委实缓解了其医疗物资短缺的困境。但是，这种积极友善的举动赢得的并非全是赞许。

首先，在欧盟层面上，欧盟对中国的援助展现出的态度，总体而言是警惕大于感激。虽然欧盟委员会主席冯德莱恩(Ursula von der Leyen)在2020年3月18日以英文、德文、法文3种语言录制视频，感谢中国为欧盟抗击新冠疫情提供支持。但是5天后，欧盟外交和安全政策高级代表博雷利(Josep Borrell)在欧盟对外行动署网站上发表了一篇题为《冠状病毒大流行和它正在创造的新世界》(The Coronavirus Pandemic and the New World It Is Creating)的文章，明确将中国的援助行为视为"慷慨外交"，认为中国想借此扩大自身的地缘政治影响力。在博雷利的语境下，这场全球性抗疫更多地被视为一种话语权上的战争，中国扮演了不怀好意的角色，中国

---

① Etienne Soula et al., "Masks Off: Chinese Coronavirus Assistance in Europe," *GMF Policy Paper* 9 (2020).

② 《肺炎疫情：中国"口罩外交"如何重塑"倒下的大国形象"》，BBC中文网，2020年3月28日，https://www.bbc.com/zhongwen/simp/world-52047644。

③ "Covid-19 – Fret de solidarité chinois," March 19, 2020, https://www.diplomatie.gouv.fr/fr/le-ministere-et-son-reseau/actualites-du-ministere/informations-coronavirus-covid-19/coronavirus-declarations-et-communiques/article/covid-19-fret-de-solidarite-chinois-19-03-20.

④ Etienne Soula et al., "Masks Off: Chinese Coronavirus Assistance in Europe".

的捐赠与援助也因此带上了浓厚的政治色彩。

其次，对于欧洲部分大国而言，中国的形象也出现了明显的下降趋势。比如，一些德国政要提出要警惕对中国供应链的高度依赖，应当尝试将供应链多样化，同时也要防止中国企业在德国有过多的投资。又如，法国官方对中国在社交媒体等媒介上的宣传工作表示了一定程度上的不满，也正是这种不满在2020年3月底使疫情之初不断升温的中法关系开始逐渐冷却。越来越多的法国官员开始表现自身对中国具有“侵略性”的外交风格的“抗拒”，并开始对中国的抗疫成果进行一定的负面评价。法国总统马克龙在2020年4月16日接受采访时表示：“不要天真地认为中国就应对得更好，我们不知道真相。很明显，有很多事情发生了，我们不知道而已。”①

当然，同样也有一直对中国的援助表现得积极而真诚的国家。比如，南欧的意大利与葡萄牙都不满于欧盟在疫情初始阶段的混乱应对，而感激中国的无私帮助，并不如德法一般质疑中国的援助行为别有用心。但是，部分南欧国家的积极态度反而又成为中国试图分化欧盟的“罪证”，引起了部分欧盟国家的疑虑。

而在民间层次，欧洲各国发生的民意变化也值得进一步研究。尽管由于疫情尚未彻底结束，现在谈论疫情到底如何塑造了中国在欧洲人心目中的形象似乎为时过早。② 但是，从现有的一些民调统计结果中，我们仍能发现一些有意思的结论。③

2020年3月，西班牙埃尔卡诺研究所进行了第41次晴雨表调查，此时西班牙的疫情已然暴发，这一调查部分反映了疫情对西班牙公众舆论的影响。在调查中，我们可以看到，疫情使超过1/4的被调查者认为，疾病的扩散是中国对西班牙的威胁；而过去，西班牙民众通常认为中国带来的威胁主要来自经济层面（见图1）。

---

① “Macron Says ‘Naive’ to Say China Handled Coronavirus Epidemic Better Than West,” Reuters, April 17, 2020, https://www.reuters.com/article/us-health-coronavirus-china-macron-idUSKBN21Z19T.

② Fondation Robert Schuman, “In the Time of COVID-19, China’s Mask Has Fallen with Regard to Europe,” September 7,2020, https://www.robert-schuman.eu/en/european-issues/0569-in-the-time-of-covid-19-china-s-mask-has-fallen-with-regard-to-europe.

③ 此处主要关注德国、意大利与西班牙的民调数据，概因这3个国家收到的中国捐赠最多。

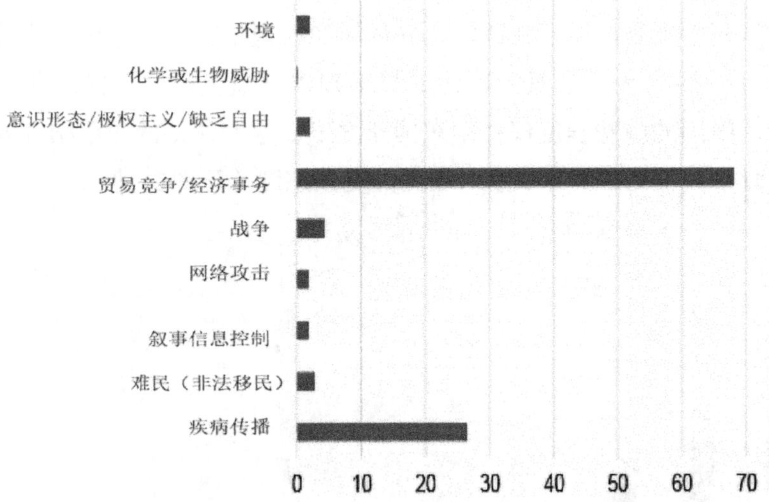

图1　西班牙民众对中国带来的威胁的判断①

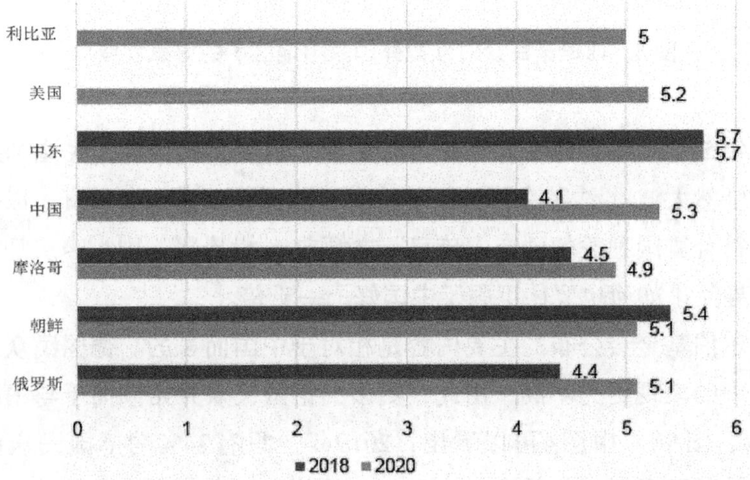

图2　西班牙民众对各国（地区）威胁程度的认知变化（2018—2020年）②

① Real Instituto Elcano, “Spain-China Relations and COVID-19: The Bright and Dark Sides of a Necessary Partnership for Spain,” May 6, 2020, http://www.realinstitutoelcano.org/wps/portal/rielcano_en/contenido?WCM_GLOBAL_CONTEXT=/elcano/elcano_in/zonas_in/asia-pacific/ari62-2020-esteban-armanini-spain-china-relations-and-covid-19-bright-and-dark-sides-necessary-partnership-for-spain.

② Ibid.

同时，西班牙民众对中国的态度表现出了矛盾的二分性。一方面，西班牙民众认同中国是西班牙在欧盟之外的第二大盟友；另一方面，从2018年至2020年，西班牙民众对中国的威胁感知也不断上升。在2020年的这次民调中，中国的威胁程度仅在中东国家之下，这种认知的矛盾结合新冠疫情的大背景，可见西班牙民众对中国的复杂态度（见图2、图3）。

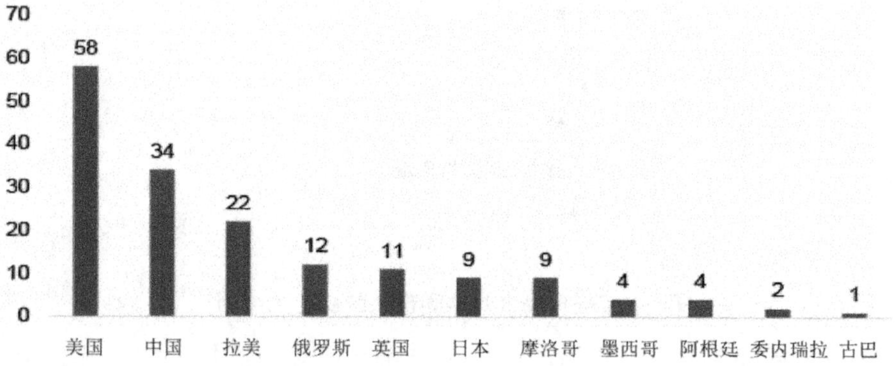

图3　西班牙民众对欧盟外国家（地区）的好感程度[①]

同年5月，德国的科尔伯基金会发布了相关民调报告，民调结果在德国引起轩然大波。《法兰克福汇报》感叹，德国民众实在太天真，以至于出现了不符合德国利益的“亲中疏美”之倾向。《世界报》则大声疾呼，接受美国领导无论如何也要比臣服于中国好上一千倍。[②]

科尔伯基金会公布的主要内容是相对于中国而言的。德国民众对美国在疫情中的表现更为不满，由此，更多的德国民众开始倾向于与中国合作（见图4、图5）。由图4可以看出，2019年，只有24%的德国民众认为与中国的关系更重要，与此同时，有50%的德国民众认为与美国的关系更重要；而在一年后，这两个数据分别变为了36%与37%，美国的数据跌了近

① Real Instituto Elcano, “Spain-China Relations and COVID-19: The Bright and Dark Sides of a Necessary Partnership for Spain”.

② 文山：《德国人何以亲中疏美？》，德国之声中文网，2020年5月20日，https://www.dw.com/zh/%E5%BE%B7%E5%9B%BD%E4%BA%BA%E4%BD%95%E4%BB%A5%E4%BA%B2%E4%B8%AD%E7%96%8F%E7%BE%8E/a-53513799。

三成，而中国的支持率涨了一半。

图4 中国与美国，哪国对德国更重要①

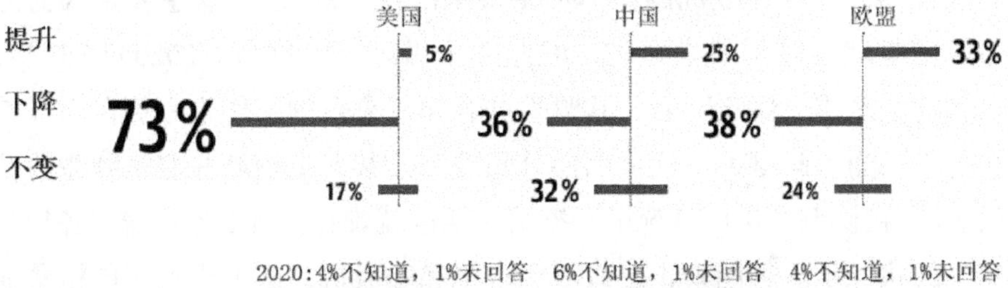

图5 新冠疫情如何影响德国民众对中国、美国、欧盟的认识②

从图5可以看出，在此次疫情中，73%的德国民众对美国的印象变坏，仅有5%的德国民众认为美国的形象随着其对疫情的措施得到了提升。与此同时，有25%的德国民众对中国的印象变好，有36%的德国民众对中国的印象变差。

另外，意大利民调机构SWG在2020年4月初也进行了一项调查。调查显示，认为中国是朋友的意大利民众增至52%，而认为美国是朋友的骤

① Körber-Stiftung, “German Foreign Policy in Times of Covid-19,” May 2020, https://www.koerber-stiftung.de/fileadmin/user_upload/koerber-stiftung/redaktion/the-berlin-pulse/pdf/2020/Koerber_TheBerlinPulse_Sonderausgabe_Doppelseiten_20200518.pdf.

② Ibid.

降12%，仅为17%。与此同时，认为应该与中国结盟的意大利民众（36%）也超过了认为应该与美国结盟的（30%）。甚至，在此次调查中，认为德国是敌人的意大利民众达到了近半数（45%）。[①]

二、欧盟各国对华复杂态度及其成因分析

欧盟国家对中国医疗援助的态度可称复杂。这种复杂性体现于三个层面：第一，时间维度上欧盟各国对于中国医疗援助的态度变化；第二，地域维度上欧盟各国对于中国医疗援助不同的态度；第三,一国内部对华认知的复杂性。

首先，从时间维度来看，欧盟对于中国医疗援助的态度总体上经历了从欢迎到警惕的转变。德国、法国都出现了较明显的态度变化，而且随着时间的推移，中国在欧洲的整体形象甚至出现了恶化。[②] 这主要是因为当新冠疫情骤然在欧洲暴发之时，欧盟并未做好充足准备。2020年3月初，意大利疫情已成“爆点”后，欧盟委员会和理事会的工作重心仍在土耳其边境的难民涌入问题上。这可以部分归因为公共卫生领域并非是欧盟的核心权能。[③] 在协调失灵的情况下，疫情初期也就难免出现欧盟国家“各扫门前雪”的状况了。德国禁止出口医用口罩和呼吸机，法国干脆简单粗暴地扣押了境内的口罩，这些都是协调失灵的体现。

因此，在疫情初期，中国的援助是受到欢迎的，无论接受援助的国家对此如何看待——看成中国对欧盟2020年1月援助的互惠或是中国“别有用心”的“口罩外交”。但是，在欧盟就危机作出较为快速的回应后，比如冯德莱恩在意大利报纸上公开致歉，有多余医疗资源的国家对其他成员

---

① The European Post @theEUpost, “La dimensione globale,” https://twitter.com/theEUpost/status/1251064470782304259?ref_src=twsrc%5Etfw%7Ctwcamp%5Etweetembed%7Ctwterm%5E1251064470782304259%7Ctwgr%5Eshare_3&ref_url=https%3A%2F%2Fwww.dw.com%2Fzh%2FE5BEB7E59BBDE4BABAE4BD95E4BBA5E4BAB2E4B8ADE7968FE7BE8E%2Fa-53513799.

② Fondation Robert Schuman, “In the Time of COVID-19, China’s Mask Has Fallen with Regard to Europe”. 也可从德国民调机构Civey 2020年7月公布的相关数据看出，随着时间的推移，越来越多的德国民众持有疏远中国的态度（与科尔伯基金会的结果相对比）。

③ 赵晨:《新冠肺炎疫情与欧洲一体化》,《国际政治研究》2020年第3期，第60—66页。

国主动帮助，危症病人跨境转移等，中国的善意行为反而会令部分欧盟国家感到紧张。

其次，从地域维度来看，不同的欧盟国家对于中国的援助也展现出不一样的态度。虽然总体上南欧、东欧国家更倾向于“贴近”中国，但我们也可以看到，西班牙表现出的态度基本没有因疫情而变化，既没有更认可中国，也没有更疏远中国，反而其国内的反对党借此问题发起了新一轮对执政党的政治攻讦。[①] 有研究指出，区域上对中国态度的变化可以看成欧盟内部的“南北分化”。相对来说，经济情况更好的西欧国家，如德国、法国都在疫情中后期展现了对来自中国的援助的疑虑；而一直以来经济形势相对较弱的南欧、东南欧国家，如意大利、葡萄牙、塞尔维亚，则表现出了极大的欢迎和感谢，甚至有时候这种感谢还伴随着其对欧盟、欧洲协调机制的极大质疑。[②] 这种迥异的态度可以归结为两个重要的原因。第一，疫情本身主要起到了催化剂的作用，加速了中欧关系演进的流程，放大了中欧关系中存在的问题，也拉近了中国与亲近中国的国家之间的距离。但是，疫情却较少地改变原有的关系。德法的疑虑从根本上而言仍然是因为中欧之间关系的复杂性，对于一个“系统性竞争对手”的“施恩”，欧盟内的主导国家难免怀疑其动机。尤其是在此次疫情中，不断有分析从政治体制等方面探讨疫情应对的得失，更加会挑动欧盟敏感的神经，也使本应共同应对的全球抗疫之战蒙上了“政治的阴影”。第二，这种态度的迥异本身也反映了欧盟内部的分化。欧债危机之后，欧盟成员国之间本就存在一定的矛盾。意大利在疫情初期“呼告无门”，成员国之间互相扣留医用物资本身就是这种矛盾的进一步延续。在这样的情况下，中国对不同的欧盟国家意义不同，也扮演了不一样的角色。

最后，通过前文所提的各国民调可以发现，即使是一国内部，对中国的态度本身也堪称复杂。科尔伯基金会给出的民调结果显示，德国民众有逐渐转向中国的倾向。与此同时，2020年7月，德国《明镜周刊》委托民调机构Civey进行的调研又显示，从2019年到2020年，对华疏远派从33%

① Real Instituto Elcano, “Spain-China Relations and COVID-19: The Bright and Dark Sides of a Necessary Partnership for Spain”.

② 塞尔维亚不是欧盟成员国。

攀升至46.4%。类似的矛盾之处也可从西班牙的民调结果中发现端倪。这种矛盾从何而来？本文认为，这种矛盾来自两方面。第一，因为疫情与人的生命健康密切相关，所以疫情期间的行为更容易激起人的情感波动。比如在意大利进行的民调中，对中国的态度骤然转向积极而正面，这种增长幅度堪称夸张。而因欧盟在早期应对的迟缓，德国更是成为意大利民众心目中的“敌人”，但这种感情变化具有高度的时效性，留存度较低。有学者认为，如果在欧盟开始介入以后再做一次民调，意大利的民情结果可能会出现不同。第二，对中国的这种“亲近”更多是来自欧洲民众对美国的排斥与反感。从科尔伯基金会的民调结果来看，在疫情中，德国对中国与美国的整体印象均变坏——于美国而言是73%对5%，中国则是36%对25%。由此可见，德国对中国的“好感”部分来自对美国的“恶感”。这并非是医疗外交的成功，而是体系内另一大国的失衡行为引起的反作用。这种感情的变化同样并不长久，比如欧洲民众在小布什时期对美国同样具有较多的负面评价，但在奥巴马上任后，这种负面的感情色彩很快就得到了扭转。总体而言，民调数据并不能简单得出欧盟某些国家的民众心向中国的结论，欧盟民众认可中国在疫情中为其提供的帮助，同时也承认在当今国际秩序下中国的重要地位。但是，欧盟也担心中国的兴起会动摇其体制根基，甚至进而分化欧盟内部的团结。这种矛盾感在德国、法国这类欧盟主导国家中体现得尤为明显。

三、中国对欧医疗援助和人文叙事的得失

此次新冠疫情考察的不仅是一国的医疗和防控体系，因其全球性，其同样考验了各国话语、叙事方面的能力。通过欧盟各国复杂各异的态度来看，中国的真心援助被部分西方学者、政客认为是不怀好意、居心叵测的。在民间舆论中，不同的欧盟国家也存在差异较大的对华态度，综合来看，仍有不和谐之音。这其中固然有中国对外叙事方式上存在的问题，但更重要的仍是西方对中国存在的固有意识形态偏见。

欧盟的不断扩大本身带来了大量的内部问题。欧盟的团结越来越脱离口号，而成为现实需求。对于部分西方政客而言，因其追求短期利益，面对问题时的第一选择往往是转嫁，而非解决。因此，欧盟试图将内部的分

裂归因于中国。而部分接受中国提供的公共产品的欧盟国家对此类说法并不认同，这本身又证明了“中国分化了欧盟”的伪命题。当欧盟将中国定义为一个“系统性竞争对手”之时，中国对于欧盟的存在就成为一个微妙的话题。谁会期待一个体制竞争对手伸出援手呢？从根源上来说，这足以称得上“合法性危机”。因此，中国的医疗援助必然会被西方主流媒体戴上有色眼镜去审查，甚至遭到众口同声的抹黑。同时，援助意味着中国对外是善意的，这与“中国威胁论”等论调的塑造可谓背道而驰。从这一层面出发，中国的医疗援助导致欧盟各国的复杂态度，这本身就是可以预期的。

但是，即使难以取得预期成就，中国的医疗援助及配套的相应宣传仍然是必须的。话语权的争夺不可退避，因为一旦放弃了相应阵地，他人即可完全掌控舆论。在舆论的争夺中，后来者本身便面临极大劣势，尤其对于在该领域本就弱势的中国，更是不能放弃一丝一毫的机会。在此次新冠疫情中，中国可以将自身在话语权领域的落子与对外医疗援助相结合，继而产生足够的影响。疫情使很多问题迫在眉睫，中国的积极应对为自身带来了在国际舞台发挥更大作用，并借此改变国家声誉的机会，虽然国家声誉发生根本性转变是不切实际的，但至少是有作用的。即使西方政客与媒体颠倒黑白，但无数受惠于中国医疗援助的民众的眼睛是雪亮的，民心的改变又会反过来塑造一国的政治环境，这也是国家声誉的重要影响。

由于中欧关系的复杂性以及欧盟内部关系的敏感性，从欧盟国家的反应来看，中国的部分宣传叙事似乎存在有待提高之处。尤其是在描述中国抗疫成果与对外医疗援助之时，更应注重方式方法。一些外国学者提出，中国在此次人文外交中存在四种叙事：

第一，强调团结和援助；

第二，强调国际团结；

第三，讴歌中国的抗疫成果，批评西方民主的不作为在某种程度上甚至扩大了疫情；

第四，反击对中国的批评。[①]

---

① European Thinktank Network on China(ETNC), “COVID-19 and European-China Relations, A Country-level Analysis,” April 29, 2020, https://www.ifri.org/sites/default/files/atoms/files/etnc_special_report_covid-19_china_europe_2020.pdf.

前两种叙事无可争议，甚至可以称得上是一种国际性的“政治正确”，尤其是其往往伴随着中国的大量医疗援助，更显得有说服力和可信度。而后两种叙事如果通过不同角度观察的话，会得到一些不同的结论。

就第三种叙事而言，如果仅仅是宣传中国的抗疫成果，即使会有人提出怀疑，但一般也不涉及较大的矛盾。但是，一旦在宣传中涉及制度比较，情况就有所不同。就制度比较而言，“做”比“说”更重要，同时，“说”往往也不能由自己说。中国抗疫取得阶段性成果本身就是最好的一种宣传。因此，在相应问题上，更应当注重不要过犹不及。

一旦对问题的讨论进入制度比较的范畴之中，不但争论本身可能会脱离抗击疫情这一事实，而且很多人可能为了证明西方制度的优越性，而反过来拒绝承认中国的抗疫成果，进而会很自然地出现病毒之来源、中国早期应对是否透明等问题。这样一来，可能不仅未能“民心相通”，反而激化了矛盾。

第四种叙事主要针对的是西方媒体对中国的抹黑。应对无理抹黑，中国当然应当有礼有节地回应。但是，在这一范畴中的讨论应当规避阴谋论，同时避免进攻性过度。阴谋论本身是一个泥潭，一旦进入这一范畴的讨论，那基本意味着正常叙事的结束。同时，阴谋论本身对国家声誉也会造成较大的损害。部分西方政客喜欢在大众媒体上传播阴谋论，这一方面是其博取眼球的重要方式，另一方面也反而暴露了其虚弱无力的本质。

四、结语

新冠疫情是全人类需要共同应对的灾难。中国在此次疫情之中展现了自身的大国风度与大国担当，以身践行了人类命运共同体理念。考察此次新冠疫情下欧盟对华态度的嬗变具有重大意义。

首先，国家声誉的提升需要一个较为长期的过程，并非能够一蹴而就。因此，此次医疗援助可看成一次重要的积累过程，是“质变”前的“量变”。中国的援助行为起到了提升国家形象的作用。同时，对于意大利、匈牙利等国而言，中国的这种“及时雨”促进了其进一步与中国合作的想法，也彰显了“一带一路”合作、“17+1”机制的重要意义。其次，此次对欧医疗援助反映出中国的相关人文叙事在如何因势利导、精准对位上有深化的空间。人文外交在一定程度上可以潜移默化地化解不同文明、价值观之间的矛盾与冲突，因此，中国在人文叙事方式上可更灵活柔软些。最后，可以看到，同属西方，美欧既有相同之处，也有不一样的特点；同属欧盟，不同国家也有不一样的诉求。这次疫情也帮助中国进一步探明了部分国家的对华政策或对华态度，有助于中国下一步外交政策的制定。

中德两国对外人文交流政策比较*

郑春荣　周佳颖

【内容提要】近年来，中德战略伙伴关系在政治互信、经贸合作等方面有了长足的发展，中德关系在中欧关系中亦扮演着引领者的角色。然而，人文交流作为中德关系的支柱之一，发展却存在滞后现象，较晚建立的中德高级别人文交流对话机制就是鲜明表现。目前为止，国内外对于中德人文交流发展滞后原因的分析多从中德认知不对称入手。本文尝试转换视角，从理念、制度、器物三个维度对中德各自对外人文交流政策进行对比分析，以分析得出的差异为切入点，试图剖析中德两国之间人文交流实践的制约因素，并为其未来发展提出应对建议。

【关键词】中国对外人文交流政策　德国对外文化教育政策　中德人文交流

【作者简介】郑春荣，同济大学德国研究中心主任、同济大学中德人文交流研究中心副主任，教授；周佳颖，同济大学德国研究中心硕士研究生。

中德关系是中欧关系的重要组成部分，在中欧关系中扮演着引领者的角色，两国之间的经贸联系和政治合作均走在中国与欧盟其他国家的前列。[①] 然而，与这一角色并不相称的是，中德高级别人文交流对话机制[②] 于2017年5月24日才建立，在此之前，中国已先后与俄罗斯、美国、英国、

---

* 本文部分内容发表于：郑春荣、周佳颖《中德人文交流的挑战与改进建议》,《对外传播》2019年第10期，第11—13页。

① 参见：郑春荣《德国在中欧关系中的角色》,《欧洲研究》2015年第3期，第1—14页。

② 本文所指的“人文交流”，英文译为“People-to-People Exchange”，德文译为“Gesellschaftlich-kultureller Austausch”。

欧盟、法国、印度尼西亚、南非建立起了七大人文交流机制。针对中德高级别人文交流对话机制建立相对滞后的原因，许多学者将其归因于德国固有的对中国的负面认知及其与中国对德正面认知之间的落差。但是，中德认知不对称既可以是中德开展人文交流的阻力，也可以是动力，因此，其解释力存在不足。为此，本文以政策分析为切入视角，使用公共外交理论，试图通过比较中国和德国对外人文交流相关政策的异同，分析中德人文交流实践中存在的制约因素，并提出若干应对建议方面的思考。

一、公共外交理论视域下的中德两国人文交流政策

（一）公共外交与人文交流

目前，学界就如何界定公共外交并未达成共识，其中一个分歧点就在于公共外交内涵范围的界定。多数学者赞成狭义的公共外交定义，认为公共外交的主体是各国政府，至多还包括有政府背景的非政府行为体[①]，从而将人文交流排除在公共外交的范畴之外。

而广义的公共外交定义，则是将人文交流视作其组成部分和重要形式之一。例如，学者埃唐·吉勒博阿（Eytan Gilboa）从公共外交的实施手段来定义公共外交，并认为，它具体包括宣传、传播、公共关系、文化外交、人文交流和国家品牌活动等；[②] 学者南希·斯诺（Nancy Snow）和布莱恩·霍金（Brian Hocking）则认为，公共外交是从“政府与人民（government-to-people）”交流向“人与人（people-to-people）”交流的转变。[③] 在这个视域下，人文交流也是蕴含在公共外交中的。

本文也采用广义的公共外交定义，即认为人文交流属于公共外交，并且认为，公共外交的主体并非一定是国家行为体，而人文交流的主体也不

① 赵可金:《公共外交的理论与实践》，上海辞书出版社，2007年，第14页。

② Eytan Gilboa, “Searching for a Theory of Public Diplomacy,” *The Annals of the American Academy of Political and Social Science* (2008): 73.

③ Nancy Snow, “Rethinking Public Diplomacy,” in Philip M. Taylor and Nancy Snow (eds.), *Routledge Handbook of Public Diplomacy* (New York: Routledge, 2009), p. 6; Brian Hocking, “Rethinking the ‘New’ Public Diplomacy,” in Jan Melissen (ed.), *The New Public Diplomacy: Soft Power in International Relations* (London: Palgrave Macmillan, 2007), p. 32.

必是非国家行为体。由此，这两个概念在某种情况下可以互换。

（二）中德两国的人文交流政策

本文的第二部分将德国对外文化与教育政策和中国对外人文交流政策进行对比。这两个看似不同的概念具有可比性，是因为它们是公共外交概念在德国和中国的“本土化”。

在德国方面，官方政策术语中极少出现“公共外交”或者“人文交流”的字眼，取而代之的是“德国对外文化与教育政策”（最初是使用“对外文化政策”，2001年将教育政策扩展进来）。这个概念由德国莱比锡大学文化历史学家卡尔·兰普瑞希特（Karl Lamprecht）于1913年首次提出。① 德国前总理维利·勃兰特（Willy Brandt）将它称作德国外交的“第三根支柱”，这一战略定位一直由联邦德国外交部沿袭至今。德国对外文化与教育政策包括三大工作重点：促进海外德语的传播和教育、加强科技与学术合作、促进文化交流对话与学术交流。② 由此可见，德国对外文化与教育政策包含了人员交流、思想交流和文化交流三大层面，这和广义的公共外交（包括人文交流）相一致。德国学者丹尼尔·奥斯特洛夫斯基（Daniel Ostrowski）依据不同实施对象将公共外交分为三类，即公共关系（媒体关系）、对外文化与教育政策（文化外交）及建立关系网。③ 这一划分法也将德国的对外文化与教育政策归入了公共外交范畴。

在中国，近年来，党和国家不断重视国家文化软实力的建设，大力开展公共外交活动，尤其专门出台政策文件改进中外人文交流。2017年12月，《关于加强和改进中外人文交流工作的若干意见》（以下简称《意见》）发布，这是党和国家首次针对中外人文交流工作制定专门文件，对进一步

---

① Wilfried Grolig et al., “Auswärtige Kultur- und Bildungspolitik und Public Diplomacy,” in Thomas Jäger, Alexander Hosee, and Kai Oppermann, *Deutsche Außenpolitik: Sicherheit, Wohlfahrt, Institutionen und Normen* (Wiesbaden: VS Verlag für Sozialwissenschaften, 2010), p. 548.

② Bundesregierung, “21. Bericht der Bundesregierung zur Auswärtigen Kultur- und Bildungspolitik für das Jahr 2017,” Berlin, 2017, p.2, https://www.auswaertiges-amt.de/blob/2177718/893ae0d7033056d7f6ce7e51a61d42e0/akbp-bericht-2017-data.pdf.

③ Daniel Ostrowski, *Die Public Diplomacy der deutschen Auslandsvertretungen weltweit: Theorie und Praxis der deutschen Auslandsöffentlichkeitsarbeit* (Wiesbaden: VS Verlag für Sozialwissenschaften, 2010), p. 39.

做好中外人文交流工作具有重要指导意义。《意见》中再次强调，人文交流是中国新时代对外关系的一大支柱。从中央的文件来看，人文交流概念的界定也发生了变化。党的十八大报告提出，“扎实推进公共外交和人文交流，维护我国海外合法利益”，将公共外交与人文交流相区分，认为公共外交是以政府为主导，人文交流则是纯民间的。党的十九大报告则明确指出，要加强中外人文交流，以我为主、兼收并蓄。自此，中外人文交流基本上涵盖了原先广义的公共外交所包含的内容。

综上所述，中国对外人文交流政策概念的广度比德国对外文化与教育政策的更大，但是两者都属于公共外交范畴，因此具有可比性。

二、中德两国对外人文交流政策的三维分析

对于公共外交，学界往往从三个层面展开分析，即理念层面、制度层面和器物层面。这一分析维度同样可以运用在人文交流政策上。

首先是理念层面，即人文交流的理念，这也涉及人文交流的目标。原则上，对外人文交流旨在以“人”为媒介、以“文化”为工具，通过开展交流活动加深国外公众对本国的理解、提升本国影响力和改善国家形象，从而保障本国外交利益和全球利益。与传统外交手段不同的一点是，对外人文交流不仅通过展示民族文化成就来获得认同，还关乎双向沟通、建立信任，其宗旨是建立互利合作伙伴关系。

其次是制度层面，包括人文交流的主管机制、执行机制和融资机制，即其在主管统筹、具体执行和提供资金来源各方面的行为主体及其运行方式。

最后是器物层面（具象层面），即人文交流的对象、具体的措施及其特点。根据作用时间的长短及目的的不同，人文交流的常见措施包括短期的沟通，如针对危机应对的日常事务信息交流与新闻管理活动①，中期的对外宣传活动，以及旨在建立长期的相互理解和信任的文教、科研、体育或艺术等领域的交流措施。②

① Mark Leonard, *Public Diplomacy* (London:Foreign Policy Centre, 2002), pp. 10-11.

② Daniel Ostrowski,*Die Public Diplomacy der deutschen Auslandsvertretungen weltweit: Theorie und Praxis der deutschen Auslandsöffentlichkeitsarbeit* (Wiesbaden: VS Verlag für Sozialwissenschaften, 2010), p. 23.

前文已说明德国对外文化与教育政策与人文交流概念之间的相通性，以下出于中德比较需要，将德国对外文化与教育政策统称为德国对外人文交流政策，从上述人文交流的理念、制度、器物这三个层面出发，来与中国对外人文交流政策进行比较。

（一）理念层面

作为德国外交的第三根支柱，德国对外人文交流政策的目标与德国外交的总体目标保持一致，主要表现为以下三个方面：一是通过加强与欧洲伙伴的合作，促进欧洲一体化进程；二是通过跨文化对话交流、保护多样性和促进文化认同，从而解决争端，维护世界和平；三是通过文化和媒体活动，面向全世界开拓职业前景和创造教育机会，建立全球伙伴关系，促进和加强国际合作，其中强调建立并维护与各个重点区域的合作关系。[①] 德国对外人文交流政策的核心“关乎德国对外政策利益的实现”，力图通过对外人文交流政策，“努力在世界上塑造一个良好的德国形象，并影响对象国的社会文化，使其朝着有利于德国的方向发展”。[②] 对外人文交流要传达德国的理念和价值，如欧洲启蒙、理性、坦诚、批评和自我批评的能力、革新精神以及内化其中的进步精神等。[③] 当前，德国对外人文交流政策针对的对象国放在与德国有交流的重点区域，在关注欧盟层面的合作的同时，也注重局势复杂的国家或者进行变革的国家，旨在改善全世界的文化和教育机会，从而为对话、文化创造和相互理解提供条件。[④]

中国旨在通过对外人文交流，进一步夯实国与国关系的民意基础，进一步提升国家形象和软实力，以及进一步提升全方位对外开放水平，相互借鉴文明成果。其中，中外人文交流的首要目标是要改善中国的国际形

---

① Bundesregierung, “21. Bericht der Bundesregierung zur Auswärtigen Kultur- und Bildungspolitik für das Jahr 2017,” p. 6.

② 殷桐生:《德国外交通论》，外语教育与研究出版社，2010，第469页。

③ Auswärtiges Amt, “Die Auswärtige Kultur- und Bildungspolitik in Zeiten der Globalisierung,” Berlin, 2012, p. 14, https://www.auswaertiges-amt.de/blob/216926/7d376f02266f1e65c45ac838ea15dc73/akbp-globalisierung-data.pdf.

④ Bundesregierung, “20. Bericht der Bundesregierung zur Auswärtigen Kultur- und Bildungspolitik 2016,” Berlin, 2016, p. 15, https://www.auswaertiges-amt.de/blob/289396/58d60f4040d34e5a1a0d69fba06de725/170427-akbp16-data.pdf.

象，通过改善国际上对中国政治体制、外交政策和人权状况的形象来消除对中国的误解，建立政治信任。在中国实力提升而西方炒作“中国威胁论”的背景下，中国通过推进对外人文交流，树立一个和平发展的负责任的大国形象，从而为国际合作和友好发展奠定基础。党的十九大报告中提到：“加强中外人文交流，以我为主、兼收并蓄。推进国际传播能力建设，讲好中国故事，展现真实、立体、全面的中国，提高国家文化软实力。”① 从这一点也可以看出，中国对外人文交流的着重点并非单向文化传播、扩大影响，而是坚持“走出去”和“引进来”双向发力，讲求双向的影响和互相学习。

总的来说，通过对比中国和德国对外人文交流政策的理念，可以看出两者的共同之处是以民心相通和文明互鉴为宗旨，深入推进不同国家、不同地区、不同文明之间的交流互鉴。其根本目标都和国家外交总体目标相符合，即通过树立良好的国家形象增强软实力，发展综合国力。而两者的区别在于，如果说德国对外人文交流更多的是以发展中国家为主要对象，以人文交流为工具输出其价值观，从而影响对象国的社会文化，那么中国对外人文交流强调的更多的是以发达国家为对象，务求自我文化思想价值观和发展道路得到国际的尊重和认可。

（二）制度层面

德国方面，总的来说是一种政府统筹协调和中介机构执行并举的模式。在主管机制上，由德国外交部负责代表德国政府协调和说明德国的对外人文交流政策方针，具体的主管机构是外交部下属的文化与教育司。2008年春季，德国外交部进行结构重组，新设立了文化与交流司，统管德国对外人文交流政策。德国外交部的具体职权包括起草对外人文交流政策的纲领和向议会提交对外人文交流政策年度报告，即“白皮书”。除外交部以外，其他联邦部委，诸如联邦教育与研究部、联邦经济部、联邦经济合作与发展部等，也涉及对外人文交流政策的工作任务。在实际工作中，

① 习近平：《决胜全面建成小康社会　夺取新时代中国特色社会主义伟大胜利——在中国共产党第十九次全国代表大会上的报告》，新华网，2017年10月27日，http://www.xinhuanet.com/2017-10/27/c_1121867529.htm。

联邦政府制定对外人文交流政策的战略指导方针，并委托中介机构和合作伙伴实施这些指导方针。① 此外，联邦议会通过要求政府提交德国对外人文交流政策年度报告进行政策监督，通过财政预算权对对外人文交流政策的制定施加影响。总的来说，德国联邦议会和联邦政府恪守“不干涉和侵害政策实施过程中文化、艺术和科学的高度自治原则和特性”②，主要发挥指引方向、监督执行和提供财政支持的作用，注重民间文化中介机构的自我管理。

从执行机制看，德国对外人文交流政策主要由各大对外文化中介机构负责具体执行，例如歌德学院、德意志学术交流中心、德国对外关系研究所、洪堡基金会等，此外，还有合作学校、德国国家资助的双边文化协会、德国人文社科机构等。“中介机构和合作伙伴的特点是它们的多样性，以及它们在落实计划和项目时很大程度上的独立性”。③ 国家机构主要负责管理，而对外文化中介机构参与实际的运作，达到“事权分离”的平衡。2006年起，德国外交部和中介机构每年签订目标协议（Zielvereinbarung），以更好地对其进行管理。④ 基于所达成的协议，德国外交部文化与交流司作为联邦层面的代表，参与文化中介机构的议程设定过程，但政府并不干预文化项目的实际执行过程，各个中介机构享有完全的独立空间。除此之外，德国外交部也承担了部分对外人文交流工作的实际执行工作，这里指的主要是在跨文化对话领域的高层对话中发挥沟通与协调作用。当某个对外人文交流项目涉及特定联邦部门的业务时，这些部门也会参与其中。比如，在留学生交流方面，德国外交部和联邦教育与研究部共同负责。

在融资机制方面，德国对外人文交流政策资金的主要来源是国家预算拨款，其中约57%分配给德国外交部，其他部委中获得预算资金比较突出的有联邦文化与媒体部（18%）、联邦教育与研究部（10%）等。2017

---

① Bundesregierung, “20. Bericht der Bundesregierung zur Auswärtigen Kultur- und Bildungspolitik 2016,” p. 18.

② Otto Singer, “Kontrolle und Impulse-Die Mitwirkung des Bundestages,” in Kurt-Jürgen Maaß, *Kultur und Außenpolitik* (Baden-Baden: Nomos Verlagsgesellschaft, 2005), p. 180.

③ Bundesregierung, “20. Bericht der Bundesregierung zur Auswärtigen Kultur- und Bildungspolitik 2016,” p. 18.

④ Kurt-Jürgen Maaß (ed.), *Kultur und Außenpolitik Handbuch für Wissenschaft und Praxis*, 3. Auflage (Baden-Baden: Nomos Verlagsgesellschaft, 2015), p. 265.

年，联邦政府对外人文交流政策的财政预算总额为18.49亿欧元。[①] 除此之外，民间资本也有加入。这是基于联邦议院的一份决议，由此，民间资本（工商企业及个人的赞助）得以在这种“公私伙伴关系”（Public Private Partnership）的框架里发展壮大。以歌德学院为例，由歌德学院负责开展的对外文化活动在2017年度得到了约177个企业或个人的资助，其中不乏德意志银行、奥迪公司等知名企业。[②]

反观中国，在主管机制层面，由外交部针对各地区设立的各司对涉及主管地区、国家的具体政策和交往合作进行主管协调。同时，教育部下设中外人文交流中心，以贯彻落实党中央、国务院关于加强和改进中外人文交流的战略部署，进一步做好中外人文交流工作。[③] 文化和旅游部下设的国际交流与合作局同时具有指导、管理文化和旅游对外及对港澳台交流合作与宣传推广工作，承担政府、民间及国际组织在文化和旅游领域交流合作相关事务的职能。除此之外，国家级社团，如中国大学生体育协会，也会通过组织相关活动主持开展国际交流。具体到与某些国家建立的中外人文交流机制，教育部国际合作与交流司下设的中外人文交流机制办公室则承担了包括中德在内的各个中外人文交流机制（合作委员会）中方秘书处办公室职责，会同有关部门及时汇总上报机制（委员会）分支机构合作情况，协调、督促机制（委员会）双方主席达成的协议的落实和执行。

在执行机制方面，中国对外人文交流政策主要由文化和旅游部、教育部等政府部门下属的文化中介机构负责具体的政策执行，包括中国国际文化交流中心、中外文化交流中心、国家汉办（孔子学院总部）等，此外还有中国对外文化交流协会等从事民间文化教育交流的非营利性社会团体。举例来说，文化和旅游部具有“拟订对外及对港澳台的文化交流政策”及“组织实施大型对外文化交流活动”[④] 的职权，中外文化交流中心作为其直

---

① Bundesregierung, “21. Bericht der Bundesregierung zur Auswärtigen Kultur- und Bildungspolitik für das Jahr 2017,” p. 8.

② 歌德学院网站，https://www.goethe.de/de/uun/foe.html，访问时间：2018年10月1日。

③《教育部关于设立教育部中外人文交流中心的通知》，中华人民共和国教育部网站，2017年11月8日，http://www.moe.edu.cn/srcsite/A04/s7051/201712/t20171201_320385.html。

④《2017年度文化和旅游部部门决算》，中华人民共和国文化和旅游部网站，2018年7月20日，第5页，http://zwgk.mct.gov.cn/auto255/201807/W020180727352950695892.pdf。

属事业单位专门从事中外文化交流工作，在实际促进中外文化交流方面发挥重要作用。[①] 另一个重要的中国对外文化交流中介机构国家汉办则属于教育部直属单位。可以说，在中国对外人文交流政策的具体实施方面，决议的下达乃至具体项目的投入实施大致上是秉承“自上而下”的脉络和逻辑，更多的是强调政府统筹指导和监督管理作用，而中介机构的独立性相对有限。

在融资机制方面，中国对外人文交流政策具体项目的资金来源主要是各部委拨款，此外也有民间融资的支持。例如，具体的文化中介机构的经费来源，还包括国内外团体和个人捐赠以及在核准的业务范围内开展活动或服务的收入、利息等合法收入。

总的来说，在制度层面，中德两国对外人文交流政策在主要由政府进行统筹和资助方面存在共通点，具体的操作分政府统筹和部委协调两个方面进行，在文化中介机构参与项目执行方面也有相似之处。但是，在事权分离程度、中介机构独立性以及民间资本融资占比方面，中德之间存在差异性。其一，在对外人文交流政策项目的主管统筹方面，德国强调政府机构的监管职能，而中国官方机构在监管职能之外还扮演着实际统筹执行和方向把握的角色，可称之为“自上而下”的运行模式。其二，在执行机制方面，德国强调部委协作，以发挥中介机构独立运作作用为主，实现“事权分离”，而中国对外人文交流政策在具体落实上，由于部委间复杂的层级设置，其相互之间衔接相对较弱，而且中介机构独立发挥作用的空间相对德国方面来说较小。其三，在融资机制方面，中德两国人文交流中介机构的资金来源均在政府融资之外涵盖了民间资本的投入，但德国方面呈现出民间资本占比相对较高的特征。

（三）器物层面

根据德国联邦政府的相关报告，德国对外人文交流主要包含以下工作内容和措施[②]：

---

① 中外文化交流中心官网，http://zwgk.mct.gov.cn/auto255/200507/t20050721_465482.html?keywords=，访问时间：2018年10月2日。

② Bundesregierung, “21. Bericht der Bundesregierung zur Auswärtigen Kultur- und Bildungspolitik für das Jahr 2017,” p. 31.

第一，促进海外德语的传播和教育，具体的措施包括提供语言课程、支持海外德语教学机构等。2014年起，《海外学校法》实施，规定加大对民间资本的利用，放宽海外德国学校的运作限制，推动了海外德国学校的发展。

第二，加强科技与学术合作，尤其针对来自发展中国家的对象，为其提供教育服务。德国每年邀请约1000名来自国外的访客，让他们有机会亲身体验德国的社会文化，从而为建立德国国家形象、促进沟通交流铺平道路。

第三，促进文化交流对话与学术交流，即文化领域的信息与合作，包括高层对话、考古和历史领域的合作以及青年交流活动。

综上，德国将人文交流的重点落在了“文”，包括文化的传播和教育的发展上。这是基于德国现代人文资源优势，即先进的教育水平、发达的现代科技、健全的法制体系，以及建立在此基础上的开放、包容、进取的思想文化。

中国方面，对外人文交流政策的具体措施兼重“人”与“文”两个方面，在突出双向人员交流的同时，注重以孔子学院（课堂）和中国文化中心为载体，将中国传统文化资源传播出去，并以此为基础，讲好当今中国的故事。

总的来说，中德对外人文交流政策在器物层面都以语言、文化为主要资源，但也存在区别。例如，在关注点方面，德国更加强调学术教育交流，而中国强调传统文化的传播与交流。

结合理念、制度、器物维度的对比分析，前文提及的中德对外人文交流政策异同如表1所示，其中最重要的区别可概括为德国的“非中心化”模式和中国的“自上而下”模式之间的区别。“非中心化”模式是一种各层面公共与私人行为体之间的“多层责任分担型”模式①，强调的是一种在项目决策、执行与融资上的“公私合作关系”，实现了“事权分离”。“自上而下”模式则突出政府机构台前幕后两把抓，实际运行中也提供方向指导和实际统筹，更接近“事权一体”的模式。“非中心化”模式使政府机构

① 金子将史、北野充主编《公共外交——“舆论时代”的外交战略》，《公共外交》翻译组译，外语教育与研究出版社，2010，第55页。

退居幕后，增加了项目的中立性和多样化程度，并且在保证执行机构独立性的同时，也能减少外界对国家进行政治宣传的猜疑。与此相对，“自上而下”的中心化模式意味着政府机构统筹把控力强，具有缩短协调时间，从而有利于更高效地实施具体项目的优势。

表1　中德对外人文交流政策对比

<table>
<tr><th rowspan="2"></th><th colspan="2">理念层面</th><th colspan="2">制度层面（主管机制、执行机制、融资机制）</th><th colspan="2">器物层面</th></tr>
<tr><th>相同点</th><th>不同点</th><th>相同点</th><th>不同点</th><th>相同点</th><th>不同点</th></tr>
<tr><td>德国对外文化与教育政策</td><td rowspan="2">根本目标和国家外交总体目标相符合：通过树立良好的国家形象增强软实力，发展综合国力</td><td>以人文交流为工具输出价值观，以发展中国家为目标施加影响</td><td>（1）由政府进行统筹和资助
（2）具体的操作分政府统筹和部委协调两个方面进行</td><td>（1）事权分离程度高：官方机构监管职能
（2）部委协作，中介机构独立性较高
（3）民间资本占比较高</td><td rowspan="2">以语言、文化为主要资源</td><td>强调学术教育交流</td></tr>
<tr><td>中国对外人文交流政策</td><td>双向影响和互相学习，以发达国家为对象务求获得国际尊重和认可</td><td>（3）具体执行机构的相似之处</td><td>（1）事权分离程度较低：官方机构监管、实际统筹执行和方向把握职能
（2）部委衔接相对较弱，中介机构独立性有限
（3）民间资本占比较低</td><td>强调传统文化传播</td></tr>
</table>

表格来源：作者自制。

三、结语：影响及应对

2017年5月24日，中德高级别人文交流对话机制（以下简称“机制”）首次会议在北京举行，会议以“人文交流，合作共赢”为主题，签署了中德两国关于建立高级别人文交流对话机制的联合声明。经双方协商，机制目前包含教育、文化、媒体、体育、青年5个领域。随着机制运行不断成熟，双方将逐步纳入共同感兴趣的其他领域，不断扩大机制内涵。在中德建交45周年之际，建立中德高级别人文交流对话机制，将为双方进一步加强人文交流搭建更高层次的平台，将现有成功但各自独立的活动和项目整合在一个框架内，为两国民间交往开辟更多渠道，为交流领域的不断拓宽、合作内容的日益深入提供有力的支持和保障，使人文交流与经贸合作、政治互信一道成为中德关系的三大支柱。这不仅有利于加强中德两国长久合作的民意基础，更有利于双边和多边文明互鉴，具有全球意义。①

尽管中德两国之间已经建立了高级别人文交流对话机制，并且在此框架下启动了一系列项目与活动，但是，由于中德人文交流政策前述差异性的存在，中德人文交流实践会面临一些挑战，这是中国需要加以积极应对的。

首先，在理念层面，德国对外人文交流政策更加注重输出其价值观，并按其价值观来塑造和改造对象国。有鉴于此，如果德国方面以文化上的“优越感”自居，在对华人文交流中居高临下，妄想充当“教师爷”，就会违背人文交流本应实现的民心相通目标，而成为中德关系中的障碍本身。针对这一问题，中国在与德国开展人文交流时，要重申中国的文明交流互鉴方案，强调不同文明应互相尊重，没有高低优劣之分，不同文明要和谐共存而非彼此冲突。

其次，在制度层面，中德在事权分离程度、中介机构独立性以及民间资本融资占比方面的差异性，会使德国方面认为中国的对外人文交流更多的是国家的外宣行为，民间性弱，由此会谋求在既有框架以外，与中国的民间组织开展更直接的交流。有鉴于此，中国可以更多地让文化中介机构站在前台，与德国的文化中介机构直接互动对接，这不仅可以消除德国的疑虑，也能培育和增强中国文化中介机构的独立性，在执行上和资金筹措上为政府减负。

最后，在器物方面，中德人文交流关注点的差异限制了新交流合作领

---

① 教育部国际合作与交流司:《中德高级别人文交流对话机制相关情况介绍》，中华人民共和国教育部网站，2017年5月16日，http://www.moe.edu.cn/jyb_xwfb/xw_fbh/moe_2069/xwfbh_2017n/xwfb_070516/170516_sfcl/201705/t20170516_304763.html。

域的开拓和新项目的开展。如前文所提及，中国在对外人文交流中更注重传统文化的传播，所开展的人文交流内容主要在戏曲、展览、民间艺术、武术、气功、中医等传统文化上，当今中国文化精粹的展现相对缺乏。而德国则更加着重于现代学术与教育领域的交流。针对这一不对称性，中国在继续传播和推广传统文化的同时，可进一步增强现代科学技术、学术、教育等领域的对德交流，由此呈现给德国一个更加全面的国家形象，这也有助于体现中国在现代科学技术、学术和教育领域的进步乃至先进性，为双方平等、互利、共赢的合作打下更为扎实的基础。

中法人文交流的法国底色及其影响

张金岭

【内容提要】着眼于推进和深化中国与法国之间的人文交流，本文尝试从史、实、识三个层面，探讨和分析法国社会中所积淀的有关中国的基本认知，及其对当下中法人文交流的潜在影响。法国社会逐步积淀的有关中国的认知建构，早已形成一种刻板印象，并作为一个历史底版在新的环境下不断被冲洗、复制。很多中国文化元素以不同方式嵌入当代法国社会，有些甚至成为法国人日常生活的一部分，建构了一种特殊的中国文化空间，成为法国人认知和理解中国的底色。在法国有关中国的各类知识生产当中，被塑造的中国形象是一种异常复杂的多重景象的交叠，其政治主导性越来越明显且强势。推动对法人文交流的深入，必须要认真对待法国方面所呈现出来的有关中国认知的复杂底色，它既反映着中法两国人文互动的经验累积，也折射出需要克服的多重困难。

【关键词】人文交流　法国　历史积淀　文化空间　知识生产

【作者简介】张金岭，中国社会科学院欧洲研究所研究员、社会文化研究室主任。

对外人文交流的具体实践不能也无法大而化之，必须要充分考虑到与之互动的不同交流对象文化传统的差异，在平等互尊的前提下，因地制宜地探讨与不同国家、民族之间开展人文交流的方式方法。实际上，站在中国的立场上看，就此需要深入探知和理解的，不只是不同国家与民族自身各异的文化传统，还应当包括在它们各自的社会文化积淀中所累积的有关中国的认知底色。这两种不同维度下有关人文交流对象的认知与理解，既有助于更好地将平等互尊的原则具体化为现实中的人文互动，亦有益于“扬长避短”“查缺补漏”“和而不同”地落实中外人文交流的具体项目与活动。

着眼于推进和深化中国与法国之间的人文交流，本文拟尝试探讨和理解法国社会中所积淀的有关中国的基本认知，分析其对当下中法人文交流的潜在影响，并以此作为范式个案，讨论如何在中外人文交流研究、区域与国别研究等领域内探讨和理解中国被世界各国认知的形象及其路径。

一、史：法国历史积淀中的“中国形象”

法国关于中国的认知与理解，延承了一个十分深厚的历史与知识传统，这一传统早已成为沉淀于当代法国社会中有关中国认知的文化基础。

作为西方文化大国的法国，很早就开始与中国进行文化交流。两个国家的第一次“亲密接触”出现在古代丝绸之路作为中西商业轴心的时代。从16世纪中叶开始，受耶稣会士东行传教的影响，中法之间的文化交流开始日益深入。此后几百年间，大批传教士、外交官，以及商人、作家等，或基于亲自远赴中国的实地考察，或通过阅读各类关于中国的译作与见闻著述等，创作了大量关于中国的作品，它们逐步影响到一代又一代的法国人关于遥远中国的认知。

早在16世纪后期，以“我知道什么?”为座右铭的法国思想家蒙田（Michel de Montaigne）就在其作品中提到了中国的强大，以及中国历史文化的悠久与繁荣，并有意识地将之与当时的法国进行对比，借这个强大的东方国家来表达自己对法国社会与文明的诸多思考。蒙田能够清醒地认识到与其他民族文化开展对话的重要性，并正面地看待中国文化与西方文化的差异，在当时实属难能可贵。

在文艺复兴后期，法国兴起了对中国文化风物的热切追求，这一风尚到路易十四时代发展至极致。从瓷器到丝绸，从绘画到装饰，从园林到家居，法国社会对中国文化所代表的充满异国情调的艺术风格与审美认知的推崇，还广泛地影响到欧洲其他国家。这一被后人称为“中国风”（chinoiserie）的现象，直到今天依然在法国社会中有所遗存，其踪影不仅出现在博物馆里，还存在于很多普通人的生活之中。

到启蒙运动时期，“中国风”所代表的那种比较积极的中国形象开始在法国慢慢分化，关于遥远中国的双重想象与认知逐渐在法国社会中产生广泛影响。启蒙思想家伏尔泰（Voltaire）和孟德斯鸠（Montesquieu）分别是有关中国双重想象的两个典型代表。他们二人眼中的中国形象代表了当时的中国被法国乃至欧洲圈定的两种范型，也体现出推崇中国与反对中国两种态度的对立。

伏尔泰是非常积极学习中国文化的倡导者，极为推崇中国的儒家思想，被称为“法国孔夫子”。在其著作中，完全论述中国或部分涉及中国的地方有70处之多，他与朋友谈及中国的信件则达200余封。[①] 伏尔泰热衷于赞美中国的道德与法律，在其言行及其著书论说中，把孔子看作是“理性”和“智慧”的“阐释者”，有时候甚至故意曲解中国的历史和现实，依照自己的想法任意地加以阐释。作为一名进步的思想家，伏尔泰对于当时中国思想文化的推崇，绝非是出于猎奇的好奇心，而是他对于中国的接触，与其当时的启蒙思想有不谋而合之处，产生了共鸣，使其从中汲取了思想营养，满足了他寻找某种文明载体与思想，以反对当时法国的基督教思想及其势力、反对封建主义的需求。伏尔泰正是借用了中国和其他东方国家的思想文化，才拓展了自己的思想视野，逐步形成了自己的启蒙思想体系。

孟德斯鸠则是与之相反的代表。他对中国的理解几乎都是负面的。在孟德斯鸠所建构的自由法治思想中，中国被用作为一个恰好的反例。中国与西方的差别不仅仅是法律的优劣，甚至中国的道德与西方的道德也是不可比拟的。他铁了心地认为，“各方面的报道证明，中华帝国是专制帝国”，“中国是一个专制的国家，它的原则是恐怖”。[②]

伏尔泰与孟德斯鸠对于中国文化的立场，鲜明地体现出两种认识倾向。他们二人虽基本上生活在同一历史时代，但彼此的生命经历不同，由此导致的价值取向也有所不同。他们“不约而同”地以中国当作自己阐发启蒙思想的工具，是受到了时代的结构性影响，即为启蒙时代的“元叙事”话语带给他们的影响；而二人对于中国“现实”的取舍及评价各有各的标准，则体现出其生命历程中不同文化因素的影响。[③] 二人所建构的中国形

① *Dictionnaire général de Voltaire*, publié sous la direction de Raymond Trousson et Jeroom Vercruysse, Paris, Honoré Champion Éditeur, 2003, p.198.

② Montesquieu, «De l’empire de la Chine», *Oeuvres complètes (II)*, Paris, Éditions Gallimard, 1951, p.368.

③ 张金岭：《法国人文化想象中的“他者”建构：基于里昂的一项民族志研究》，社会科学文献出版社，2018，第74页。

象，此后在法国社会中深深地扎了根，影响了一代又一代的法国人。而孟德斯鸠所认知的中国形象，后来则不断拓展，逐步占据主导地位，成为法国社会认知中国的一抹浓重的底色。

从19世纪中期开始，中国文化热在法国开始逐步退潮，进入文化史家所说的“中国摒弃期”。[①] 西方国家用坚船利炮打开中国的大门之后，在接下来将近百年的时间里，中国的形象基本上负面得一塌糊涂。在此期间，新一批法国知识分子跟随着法国的商船、军队等来到中国，他们有了亲自接触中国、体验中国社会与文化的机会，也记录下了更多切身的中国经验。西方种族主义的兴起深刻地影响到了他们对待中国的态度。在当时的通俗文学、报刊、小说和戏剧中，中国和中国人的形象多以远赴中国的旅行家的记述为依据，而这些旅行家对中国的看法往往受到殖民主义、种族主义偏见的局限和歪曲。

不过，值得注意的是，尽管从19世纪中后期开始，中国几乎被法国的主导性舆论话语贴上了甚是负面的标签，但依然有人对之喜爱如初，保持一种积极的认知态度。比如，具有明显重农色彩和自由主义倾向的社会改革学派（École de la réforme sociale，也称勒·普雷学派），就对中华文明崇尚有加。该学派创始人弗雷德里克·勒·普雷（Frédéric Le Play）主张借鉴中华文明的优越性提出法国社会与政治改革的具体举措，并试图探索一种普适的人类社会基础结构。这一学派曾经创办的两份杂志——《社会改革》和《社会科学》，均在其发行的全盛时期着重刊登过一系列关于中国的专题研究文章。[②]

自1949年新中国成立之后，中国则几乎被法国知识界建构成另外一个更为异化的“他者”。这个时候的中国，在多数法国人眼中，逐渐褪去了文化的外衣和色彩，更多以“政治中国”的面目出现。在意识形态冲突、政治偏见等多重因素的影响下，有越来越多的人开始抨击由共产党领导的新中国。不过，在20世纪五六十年代，法国也曾出现过关于中国的“狂热”。大部分在那个时期到过中国的法国知识分子，如哲学家萨特（Jean-

① 史景迁：《文化类同与文化利用：世界文化总体对话中的中国形象》，廖世奇、彭小樵译，北京大学出版社，1997，第68页。

② 郭丽娜：《法国勒·普雷学派的中国研究及其影响》，《世界历史》2016年第5期。

Paul Sartre）等，曾经在新中国的社会主义建设成就面前兴奋不已，并在回到法国后毫不犹豫地创作和出版过为社会主义歌功颂德的作品。[①] 只是，当这一热情逐渐冷却之后，人们对中国的批评则在政治层面表现得更加猛烈。

自20世纪末以来，"经济中国"又慢慢成为包括法国在内的诸多西方国家主流话语所打造的一种中国形象。中国经济高速发展的新时代带动了中法之间的经贸合作，随之而来的经济实惠也曾一度淡化了中国在政治领域所遭受的诸多批评。而时至今日，受反全球化等思潮的影响，"经济中国"却又带来了另外一种维度的负面影响。在"政治中国"与"经济中国"成为法国认知中国的两种主导范式的同时，"文化中国"始终保持着某种独特的"中立性"，只不过它退缩在所谓的"过去"的维度上。在很多法国人眼中，古老的中国、过去的中国、传统的中国才真正代表着所谓的"中国"。

在对法国社会有关中国认知的历史积淀中，可以看到上述这样一个大致的史变脉络。逐步积淀的有关中国的认知，早已形成一种刻板印象，并作为一个历史底版在新的环境下不断被冲洗、复制，中国形象似乎永远去除不掉那些负面的刻板形象。这一底色影响的不仅是法国的精英群体，还包括普通老百姓，不同的人根据自己不同的经历、认知等冲洗出不同的中国形象。

二、实：法国现实社会中的"中国在场"

对于法国而言，中国是一个遥远的东方国家，不是普通人能有机会与之密切接触的。但是，自20世纪以来，法国人在法国社会中接触和了解"中国"的机会，却远远大于中国人在中国社会里了解"法国"的机会。当然，出现在法国现实社会中的"中国"，自然是以其多种象征符号为代表而现身的。这些符号深深地嵌入法国社会，有些甚至成为法国人日常生活的一部分，它们以这样一种独特的"中国在场"在法国多地建构了一种

① 缪里尔·德特里：《法国—中国：两个世界的碰撞》，余磊、朱志平译，上海译文出版社，2004，第79页。

特殊的中国文化空间，成为法国人认知和理解中国的另一种底色。法国现实社会中的“中国在场”，主要体现在以下几个方面：

一是华人社区。华人社区是最为直观的中国文化空间，多数法国人正是通过华人社区及其建构的生活实践与文化氛围，来接触和了解中国文化的。不过，他们通过这种途径所了解到的中国文化实则是早已被华人的移民经历过滤、被法国本土文化所涵化了的中国文化。整个20世纪，法国华人聚居区的形成和发展经历了好几股浪潮。第一次世界大战期间和战后来到法国并最终定居下来的中国劳工和勤工俭学的学生形成了法国华人社群的雏形。后来，中华人民共和国成立前后，法国又迎来了一批数量不多的中国侨民。1976年，美国在越南战争的失败，导致胡志明市（旧称西贡）中国城堤岸的成千上万的华人来到法国。1978年，又有众多柬埔寨华人为躲避“红色高棉”而移居法国。[①] 最后一股浪潮是伴随着20世纪80年代初中国的对外开放出现的，最初人数不多，但时至今日，从中国各地到法国学习、交流和工作的人员数量大幅增加，其中有很多人已经扎根于法国。很明显，法国的“华人社群”具有多元来源，其成员在背景、语言、习俗、观念等方面，表现出很大的差异。可以说，华人社区中的所谓“中国人”，有相当一部分并非直接来自“中国”，就其国籍而言，已不再是“中国人”，但他们是作为中国延伸的文化符号而存在的，依然是当地人认知中国文化与遥远中国的一个重要媒介。不过，应当看到，随着在法国学习、工作或创业的新一代中国人越来越多，他们正在形成新的“华人社群”，虽然不再像老一辈华侨那样，在空间上呈现出明显的聚居表征，却因其拓展和加深了华人群体与法国社会的多领域互动，让更多法国人有机会通过他们所促进的经济—社会空间了解到依然遥远的中国。

二是社团组织。法国人有着比较悠久的结社传统[②]，而以中国文化作

---

① 缪里尔·德特里：《法国—中国：两个世界的碰撞》，第88—89页。

② 1919年成立的里昂中法大学就是在“社团组织”的框架下建立的，是一个非营利性、非商业化，不从属于任何政治、宗教组织团体的独立机构。作为其管理机构的中法大学协会就是在认定中法大学应以“协会”形式为其法律基础的共识上建立的。在成立之初的章程中有明确的规定，协会内部相关职务均设中法双职。相关资料参见：«Statuts de l'Association universitaire franco-chinoise», in Yann Philippe, *L'Institut franco-chinois* ; «un exemple réussi de collaboration en éducation ?», mémoire de maîtrise, sous la direction de Mme Christine Cornet, Université Lumière Lyon II, Faculté GHHAT, p. 248.

为纽带而成立的众多社团组织，不但成为法国民众了解中国文化的一种凭介，也在很大范畴内较为深刻地改变了一些人的生活方式。这些社团组织所开展的各类文化活动，成为很多法国百姓了解中国、熟悉中国文化的重要窗口，推动了中国文化在法国各地的传播。仅以法国里昂为例，就有多家影响甚大的涉华社团组织，比如里昂地区法中友好协会[①]、法中交流协会、中事协、中国电影俱乐部等。此外，还包括很多旨在推广中国文化的小型社团组织，其业务范畴涉及汉语、气功、太极拳、中医、绘画、音乐、养生、旅游、知识分享等多个领域。很多社团组织不但在当地组织活动，而且还将其活动拓展至中国，更是延伸了其作为法国人了解中国之中介的角色与功能。法国民众在社团组织领域内所了解到的中国，往往更具亲和力，但也多充满异国情调。

三是文化旅游。兴起于20世纪六七十年代的西方旅游工业，持续不断地把自己的同胞送往世界各地，去体验各种“他者”的文化。恰是在这样一种背景下，法国有越来越多的普通人能远赴万里去亲自感受中国。而在旅游工业的组织下，多数人所体验到的中国，基本上是众多旅行社想要“兜售”给他们的中国。恰如亨利·列斐伏尔（Henri Lefebvre）所理解的，旅游本身也是一种“空间的消费”。[②]就此而言，远赴中国的文化旅游，对于法国人而言，也是在空间维度上对中国文化与文化中国的“消费”，是他们在法国社会中感知中国的一种延伸与拓展。这种“空间的消费”使之可以获得“身临其境”的机会，以更加“真实”的方式来体验和感受中国文化，是他们寻找其关于中国的文化想象之旅。但是，旅游工业所呈现的中国，却是一种具有强烈的选择性特征的文化表征。如果细心分析诸多法国旅游中介向其同胞推荐的中国旅游路线便可以发现，多数路线及穿插其间的景点安排，几乎都特别强调要呈现一个古老且具有异国情调的中国，似乎是在帮助人们去中国寻找他们曾经在书本上、在博物馆里、在电视或电影中所看到、听到或感知到的关于中国的刻板印象。但实际上，法国旅游工业对中国的建构更为复杂，它也会关注中国的现代化大都市，让法国

---

① 该协会是法国法中友好协会联盟（Associations de la Fédération des Amitiés Franco-Chinoises）的成员。目前，该联盟在法国各地设有众多区域性会员。

② 亨利·列斐伏尔:《空间与政治》，李春译，上海人民出版社，2015，第107页。

游客在不同城市中感知中国的现代化发展所带来的不同体验。只不过，在有关中国现代化的旅游式解读中，中国式的“现代化”不但与西方不同，似乎更充满了“后现代主义”的意味，从而也在某种程度上被异化，尽管这种异化并不是充满敌意的，但它呈现的是法国人对现代中国“他者化”的认知范式。

四是中国商品。如今，来自中国的商品早已在法国随处可见，并深刻地影响着法国人的日常生活。“中国制造”这样一个符号，时刻提醒着法国人，“中国”在他们的社会生活中广泛存在。不过，这些商品在代表和表达中国方面是存在“能力”与“优势”差异的。现代工业制造品虽然贴着“中国制造”的铭牌，除体现技术文化方面的内容以外，却难以表达其他层面的文化内容，而众多文化器物和手工艺品等（尽管有些可能也是工业化生产的）却带有明显的中国文化气息与民族特色。值得注意的是，被包装成“商品”进入法国社会的，不仅仅是具体的物件，还包括像中医这样代表中国的非物质文化遗产。在中法人文交流中，中医扮演着特别重要的角色，尤其发挥着甚为正面积极的作用。从法国人对中医的认知与接受来看，它基本上扮演着五种角色：治病方法、养生之道、哲学思想、文化中介和消费商品。[①] 中医首先是一种治病医术，有很多医生用针灸、推拿、中药等为病人治病。而且值得注意的是，从医治病痛的角度来说，针灸是中医知识中最被法国人所广泛接受的，它也因其神奇的疗效为中医在法国赢得了声誉。法国人所理解的中医并非仅仅限于可以治疗某些病痛的针灸、推拿等，还同样包括按摩、饮食，以及“健身文化”（如气功、太极拳）等，它在这些方面所主张、提倡的一些做法，是人们很感兴趣的养生之道，还有人从中医知识中获得了通过饮食来养生的方法。中医也蕴藏着一种充满中国文化意蕴的哲学思想，体现着中国人认识世界的智慧，它集中国文化传统、哲学及智慧、实用于一体。中医还表现为一个具有强大的动员能力的文化中介，它不但成为法国人了解中国文化其他方面的一个甚好的窗口，同时也是他们了解亚洲各国文化的一个重要的载体。正是由于中医的诸多积极形象，围绕中医而兴起的诸多培训、养生等商业活动在法

① 张金岭:《法国人文化想象中的“他者”建构：基于里昂的一项民族志研究》，第163—172页。

国日益繁盛，既创造了经济效益，也提供了一定的工作岗位。

三、识：法国知识生产中的“中国认知”

无论法国人在现实社会中如何接触中国，或者说接触到的是一个怎样的中国，在他们的认知中总是不可避免地受到法国社会中所存在的各式各样的有关中国的知识生产的影响。其中，来自学界与媒体的有关中国的知识产出最值得关注。

学术知识生产中的“中国形象”似乎最具权威性，因为它通常被赋予理性、客观的色彩。在各国有关中国的知识生产中，“汉学家”往往是最受关注的一个学者群体。在法国，有关中国的知识传统同样在相当长的时间里被纳入“汉学”体系。汉学传统更多地从历史、哲学、文学等角度来理解中国，不但传承了“中国是什么”的知识体系，也在很大程度上框定了认知中国的视角与方法。如今再来回顾这一知识传统时，往往会看到其中潜藏的一些所谓的“刻板印象”，这代表着法国乃至整个西方国家认知中国的一种独特范式。

令人感到遗憾的是，在汉学传统中，散布于法国社会中的有关中国的“刻板认知”往往比其他知识传承中的中国形象更为广泛地被人们所接受。同时，也能普遍感受到，一部分接受过传统汉学训练的汉学家，在政治上往往都是以甚为负面的姿态来审视和表述中国的。从某种程度上讲，这是他们保持所谓政治正确性的一种表现。某些汉学家在其有关中国的知识生产中所秉持的一些观点与看法，更多地来自他们个人过于主观且表现出诸多偏见性的认知，但他们作为汉学家的身份，却往往使之具有广泛的知识影响力，其言论、著述经媒体与出版传播后，会影响到相当一部分普通人，后者很可能会将前者持有的一些见解与看法当作不容置疑的知识来接受并继续传播。

作为汉学传统的一种新发展，近几十年来，以“中国学”或“中国研究”之名兴起的学术研究与知识传统则重视从社会科学的角度来观察、阐释和理解中国，尤其是从政治、经济、外交与军事等方面，进而也增加了法国学界知识生产中有关中国认知的复杂性。

在法国汉学传统之外的其他学者那里，能看到这样一种现象，人类学家、社会学家眼中的中国，总体上比政治学、经济学等学科领域内所“制造”的中国要温情、积极得多。在一系列有关中国的知识生产中，固然能够看到学者个体之间的差异，但这些学者背后所归属的学科传统及其所属意识形态阵营则对之施加了更多的夹杂着其他因素的学术影响。伴随着以“学术产出”之名而呈现于世的有关中国的形象建构，另外一种刻板形象正在被持续制造着，这种形象背后夹杂着越来越多的充满各种力量竞争与话语争夺的意味。

可以说，在法国有关中国的知识生产当中，人们看到的是一种异常复杂的多重景象的交叠，在此景象中的中国形象日益复杂。在这样一种复杂的知识生产中，所呈现出来的最大问题就是政治主导越来越明显，而且越来越强势。多年前，笔者曾经在法国里昂见证过一场以“理想中的中国之城”为主题的壁画评选，看到过当地民众如何以文化的方式来理解中国，从而选出他们所想象的代表中国的“理想的中国城”，也见识到主办方又是如何在民意表达之外另行他路，再请人专门设计他们所要表达和传递的有关中国的混杂景象，制作了一幅异常复杂且象征性极强的作品，最后喷绘在当地某社区内的居民楼侧面。这场开始以公众评选为名启动，最终以专家意志形塑作品而结束的活动，以“艺术”之名完成了一项关于中国形象的制造与传播。[①] 其间，政治因素如何发挥作用，亦不难理解。

媒体报道也呈现为一种知识生产，它最具直接的感染力与号召力。如果说20年前中国在法国新闻媒体中的存在还较为淡薄的话，那么时至今日，中国几乎已无时无刻不是法国媒体关注的焦点。但是，令人遗憾的是，从中看到的是以负面形象为主的一个“多面中国”。长期以来，法国主流媒体在涉华报道中善于从政治、经济、社会、民族、人权、民主、教育、发展、环保、灾难、司法、腐败、外交、全球化等各个领域“发掘”所谓的“中国问题”，习惯于从负面的角度来呈现和审视当代中国，而有关中国正面形象的报道则比较少。这样一种媒体主导的有关中国的知识建构，在更为广泛的领域内为广大民众确立了一种认知中国的负面底色。

法国媒体总是习惯于认定中国的政治体制有问题，认为它是有“原

---

① 相关内容可参阅：张金岭《法国人文化想象中的“他者”建构：基于里昂的一项民族志研究》，第282—287页。

罪”的。在此刻板印象甚至是政治敌视中，他们自居于道德高地，认为中国做什么都是不对的，总是伺机寻找攻击中国的噱头，甚至有时候还故意捏造。在中国和平崛起、综合实力与世界影响力稳步上升的背景下，法国媒体从多个角度不断地塑造所谓“中国威胁论”。这些报道持续向媒体受众传递着这样的信息：中国是一个不容忽视、不得不与之交往的国家，但却是一个“危险”的国家，对世界尤其是西方国家的“威胁”无处不在。尽管“一带一路”倡议在世界范围内受到广泛关注，但法国主流媒体的相关报道比较少，而且在少有的报道中，几乎没有正面解读“一带一路”倡议的新闻稿。有些报道虽指向于所谓的建设成就，其背后却隐藏着媒体对“一带一路”的不安与恐惧，极力突出中国在“一带一路”倡议中“争霸世界的野心”。

如此状况严重影响了法国民众对当代中国社会发展的认知，对于中国国际形象的塑造非常不利。如果对近些年法国主流媒体的涉华报道做一梳理的话，可以发现它们有关中国的新闻题材涉及非常广泛的领域，但是在对报道事件的选择上，却表现出强烈的倾向性——着重于塑造一个“负面”的中国，常常伺机诋毁中国的政治体制，多方制造“中国威胁论”，鼓吹全球化背景下中国的经济扩张，极力忽视和持续抹黑“一带一路”倡议。尽管中法、中欧双方都缔结了全面战略伙伴关系，但是在媒体的涉华报道中，仍看到的是中国是其对手而非战略伙伴。对中国进行正面报道被法国媒体划入了“政治不正确”的范畴，在此准则下，他们通过诋毁、夸大、唱衰、忽视等手法突出所谓的“中国问题”。

当然，伴随着自媒体等社交网络日益发达，有越来越多关于中国的客观声音表达了出来。由此，有关中国的知识生产也更为多元，引导法国民众从更广泛的视野更为深入地了解中国，这是一个非常好的发展趋势，对于推动双方人文交流的深化也发挥着积极作用。

应当看到，鉴于知识生产在形塑和表达“中国形象”方面所具有的独特权力，中法人文交流需要直面持续被生产出来的“中国形象”给双方互动带来的影响，更需要去应对诸多“中国形象”背后的知识生产机制，从中探寻到给双方人文交流带来障碍的诸多因素，在源头上解构不切实际的有关中国的形象塑造。

四、结语

中法之间的人文交流有其独特的互动传统。基于中国视角来看，推动对法人文交流的深入，必须要认真对待法国方面所呈现出来的有关中国认知的复杂底色，它既反映着中法两国人文互动的经验累积，也折射出需要克服的多重困难。理解这幅多彩的底色图，需要深入地探讨和了解法国自身，尤其是其理解和认知文化“他者”的社会文化心理，需要去分析和研究法国何以塑就了这样一种认知中国的底色，找寻其“制造的过程”，如此才能有针对性地应对问题与困难所在，为双方更为深入的平等对话、交流与合作铺设基础。

中非合作论坛成立以来中非人文交流新进展*

刘鸿武　林　晨

【内容提要】近年来，人文交流日益成为推进新时期中非关系发展的新动力，对中非关系的可持续发展的意义也日显突出。相对于政治交往与经贸合作，人文交流因惠及民间、扎根人心，对未来中非关系的稳定发展，更具有基础性、长远性作用。习近平总书记一直十分重视人文交流在中非关系中的基础性地位与战略性意义，在多个场合就推进中非人文交流作出过重要而明确的指示。高校是推进中外人文交流、培养理解世界新型人才的重要平台。高校教师和科研工作者需要认真学习、领会和实践，深入研究中非人文交流的理论基础、战略意义、推进路径，并努力付诸具体可见的实践过程。

【关键词】人文交流　中非关系　战略价值　实践案例

【作者简介】刘鸿武，教育部长江学者特聘教授，浙江师范大学非洲研究院院长、博士生导师；林晨，浙江师范大学非洲研究院博士生。

2020年是中非合作论坛成立20周年。20年来，伴随着中非政治往来与经贸合作的深化，中非双方在教育、科技、文化、医疗、体育、旅游、民间组织等各个领域的交往合作也不断推进。在2018年9月举行的中非合作论坛北京峰会上，中国国家主席习近平宣布将重点实施“八大行动”，其中明确将实施人文交流行动计划列为八大行动计划之一。北京峰会提出，中国将与非洲国家深化文明互鉴，打造中非联合研究交流计划增强版，实

* 本文系刘鸿武主持的2019年中非联合研究交流计划跨年度课题研究项目“如何推进中国非洲研究的系统化协同化特色化国际化发展”的阶段性研究成果。

施50个文体旅游项目，支持非洲国家加入丝绸之路国际剧院、博物馆、艺术节等联盟；打造中非媒体合作网络，继续推动中非互设文化中心，支持非洲符合条件的教育机构申办孔子学院，支持更多非洲国家成为中国公民组团出境旅游目的地等。[①] 事实上，自中非合作论坛成立以来，中非人文交流获得了有力的推进，为中非合作关系的可持续发展提供了基础性的动力与平台，也引领了新的战略方向。

一、中非人文交流的理论意义与战略价值

推进中非人文交流是一项系统工程，需要战略引领、政策支持、理论支撑、实践操作各方面的通力配合，而深入把握中非文明或文化的特质，提升学术理论研究水平是重要前提与基础性工作。

文明与文化的价值与意义，对世界上任何一个国家或一个民族都是不言而喻的。文明与文化是一个国家或一个民族在其漫长历史进程中积淀下来的价值理念、精神遗产与知识体系，承载着各民族的心灵生命及其延续发展的精神根基。国家之为国家，民族之为民族，不仅是因其有疆域国土需予以守护开发，更因其有自身的文明、文化与历史传统需传承光大。那些经久流传的文化传统与文明精神，因保留了国家与民族的古老情感与遥远记忆，而得以让每个国家和民族虽历无数风雨而能命脉不断，经重重磨难而可复兴再生。[②]

人类的文明或文化，因其有地域之属性、民族之精神而有明显差异与个性。唯因存在差异性，也就有了各国各民族进行文化交流与文明互鉴的必要与可能。透过与他族他国的接触与交流，人类方得在“我与他”之关系对比中发现自我、认知他者，并由此汲取他者文化文明之精华，丰富自身文化文明。因而，历史纵向上的传承光大，地域横向上的吸收扩散，构成了古往今来人类文化或文明演进的基本形态。可以说，文化文明既是人

① 习近平：《携手共命运　同心促发展——在2018年中非合作论坛北京峰会开幕式上的主旨讲话》，中华人民共和国中央人民政府网站，2018年9月3日，http://www.gov.cn/xinwen/2018-09/03/content_5318979.htm。

② 刘鸿武：《非洲文化与当代发展》，人民出版社，2014，第2页。

类相异相别的原因，也是人类相通相连的基础。[①]

在人类文明与文化漫长演进过程中，中国与非洲因在地理上天各一方，历史上形成的文明或文化既有相同之处，亦有巨大差异。中华文明与非洲文明都曾长期走在世界文明前列，皆以自己的方式创造过特定时空内的区域文明，产生过各有特色的知识体系与思想智慧，并在许多时候于许多领域影响过人类文明的发展进程与演进走向。因地理上相距遥远，中华文明与非洲文明直接交往与相互认知并不容易。较之与世界其他文明的交往历程，中非文明交往的发生发展相对较晚，但从世界文明史的角度上看，整体形态与精神气质具有巨大差异的中非两大区域性文明一旦相遇，并开启跨越大洋的对话交流，必然会带来特殊成果，引发深远影响。

回顾世界文明与文化的交往史，古代中非间的往来也曾一度繁荣。公元10—16世纪，阿拉伯伊斯兰世界兴盛并与东亚中华文明相遇后，形成了一个“环西北印度洋商贸文化圈”，处于这一商贸文化圈东中西广阔地带的传承了古代中华文明、印度文明、波斯文明、阿拉伯文明、东非阿克苏姆文明、斯瓦希里文明的众多国家与民族等，都程度不等地参与其中。事实上，中非人文交流早在唐宋时期已出现，元明后达相当规模。14世纪，元代航海家汪大渊抵达东非桑给巴尔岛[②]，北非摩洛哥旅行家伊本·白图泰到中国游历考察。[③] 15世纪初，明代航海家郑和率庞大船队七下西洋，四次抵达东非沿海，至今桑给巴尔王宫仍藏有郑和远航图。[④] 东非斯瓦希里海岸因保留众多中国瓷器而被称为“瓷器海岸”，明代彩绘世界地图《大明混一图》已对非洲地理展开绘制。[⑤] 可见，中非的交往在早期就将彼此纳入各自的域外知识体系，尝试构建关于人类世界的真实图景，这在世界文明交往史上具有重要意义。

近代以来，随着西方列强兴起并在全球殖民扩张，中非间直接的人文

① 刘鸿武:《人文学散论》，人民出版社，2019，第134页。

② 汪大渊:《岛夷志略校释》，苏继庼校释，中华书局，1981，第358页。

③ 伊本·白图泰:《伊本·白图泰游记》，马金鹏译，宁夏人民出版社，2000，第539—559页。

④ 刘鸿武:《蔚蓝色的非洲——东非斯瓦希里文化研究》，云南大学出版社，2008，第10页。

⑤ 刘若芳、汪前进:《〈大明混一图〉绘制时间再探讨》，载中国明史学会编《明史研究》第10辑，黄山书社，2007，第329页。

往来逐渐沉寂，在被迫卷入西方主导下的世界体系后，双方在外部支配下有过殖民地半殖民地间的间接交往。进入20世纪的百年历史进程后，中国与非洲面对西方的殖民压迫，互相发现了对方具有相似的身份与时代角色，怀有共同的奋斗目标与发展主题：反抗殖民压迫、实现民族独立、构建新兴国家、复兴传统文明、推进国家建设等。这些历史使命赋予中国与非洲相通的现代政治属性，从而跨越原有文明形态差异而建立一种现代意义的文明交往关系，使人类现代文明发展的总体格局发生意义深远的改变。百年来，中非双方人民在承受现代变革压力的同时，也在努力通过复兴传统文化，加强交流互鉴，探索自身现代发展，而逐渐参与全球现代文明的塑造过程，开拓出人类现代性的新内涵与外延。[①] 与此同时，中非探寻各自文明现代复兴与合作的持续努力，也在推进世界文明交往的基本格局与国家关系基本形态，从“单向度的”“中心支配边缘的”不平等世界文明体系，逐渐转向“多向度的”“网状平等的”多元文明平等交往、合作发展的新世界体系。今天，世界历史的变革动力日益来自人口更为众多、地域更为广阔、文化更为多样的非西方世界，这是今天推进中非人文交流的开阔世界背景与时代基础。

习近平主席指出：“历史发展、文明繁盛、人类进步，从来离不开思想引领。”[②] 从开阔的世界历史发展与人类文明进步的角度观察，可以看到，中非人文交流的意义是寓于世界文明发展史之中的。它不仅将促进中非文明复兴，加强中非合作发展，还将从思想源头上推进中非人民更积极主动而自信地参与人类现代性的二次构建，诠释人类现代性发展的文明史意义，丰富人类现代文明的结构与基础。进入21世纪，中非合作论坛成立，标志着中非文明交往进入新时期，中非发展合作的内容快速扩展、影响日益扩大、前景更趋广阔，双方致力于建立政治上平等互信、经济上合作共

---

① 刘鸿武：《西方政治经济理论反思与“亚非知识”话语权重建》，《西亚非洲》2011年第1期，第12页。

② 习近平：《为建设更加美好的地球家园贡献智慧和力量——在中法全球治理论坛闭幕式上的讲话》，中华人民共和国中央人民政府网站，2019年3月26日，http://www.gov.cn/xinwen/2019-03/26/content_5377046.htm。

赢、文化上交流互鉴的新型战略伙伴关系。[①] 中非人文交流由此提升至新的战略高度，其广度与深度均以前所未有的规模向前发展，为中非合作与世界文明发展注入新的动力。

中非合作关系包含政治互信、经贸往来与人文交流三个方面。这三者的关系，多年前笔者就以“鱼塘”喻之。[②] 形象而言，政治互信如池塘，经贸往来如塘中之鱼，人文交流就如池中之水；若无稳固池塘，若无源头活水，鱼就长不好、长不大。池中之水虽不能卖钱，却是滋养鱼长大成活之关键。可见，政治、经济、人文形成三足鼎立之势、相互支撑，中非合作关系才能在稳固基础之上实现可持续发展，而人文交流因惠及民间、扎根人心，对未来中非关系的稳定发展更具有基础性、长远性作用，具有无可替代的战略价值。

二、中非人文交流的时代要求与空间拓展

习近平主席指出：“中华文明是在同其他文明不断交流互鉴中形成的开放体系。”[③] 在中华民族近百年的复兴发展进程中，中华文明更充分发挥了善于吸收外部世界先进文化的传统优势，在许多领域主动汲取外部世界的先进知识与思想，获得了经济社会的快速发展。中国经济已经高速发展40多年，未来一二十年，中国还将继续保持较高的经济增长速度。中国经济规模的巨大变化，毫无疑问将对全球既存的政治经济格局产生重大影响。同时，当今中国的经济社会生活已高度融合于外部世界，这让今日中国比历史上任何时候都更深刻地与外部世界形成复杂的互动关系结构。在此背景下，观念与文化、思想与知识的内外互动交流也将日益频繁紧密而重要。

当前，中国处于近代以来最好的发展时期，世界处于百年未有之大变

---

① 《中国对非洲政策文件》，中华人民共和国中央人民政府网站，2006年1月，http://www.gov.cn/gongbao/content/2006/content_212161.htm。

② 刘鸿武：《非洲文化与当代发展》，第326页。

③ 习近平：《深化文明交流互鉴　共建亚洲命运共同体——在亚洲文明对话大会开幕式上的主旨演讲》，《人民日报》2019年5月16日，第2版。

局，两者同步交织、相互激荡。[①] 时代的变革更要求当代知识精英创新性地重新思考中国与外部世界的相互关系，思考中华文明如何在往昔基础上开创新的发展前景并进而影响外部世界的未来发展。在这一时代背景下，中非双方努力以文明和文化的力量，突破现有国际环境的时空限制，在全球范围内打开文明交往的新局面，将为中非双方开辟更广阔的外部发展空间。这不仅将推进中非双方现实发展合作，也将带动发展中国家的发展进程，为整个世界带来新的发展机遇、发展资源、发展平台与发展空间。由此可见，推进中非人文交流具有特殊的时代意义与努力方向。

第一，中非人文交流可创造中非发展合作所需的人文环境与社会基础，为当代中国构建更具政治合法性、道德感召力与文化魅力的"国家身份"与"国家形象"提供特殊的国际舞台。当今各国应对共同挑战的过程中，既需要经济科技力量，也需要文化文明力量。[②] 通过由中非文明内核驱动的中非人文交流，中国可以在一个足够宽广的、能持久产生全球效应的国际活动平台上，更主动地树立一个文明负责任的全球大国积极形象，以此缓和由全球复杂利益与发展变化引起的外部压力与冲突。

第二，中非人文交流可推进当代中华文明的世界化进程，使中华民族在新时期形成更开阔的全球视野、更包容的文明胸襟、更多元的文化欣赏力。今日的中国已是"世界之中国"，"未来之中国，必将以更加开放的姿态拥抱世界、以更有活力的文明成就贡献世界"。[③] 历史上，南亚印度文明、中东阿拉伯文明和欧洲西方文明，先后进入中国并对中华文明之进程与结构产生影响。今天，热带非洲文明与中华文明的交流也必将产生重彩华章。通过中非人文交流，可使当代中国人能更好观察和欣赏非洲文化艺术的天然品质与本真美感，形成更全面的世界文明眼光、更均衡的全球文化视野，培养出对人类多元文化的普适性关爱情怀。

第三，中非人文交流可激发当代非洲知识精英群体的民族理想与文化

① 《习近平在中央外事工作会议上强调：坚持以新时代中国特色社会主义外交思想为指导　努力开创中国特色大国外交新局面》,《人民日报》2018年6月24日，第1版。

② 习近平:《深化文明交流互鉴　共建亚洲命运共同体——在亚洲文明对话大会开幕式上的主旨演讲》，中华人民共和国中央人民政府网站，2019年5月15日，http://www.gov.cn/xinwen/2019-05/15/content_5391787.htm。

③ 同上。

情感，使其重新审视非洲与中国、非洲与西方、非洲与世界的关系，对当代非洲发展问题与非洲发展道路选择作出更独立思考与自主判断。当代非洲知识精英群体大多接受过比较多的西方教育，对当代非洲问题的看法也曾深受西方主流观念影响。① 通过加强与中国在发展减贫、治国理政等人文领域的交流，能促进其更多地反思西方主流理论，探索非洲本土文化与知识传统在全球化背景下的变迁、转化和提升，获得非洲发展与现代化的内源性动力与积极力量。

第四，中非人文交流可增强中非人民的文化自信与知识自立。习近平总书记指出："文化自信是更基础、更广泛、更深厚的自信，是更基本、更深沉、更持久的力量。"② 人文交流的影响不仅仅局限于精神文化领域，它将带动政治、经济等其他领域的系列发展变化。了解和认知对方文化的过程，将会带动学术、智库、媒体各界在内的文化交流与合作发展，推动中非经贸合作向更利于民生改善的新领域发展，有助于双方从文明演进背景上来理解对方的发展道路选择，并据此更好地制定符合双方真实发展需要的中非合作战略。

今天，中非合作已经成为中国推进全球新型合作体系与人类命运共同体构建的特殊观察窗口与最佳实验平台。③ 习近平主席在中非合作论坛北京峰会上，从责任共担、合作共赢、幸福共享、文化共兴、安全共筑、和谐共生六个方面，提出了共筑更加紧密的中非命运共同体重大理念④，为中非命运共同体增添了时代内涵，也为构建人类命运共同体指明了方向。

构建人类命运共同体，需要通过平等对话、多元交流，汇通人类的知识、思想、文化，创造出超越个别区域、个别国家范畴的真正具有普适性的人类共建、共通、共享的知识体系与文化体系。在这一宏大背景下，中非学术界应跟上时代节奏，创新学科建设，返本开新，立足中非，融通全

---

① 刘鸿武：《凤凰浴火 涅槃新生——丹比萨·莫约的〈援助的死亡〉述评》，《西亚非洲》2011年第7期，第141页。

② 《习近平在全国宣传思想工作会议上强调：举旗帜聚民心育新人兴文化展形象 更好完成新形势下宣传思想工作使命任务》，《人民日报》2018年8月23日，第1版。

③ 刘鸿武、林晨：《中非关系70年与中国外交的成长》，《西亚非洲》2019年第4期，第51页。

④ 习近平：《携手共命运 同心促发展——在2018年中非合作论坛北京峰会开幕式上的主旨讲话》，《人民日报》2018年9月4日，第2版。

球，双向构建“中国非洲学”与“非洲中国学”。[①] 这两大学科的创新构建过程，孕育着人类知识与理论创新的巨大空间，包括当代国际关系理论和相关的人文社会科学理论。长期以来，中国高校人文社科领域的学科建设存在一些短板[②]，仍有巨大的拓展空间。当代中非学术界应当以建设“中国非洲学”与“非洲中国学”为契机，携手努力，有所作为，突破西方哲学社会科学的话语垄断，产生原创性理论与全球性思想，构建中非及其全球共通共享的知识、话语、文化体系。[③]

三、中非人文交流的实践探索与案例启示

习近平主席指出，研究人类文明，激发创新灵感，“最直接的方法莫过于走入不同文明，发现别人的优长，启发自己的思维”。[④] 研究非洲文明尤其应当如此，研究者只有走入非洲，置身于非洲文化场景与生活环境，才能真切感受和理解非洲文化的个性特征。虽深入非洲大陆领略其文明、学习其文化殊为不易，但舍此别无捷径。因此，非洲研究是一门行走的学问，当代中国学人只有长期行走非洲、扎根非洲、观察非洲，才能做好非洲研究。

学术研究是一种思想性探索活动，研究者以学术为志业，总该有一番意义与价值的思考和追求，寻得一安身立命的信念并努力践行，方能向深走远。[⑤] 习近平总书记在敦煌研究院座谈时提到：“敦煌文物保护和敦煌学研究博大精深，需要毕生精力才能见成效、出成果。择一事、终一生。希望大家把研究保护工作当作终身事业和无悔追求。”[⑥] 从事非洲研究，推动中非人文交流也是如此：需怀揣温情，心怀敬意，点滴积累，持久努力。

---

① 刘鸿武：《命运共同体视域下中非共享知识体系的建构》，《西亚非洲》2018年第5期，第42页。

② 同上文，第47—50页。

③ 刘鸿武：《非洲学发凡：实践与思考六十问》，人民出版社，2019，第20页。

④ 习近平：《深化文明交流互鉴　共建亚洲命运共同体——在亚洲文明对话大会开幕式上的主旨演讲》，《人民日报》2019年5月16日，第2版。

⑤ 钱穆：《中国历史研究法》，生活·读书·新知三联书店，2005，第1页。

⑥ 习近平：《在敦煌研究院座谈时的讲话》，中华人民共和国中央人民政府网站，2020年1月31日，http://www.gov.cn/xinwen/2020-01/31/content_5473371.htm。

所谓“人文交流”，浅近言之：人者，仁也，爱人；文者，纹也，风采；[①] 交者，交汇，融通；流者，流动，往来。人文交流就是要实现通过丰富多彩的人文交往，推进民心相通、平等往来、互学互鉴、美美与共。学术界推进中非人文交流，需知其层次丰富、领域广阔、形式多样，不能仅停留在理论研究层面，更重要的是知行合一，将理念付诸实践。习近平总书记反复强调，“大道至简，实干为要”，“要做起而行之的行动者，不做坐而论道的清谈客”。[②] 可以说，推进中非人文交流的要义是行动与实践。

进入21世纪以来，中非关系进入快速发展期。在中国政府相关部门的推动下，尤其是中非联合研究交流计划（2010年3月30日正式启动）、中非智库10+10合作伙伴计划（2013年10月20日正式启动）等合作项目的出台，使中非人文交流内容越加丰富，形式越加多元，遂呈现新特点。下面以浙江师范大学创建的首个实体性非洲研究院为例加以阐释。

浙江师范大学非洲研究院自2007年成立以来，以“学科建设为本体、智库服务为功用、媒体传播为手段、扎根非洲为前提、中非合作为路径”的“五位一体”建设发展思路，服务中非发展合作。在推进中非人文交流方面，浙师大非洲研究院主要做了10件大事[③]，包括：构建了本硕博连贯的“非洲学”学位体系，迄今已培养了100多名中非的博士、硕士留学生，培训了4000多人次的非洲大学校长、学术带头人等，为中非人文交流提供了有力的人才队伍；创建了中非智库论坛，连续在中国和非洲举办10次大型高端论坛，提升了中国对非事务学术话语权；[④] 形成了一支能讲好中非合作故事的舆论引导和知识普及的中非学者队伍，并广泛活跃在中国和非洲学术界、媒体界、智库界；建立了教育部中南人文交流研究中心、中非影视

---

① 刘鸿武：《人文学散论》，第76页。

② 人民日报记者杜尚泽、新华社记者张晓松：《始终牢记党的初心和使命——记习近平总书记在内蒙古考察并指导开展“不忘初心、牢记使命”主题教育》，《人民日报》2019年7月18日，第1版。

③ 《十年做成十大事——浙师大非洲研究院炼成“全国高校黄大年式教师团队”》，中华人民共和国教育部网站，2018年2月9日，http://www.moe.gov.cn/jyb_xwfb/xw_zt/moe_357/jyzt_2018n/2018_zt02/zt1802_tdzs/201802/t20180209_327210.html。

④ 王珩：《高校智库助力“一带一路”民心相通——浙江师范大学非洲研究院的十年实践》，中国社会科学网，2017年5月23日，http://www.cssn.cn/gd/gd_rwhd/xslt/201705/t20170523_3528012.shtml。

研究中心、中非人类学研究中心、中非教育合作研究中心等学术机构，出版《中国南非人文交流年度报告》，并先后策划拍摄纪录片《携手》(3集纪录片)、《我从非洲来》(6集纪录片)、《重走坦赞铁路》(多语种纪录片)，举办中非影视媒体论坛等；成立了国内首个非洲翻译馆，开展中非文献互译工程，在非洲推出英法文“中国改革开放与发展实践”丛书，在中国推出“百部非洲人文经典译丛”“非洲儿童绘本”等经典丛书；指导金华市秋滨小学建成国内首个中非基础教育艺术教育项目“活力非洲园”，编纂非洲文化艺术校本教材5种，获得浙江省基础教育教学成果一等奖；创办了国内首个综合性非洲博物馆，成为面向大众传播非洲文化的立体教科书和浙江省科普基地；在金华琐园村建成“非洲国际研学村”，建立了国内首个乡村非洲文化沙龙，提升中非民间对彼此文化的认知能力。①

通过上述努力，作为研究型智库②，浙师大非洲研究院积累了丰富的中非人文交流的实践案例与理论成果，形成了学前教育、基础教育、职业教育、高等教育、在职培训、智库交往等系统化中非教育与学术合作体制。这些创新活动皆是实践探索之举，总体上还是初步的，仍需在行动中不断完善，持续聚力前行。

2020年8月27日，教育部公布了《学位授予单位（不含军队单位）自主设置二级学科和交叉学科名单》。此次完成交叉学科备案的包括160所学校的549个学科，浙江师范大学的“非洲学”“非洲教育与社会发展”两个交叉学科正式获批设立。“非洲学”和“非洲教育与社会发展”以浙师大非洲研究院为建设主体，分别具有硕士学位、博士学位授予资格，前者涉及政治学、社会学、教育学、世界史4个一级学科，后者涉及教育学、中国语言文学、数学3个一级学科。至此，浙江师范大学成为中国第一所经教育部认可和批准设立“非洲学”交叉学科、“非洲教育与社会发展”交叉学

① 何百林、章果果等:《中非合作金华样本：他们唱响一曲曲中非友谊之歌》,《金华日报》2020年9月18日，A9版。

② 浙师大非洲研究院连续4年入选美国宾夕法尼亚大学发布的《全球智库报告》“最佳区域研究中心（大学附属）”，是中国唯一入选的非洲研究机构，参见：https://repository.upenn.edu/cgi/viewcontent.cgi?article=1018&context=think_tanks；连续5年入选中国智库索引“CTTI区域研究与国际关系领域智库TOP15”，并位居综合排名第6名，参见：http://ias.zjnu.cn/2019/1225/c6141a314189/page.htm。

科的教学培养单位。这也是全国高校第一次直接冠以“非洲”名称的学科，由此开创了中国非洲研究学科建设与人才培养的新历史。

“非洲学”是浙江师范大学最具特色的交叉学科方向，也是学校学科建设创新的成功典范。浙江师范大学于2012年设立“非洲学”交叉学科硕士点，2015年设立“非洲教育与社会发展”交叉学科博士点，在国内高校率先建立了“多元化课程体系、多类型教学体系、多平台实践体系”的“非洲学”硕博人才培养体系。

至2020年，浙江师范大学已经培养毕业“非洲学”硕士与博士110人，目前还有在读硕士、博士81人。此外，还先后培训了3000余名来自非洲的政府官员、大学校长、智库领袖、媒体负责人等，包括现中非共和国总统福斯坦等非洲政要。在此基础上，以“非洲学”和“非洲教育与社会发展”为核心支撑的“服务国家战略的‘非洲学’人才培养体系”，于2016年获浙江省高等教育教学成果一等奖，2019年获浙江省研究生教育学会教育成果一等奖。2018年，“非洲学”教师团队被评为教育部首批“黄大年式教学团队”。2020年，浙师大非洲研究院完成的“五位一体构建中国特色非洲学成果”，获评为国家哲社规划办“国别与区域研究”独创性理论成果。

人文交流重在人民性，重在人民的普遍参与。而人民间可共享知识的支撑与先进思想的引领，则是人文交流的基础保障。当今时代是一个知识与思想高速流转与激烈竞逐的时代，观念与思想对国际关系与国际合作的影响复杂而多样。适宜的思想交流与知识共享可以为国际合作创造良好的条件，而经贸合作与投资贸易关系的背后也多少隐含着观念的互动与思想的融合，影响着人们对国家间关系的性质与意义的认知。同样，非洲大陆要实现发展，要从世界发展的边缘地带摆脱出来，也有赖于非洲文化自尊自立自信精神的重建。只有去除近代以来由西方殖民主义、种族主义、霸权主义施加在非洲人民头上的文化歧视与精神压迫，树立非洲文化和历史的尊严，非洲的现代复兴与发展才会有坚实的基础。[①]

从中非交往的民间层面上看，中非关系对于中非双方普通百姓的影响

① 刘鸿武、王严：《非洲实现复兴必须重建自己的历史》，《史学理论研究》2015年第4期，第77—86页。

也越来越广泛和深入，国际社会对中非合作关系的关注也在持续上升。在这样的时代背景下，中非合作关系要能长期保持可持续发展，要更好地造福于中非双方的人民，就必须努力将双方的关系更多地聚焦于最广大人民群众的现实需要，聚焦于普通百姓对于精神和物质生活的向往与期待，让这一合作关系更接地气，更深入中非双方民间大众的日常生活，让双方的人民群众有更多的参与途径和分享机会，从而对于中非合作的成就与意义有更多的获得感、参与感和认同感。

因此，在努力推进面向普通百姓的中非人文交流、教育合作、思想沟通和知识对话方面，中非双方需要更多的努力，需要更多的平台建设与资源投入。成立中国非洲研究院，推进中非学术界的紧密合作与联合研究，正是这一历史进程中的重要举措，我们对此充满期待。[①]

① 刘鸿武:《人文交流知识共享》,《人民日报》2015年11月27日，第21版。

中国与印度尼西亚人文交流：进展、路径与前景[*]

孙晓萌　傅聪聪

【内容提要】当今世界正处于百年未有之大变局，发展模式、社会思潮、大国关系、国际秩序深刻重塑，面对这样的大变局，中国提出推动人类命运共同体构建的倡议。加强中外人文交流对构建人类命运共同体具有重要的理论和现实意义。中国和印度尼西亚友好交往源远流长。建交70年来，双边关系取得长足发展，开展人文交流具有坚实的历史和社会基础。中印尼人文交流保持高频次、高水平、高质量的发展态势。当前，世界格局多极化趋势明显，两国处在一个大发展、大变革、大调整的时代，由于历史因素及当前复杂的国际环境、文化差异、制度差异等因素，中印尼人文交流在未来仍然面临相互认知、增强互信、媒体舆论等诸多方面的挑战。两国应以国别区域研究为支撑，以语言为媒介，以智库合作为先行，进一步深化人文交流内涵，构建中印尼社会文化命运共同体。

【关键词】印度尼西亚　人文交流　进展　路径　前景

【作者简介】孙晓萌，北京外国语大学教授、博士生导师，中印尼人文交流研究中心执行主任；傅聪聪，北京外国语大学讲师，中印尼人文交流研究中心研究员。

* 本文系教育部人文交流研究专项“2019中印尼人文交流机制建设与效果分析”“2020年中外人文交流机制专项”课题的阶段性成果。

一、导言

2018年6月，习近平总书记在中央外事工作会议上提出“世界处于百年未有之大变局”这一重大判断，引发了学术界和战略界的广泛关注。由于第四次科技革命，互联网、大数据、云计算、人工智能等技术的发展势头强劲，人类生产方式发生重大变革的同时，当今人类生活的关联前所未有，同时人类面临的全球性问题数量之多、规模之大、程度之深也前所未有。[①] 大变局范围广、深度大，发展范式、生态环境、国际关系和世界秩序等都在生变。面对这样的大变局，中国提出推动人类命运共同体构建的倡议。[②] 2011年，国务院新闻办公室发表《中国的和平发展》白皮书，全面阐述快速发展的中国走什么样的道路、对世界作什么贡献的大问题。白皮书明确指出，“不同制度、不同类型、不同发展阶段的国家相互依存、利益交融，形成‘你中有我、我中有你’的命运共同体”。2012年，中国共产党第十八次全国代表大会报告强调，推动建设持久和平、共同繁荣的和谐世界，要倡导人类命运共同体意识，促进各国共同发展，建立更加平等均衡的新兴全球发展伙伴关系，同舟共济，权责共担，增进人类共同利益。2017年召开的中国共产党第十九次全国代表大会正式把推动人类命运共同体构建列入新时代中国特色社会主义基本方略之一。[③] 在推动构建人类命运共同体过程中，要以文明交流超越文明隔阂、文明互鉴超越文明冲突、文明共存超越文明优越。[④]

构建人类命运共同体是习近平外交思想的核心理念，不仅被正式写入《中国共产党章程》和《中华人民共和国宪法》，而且被写入联合国大会、安理会、人权理事会等重要决议，已经成为凝聚中国智慧和中国方案的国

---

① 王存刚:《百年未有之大变局与中国共产党外交领导力》,《世界经济与政治》2020年第5期，第5页。

② 张蕴岭:《处在历史转变的新起点——基于东北亚命运共同体的思考》,《世界经济与政治》2020年第6期，第15页。

③ 同上。

④ 邢丽菊:《人文交流与人类命运共同体建设》,《国际问题研究》2019年第6期，第12页。

际公共产品，对国际关系的走向及人类社会的发展具有重要而深远的影响。加强中外人文交流，既是构建人类命运共同体的重要途径，也是构建人类命运共同体的重要支柱。[①]

中国和印度尼西亚友好交往源远流长。建交70年来，双边关系取得长足发展。特别是近年来，两国关系定位不断提升，合作领域不断拓展，共建“一带一路”成果丰硕。同为亚洲的文明古国，中印尼两国人文资源丰富，双方开展人文交流具有坚实的历史和社会基础。在中印尼建交70周年、两国启动副总理级人文交流机制5周年之际，本文拟对两国人文交流的进展、路径进行梳理和分析，并对后疫情时代推进人文交流的前景进行展望。

二、悠久的人文交流历史

中国与印尼是隔海相望的邻邦，两国人文交流历史源远流长。《汉书·地理志》记载了汉代中国与东南亚及南亚的海上交通路线，出使印度的汉使和商人在回程中，通过马六甲海峡，达南海，沿柬埔寨、越南海岸线回国。船经马六甲海峡的时候，可能在苏门答腊进行补给。考古学家在印尼的苏门答腊、爪哇和加里曼丹等地发现的西汉的雕像、陶器和薄绿釉，在中爪哇日惹发掘出的公元前中国古钱币等物品充分证明，中国与印尼的人文交流绵延2000多年。

除了物质交流，宗教交流特别是佛教与伊斯兰教的交流，也构成了古代两国人文交流的重要基石。东晋时期，中国高僧法显从陆路去印度取经，在取海道归国途中，于公元411年漂泊至爪哇，这是中国史籍记载的最早到过印尼的中国人。唐宋时期，印尼室利佛逝王朝（或三佛齐）、诃陵王朝与中国往来十分频繁。室利佛逝王朝派遣使节到唐宋“献歌舞”；唐代高僧如义净等则经常在室利佛逝王朝、诃陵王朝管辖地停留，“渐学声明”。双方的佛教交流和物质贸易联系达到了新的历史高度。

9世纪下半叶，黄巢起义军攻占广州后，广州一带的华人穆斯林以及人数众多的阿拉伯和波斯商人，纷纷移居三佛齐的巨港。到了明代，航海

① 邢丽菊：《人文交流与人类命运共同体建设》，第15页。

家郑和七下西洋，每次都到访印尼，进行正式访问并开展贸易。郑和所至之处，不仅建立了华人穆斯林社区，还建有清真寺，对伊斯兰教在印尼的传播起到了重要推动作用。爪哇的诸王朝也不断派遣使节，觐见明代皇帝，双方交流密切频繁。然而，15世纪以来，随着西方殖民者对东南亚的入侵，中国与印尼的古代人文交流受到了干扰和破坏。

1950年建交后，中印尼在体育、文化、宗教、语言、旅游、艺术等各领域交流蓬勃发展。印尼民歌如《哎哟，妈妈》《星星索》《梭罗河》在中国广为流传，深受中国民众喜爱，人文交流深入人心。冷战结束以来，中印尼两国的人文交流不断拓展，两国签署了旅游、卫生、体育合作谅解备忘录和文化合作协定，互派留学生项目启动，媒体合作逐渐展开，新华社在印尼首都雅加达复建分社。2007年，印尼第一所孔子学院在首都雅加达汉语教学中心建立。[①]

三、新形势下中印尼人文交流的进展

自2005年中国与印尼建立战略伙伴关系以来，双方人文交流逐年密切，取得了丰硕的成果。2011年以来，中印尼人文交流取得突破性进展：2011年，两国签署新的科技合作谅解备忘录，中印尼启动科技周活动；2012年，中印尼举行教育联合工作组会议，双方互派100名青年互访；2013年，中印尼举行媒体交流论坛，两国达成协议，未来5年将每年互派100名青年互访。[②] 两国人文交流呈现出宽领域、多层次、高水平的特点，交流领域涵盖教育、科技、文化、卫生、青年、体育、媒体、旅游等8个领域。

2013年10月2日，习近平主席对印尼进行国事访问期间，在印尼国会发表演讲，提出“携手建设中国—东盟命运共同体”的倡议，强调要坚持讲信修睦、合作共赢、守望相助、心心相印、开放包容，使双方成为兴衰相伴、安危与共、同舟共济的好邻居、好朋友、好伙伴。在随后发布的

① 孙晓萌、高诗源：《“一带一路”框架下的中印尼人文交流》，《神州学人》2019年第1期，第37页。

② 同上。

《中印尼全面战略伙伴关系未来规划》中，两国元首认为，人文交流对加强和扩展双边关系至关重要，同意进一步深化人文交流，扩大民间往来，增进两国人民之间的了解和友谊。

2015年3月25日至28日，应习近平主席邀请，印尼总统佐科·维多多访问中国。两国元首对两国关系发展表示满意，并强调中印尼建立全面战略伙伴关系以来，政治互信不断加深，务实合作成果丰硕，人文交流日益密切。在此次会面中，双方决定建立中印尼副总理级人文交流机制，由中国负责人文交流事务的副总理和印尼人类发展与文化统筹部长共同牵头。2015年4月22日，习近平主席出席亚非领导人会议和万隆会议60周年纪念活动，并在会议期间与佐科总统举行会晤。两国元首一致同意继续加强和完善两国各领域合作机制建设，逐步将现有的中印尼副总理级对话、高等经济对话和即将建立的副总理级人文交流机制打造成引领两国政治、安全、经贸、人文领域合作的"三驾马车"，推动中印尼各领域务实合作不断取得进展。

2015年5月27日，时任国务院副总理刘延东访问印尼期间，与印尼人类发展和文化统筹部长布安·马哈拉尼共同启动中国与印尼副总理级人文交流机制，并共同主持首次会议。习近平主席和佐科总统分别为首次会议发贺信，肯定机制的重要意义。中国外交部、教育部、科技部、文化部、卫生计生委、新闻出版广电总局、全国青联负责人与印尼的研究、技术和高等教育部等9部委负责人出席会议。双方见证了教育、科技、文化等合作文件的签署。这是中国与发展中国家和新兴经济体之间首个副总理级人文交流机制，也是"一带一路"倡议提出后，中国与沿线国家建立的首个人文交流机制，不仅是中国和印尼人文交流史上的里程碑，对中国和东盟的人文交流也起到示范和引领作用。

作为落实两国元首共识、推进共建"一带一路"的重要举措，副总理级人文交流机制迄今已经举行3次会议，为两国人文交流合作指明了方向。5年来，机制从无到有，合作领域不断拓展，合作规模日益扩大，社会参与更加广泛，当前反映出以下几个特点：

一是起步快，部门协调机制逐步完善。双方加强对人文交流的领导，制定目标、整合资源，机制双方各有关部门主动加强沟通对话，在教育、科技、文化、卫生以及新媒体等8个领域不断深化合作。两国地方政府建立了7对友好省份和13对友好城市，为人文交流长效发展作出重要贡献。

二是成果多，交流项目正在建立。双方积极落实首次机制会议共识和签署各项工作落实，在学历学位互认、高温气冷堆、卫生等方面取得重要进展，成功开展了中印尼科学家交换计划、百名中印尼青年交流项目、中印尼交流专项奖学金等，高校智库联盟、电视频道落地，搭建了民间交往的桥梁。

三是视野广，人文交流热度持续上升。2015年，双方互访的人员达到200万人次①，中国有13所高校开设了印尼语专业，两国高校合作在印尼开设孔子课堂。随着印尼对中国游客实行免签政策，两国间直飞航班增加。2018年全年赴印尼旅游的中国内地游客人数为213.75万人，比2017年的209.32万人增加2.1%，占印尼国际游客总数的13.52%。② 中国是印尼第二大国际游客来源地。

四、中印尼人文交流的具体路径

中印尼人文交流保持高频次、高水平、高质量的发展态势，八大领域已逐渐形成品牌项目，两国相关部门、机构的参与程度较高，成果丰硕。

（一）教育交流务实推进

新时期，中国和印尼的教育交流虽然起步晚，但进步快，这与双方教育部门脚踏实地的推进密不可分。2012年7月5日，首届中国—印尼教育联合工作组会议在印尼日惹举行。这是中国和印尼共同建立的双边教育对话平台，旨在创新思路，拓展渠道，提高合作水平，进一步推进双边教育交流与合作。中国和印尼一致同意，在加强高校交流、建立孔子学院并建设中国文化研究中心等方面开展合作。

截至2020年，中国已在印尼开设7所孔子学院，向印尼派遣汉语志愿者教师近千人，以推动印尼的汉语教学与服务。清华大学东南亚中心于

① 《2015年中国印尼互访游客将达200万人次》，人民网，2013年11月12日，http://finance.people.com.cn/n/2013/1112/c1004-23506559.html。

② 《2018年访问印尼中国游客数量213.75万人》，新华网，2019年3月18日，http://www.xinhuanet.com/travel/2019-03/18/c_1124248294.htm。

2018年10月落户印尼，该中心立足于推动中国与东南亚地区人才交流与合作，联合两国学术、商业、政府部门打造合作创新平台。2005年，印尼在华留学生人数为4616人，到2014年已增至13689人，在全球近203个来华留学生来源国中排名第6位。[①] 中国已成为印尼第二大留学目的地国。

两国职业技术培训教育合作方兴未艾。印尼国内经济增长率逐年上升，人力资源建设是印尼经济实现可持续发展的重要保障。另外，在落实“一带一路”倡议过程中，大量经济合作项目在印尼得以推进，包括水电站、港口、铁路公路、电力、通信设施等基础设施项目在此落地生根。尤其是2018年佐科总统提议将“区域综合经济走廊”作为中印尼发展战略对接的第二阶段，皆为中印尼职业技术培训开辟了前所未有的广阔合作空间。2017年12月，印尼人力资源公司在四川师范大学与相关教育机构签署了人才培养战略合作协议。2018年，印尼人力资源公司与数十所高等职业教育院校实施了“scholarship + greatjob”奖学金项目。此外，教育部委托在“一带一路”沿线国家设立的“鲁班工坊”也落户印尼，将中国成熟的职业教育培养经验用于当地人力资源的开发和建设。[②]

当前，两国同意进一步加强各层次学生、教师和研究人员的交流，鼓励两国高等教育机构开展合作项目。印尼十分赞赏中国对印尼学生提供的培训和奖学金项目。本着这一精神，双方重申将进一步推动姐妹伙伴学校合作、共同研究合作、奖学金合作、职业教育和培训合作、能力建设项目合作、在印尼和中国学习彼此语言的教学项目合作，以及在印尼开展普通话测试、在中国开展印尼语水平测试。鉴于中国拥有先进的教育产业，印尼还提议开展高职学生在中国实习的合作。

（二）文化交流丰富多彩

中国和印尼的文化交流覆盖面广，内涵十分丰富，既包含如绘画、书法、电影等一般性的单项文化艺术交流活动，也包含综合性的文化艺术交流活动。2011年7月，为纪念中国—东盟建立对话关系20周年，中国在印

---

① 许利平：《新时期中国与印尼的人文交流及前景》，《东南亚研究》2015年第6期，第38页。

② 孙晓萌：《中印尼人文交流机制：回顾与展望》，《神州学人》2020年2月，第52页。

尼雅加达、泗水、棉兰、三宝垄等地举办“感知中国”活动。活动包括中国民族歌舞、少林武术、中国电影周、主题论坛、媒体互访、赠书等。这项活动由国务院新闻办主办，是中国—东盟友好交流年活动的一项重要内容，对增进中国与东盟、中国与印尼的政治互信、经济合作和文化交流起到积极的推动作用。

2015年中印尼两国建立副总理级人文交流机制以来，双方共同开展了一系列丰富多彩的交流活动。2016年，中国邀请印尼来华参加论坛、研讨班等各类品牌文化活动，举办青年艺术家采风活动。此外，还组派国内优秀文化艺术单位赴印尼演出，加深两国友好民意基础。两国文化官员、文化机构、文艺院团之间交流合作日益增多，两国文化交流与合作水平稳步提升。

在文化遗产领域，双方积极落实中印尼人文交流机制第二次会议成果，推动中国—印尼文化遗产合作，开展人员互访、技术交流和项目合作。2016年9月，雅加达艺术博物馆“感知中国·印尼行”暨“海丝明珠”主题展览，向印尼民众展示了中国文化遗产风貌。关于海上丝绸之路历史与考古研究，中国国家文物局水下文化遗产保护中心已经完成“印尼港口与沉船考古文献资料的收集整理”科研项目，为下一步的学术研究工作奠定了文献基础。

目前，两国同意在联合展示、联合出版、技师和考古学家交流活动等方面进行合作。为了进一步促进文化合作，双方将通过桑吉兰和周口店遗址保护研讨会等定期举行会议。此外，通过参加彼此的艺术文化节，保证两国在文化艺术领域的可持续合作。

（三）科技交流精彩纷呈

科技交流是中国和印尼人文交流新的增长点，具有很强的活力。为了进一步加强双方的科技交流和合作，2011年12月13日，中国与印尼两国政府签订了《中国政府和印尼政府科技合作谅解备忘录》，以替代1994年双方签署的科技合作谅解备忘录。

首先，依托科技周平台或行业组织，开展实用技术合作。2011年12月13日，在印尼雅加达，中国科学技术部和印尼研究与技术国务部共同主办了“2011中国—印尼科技周”活动。在科技周期间，实用技术合作成为亮点，双方就农业、中医药和新能源等领域的先进适用技术及产品开展了探讨与合作。

其次，在海上科技合作方面，突出能力建设。2014年12月，由中国海事局主办、上海海事局和上海海事大学承办的“龙目和巽他海峡船舶交通服务操作员能力建设”项目在上海启动。通过这样的能力建设培训，交流和分享中印尼双方海事前沿科技和成功管理经验，对中印尼双方，乃至整个中国—东盟战略合作具有十分重要的意义。

目前，两国同意在科学、技术和创新合作方面跟进2017年8月28日至29日在北京举行的第五次科技合作联合委员会会议的成果。双方都强调在以下领域积极维系合作计划和合作活动非常重要，包括：生物科技联合实验室、高温气冷堆（HTGR）联合实验室、印度尼西亚—中国科学家交流计划和印度尼西亚—中国技术转移中心。双方还探讨了中国—印尼港口建设与灾害防治联合研究中心推行新举措的可能性。此外，双方同意制定2018—2020年科技创新合作行动计划，该计划既重视现有合作，也为未来潜在的新倡议提供空间。

除此之外，印尼还强调要在印尼建立实验性反应堆动力，并请求中国对此提供支持。两国将交换研究用反应堆和联合实验室的专家，开展能力建设计划，在和平利用核能方面开展双边合作，并进一步讨论协议草案的技术咨询论坛会在适宜之时举行。

（四）卫生交流不断拓展

在卫生领域，中国和印尼同为人口与发展南南合作伙伴组织成员国。两国非常重视促进人口领域的合作，签有中国—印尼公共卫生人才合作培训计划，在公共卫生、全面健康覆盖、卫生人力发展和健康教育等领域开展合作。2017年，双方开展心脏介入培训项目，加强双方在卫生应急领域的务实合作。两国同意在卫生合作领域签署谅解备忘录。中国将拓展卫生领域的奖学金和培训项目，为培养印尼人才和卫生专家提供培训和奖学金。

2020年，新冠肺炎疫情暴发，中印尼两国政府第一时间向对方捐赠抗疫物资，积极协助撤离对方在本国的侨民。两国元首就共同抗疫多次通话并互致函电，相互表达慰问和支持。中国专程派军机将一批医疗物资运抵印尼，第二批援助物资已部分运抵印尼。[①] 据不完全统计，中国通过政府、政党、地方、企业等渠道向印尼各界提供的援助物资已超过1000万美元，这一数字还在不断增加。此外，中国公共卫生部门还第一时间同印尼同行分享《新冠肺炎疫情防控方案》及《新冠肺炎诊疗手册》。中国国家卫健委、中国军队医疗专家、福建省政府等同印尼有关部门举行多次视频会议，分享中国在疫情防控及诊疗方面的经验做法。2020年5月，中共中央对外联络部和印度尼西亚国民民主党共同举办主题为“比邻共话——常态化疫情防控中的复工复产经验交流暨中印尼‘一带一路’合作”视频交流会，中联部、福建省和印尼国民民主党中央领导委员会成员、国会议员、省长、地方议员等100多名中外方代表参加。

另外，中印尼疫苗合作起步早、进展快，成为两国抗疫合作的新亮点。2020年8月11日，北京科兴生物与印尼国有制药公司（BioFarma）正式启动一款由中国研发的疫苗的最后临床试验阶段。2020年8月印尼外交部长蕾特诺访华期间，与中国外交部长王毅共同宣布，中国和印尼正式建立人员往来“快捷通道”，积极探讨开通重要物资运输“绿色通道”，在确保防疫的前提下便利人员往来。中印尼两国齐心协力、互帮互助，充分体现了“重同挑、轻同提”的深情厚谊。

（五）青年交流力度增强

从2012 年开始，根据中国和印尼领导人达成的共识，双方每年互派100 名青年互访，这种互访已经形成制度化安排。这些青年代表主要由两国各界优秀青年和大学生代表组成。在交流过程中，他们互相访问政府机构、青年组织，深入企业、社区、农村，了解当地经济社会发展现状，交流青年工作经验，并与当地各界青年进行对话和联欢。

在多边框架下，从2013 年起，中国人民对外友好协会主办中国—东盟青少年文化交流盛会，邀请包括印尼在内的东盟中学生访问中国，进行艺

---

① 2020年4月，北京、上海、福建、重庆、海南、广州等省市地方政府已经或正在筹备向印尼捐赠2.6万只N95口罩、19.7万只医用防护口罩、1500件防护服、3万双医用手套以及数百件额温枪、血氧仪等医疗物资。参见:《中国地方政府积极支持印尼抗击新冠肺炎疫情》，中华人民共和国驻印度尼西亚大使馆，2020年4月14日，https://www.fmprc.gov.cn/ce/ceindo/chn/sgsd/t1769566.htm。

术和学术交流，旨在加深相互了解，进行联谊。

2016年，双方完成了新一轮百人青年互访，青年代表团成员通过丰富多彩的参观交流活动，增进相互了解，与东道国人民缔结了深厚友谊。中国还邀请10名印尼青年代表来华参加东盟青年干部培训班。截至2016年底，该培训班共培训了120余名印尼各界青年代表。

此外，双方同意续签2013年底到期的青年合作谅解备忘录，共同促进和发展各领域有潜力的青年合作，包括创业合作、领导力合作、志愿主义合作、两国青年培训和实习计划合作、两国青年领袖和青年企业家交流合作。

（六）体育交流重点突出

中国和印尼在体育方面都有自己的传统和优势项目，中国被称为“乒乓球王国”，印尼则被称为“羽毛球王国”。在体育交流，特别是竞技体育交流方面，中国和印尼取得了历史性的突破。1954年6月，印尼华侨青年王文教、陈福寿、黄世明回到祖籍国中国，帮助新中国培养了大批国际级羽毛球运动员，为新中国羽毛球事业的腾飞发挥了重要的作用。

两国将尽早更新体育合作谅解备忘录，并将继续在各体育部门共同举办和开展体育运动联合训练、选拔赛、训练营、短期班、长期班等活动。

（七）媒体交流方兴未艾

媒体交流是搭建人文交流的重要平台，有助于增进两国人民之间彼此的信任与理解。2010年6月29日，在印尼雅加达，中国国际广播电台与印尼国家电台正式签署合作协议，在两个国家级电台之间开展节目合作和人员交流，这无疑是两国媒体交流史上极具意义的事件。

2013年4月2日，中新社副社长夏春平率团访问印尼，与印尼华文主要媒体《千岛日报》《星洲日报》《国际日报》《商报》和印尼当地媒体《日惹快报》《民族日报》等进行交流、座谈。2013年4月22日至23日，印尼驻华使馆和印尼安塔拉通讯社在北京联合举办中国和印尼媒体交流论坛，就媒体在中国和印尼人文交流中的作用进行了深入的讨论。

未来，两国将在电影合作方面签署谅解备忘录，这是两国在创意创新产业合作的重要里程碑。双方将通过建立联合工作组，实施有关规章制度交流、电影制作和电影档案制作的谅解备忘录。

（八）旅游交流互动频繁

自2005年两国建立战略伙伴关系以来，中国和印尼的人文交流一年一个台阶，特别是双方人员互访人数屡创新高。2015年，中印尼两国领导人发布《中华人民共和国和印度尼西亚共和国关于加强两国全面战略伙伴关系的联合声明》，提出“两国同意进一步开展旅游合作，力争两国公民年度往来早日突破200万人次”。为达成该目标，中国不断加大对印尼旅游市场的研究和推广力度，并实施了一系列举措，包括开通海口—雅加达、成都—民丹岛旅游包机航线。两国旅游主管部门间密切交往，派代表团频繁互访，积极推动双边旅游合作健康发展。截至2016年底，两国双向往来人次200万的目标已经实现。

在两国旅游合作谅解备忘录的基础上，印尼提议在2018年组织第一届旅游联合工作组；加强在航空交通和航空可达性方面的合作，并为印尼导游提供普通话培训。同时，双方还探讨了北苏门答腊多巴火山（Danau Toba）和杭州西湖发展旅游合作的可能性。同时，印尼将邀请中国投资商投资印尼的重点旅游目的地，即多巴湖、曼达里卡（Mandalika）和婆罗浮屠（Borobudur）。

此外，中国于2017年9月向印尼赠送了两只象征着希望和信念的大熊猫。这使两国今后的合作更和谐、和平和友好，更富有成效。在此基础上，双方确认了2016年底签署的《促进大熊猫保护工作谅解备忘录》的具体实施情况，并于2017年11月26日在印尼启动了大熊猫保护工作。两国愿加强这一合作，进一步加深两国人民之间的相互了解，增进两国在野生动物保护方面的密切合作。

五、中印尼人文交流前景与挑战

当前，两国处在一个大发展大变革大调整的时代，国际格局深刻演变，世界形势复杂严峻。和平、发展、合作、共赢成为各国人民的共同呼声，但和平赤字、发展赤字、治理赤字等全球性挑战日益突出。中国和印尼同为世界主要的发展中国家、二十国集团成员、新兴市场国家，不论是促进各自发展、应对外部压力，还是勇担大国责任、完善全球治理、解决区域与全球问题，都迫切需要构建更加紧密的中印尼关系，迫切需要中印尼在复杂多变的地区和国际局势中发挥定海针的作用。

由于历史因素及当前复杂的国际环境、两国文化差异、制度差异等因素，中印尼人文交流在未来仍然面临诸多方面挑战。第一，中印尼双方的人文交流机制注重顶层设计，集中于精英阶层，对普通民众而言认知度较低，使机制的决策缺乏广泛扎实的民意支撑，未来需要着力设计民众参与路径。

第二，语言问题阻碍两国间彼此认知。目前，印尼主要通过英语媒体和西方国家的所谓主流报道来“建构”对中国的认知，这给两国之间的交流合作带来了较大困难。印尼的相当一部分官员、精英和学者有英、美、澳等国的留学、工作经历，他们对西方民主政治制度较为认同，能说流利的英语，但大多不懂中文，不了解中国。不可否认的是，已经有越来越多的印尼人开始学习中文，他们到中国留学，并且通过中文主流媒体和在中国的亲身经历了解中国。尤其是“一带一路”倡议提出后，情况有了较大改善。但总的来看，印尼对中国的认识依旧受到西方国家的深刻影响，而中国对印尼的认知也仍然不够全面、客观，留有较强的时代印记。

第三，宗教及智库交流滞后。2011年以来，两国宗教界的交流不断增多，合作内容也不断丰富。但是相比教育与旅游，宗教交流仍是两国人文交流中的弱项。另外，印尼国内对华认知明显不足，中国与印尼对于彼此的研究仍有待加强。两国智库之间的合作亟待加强，尤其是双方的联合调研难以推进。在“一带一路”建设推进过程中，“中国不知道印尼需要什么、印尼也不知道中国想干什么”的情况时有发生。作为地区内和世界范围内两个有影响力的大国，对相互历史、文化、政治、经济的全方位研究，将为两国决策层提供重要的对策建议，对于增强彼此战略互信将大有裨益。[①]

第四，媒体尤其是新媒体的交流与合作亟待加强。近年来，中国对印尼的新闻报道逐渐增多，也更加全面客观，但话题仍集中于地震与恐怖主

---

① 孙晓萌、高诗源：《“一带一路”框架下的中印尼人文交流》，第39页；孙晓萌：《中印尼人文交流机制：回顾与展望》，第52页。

义，容易给民众传递错误信息，形成中国民众对印尼的负面认知。印尼媒体也一直受到西方媒体的影响，缺乏对中国的正面报道。同时，新媒体行业发展的不平衡，使两国间新媒体合作难以推进。然而，新媒体上各类信息的传播常常影响两国民众的相互认知。

作为新时代中国特色大国外交三大支柱之一，如何扎实推进并着力加强中印尼人文交流，推动构建人类命运共同体，是中国进一步发展中印尼关系，为两国全面战略伙伴关系注入新内涵面临的重要问题。中印尼人文交流合作需要保持长久定力与耐心，要排除干扰、化解挑战、增进互信，做到精耕细作、润物无声，朝向构建中印尼社会文化命运共同体作出努力。

第一，顶层设计与实施路径需进一步完善。为了有助于有针对性、有组织、有步骤地开展双边人文交流，应尽快与相应交流主体合作共同制定人文交流机制的规划方案，并需辅以细化的实施方案，探索内涵式发展路径。目前，中印尼人文交流日益进入战略拓展期，宜牢固树立服务两国战略关系发展与合作拓展的大局意识，朝着更加专业、务实、深入、可持续的方向发展，呈现宽领域、多层次、高水平的特点，注重交流内涵，突出人与人交流的核心，提升交流实效，有针对性地消除两国民间误解与隔阂，让两国民众感受到来自彼此的更多善意、暖意，助推两国民心相通，推动两国民间形成以彼此友好认知为主的民意格局。[①]

人文交流机制需要精准对接双边关系的重要关切议题。例如，机制怎样才能更加有力地服务于中国“21 世纪海上丝绸之路”倡议与印尼“全球海洋支点”构想的合作对接，更好地服务于两国全面战略伙伴关系的深入发展。中印尼人文交流机制要深植广布人类命运共同体理念，对中国与东盟国家、与“一带一路”沿线国家的人文交流起到示范作用，辐射带动地区人文交流网络的完善，让人文交流网络成为“一带一路”建设的坚实纽带。目前，教育部在北京外国语大学、北京大学、人民大学、同济大学等高校设立的一批中外人文交流机制研究中心就发挥着专门智库的作用，为开展人文交流机制提供完备的理论和实践支持。

第二，以国别区域研究为支撑。毋庸置疑，当前仍面临诸多智识方面

① 孙晓萌：《在机遇与挑战中探索人文交流》，《神州学人》2018年第5期，第18页。

的挑战，缺乏交流主体研究的学术积累和知识储备，尤其是对相关区域文明的理解和认识。世界各国经济发展水平并不均衡，宗教、民族、语言和文化呈现多样化特点，如印尼是一个多元文化、多元宗教的国家，政治改革后经历了深入的社会变迁与转型，社会结构相对复杂。作为与发展中国家建立的首个人文交流机制，相比于其他机制具有显著差异。因此，应尽可能开展针对人文交流的基础调研项目，鼓励从事国别区域研究的学者和该领域的研究生、本科生前往所研究对象国进行"浸润"。①

第三，以语言为媒介推动思想对话及文明互鉴。语言是重要的沟通工具和信息载体，也传承着一个民族的文化基因，其重要性不言而喻。要构建语言互通工作机制，推动中国与世界各国语言互通，开辟多种层次语言文化交流渠道。其中包括加大汉语国际推广力度、加强国家自身外语能力，尤其是非通用语能力建设。在国家外语能力建设方面，北京外国语大学积极承担"把世界介绍给中国，把中国介绍给世界"的双重使命，现开设101种外国语言专业，并努力实现与中国建交国家官方语言全覆盖，为中国与世界的交往作出积极贡献。著名语言哲学家路德维希·维特根斯坦曾指出，语言是人类思想的表达，是整个文明的基础，哲学的本质只能在语言中寻找。因此，语言除了充当基本的沟通媒介，也是思想的重要载体，需要在语言互通的基础上努力推动中国与国外思想界、知识界的对话和交流，回应双方社会内在的文化建设需要，摆脱西方主导的意识形态，促进中国与世界各国在文化上的凝聚，形成在价值认同上的共同纽带，拉近彼此人民之间的距离，为双方智库提供观念、知识分子网络、民间交往渠道上的支撑，在夯实双方的民意基础方面发挥重大作用。②

在具体操作层面，为了更好地发挥中印尼人文交流机制的作用，可从以下方面加以完善。第一，应结合即将签署的《中印尼全面战略伙伴关系未来五年行动计划》，制定未来3—5年的人文交流规划，就互设文化中心、青年交流、教育合作、学历互认、旅游合作、高校与智库合作等项目做好科学设计和总体规划，让人文交流项目真正进入普通民众生活。

第二，应进一步加强高层次、智力型人文交流。在中印尼人文交流机

① 孙晓萌:《在机遇与挑战中探索人文交流》，第19页。

② 同上。

制发展进程中，智库在两国政策解读与沟通、释疑增信方面发挥了积极作用，促进了两国民众增进彼此认同。尤其值得一提的是，为了进一步完善智库对话与合作机制，2016 年，北京外国语大学牵头成立了中国—印度尼西亚高校智库联盟，联盟成员包括中国的北京外国语大学、华中师范大学、广东外语外贸大学、河北师范大学，印尼的加查马达大学、日惹国立大学和北苏门答腊大学。联盟发挥搭建平台、加强双向人才培养、推动科学研究、加强政策对话的职能，为两国高校智库搭建教育信息、学术资源共享和交流合作平台；探索跨国人才培养新机制，促进联盟高校间的学生双向流动；加强联盟高校和智库间科研机构与人员的合作，组建协同创新共同体；围绕中印尼全面战略合作伙伴关系中的具体政策开展针对性的研究、解读工作，以从战略层面和长远角度夯实中印尼关系的民意基础，为促进两国关系发展营造良好的舆论氛围。

两国要依托一流的传媒、智库、高校、研究所资源，建立沟通平台，完善合作机制，加强相互往来；通过研讨会等形式，加强智库和学者交流，搭建科研合作平台。双方应在未来3年，重点扶持1—2家实体研究中心，在未来5年，分别建立5家以上的实体研究中心，以推进两国之间的智库建设和交流，为深入对接共建“一带一路”倡议和“全球海洋支点”构想，实施好雅万高铁、印尼“区域综合经济走廊”等重点项目，用好用足人员往来“快捷通道”，为两国复工复产提速，提供智力支持，全面提升两国人文交流的知识层次与水平。

第三，应尽快互设文化中心。互设文化中心是国与国人文交流的重要平台之一。在对方国家设立文化中心，可以依托这一平台，有效地宣传和介绍本国文化，包括本国的政治、经济和社会等多方面的内容，树立本国在对象国的积极、正面形象，增强本国文化在对象国的亲和力与新鲜感，吸引更多的对象国人民关注本国文化，夯实对象国与本国人民的心灵沟通基础。

第四，应通过青年交流、旅游项目、教育交流合作，提升两国人文交流的频率和密度，实现两国民众的互访、互联、互通。中国和印尼的旅游资源丰富，应用好旅游资源优势，推动游客往来的便利化。2015年，印尼宣布对中国公民免旅游签证办理，邀请中国游客赴印尼体验旅游项目。双方要进一步推动文化遗产旅游合作，推动旅游便利化，加强市场监管，提高游客服务水平。可以借助世界旅游组织主办丝绸之路旅游国际大会为平台，携手推进丝绸之路旅游市场一体化，开发特色旅游，加强联合推广，推动两国合作再上新台阶。

第五，应扩大传媒合作领域，打造增信释疑的良好氛围。鼓励广播电视、通讯社、报刊、新媒体与出版领域的合作，加强优秀影剧、文学作品的放映和出版，为两国人民相互了解提供便利、通畅的渠道。两国新闻媒体应进一步加强新闻共享，让两国主流媒体的新闻能够直接落地到对方新闻传播主渠道。在新媒体领域，积极探索合作路径，尤其是要加强青年人在新媒体方面的交流沟通。

第六，应加快卫生领域合作步伐，增进两国人民健康福祉。以抗疫合作为契机，推进新冠疫苗研发。两国企业要全方位开展疫苗研发和使用合作，共同构建人类卫生健康共同体。

六、结语

“交友投分，切磨箴规。”中印尼人文交流源远流长，硕果累累。开展人文交流，传承中印尼友谊是两国人民的共同心愿。人文交流具有软性外交的作用，有助于塑造中国在周边国家的良好形象，消除两国民众彼此偏见，增进相互包容、理解和欣赏。中印尼副总理级人文交流机制将继续成为建立互信、互利、互惠、团结协作的中印尼全面战略伙伴关系的助推器。

在后疫情时代，围绕中印尼建交70周年与抗疫合作，两国元首多次互致函电，两国外长、防长频繁会晤。这将进一步推动双方在抗疫、经济、科技、媒体等领域的深化合作，推动中印尼两国科技、卫生部门及企业开展疫苗研发、抗疫药物、检测技术、医疗设备联合生产，助力两国在5G、大数据、人工智能、电子商务、云计算等新兴领域加强合作，并深化两国在联合国、世界卫生组织、二十国集团等多边组织框架内的沟通协作，共同推动构建人类卫生健康共同体和中印尼社会文化命运共同体、中国—东盟命运共同体。

中东百年变局与中阿人文交流*

孙德刚 ［埃及］马雨欣

【内容提要】近年来，中东地缘政治博弈升级，经济增长乏力，热点问题久拖不决，加之2020年以来暴发的新冠疫情，中东迎来“百年变局”。中阿两大民族守望相助，人文交流具有政府引导、官民并举的特点；教育、文化、旅游和宗教交流等多管齐下，成为中阿人文交流的亮点。在此过程中，外交部、中宣部、教育部、文化和旅游部、国家广播电视总局、国家宗教事务局、国家新闻出版署、新华社、国家汉办、中阿友协等十几个部门形成合力，参与中阿人文交流，推动机制化建设。中阿人文交流具有兼容性、层次性和综合性，做到了整体推进、部门协调和以点带面，增强了南南合作和民心相通。中阿人文交流是双方提升软实力和开展公共外交的重要手段，通过议题联系丰富了中阿战略合作的内涵，使政治合作、经贸发展和人文交流成为“中东百年变局”下中阿全方位合作的“三驾马车”。

【关键词】中东百年变局　中阿关系　人文交流　中国中东外交

【作者简介】孙德刚，复旦大学国际问题研究院研究员；［埃及］马雨欣，上海外国语大学中东研究所博士，沙特贝托阿拉伯产品运营公司分析师。

2019年以来，阿拉伯国家在探索适合自身发展的道路上艰难前行，传统热点问题久拖不决，新的热点问题层出不穷。阿尔及利亚、苏丹、伊拉克、黎巴嫩、巴勒斯坦等发生新一轮政局动荡。极端组织“伊斯兰国”虽遭受重创，但仍伺机卷土重来。中东局势处在发展中，不确定性因素增

* 感谢西北大学张玉友、上海政法学院张帅、西北政法大学张丹丹和上海外国语大学中东研究所武桐雨为本文的撰写所做的资料收集与整理工作。本文部分内容发表于：Degang Sun and Aml Ali Abdrabou, “The Development of China-Arab Cultural Exchanges: Opportunities and Challenges in the Belt and Road Era,” *BRI Quarterly* 2, Issue 4 (2021):25-43.

加。域外大国和地区国家纷纷调整自己的对外战略，各种力量分化组合，加上新冠疫情的冲击，中东在奥斯曼帝国解体近百年后迎来新的“百年变局”。① 中阿开展人文交流，有助于在动荡的中东变局中加强战略互信，推动中阿战略伙伴关系再上新台阶。

一、“中东百年变局”背景下中阿人文交流的顶层设计

美国的战略收缩、地区主义退潮，中东经济和社会危机累积，增加了中东形势发展的不确定性。在“中东百年变局”背景下，地区格局进入大动荡、大调整时期，各种不确定性、不稳定因素相互叠加，呈现出四组矛盾：一是阿拉伯国家内部的安全事务凸显“分与合”的矛盾，前者主张民族自治乃至独立，后者主张国家统一、领土完整与建立强有力政府，这组矛盾在叙利亚、伊拉克、也门、利比亚、索马里和黎巴嫩等国较为突出；二是域外大国和中东国家之间的地缘政治冲突，凸显为“遏制与反遏制”的矛盾，包括伊朗领导下的“抵抗联盟”，沙特领导下的“瓦哈比—萨拉菲联盟”，土耳其领导下的“亲穆兄会联盟”，以色列推动与美国阿拉伯盟友的“温和联盟”，美国积极拼凑的“中东战略联盟”，俄罗斯发起的“俄罗斯—伊朗—土耳其三角联盟”；三是主权国家体系与非国家行为体之间的地区性冲突，凸显为“恐怖与反恐”的矛盾，以域外大国和地区国家打击“伊斯兰国”和“基地”组织残余势力为代表；四是所有国家面临的非传统安全问题，如新冠疫情问题、难民问题、毒品问题、水安全问题等。

在上述四组矛盾中，中国不是冲突方，而是问题解决方；不是中东安全问题的制造者，而是中东和平的缔造者；不是文明冲突的推动者，而是文明对话的倡导者。中国以建设性姿态参与中东安全事务，为探索中国特色大国外交、实践新安全观、推动“一带一路”建设、构建伙伴关系网提供了战略平台。同时，中东经济持续低迷、中东地区矛盾久拖不决、地缘政治回归、地区大国安全自主意识增强、各种冲突相互叠加、跨区域矛盾外溢等，使中东安全问题解决难度进一步增大。尤其是2019年以来，海湾

① 孙德刚:《中东：震荡调整中的格局重构》，载复旦大学国际问题研究院编《变局与调适：复旦国际战略报告2019》，2020，第52页。

地区地缘政治冲突加剧，东地中海油气争端升级，叙利亚、利比亚、索马里、也门、巴以等地区热点问题久拖不决，经济疲软、新冠疫情等问题产生溢出效应，对阿拉伯国家提出了严峻挑战。“中东百年变局”也要求中国利用好“组合拳”维护国家主权、安全和发展利益，促进地区和平与发展。

中阿双方守望相助，共同面对“中东百年变局”构成的挑战，人文交流是重点领域。阿拉伯世界横跨亚、非两大洲，连接印度洋和大西洋，沟通阿拉伯海、红海和地中海，面积约1300万平方公里，人口近4亿，拥有22个国家（含巴勒斯坦），是中东与伊斯兰世界的核心区。[①] 中华民族与阿拉伯民族有着两千年友好交往的历史，两大民族分别位于欧亚大陆的东西两端，成为古代陆上与海上丝绸之路的共同缔造者。中阿互动的主流是相互理解与彼此尊重，政治交往、经贸合作与人文交流是中阿关系的主要驱动力。2020年初，在中国抗击新冠疫情最艰难的时刻，阿拉伯卫生部长理事会第53次会议发表声明支持中国抗疫努力，阿拉伯国家累计向中国捐赠1000多万只口罩等急需医疗物资，阿联酋、埃及等国的标志性建筑亮起“中国红”。中国也投桃报李，积极帮助阿拉伯国家抗击新冠疫情。截至2020年8月，中国已向8个阿拉伯国家派遣了抗疫医疗专家组，同21个阿拉伯国家举办了卫生专家视频会议，助力阿拉伯国家打赢抗疫斗争。[②]

人文交流有广义和狭义之分。前者系指人类社会的各种文化现象，涉及一切以人为载体的各个领域的社会活动；后者系指文艺、哲学、政治、经济、教育、新闻及体育等领域的沟通和互动行为，其主要合作形式包括以人员交流、文化交流和思想交流为内容，以国家间民众的互动、互识和互知为目的，相互间思想文化的交汇、碰撞和吸引。[③] 本文的“中阿人文交流”系指中国和阿拉伯国家基于共同的历史和文化记忆，在思想、文化和人员交流中促进共同意识的产生和思想碰撞，以增强友好度、信任感和亲和力。中阿人文交流在实践中不断改进，促进人文交流主体的多元化。中阿人文交流既需要双方政府自上而下的引导，也需要自下而上的参与——

① 孙德刚：《N个阿拉伯世界》，《环球》2020年第18期，第37页。

② 龚鸣、周輖：《中阿合作抗疫携手打造命运共同体》，《人民日报》2020年7月14日，第3版。

③ 邢丽菊：《人文交流与人类命运共同体建设》，《国际问题研究》2019年第6期，第12页。

调动社会团体、企业和民众的积极性，形成“政府引导、民间主导”的互动格局和“官方搭台、社会唱戏”的模式，使中阿双方真正做到人文交流双向互动、追求实效，真正做到民心相通，推动中阿命运共同体建设。

中阿人文交流包括国家间官方和民间开展的各种文化交流活动，涉及文教、艺术、科技、卫生、体育、宗教、旅游、新闻出版、广播影视、学术研究、民间交往等诸多领域。[①] 它包括以下5个基本要素：第一，中阿人文交流的主体，既包括中阿共23个主权国家，还包括地方政府、超国家的地区组织（如海合会与阿盟）；第二，中阿人文交流的空间既包括在对象国，也有可能是在第三国、地区和国际组织；第三，中阿人文交流的内容包括文化、教育、旅游、媒体、传统医学等；第四，中阿人文交流的域场既可能在线上，也有可能在线下，前者包括人员交流、经典图书互译出版等，后者包括自媒体和新媒体等网络空间；第五，中阿人文交流的机制包括双方在中阿合作论坛的框架下建立文明对话研讨会、中阿友好大会、旅游合作论坛、新闻合作论坛等。

中阿人文交流是双方顶层设计的结果。2018年，中阿合作论坛第八届部长级会议在北京举行。习近平主席在开幕式上宣布，中国将再从阿拉伯国家邀请100名青年创新领袖、200名青年科学家、300名科技人员来华研讨，再邀请100名宗教人士、600名政党领导人访华，再为阿拉伯国家提供1万个各类培训名额，再向阿拉伯国家派遣500名医疗队员。[②] 受新冠疫情影响，中阿合作论坛第九届部长级会议于2020年7月以视频方式举行，国务委员兼外交部长王毅、约旦外交与侨务大臣萨法迪共同主持，阿盟所有成员国的外长和部长级官员以及阿盟秘书长盖特与会。[③] 中阿合作论坛第九届部长级会议发表的《中国和阿拉伯国家团结抗击新冠肺炎疫情联合声明》《安曼宣言》和《论坛2020年至2022年行动执行计划》，为“中东变局”下深化中阿人文交流提供了整体合作框架。根据中阿双方的战略规划，中

① 丁俊、陈瑾：《改革开放以来中国与中东国家的人文交流述论》，《阿拉伯世界研究》2018年第5期，第30页。

② 《习近平在中阿合作论坛第八届部长级会议开幕式上的讲话》，人民网，2018年7月10日，http://cpc.people.com.cn/n1/2018/0710/c64094-30138530.html。

③ 《中阿合作论坛举行第九届部长级会议》，新华网，2020年7月6日，http://www.xinhuanet.com/2020-07/06/c_1126203634.htm。

阿新闻交流中心正式成立，中阿电子图书馆门户网站项目正式启动，中阿共同在华举办的第四届“阿拉伯艺术节”正式启动。[①]

当前，中阿人文交流的内容日益丰富，合作机制不断完善，通过顶层设计形成了以下10个合作机制（见表1）：第一，中宣部、国家广电总局牵头的中阿广播电视合作论坛；第二，文化和旅游部牵头的中阿艺术节、中阿旅游合作论坛；第三，外交部主办的中阿文明对话研讨会；第四，国务院新闻办公室牵头的中阿新闻合作论坛；第五，教育部牵头的中阿教育与智库合作；第六，中阿友协牵头的中阿友好大会；第七，全国妇联牵头的中阿妇女论坛；第八，民政部牵头的中阿非政府组织和社会团体合作；第九，全国友协、中阿友协牵头的中阿青年友好大使项目；第十，地方政府参与的中阿博览会（宁夏）、中阿城市论坛等。

表1　中阿人文交流的主要机制及负责部门一览表

序号	人文交流机制	负责（牵头）部门
1	中阿广播电视合作论坛	中宣部、国家广电总局
2	中阿艺术节、中阿旅游合作论坛	文化和旅游部
3	中阿文明对话研讨会	外交部
4	中阿新闻合作论坛	国务院新闻办公室
5	中阿大学校长论坛、中阿智库合作	教育部
6	中阿友好大会	中阿友协
7	中阿妇女论坛	全国妇联
8	中阿非政府组织和社会团体合作	民政部
9	中阿青年友好大使项目	全国友协、中阿友协
10	中阿博览会、中阿城市论坛	地方省市政府

资料来源：中阿合作论坛网站，www.chinaarabcf.org/chn/。

下文以教育交流、文化交流、旅游合作和宗教交流为例，探讨新形势下中阿人文交流取得的新成就和建立的新机制，并就“中东百年变局”下如何进一步推动中阿人文交流提出对策建议。

① 习近平：《携手推进新时代中阿战略伙伴关系——在中阿合作论坛第八届部长级会议开幕式上的讲话》，《人民日报》2018年7月11日，第2版。

二、中阿教育交流取得新进展

教育交流是中阿人文交流的重要领域。2018年7月，中阿合作论坛第八届部长级会议围绕未来中阿合作，共同制定了《中国—阿拉伯国家合作论坛2018年至2020年行动执行计划》。关于教育合作，双方一致同意“继续加强教育和科研领域合作，鼓励双方教育和研究机构之间的交流，加强并支持中阿高校之间的交流，逐步增加双方包括公派硕士和博士在内的奖学金名额，推动中阿高校积极建立校际联系，鼓励双方高校开展历史文化、科技应用以及区域和国别研究等领域的联合科研”。[①] 这是新时期中阿教育合作的纲领性文件。

截至2020年，全球已有162国家（地区）设立了541所孔子学院和1170个孔子课堂。[②] 其中，亚洲39国（地区），孔子学院135所，孔子课堂115个；非洲46国，孔子学院61所，孔子课堂48个。[③] 孔子学院是以开展汉语教学为主要活动内容、中外合作建立的非营利性教育机构，其宗旨和使命是向世界推广中国语言和文化，加强与世界各民族文化交流。[④] 阿拉伯世界是近年来孔子学院数量增长最快的地区之一（见表2和图1）。

表2　阿拉伯国家孔子学院/课堂设立时间及分布表

阿拉伯国家	孔子学院和孔子课堂	成立时间	中方合作单位
黎巴嫩	圣约瑟夫大学孔子学院	2007年	沈阳师范大学
埃及	开罗大学孔子学院	2008年	北京大学
埃及	苏伊士运河大学孔子学院	2008年	北京语言大学
约旦	安曼TAG（约旦塔勒利·阿布·格扎拉国际集团）孔子学院	2009年	沈阳师范大学

① 《中国—阿拉伯国家合作论坛2018年至2020年行动执行计划》，中阿合作论坛网站，2018年7月10日，http://www.chinaarabcf.org/chn/lthyjwx/bzjhy/dbjbzjhy/t1577009.htm。

② "الصين أنشأت 550 معهد كونفوشيوس فى العالم"، ٢٠١٩/١٢/١٧، https://www.chinainarabic.org/?p=49605.

③ 《关于孔子学院/课堂》，孔子学院总部/国家汉办网站，http://www.hanban.org/confuciousinstitutes/node_10961.htm。

④ 周丽娟：《对外文化交流与新中国外交》，文化艺术出版社，2010，第213—214页。

续表

阿拉伯国家	孔子学院和孔子课堂	成立时间	中方合作单位
突尼斯	斯法克斯广播孔子课堂	2009年	中国国际广播电台
苏丹	喀土穆大学孔子学院	2009年	西北师范大学
摩洛哥	穆罕默德五世大学孔子学院	2009年	北京第二外国语学院
阿联酋	扎耶德大学孔子学院	2010年	北京外国语大学
阿联酋	迪拜大学孔子学院	2011年	宁夏大学
约旦	约旦费城大学孔子学院	2012年	聊城大学
摩洛哥	哈桑二世大学孔子学院	2012年	上海外国语大学
巴林	巴林大学孔子学院	2014年	上海大学
科摩罗	科摩罗大学孔子课堂	2014年	大连大学
埃及	尼罗河电视台孔子课堂	2015年	北京语言大学
摩洛哥	阿卜杜·马立克·阿萨德大学孔子学院	2016年	江西科技师范大学
巴勒斯坦	圣城大学孔子学院	2019年	江西师范大学

资料来源:《关于孔子学院/课堂》，孔子学院总部/国家汉办网站，http://www.hanban.edu.cn /confuciousinstitutes /node_10961.htm；丁俊、陈瑾:《改革开放以来中国与中东国家的人文交流述论》,《阿拉伯世界研究》2018年第5期，第34—35页。

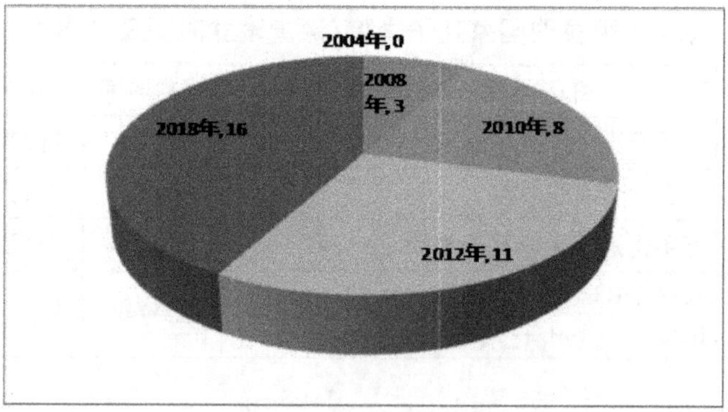

图1　2004—2018年中国在阿设立的孔子学院和孔子课堂累计数

图片来源：上海外国语大学中东研究所、中阿合作论坛研究中心:《共建“一带一路”，推动中阿集体合作站上新起点——“中国—阿拉伯国家合作论坛”成就与展望》，2018，第18页，http://www.chinaarabcf.org/chn/zagx/ltdt/P020180614580301500634.pdf。

在阿拉伯国家中，埃及是获得中国政府奖学金最多的国家，获得中国政府奖学金的留学生以应用学科和理工科的学生为主。2019—2020年，有364名埃及留学生获得中国政府奖学金，其中包括126名博士研究生。留学生的专业学习领域包括航空航天、生命科学、海洋科学、机械工程、信息技术等现代科学技术。① 在西亚，约旦对孔子学院持欢迎态度。为促进中阿教育交流，2017年，中国地质大学（武汉）丝绸之路学院正式挂牌，为中国和约旦共建的“中约大学”奠定了基础。中约大学是由中国政府主导的第一所走出国门的大学，办学地址设在约旦首都安曼，由中国地质大学（武汉）具体对接筹建，建成后对外招生。② 2018年，中国驻约旦大使潘伟芳和约旦文化大臣纳比·舒古姆在约旦首都安曼共同签署了《中华人民共和国政府和约旦哈希姆王国政府关于在约旦设立中国文化中心的协定》。

中国与阿联酋的教育交流也不断升级。2019年7月，在习近平主席访问阿联酋期间，孔子学院总部与阿联酋教育部签订《关于将汉语纳入阿联酋中小学教育体系谅解备忘录》，直接推动了汉语在阿联酋的推广。③ 目前，沙特和阿联酋均是中国的全面战略伙伴关系，两国都将汉语列入中小学教育体系。2020年7月，迪拜中国学校隆重举行启用仪式，这是由教育部委托杭州市教育局承办的迪拜中国学校（杭州第二中学迪拜学校），是教育部首批海外中国国际学校试点单位，也是在海外成功创办的第一家全日制中国学校。④ 阿联酋成为中阿教育交流的典范。

近年来，沙特国王大学开设了汉语专业。2019年，在王储穆罕默德·本·萨勒曼访问中国期间，沙特政府宣布，将汉语纳入沙特王国所有教育阶段的课程之中。巴勒斯坦也积极支持孔子学院建设。2019年，巴勒斯坦圣城大学庆祝中国孔子学院成立。这是巴勒斯坦首家此类学院，不仅

---

① 《364名获中国政府奖学金的埃及学生即将赴华留学》，新华网，2019年8月29日，http://www.xinhuanet.com/2019-08/29/c_1124934190.htm。

② 《中国和约旦共建“中约大学”》,《武汉晚报》2017年12月6日，第6版。

③ سكاي نيوز "الإمارات توقع ١٦ اتفاقية ومذكرة تفاهم مع الصين"، https://www.skynewsarabia.com/business/1269972-الإمارات-توقع-16-اتفاقية-ومذكرة-تفاهم-الصين.

④ 中华人民共和国驻迪拜总领事馆:《李旭航总领事出席迪拜中国学校启用仪式》，2020年7月20日，http://dubai.chineseconsulate.org/chn/xwdt/t1799161.htm。

满足了巴勒斯坦人民不断增长的学习汉语的需求，而且增强了巴勒斯坦人民对中国文化的理解，增进了两国人民之间的传统友谊。[①] 尽管巴勒斯坦局势长期动荡，但是青年学生学习中文的热情很高。

在中阿双方的共同努力下，中阿教育交流取得重要进展。在华阿拉伯留学生从2004年的1130名增长到2016年的18050名，年均增长率达26%。赴阿拉伯国家留学生的人数由2004年的242名增长到2016年的2433名，年均增长率达21%。[②]

三、中阿文化交流精彩纷呈

中阿文化交流形式多样，内容丰富，如广播、电影、电视、网络媒体、新闻出版等。2018年7月，中阿双方共同发布《中国和阿拉伯国家合作共建"一带一路"行动宣言》，强调中阿双方将深化在教育、体育、卫生、艺术、出版、培训等领域合作，推进互设文化中心。[③] 同年10月25日，中阿合作论坛第四届文化部长会议在成都召开，中阿双方代表围绕"一带一路"国际合作框架下的文化交流与合作主题，分享经验，探讨发展对策。会议审议通过了《中国—阿拉伯国家合作论坛第四届文化部长会议成都宣言》。[④]

中阿广播交流是传递中国文化和讲好中国故事的语言表达形态，有助于阿拉伯民众摆脱西方媒体的话语束缚，更好地了解中国的真实形象。例如，2020年新冠疫情暴发之后，中国驻外电台及时向阿拉伯国家介绍了中国在疾病治理的进展情况，传播了中国在灾难面前展现出的"仁爱、民本、性善"的文化价值。同时，广播交流也是中国认识和了解阿拉伯文化的传

---

① شينخوا نت: " تدشين معهد كونفوشيوس الصيني لأول مرة في فلسطين"، http://arabic.news.cn/2019-12/17/c_138638145.htm.

② 上海外国语大学中东研究所、中阿合作论坛研究中心：《共建"一带一路"，推动中阿集体合作站上新起点——"中国—阿拉伯国家合作论坛"成就与展望》，2018，第17—18页，http://www.chinaarabcf.org/chn/zagx/ltdt/P020180614580301500634.pdf。

③ 《中国和阿拉伯国家合作共建"一带一路"行动宣言》，中阿合作论坛网站，http://www.chinaarabcf.org/chn/lthyj wx/bzjhywj/dbjbzjhy/t1577010.htm。

④ 《中阿合作论坛第四届文化部长会议在成都召开》，中华人民共和国文化和旅游部网站，2018年10月26日，https://www.mct.gov.cn/whzx/w hyw/201810/t20181026_835594.htm。

媒途径。

为了提高电影和电视的传播力，中国通过古典阿拉伯语译制的方式，将电影和电视内容转化为对象国语言，其中部分影片还使用了埃及方言、沙米语以及北非等地区的方言。2013年，中阿双方共同合作的反映中国现代生活的《金太狼的幸福生活》登上了阿拉伯国家的荧屏。负责这部剧的振动配音工作室与中国国际广播电台埃及制作室签署合作协议，促使更多优秀的中国电视剧走向埃及乃至整个阿拉伯世界。[①] 又如，纪录片《与撒拉族同行》讲述了撒拉族迁徙的历史，向世界展示了仍然生活在青海高原的中国穆斯林妇女的美丽、灿烂和独特性。该纪录片获得了阿拉伯广播电视节纪录片栏目的一等奖。

当前，媒体形态融合趋势加快，数字传播时代已经来临，中阿媒体数字化、智能化和移动化的传播格局已凸显。由于数字卫星电视，4G、5G技术的运用，移动智能化网站和移动手机等硬件和软件的投入使用，媒体传播由原先的单一化格局向多元化、智能化方向迈进。在中国，不少重要新闻媒体已开设阿拉伯语网站，如人民网、中国网络电视台、新华网、国际在线等。此外，还有阿拉伯语和汉语的双语媒体，如阿拉伯信息交流中心和中阿网等。很多中国的新媒体和自媒体也专门推介阿拉伯国家的风土人情、地区形势、重要新闻、政治、经济、文化等内容。无论是官方媒体还是新媒体、自媒体等民间的个人媒体，无论是传统媒体还是新兴数字化媒体，无论是学术研究交流还是文化交流，均在不同层面满足了中国民众对阿拉伯国家政治、经济、文化和社会等多方面、多层次、多领域的知识和信息获取。反观阿拉伯国家，其对中国的媒体报道和在合作主动性方面还有较大的提升空间。

在中阿领导人共同推动下，中阿合作论坛将举办艺术节和文艺团体互访作为文化交流的重要内容。《中国—阿拉伯国家合作论坛2018年至2020年行动执行计划》明确表示，中国于2018年在北京和四川成都举办第四届“阿拉伯艺术节”，并在艺术节框架下举办中阿文化部长论坛；2020年在阿拉伯国家举办第四届“中国艺术节”。中国邀请阿拉伯国家参与在华举办

① 吴丹妮、汤洁峰：《中国热播剧在阿拉伯世界如何圈粉？“阿版樊胜美”盼着少哭点》，澎湃新闻，2019年2月9日，https://www.thepaper.cn/newsDetail_forward_2966774。

的丝绸之路国际艺术节、海上丝绸之路国际艺术节和丝绸之路（敦煌）国际文化博览会，以及丝绸之路国际剧院联盟、丝绸之路国际艺术节联盟、丝绸之路国际博物馆联盟、丝绸之路国际美术馆联盟、丝绸之路国际图书馆联盟等“一带一路”重要文化交流合作活动和机制。此外，加强双方文化机构官员、专家学者及艺术家互访；在双方主要文化机构间建立友好合作关系等。[①]

典籍互译是中阿文化交流的内容之一。2010年，新闻出版总署与阿盟秘书处签署《中华人民共和国新闻出版总署与阿拉伯国家联盟秘书处“中阿典籍互译出版工程”合作备忘录》，启动“中阿典籍互译出版工程”，至2018年已翻译出版了30余种中阿典籍。北京大学的仲跻昆教授、上海外国语大学的朱威烈教授先后获得沙特阿拉伯“阿卜杜拉国王世界翻译奖”。[②] 中阿典籍互译有助于中阿民众加强对彼此的了解。自2016年至今，阿拉伯国家已经出版了多种有关中国的书籍（见表3）。这些书籍主要集中在中国经济发展、外交策略、改革开放经验、中国崛起、中国贫困攻坚、“一带一路”倡议等方面。

表3 2016年以来阿拉伯国家出版的有关中国的书籍

作者	书名	出版社	出版时间
纳彼得·阿利·苏卢尔	《中国现象：改革开放时期的中国经验和外交关系发展（1990—2015）》	的黎波里：现代作家出版社	2016年
阿布都·穆印·萨瓦夫	《即将到来的东方巨人：中国会统治世界吗？》	开罗和大马士革：阿拉伯作家出版社	2016年
穆纳·尤妮斯·侯塞恩	《政治社会主义与市场资本主义：中国的经济发展》	安曼：作家学术中心	2016年
阿布都·卡迪尔·但丁	《中国的崛起与能源挑战》	安曼：作家学术中心	2016年
加法尔·卡拉尔	《苏丹与中国关系：1956—2011》	贝鲁特：阿拉伯统一研究中心	2016年

① 艺术节和文艺团体互访是中阿合作论坛有关文化交流与合作的重要内容，参见：中阿合作论坛网，http://www.chinaarabcf.org/chn/lthyjwx/bzjhywj/dbjbzjhy/。

② 丁俊、陈瑾：《改革开放以来中国与中东国家的人文交流述论》，《阿拉伯世界研究》2019年第5期，第34页。

作者	书名	出版社	出版时间
法特赫拉·瓦尔乌璐	《我们和中国：回应第二次飞跃》	卡萨布兰卡：阿拉伯文化中心	2017年
塔里克·阿布都·马吉德	《中国和阿联酋经贸关系发展战略》	安曼：阿姆贾德出版社	2017年
哈吉·卡提玛	《中国的脱贫政策：阿尔及利亚与中国的案例研究》	阿尔及尔：旗帜出版社	2017年
艾哈迈德·赛义德·内加尔	《埃及、阿拉伯人、"一带一路"倡议和中国模式的未来》	贝鲁特：伊本·鲁什德出版社	2018年
法赫米·侯塞恩	《中国经济改革的新征程》	利雅得：沙特国王大学出版社	2018年
瓦西可·阿力·穆塞伟	《中国龙：全球经济帝国》	安曼：时日出版社	2018年

资料来源：根据公开资料整理。

中国和阿拉伯国家典籍互译成为中阿人文交流的重要内容。中国通过一系列对外翻译项目和工程，将中国优秀典籍和最新研究成果推广到阿拉伯世界。中国专门设立的中国和阿拉伯国家典籍互译出版工程、中华学术外译项目、中国图书对外推广计划、经典中国国际出版工程、丝路书香出版工程、中国文化著作翻译出版工程、中国当代作品翻译工程等，成为重要典籍互译平台。[①] 上海外国语大学王有勇教授长期致力于中华经典阿译工作，近年来陆续翻译阿语版《荀子》《列子》《菜根谭》《围炉夜话》等，已由阿拉伯思想基金会在黎巴嫩出版发行，在阿拉伯世界产生了积极影响。

四、中阿旅游合作成为新亮点

阿拉伯国家旅游市场发展潜力巨大。从全球穆斯林人口增速来看，中东旅游市场尤其是海湾阿拉伯国家，将成为全球旅游业发展最快的地区。2014年，海湾阿拉伯国家出境游消费额达400亿美元，占全球穆斯林旅游

① 包澄章：《中国与阿拉伯国家人文交流的现状、基础及挑战》，《西亚非洲》2019年第1期，第140—160页。

消费额的31%。[①] 海湾阿拉伯国家的游客因逗留时间长、人均消费水平高、旅游服务要求高等特点，成为各国争夺的优质旅游客源。加强中阿旅游合作，对推动中国现有旅游产业升级、优化入境游客源结构、促进中国文化旅游业多样化发展，以及进一步提升中国旅游产业国际化水平具有重要的现实意义。[②]

截至2018年，有13个阿拉伯国家已成为中国公民组团出境旅游目的地国家，其中9国组团业务已正式实施。[③] 中国和阿拉伯世界都拥有悠久的历史和灿烂的文化。15个阿拉伯国家共拥有61个联合国教科文组织评定的世界自然和文化遗产。[④] 同样，中国作为世界十大国际旅游目的地之一，有53处被联合国教科文组织评定的世界自然和文化遗产。近年来，中国赴阿拉伯国家旅游的游客数量较过去也有显著增长，尤其是阿联酋。阿联酋（主要是迪拜）因其局势稳定，重视开发并积极推介其旅游产业，已成为近年来中国游客数量增长最快的阿拉伯国家。

在海湾地区，阿联酋成为中国游客的重要旅游目的地。2013年，至少有27万人次中国游客前往阿联酋进行休闲游和商务游；2005—2015年，中国前往阿联酋的游客数量增幅达98%，预计到2030年将达54万人次。胡润百富与亚洲国际豪华旅游博览会（ILTM Asia）合作发布的《2014中国奢华旅游白皮书》显示，迪拜已成为吸引中国富豪的第三大境外旅游目的地。2016年11月，阿联酋宣布对中国公民给予免签待遇。迪拜旅游局统计数据显示，2017年，中国游客人数突破76.4万人次，同比增长41%；2018年，入境迪拜过夜的国际游客数量为1592万人次，同比增长0.8%，其中中国游客数量达87.5万人次，同比增长12%，中国超过阿曼成为迪拜第四

---

① Dada Zecic Pivac, “The Trail Less Travelled,” BQ Magazine, May 1, 2015, http://www.bq-magazine. com/industries/hospitality/2015/05/halal-tourism-in-the-gcc.

② *The Future of the Global Muslim Population: Projections for 2010-2030* (Washington, D.C.: Pew Research Center’s Forum on Religion & Public Life, 2011), p. 15, http: //www.pewforum. org/files/ 2011 /01 /FutureGlobalMuslimPopulation-WebPDF-Feb10. pdf.

③ 上海外国语大学中东研究所、中阿合作论坛研究中心：《共建“一带一路”，推动中阿集体合作站上新起点——“中国—阿拉伯国家合作论坛”成就与展望》，第17—18页。

④ 王丽影：《中阿旅游文化交流与发展前景广阔（上）》，《中国旅游报》2018 年2 月2日，第7版。

大旅游客源市场。① 阿联酋航空是海湾地区至中国的领先客运服务提供商，每周运营38次往返中国的航班。②

2018年6月，阿联酋承包商纳西尔集团（Nakheel）在迪拜宣布，与北京中科有限公司签署价值6600万迪拉姆（约合1797万美元）的合同，设计和建造在迪拜的朱美拉棕榈岛的喷泉项目。③ 2018年5月，阿联酋阿提哈德航空集团与中国江苏省海外合作投资公司（JOSIC）签署了谅解备忘录，建立战略合作伙伴关系和共同促进机制。据此，阿联酋阿提哈德航空因其投资中国—阿联酋工业园区，可通过集团网络，在中国与其他目的地之间的航班和服务上享受航空运输和货运的优惠价格。阿提哈德航空也成为中国—阿联酋工业园区各运营公司的首选航空公司。④ 中国与阿联酋民航合作，亦带动了旅游合作。

除了阿联酋，其他海湾国家也见证了中国游客数量的显著增长。沙特与中国之间的文化和教育交流对吸引中国游客赴沙特旅游产生了积极的影响。同为海湾国家的阿曼自2006年与中国签订旅游谅解备忘录以来，每年前往阿曼的中国游客也以超过30%的速度保持增长，成为继阿联酋之后，中国游客增长最快的国家之一。2013年至2017年，巴林和科威特见证了中国入境游客人数的稳定增长，分别达到9%和6%的增长率。⑤

中国赴阿拉伯国家旅游以商务游、朝觐游、休闲游为主，其中赴埃及旅游主要是休闲游。中国前往埃及的旅游项目产品丰富多样，中国游客可以在线上、线下选择适合自己的旅游方案。随着中埃两国旅游业的发展，中国与埃及民航业的交流与合作也日益增多，已有两趟从中国直接飞往埃及的航线（北京和广州）。埃及也是中国游客的重要目的地。据埃及驻华大使馆提供的数据，2017年前5个月，有约15万人次中国游客到访埃及，

---

① 《2018年赴迪拜中国游客数量增长12%》，新华网，2019年2月25日，http://www.xinhuanet.com/world/2019-02/25/c_1124159883.htm。

② كوليرز إنترناشيونال. تقرير الشرق الأوسط وشمال إفريقيا | الفنادق ديسمبر ٢٠١٨

③ 中国驻迪拜总领馆经商室:《中国公司中标迪拜棕榈岛喷泉项目》，2018年6月，http://www.mofcom.gov.cn/article/i/jyjl/k/201806/20180602754260.shtml。

④ 《阿提哈德航空与江苏海外合作投资公司建立合作关系》，网易航空，2018年7月20日，http://news.163.com/air/18/0720/17/DN632C5F000181O6.html。

⑤ كوليرز إنترناشيونال. تقرير الشرق الأوسط وشمال إفريقيا | الفنادق ديسمبر ٢٠١٨

仅5月就有1.8万人次中国游客前往埃及。[①] 中青旅遨游网发布的《2018中国公民非洲旅游报告》显示，埃及成为中国公民赴非旅游的五大热门目的地之一。中国游客想要更多地了解古埃及文明和历史，拥有众多神庙遗址的卢克索也成为除金字塔外中国游客最喜欢的埃及旅游目的地之一。[②] 埃及将中国作为世界主要旅游客源国，成功地定制了在中国市场推广的埃及文化项目，并成功地将赴埃及旅游的中国游客数量提高了一倍。

摩洛哥是最早对中国游客实行免签政策的阿拉伯国家。[③] 2016年5月，摩洛哥国王穆罕默德六世访华，取得圆满成功。摩洛哥成为中国公民出境游的目的国之一[④]，世界旅游城市联合会秘书长宋宇表示："2017年，中国游客到摩洛哥旅游总数已经超过10万人次，摩洛哥已经成为非洲地区接待中国游客增长最快的国家。"[⑤] 近年来，中国每年约有1.1亿人选择到国外旅游，摩洛哥则是重要的旅游目的地。据摩洛哥旅游部的数据显示，2018年约有18万中国游客到访摩洛哥，与免签前相比有显著增长，摩洛哥此前每年接待的中国游客不到2万人次。[⑥] 中国赴摩洛哥旅游人数的增加有多种原因：一是随着中国国力的上升，国民可支配收入增加，对阿拉伯和非洲旅游兴趣增加；二是摩洛哥在2016年对中国公民实施免签政策；三是近年来摩洛哥和中国的直航线路开通，这是提升摩洛哥对中国游客吸引力的关键因素之一。

黎巴嫩旅游资源丰富。2015年10月12日，黎巴嫩在首都贝鲁特举行对华旅游推介活动，加强两国旅行社合作，为中国游客量身定制旅游项目

---

① 《埃及驻华大使馆：2017年前五月中国访埃游客同比增长94%》，2017年6月29日，http://www.199it.com/archives/607635.html。

② 《2018中国公民非洲旅游报告》，中青旅遨游网，2018年8月31日，https://baijiahao.baidu.com/s?id=1610294065260081598&wfr=spider&for=pc。

③ 突尼斯随后也宣布对中国游客10人以上团队实行落地签政策。

④ 王莉莉：《摩洛哥成中国出境游"黑马"》，《中国对外贸易》2017年第12期，第67页。

⑤ 《摩洛哥期望到2020年每年吸引50万名中国游客》，新华网，2018年2月2日，http://www.xinhuanet.com/world/2018-02/02/c_1122356393.htm。

⑥ العثماني: المغرب يتوقع المزيد من السياح الصينيين في المستقبل. جريدة الشعب. http://arabic.people.com.cn/n3/2019/0910/c31660-9613449.html.

和路线。[①] 2018年，到黎巴嫩旅游的中国游客有9453人次；2019年，赴黎巴嫩旅游的中国游客数量约达1.2万人次，同比增长22.4%。[②] 2019年11月19日，中阿旅游合作论坛在北京拉开帷幕。中国同阿尔及利亚、阿联酋、埃及和摩洛哥等19个阿拉伯国家就中阿文化和旅游合作进行了讨论，各方达成了关于在政府和企业层面建立旅游合作机制的共识。[③] 中阿旅游合作成为新时期中阿共建“一带一路”的重要内容。

五、中阿宗教交流内涵不断丰富

从1956年5月30日中国与埃及建交至1990年7月21日中国与沙特建交，中国已同阿盟22个成员国建立了外交关系。多年来，中阿友好关系不断发展，宗教交流是双方人文交流不可或缺的一环。2018年，习近平主席在中阿合作论坛第八届部长级会议开幕式上表示，中方邀请100名宗教人士访华进行不同宗教间的相互交流。[④] 宗教交流有助于丰富中阿人文交流的内涵。

2020年新冠疫情暴发以来，中国伊斯兰教界积极响应党中央关于“坚定信心、同舟共济、科学防治、精准施策，坚决打赢疫情防控阻击战”的号召，主动作为、全力支持和积极参与疫情防控工作。2020年2月2日，中国伊斯兰教协会网站发布题为《发扬伊斯兰教优良传统，为战胜疫情贡献力量》的“卧尔兹”，从宗教教理上讲清暂停主麻聚礼等集体宗教活动、落实各项防控措施的重要性和必要性，号召和要求各地伊斯兰教界发扬科学精神，坚定信念信心，切实做好防护工作。[⑤] 中国伊斯兰教协会带头发起捐赠，各地伊斯兰教界积极响应，主动捐款捐物。据中国伊斯兰教协会

---

① 《“一带一路”推动中国与黎巴嫩旅游合作》，新华网，2015年10月21日，http://www.xinhuanet.com/world/201510/21/c_1116893042.htm。

② 《黎巴嫩旅游部长：期待更多中国游客》，新华网，2019年9月2日，https://baijiahao.baidu.com/s?id=1643547551106853679&wfr=spider&for=pc。

③ 《2019中阿旅游合作论坛在京举办　探讨中阿文化和旅游机制性合作》，人民网，2019年11月20日，http://bj.people.com.cn/n2/2019/1120/c233080-33560418.html。

④ 《携手推进新时代中阿战略伙伴关系》，《人民日报》2019年7月11日，第2版。

⑤ 《中国伊斯兰教界：共克时艰，抗击疫情》，中国新闻网，2020年2月15日，http://finance.chinanews.com/gn/2020/02-15/9092458.shtml。

不完全统计，截至2020年2月14日，各地伊斯兰教界为抗击疫情捐款捐物共计约8609万元人民币。[①] 联合抗疫成为中阿宗教交流的延伸。

中国和阿拉伯国家宗教团体之间的交往正在逐步建立常态机制。[②] 中国向阿拉伯国家派遣宗教学习留学生已经形成了固定机制，并纳入国家对外文化交流协议。中国伊协每年从全国10所伊斯兰教经学院选派40名左右应届毕业生前往阿拉伯国家院校学习。中国穆斯林青年诵经师还经常参加在沙特、伊朗等国举办的《古兰经》国际诵读比赛。中阿宗教交流有助于文明对话，与西方部分学者提出的"文明冲突论"存在本质区别。

此外，越来越多的阿拉伯国家学生来华学习。2008年，享受中国政府奖学金来华留学的阿拉伯国家学生达到1127人。阿拉伯国家穆斯林还积极向中国的教育事业提供援助。1978年以来，伊斯兰会议组织下属的伊斯兰发展银行先后为中国的伊斯兰教学院、文化培训中心、希望小学的建设和发展提供了1000万美元的帮助。[③]

为加强中国同阿拉伯国家之间的联系，做好与"一带一路"沿线国家的宗教文化交流，中国地方政府与伊斯兰团体的交流也日益紧密。2015年11月6日，应中国伊斯兰教协会邀请，由埃及爱资哈尔最高宣教委员会秘书长谢赫·穆罕默德·宰奇·里兹格·巴达利率领，来自埃及、伊拉克、黎巴嫩、约旦等6个阿拉伯国家的伊斯兰教知名人士一行8人，在中国伊斯兰教协会副会长杨志波以及外交部有关负责人员的陪同下，对广东进行参观访问。[④] 广东是伊斯兰教传入中国最早的省份之一，广州的怀圣清真寺、先贤古墓等闻名遐迩的历史古迹，见证了伊斯兰教在广东的发展历程。目前，众多来自南亚、中东、北非地区的穆斯林朋友在广东从事商贸活动。每逢主麻日，广州各大清真寺都能看到中外穆斯林一起聚礼，彼此相处融洽。[⑤] 宗教交流有助于中阿宗教界人士增信释疑，为"一带一路"建

---

① 《中国伊斯兰教界：共克时艰，抗击疫情》，中国新闻网，2020年2月15日，http://finance.chinanews.com/gn/2020/02-15/9092458.shtml。

② 《中伊协副会长：中阿穆斯林交往正逐步建立常态机制》，新华网，2009年10月26日，http://www.fjnet.com/gdb/200910/t20091026_139243.htm。

③ 同上。

④ 《阿拉伯国家知名伊斯兰教人士代表团访问广东》，广州市伊斯兰教协会网站，2015年11月8日，http://www.gzislam.com/pd.jsp?id=144。

⑤ 同上。

设营造良好的人文环境。

随着“一带一路”建设的推进，中国伊斯兰教界积极开展对外交流。近年来，中国伊协在沙特等多个国家组织展演活动，还经常邀请外国伊斯兰教团体来华访问；同时，在中国穆斯林朝觐时，经常举办具有中国文化特色的活动。2019年，在麦加朝觐的中国朝觐人员在驻地为沙特东南亚向导机构的工作人员进行汉语日常用语培训。该机构是中国朝觐人员在朝觐期间的沙方服务单位，为更方便与中国朝觐人员沟通，他们非常期待学习汉语。[①] 宗教交流与教育合作相互促进，相得益彰。

在未来的中阿交往中，宗教交往将作为国家整体外交的重要部分和有力补充，继续发挥其独特性和不可替代作用，中国与阿拉伯国家穆斯林间的友谊也将不断加深。发掘和利用中国与伊斯兰世界源远流长的传统情谊与高度互信，将人文交流中的宗教交流提升为宗教外交，让“伊斯兰因素”真正成为丝绸之路上实现“民心相通”的润滑剂与助推力。[②]

六、中阿人文交流的前景

中阿人文交流顶层设计虽然已经基本完成，但是在“百年中东变局”下，如何去落实、谁去落实、追求怎样的人文交流目标，仍有待进一步探索。尤其是2020年以来，大国地缘政治争夺升级，新冠疫情肆虐全球，世界经济持续低迷，阿拉伯世界的“碎片化”，让中阿人文交流面临挑战。

首先，中国虽已同全部阿拉伯国家建立外交关系，但是这种外交关系主要体现在政治和经贸关系上。这一方面是由于阿拉伯民族政治上的宗教色彩浓厚，中国针对阿拉伯国家的文化传播和交流的平台少之甚少；另一方面是由于民族、宗教信仰的差异，使阿拉伯各国人民还未能完全敞开心扉接纳新文化的传播。[③] 21世纪以来，中国同美国、欧洲、英国、东盟等

① 《中国朝觐人员在沙特传播中华文化》，中国新闻网，2019年8月1日，https://baijiahao.baidu.com/s?id=1640674030440570418&wfr=spider&for=pc。

② 马丽蓉：《中国“丝路战略”与伊斯兰教丝路人文交流的比较优势》，《世界宗教文化》2015年第1期，第31页。

③ 赵慧杰：《谈“中阿合作论坛”推动西北地区阿拉伯语人才的需求与培养》，《中国信息化》2012年第24期，第23页。

国家和地区建立了相对成熟的中外人文交流机制，但是中阿人文交流机制化水平仍然有限，甚至以会议代替人文交流实践的现象，使人文交流有时流于形式、停留在文件上。

其次，中阿人文交流中的教育合作有待进一步提升质量。中国政府高度重视阿拉伯语教育；汉语教育也受到阿拉伯国家的高度重视。国内许多大学已相继开设阿拉伯语专业，引进阿拉伯语人才，并成立了专门的学院或研究机构，培养出了一批批优秀的阿拉伯语人才，这些熟练掌握阿拉伯语的人才和学者成为推动中阿关系发展的第一线主力。① 但是，如果中阿双方不抓住机遇，改善教材、教学方法、人才培养模式，并制定中长期发展规划，中阿双方的优秀人才有可能都会流向欧美发达国家，导致中阿双方的人才流失，其结果是中阿双方都不得不在教育方面与欧美国家形成不对称性依赖关系。② 加强对阿拉伯语人才的培养，有利于中国深入了解和研究阿拉伯国家的优秀文化，有利于深化中阿之间的全面合作交流。

最后，中阿人文交流需要调动民间力量。近年来，如前所述，中阿人文交流由中阿双方政府牵头，设计了若干机制，但地方政府、民间社团、高校、智库和中阿双方公民交流仍显不足，很难产生中阿感情上的共鸣。尽管中阿旅游具有“草根性”，但是尚未达到中阿双方领导人提出的“民心相通”的目标。中阿尽管在人文交流形式上比较活跃，但有时内容空泛，“民心相通”常常停留在“官心相通”的表面。中阿人文交流的目的是促进彼此间文化认同感，促进构建人类命运共同体。要实现这一目标，最终还是要回归“民心相通”。除了现有的自上而下的人文交流机制，还需要自下而上，以中阿普通民众为主体，促进双方的交流。具体来说，可以从以下几方面入手：

第一，中阿需要挖掘古丝绸之路上的文化元素，产生情感共鸣。古代陆上和海上丝绸之路是中阿灿烂文化的重要象征，是中阿两大民族实现复兴的精神力量。《中国—阿拉伯国家合作论坛2018年至2020年行动执行计划》指出，加强中国与阿拉伯国家在物质和非物质文化遗产保护领域的合作，包括考古发掘、文物修复、博物馆管理、打击文物走私、防止破坏文

① 赵慧杰:《谈“中阿合作论坛”推动西北地区阿拉伯语人才的需求与培养》，第34页。

② أحمد السيد النجار: مصر والعرب ومبادرة الحزام والطريق: مستقبل النموذج الصيني، ابن رشد صفحة ١٥.

物原有属性以及根据有关国际条约追索被盗文物。为此，双方支持在沙特塞林港遗址开展中沙塞林港遗址联合考古工作，支持中国与阿联酋、沙特、摩洛哥、科威特等国共同参与创立的濒危文化遗产保护国际基金的运作。[①] 这些实际行动有望提升中阿两大民族的历史自豪感，为增强双方亲和力作出贡献。

第二，中阿双方需要重视拓展中阿人文交流的领域。迄今为止，中阿人文交流主要在宗教、教育、文化和旅游四大领域，还需要拓展中阿人文交流“新边疆”，如中阿传统医学的交流。2019年，中阿召开卫生合作论坛，双方强调要加强在医疗领域的合作与经验交流，重视老年人、残疾人和有特殊需要的人士，防治传染性疾病和非传染性疾病；鼓励医疗技术转移，加强政府间在卫生法律和政策方面的信息交流，开展医疗研究和实验，增进中阿治疗机构间的合作，通过举办会议等形式，促进在医学研究、传统医药等领域的合作。[②] 中国和阿拉伯国家都有丰富的传统医学文化，亟待传承和保护，双方面临共同任务。在新型冠状病毒肆虐全球之际，如何加强中阿在传统医学领域的合作，也有助于促进中阿民心相通和彼此亲和力。

第三，中阿人文交流需要与时俱进，利用好新技术和新平台。随着技术进步日新月异，尤其是随着影响人们观点和立场的社交媒体如雨后春笋般不断出现，中阿双方必须注意互联网在民间交流中的作用。在中国和阿拉伯世界，有数以亿计的公民在使用互联网，而且这个数字还在不断增加，其中包括那些影响公众舆论的社交媒体。越来越多的阿拉伯普通民众开始使用微信与中国朋友沟通与交流。新冠疫情暴发后，一大批阿拉伯友华人士通过社交媒体为中国鼓劲加油。中国驻苏丹等阿拉伯国家使馆开始建立微信公众号，一些阿拉伯国家驻华使馆也已开通微博。新媒体将成为未来中阿人文交流的新平台。

---

① 《中国—阿拉伯国家合作论坛2018年至2020年行动执行计划》，中阿合作论坛网站，2018年7月10日，http://www.chinaarabcf.org/chn/lthyjwx/bzjhy/dbjbzjhy/t1577009.htm。

② 同上。

七、结论

“国之交在于民相亲。”近年来，中阿双方在人文领域开展了丰富多彩的对话和交流。中阿艺术家互访蓬勃开展，互派留学生人数逐年增加，中阿典籍互译出版工程积极推进，联合翻译培养计划顺利进行，文明对话、去极端化合作以及青年、妇女等领域交流亮点纷呈。[①] 人文交流是中阿共建“一带一路”的重要支柱，双方依托中阿合作论坛，积极开展形式多样的人文交流，推动文明互鉴，助力民心相通，具有以下特点：

第一，中阿人文交流具有深厚的历史积淀。研究表明，中阿人文交流的重要历史遗产是古代丝绸之路。无论是陆上还是海上丝绸之路，为当下中阿两大民族留下的都是“正资产”。丝绸之路让中阿双方都联想到各自民族辉煌的历史和灿烂的文化，能够增强各自的民族自豪感。在阿拉伯帝国和古代中国最强大的时候，也是双方互动的开始，尤其是唐朝和阿巴斯王朝在中亚的互动，容易唤起双方的亲切感。中国的造纸术、丝绸、茶叶和其他物产传到阿拉伯世界，伊斯兰教、蓝瓷技术、星系学等传入中国，都产生了共鸣。近年来，中阿双方联合考古、复兴彼此的古代医学、加强文物的抢修和保护，都有助于促进中阿民心相通和命运共同体建设。

第二，中阿人文交流具有整体性。中阿人文交流对中阿战略关系的深化和发展起到“基础性”作用，有助于中阿培养亲和力与提高友好度。但是，中阿双方民心相通与国家形象的改善，需要依靠“组合拳”和综合施策，如企业提高产品的质量、新闻管理部门有效应对突发事件、外交部门及时管控分歧等。中国和阿拉伯国家均属于发展中国家，社会团体发展不健全，中阿人文交流主要需要政府推动整体合作，实现不同部门之间的协调和统一。

第三，中阿人文交流具有多维性。一方面，中阿人文交流重点在宗教、教育、文化和旅游四个部门，分别由各自宗教管理部门、教育部、文化和旅游部整体推进，同时，其他部门也会积极参与其中，尽可能做到系

---

① 《新时期中阿合作标记新高度》，半月谈网站，2018年7月31日，http://www.banyuetan.org/gj/detail/20180731/1000200033136201532998500945742198_1.html。

统、全面，涵盖中阿人文交流的全部领域。另一方面，中阿人文交流分为三个不同机制。一是在中阿合作论坛框架下开展多边和集体合作，其优势是效率更高，可以做到对22个阿拉伯国家全覆盖；二是中国与阿拉伯国家在全面战略伙伴关系、战略伙伴关系等双边合作框架下推进人文交流，如“一带一路”倡议提出以来，中国和沙特、埃及、阿联酋、阿尔及利亚等都形成了高级别联合委员会，在双边关系下推进人文交流；三是在具体议题领域，中国与阿拉伯世界的“利益攸关方”有选择性地开展议题导向型合作，是一种“小多边合作”。

第四，中阿人文交流具有较强兼容性。中阿在开展人文交流过程中，坚持“去政治化”方向，不将人文交流与政治和安全议题挂钩，不把人文交流与其他争议领域的议题相联系，而是本着互利、自愿的原则开展双边和多边合作。在此过程中，中阿人文交流具有较强的兼容性。从中国方面来看，中阿人文交流与中国同以色列、伊朗和土耳其的人文交流具有兼容性，这些机制并行不悖，相互补充；阿拉伯国家除了与中国加强人文交流，近年来还与美国、欧盟、非盟、英国、俄罗斯等国家和地区建立了不同层级、不同形式的多边人文交流新机制。[①] 这些国家和地区与阿拉伯国家开展人文交流较为频繁，如在阿拉伯世界建立大学城、分校、文化中心、智库研究中心、博物馆（分馆）、语言教育和培训中心等，这与中国的人文交流机制存在兼容性。

第五，中阿人文交流具有务实性。尽管中阿文化交流机制主要由政府建立、政府主导和政府推动，但是其能否取得实效，关键还在于民间交流。换言之，中阿人文交流中，政府只能发挥引领作用，具体事务还需要靠社会和民间力量。企业和普通民众之间的交流具有“草根性”和自发性，密切的互动有时候能够带来双方友好关系。仅依靠中阿合作论坛等若干合作机制和平台，从官方层面推动中国和阿拉伯国家的人文交流合作是远远不够的。中国和阿拉伯国家应相互尊重彼此的文化差异性，吸收借鉴彼此的优势，在此基础上扩大民间交流。民间交流有多种多样的形式，应满足双方民众的需要，使人文交流真正做到“润物细无声”。中阿人文交流不

---

① 孙德刚、[埃及]马雨欣：《域外大国的中东安全治理观：一项比较研究》，《阿拉伯世界研究》2019年第5期，第3页。

是相互吹捧，而应实事求是；[①] 不应回避问题，而应直面困难与挑战。

总之，在“中东百年变局”背景下，中阿双方在教育交流、文化交流、旅游合作和宗教交流等领域的合作往往受其他大国的影响，甚至影响中阿之间的战略互信。因此，中阿双方需要保持定力，坚持务实主义，稳步推进中阿人文交流。“一带一路”沿线国家和阿拉伯国家“向东看”，使新时期中阿关系从“背靠背”到“面对面”。中阿人文交流有望复兴“丝路精神”，使丝路两端的两大民族能够重新激活古代丝绸之路的共同记忆。在“中东百年变局”背景下，中阿人文交流有助于构建相互尊重、求同存异、互利共赢的“中阿命运共同体”。

① 2020年7月，北京外国语大学阿拉伯语系薛庆国教授在“新冠肺炎疫情下中国与中东合作：传统友谊与共创未来”线上论坛上提出了这一创新性观点。

中韩社会文化合作的现状与发展潜力
——朝鲜半岛研究专家百人问卷调查结果

王晓玲

【内容提要】本研究通过问卷调查和访谈相结合的方法，调查了当前朝鲜半岛研究专家对于中韩社会文化合作的认识。调查结果显示，专家认为，目前中韩两国社会文化合作有着良好的经济利益基础，但缺乏观念领域的认同。阻碍两国社会文化合作的最重要因素是国际政治结构矛盾，其次是中韩两国社会间的民族主义冲突、意识形态差异和历史认识差异。专家认为，中韩之间的社会文化合作要取得新突破就需要进行顶层制度建设，需要独立的机制、明确的战略目标和路径设计。

【关键词】中韩合作　社会文化　问卷调查　朝鲜半岛研究专家

【作者简介】王晓玲，中国社科院亚太与全球战略研究院副研究员。

中韩建交已经走过近30个年头，中韩两国的社会文化合作取得了令世人瞩目的成就。从双边层面看，中韩两国互为最重要的贸易合作伙伴，互为人员往来规模最庞大的国家，互为留学生最大来源国，也是地方政府合作最活跃、文化交流规模最庞大的两个国家。中韩两国文化交流源远流长，两国社会共有大量的文化符号，有着相似的文化审美、道德审美。中韩建交后，“韩流文化”又长期影响中国，进一步加深了两国流行文化、审美情趣乃至价值观念的同质化特征。

但是，中韩社会文化合作中存在的问题也值得关注。中韩之间虽然经济联系紧密、人文交流规模庞大，但在过去近30年里，中韩社会文化合作经历过数次起落，“沟通”与“认同”缺乏所引发的问题在经贸合作、社会舆论、文化产业合作、学术研究领域曾经以各种不同的形式出现，社会文化合作相关问题的根源、演化路径以及破坏力已经充分显现。长期观察中韩关系的学者对此都有着深刻认识，并且从各自专业角度出发，为中韩社会文化合作提出了很多建议。

2020年2月以来，受新冠疫情影响，中韩间人员交流被按下暂停键，文化交流受到巨大冲击，经贸合作虽然逐步恢复，但与深化经贸合作相关的制度建设难以有效推进。两国社会都在等待疫情的消散以及人文交流的重启。在这样的时间点，更应该充分思考如何提升中韩社会文化合作，为合作的全面重启做好准备。因此，笔者在2020年9月面向朝鲜半岛研究专家进行了有关“中韩社会文化合作”的问卷调查。本研究旨在总结梳理专家的相关意见，反思中韩社会文化合作发展中存在的问题，并思考未来的发展方向。

本研究的调查对象为朝鲜半岛研究相关领域的学者和博士生。该调查采用问卷调查方式，问卷通过微信和邮件形式发送和回收，共回收有效问卷100份。

基于目前朝鲜半岛研究专家的专业分布情况，笔者将被访对象分三个人群进行抽样，分别是外交安全领域专家、经济合作领域专家和社会文化研究领域专家。最终回收的100份有效问卷中，上述三个研究领域的专家数量分别为41人、28人和31人。

调查问卷主要包括以下几方面内容：中韩民间关系现状及其影响因素评估、中韩经济合作重要性以及发展趋势评估、中韩社会文化合作各领域效果评估、对韩公共外交政策建议。问卷还向被访者询问了“韩国社会文化中值得学习的部分”，希望这种探索有助于人们思考中韩两国社会的价值观共识。

一、调查实施时的中韩关系

该调查的实施时间为2020年9月7日至27日。这段时间内，中韩关系本身没有出现明显波动，社会文化领域没有出现冲突性事件。但2016—2017年的“萨德摩擦”给两国民间关系所造成的负面影响仍然存在，中韩产业互补性减弱的趋势也在持续，这些安保与经济领域的结构性矛盾都影响着社会文化的合作发展。2017年文在寅政府上台后，两国政府在积极恢复双边关系问题上存在共识，围绕“萨德”问题达成了“三不一限”承诺，中韩关系走上恢复发展的道路。在逆全球化思潮涌动的国际环境中，中韩两国作为全球化和自由贸易的积极拥护者多次在国际舞台上发声，同时也在深化区域经济合作、调整双边经济合作等问题上积极相向而行。在这样的环境中，民间关系的恢复速度虽然落后于政府，但也明显开始回暖。韩国观光公司的统计显示，2019年中国赴韩游客为602万人，相比2018年增长了25.8%，数量已经恢复至2016年的74.6%。①

然而，2020年新冠疫情暴发，中韩社会文化合作回暖的步伐被打断。1月，中国发现了新型冠状病毒传染现象，随后韩国也出现了确诊病例，韩国与武汉之间的航班随之中断，韩国政府开始通过包机撤回在武汉的侨民。2月，新冠疫情在韩国出现社区传播，韩国开始禁止有湖北旅行经历的外国人入境，并向韩国民众发出中国旅行警报。中国也开始强化对疫情海外流入的管理，一些城市开始要求包括韩国民众在内的入境者隔离14天。中韩两国的人员交流几乎彻底中断，一直到调查实施的9月仍未恢复正常。

韩国的新冠疫情在2020年2月底到3月渡过高峰期走向回落。这期间，中国成为韩国舆论的热点。“保守”政党与“保守”媒体不断煽动对华意识形态偏见和民族主义情绪，极大地恶化了中韩合作的社会基础。青瓦台网站上出现了要求禁止中国公民入境以及弹劾总统的请愿文。韩国政府以及执政党则再三强调“警惕将疫情政治化”，同时呼吁维护中韩关系。

与此同时，韩国政府、地方政府、企业以及各类民间组织向中国捐赠了防疫物资。在多国外交官因疫情撤离武汉时，韩国新任驻武汉总领事搭乘装载有防疫捐赠物资的货机抵达武汉履新。这些举动赢得了中国民众的好感。2020年2月下旬到3月中上旬，韩国大邱、庆尚北道等地区出现医疗资源紧张的情况，中国政府与民间组织又向韩国捐赠了防疫物资。两国领导人在疫情期间多次通电话，互相慰问鼓励，表达共同防疫、深化各领域合作的意愿。4月，韩国政府的防疫工作取得了良好成果，攻击韩国政府、中国以及中韩关系的舆论渐渐回落，执政党在国会选举中以绝对优势胜出。中韩两国建立了疫情联防联控合作机制，在这一机制框架下开通了

① 韩国旅游发展局：한국관광통계，https://kto.visitkorea.or.kr/kor/notice/data.kto。

"快捷通道"，为两国商务、物流、生产和技术服务等人员提供入境便利。不仅如此，两国政府还积极商讨如何在克服"疫情经济危机"中展开合作，并与日本一道讨论中日韩自由贸易区的建设。

总的来说，2020年以来的中韩社会文化合作受到了新冠疫情的巨大冲击。与此同时，双方在共同克服危机的过程中积极开展合作，堪称国际社会的典范。但是，在这一过程中，韩国社会对中国的认识变得日益复杂，值得关注。本研究的调查对象掌握韩国相关的一手信息，该调查结果将有助于人们准确了解中韩民间关系。

二、调查结果

（一）中韩民间关系现状及影响因素评估

1. 中韩民间关系最佳时期

调查问卷要求被访专家回顾中韩建交以来的中韩民间关系，确定其心目中的"中韩民间关系最佳时期"，然后将"最佳时期"的中韩民间关系设定为10分，要求被访者在1分到10分之间对当前的中韩民间关系进行评分。

调查结果显示，被访专家认为中韩民间关系在"萨德摩擦"出现之前一直发展良好。"中韩民间关系最佳时期"则出现在20世纪90年代末和2014年前后（详见图1）。

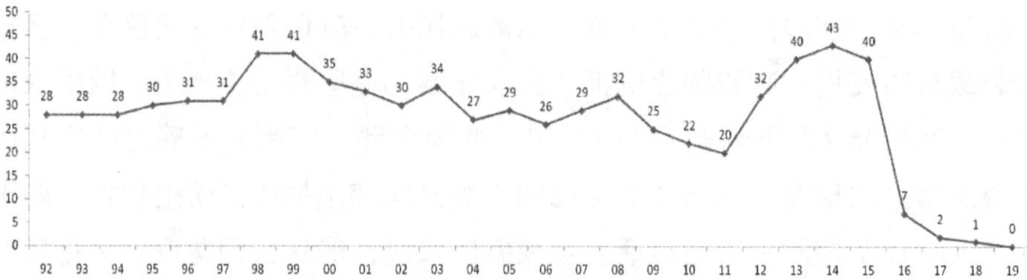

图1　中韩民间关系最佳时期

2. 当前中韩民间关系评分

在100名被访专家中，有80人认为目前中韩民间关系得分在6分到8

分之间（详见图2）。也就是说，相较“最佳时期”，中韩民间关系已经恢复了60%到80%。虽然“萨德摩擦”的影响没有完全消失，新冠疫情也阻挡着中韩民间交流恢复的步伐，但中国社会舆论中关于韩国的负面信息明显减少，韩国的防疫成就、中韩两国社会在疫情期间相互帮助的案例都被中国民众所了解和认可，中国民众对韩国的观感相较“萨德摩擦”最激烈的2016年前后已经大幅度改善。

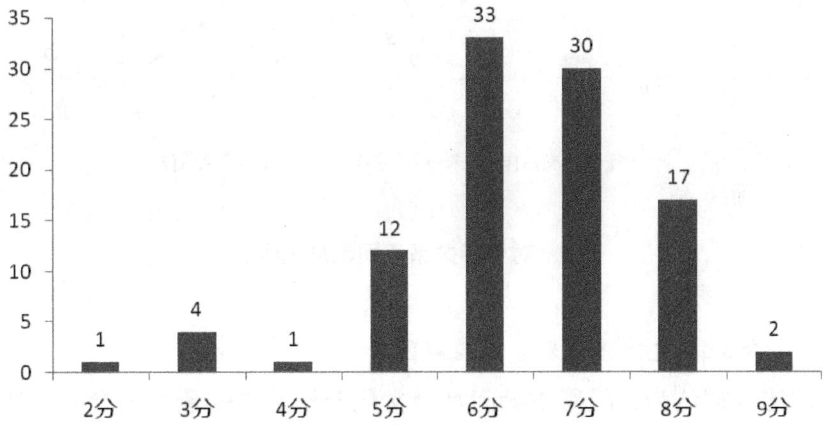

图2　目前中韩民间关系评分

为了进一步对中韩民间关系定位，调查问卷还要求被访专家就中韩安全外交合作、经济合作、社会文化合作分别进行评分。评分结果显示，被访专家认为中韩两国在经济领域里的合作最为积极顺畅，其次是社会文化领域，安全外交合作则最需要强化。被访专家对于经济合作、社会文化合作的评价较为一致。77名专家对中韩经济合作的评分集中在6分到8分，67名专家对社会文化合作的评分集中在6分到7分。相比之下，他们对于安全外交合作的评价存在较大分歧，32名被访者对中韩安全外交合作的评分在3分以下，但也有36名被访者的评分在6分以上（详见图3）。

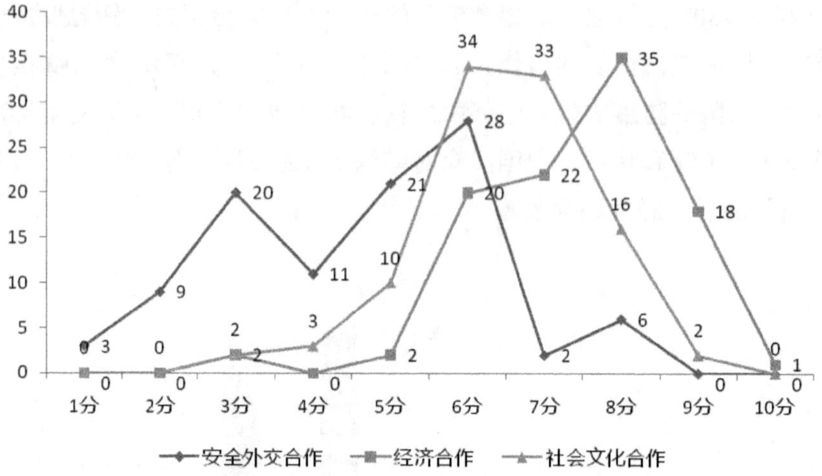

图3　对中韩关系不同领域的评价

3. 中韩社会文化合作发展的阻碍因素

被访专家认为，阻碍中韩间社会文化合作发展的最大因素来自外部。相比中韩两国之间的矛盾，两国所处的国际政治结构更多地制约着两国民众间的合作。中韩社会文化合作自身也存在矛盾冲突，主要体现为民族主

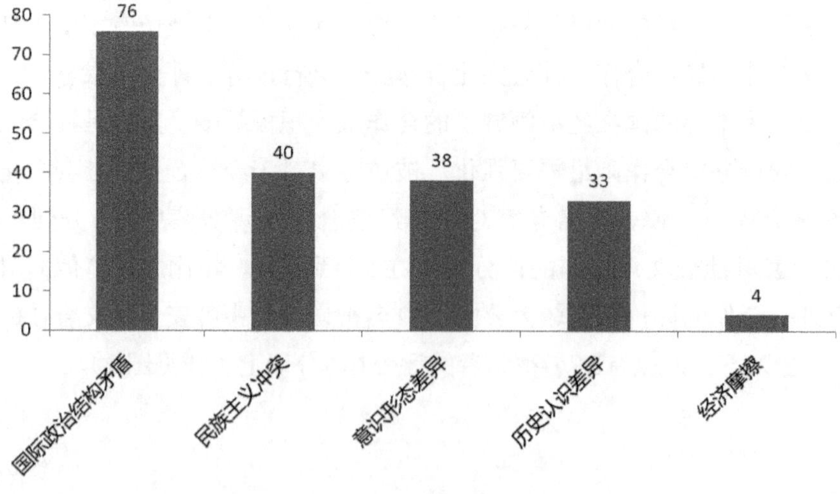

图4　中韩民间关系发展最大障碍

义冲突、意识形态差异以及两国民众的历史认知差异。所有上述冲突都来自观念领域，绝大多数被访专家认为中韩两国社会在经济领域不存在利益冲突（详见图4）。

（二）对中韩经济合作的重要性以及发展趋势的评估

经济合作是中韩民间关系中最乐观的部分，也是长期以来推动中韩关系发展的引擎。然而，近年来，中韩经济合作的环境正在发生复杂的变化。首先，中韩产业互补空间在缩小，中国民众看到韩国企业撤离了部分在华投资。“萨德摩擦”中，两国安全领域的矛盾通过民众情绪传导至市场，进一步推动了韩国资本的撤离，这一现象也被中国民众所广泛认知。其次，在以美国为首的西方国家发起的逆全球化浪潮中，韩国与中国同样希望维护国际经济合作。在韩日矛盾难以缓解的情况下，中韩两国对以中日韩为核心的东北亚经济合作持积极态度。但与此同时，在美国推动“中美产业链脱钩”的过程中，韩国陷入两难境地。近来，韩国拒绝了美国提出的“清洁网络行动”，但同时也不得不停止向中国出售芯片等产品。再次，新冠疫情暴发后，中韩经济合作因为人员与货物流动受限而受到打击，韩国政府与企业界都认为要进一步减少对华经济依赖以分散风险。但是，随着新冠疫情席卷全球，世界各国又意识到需要缩短全球产业链，建立区域产业链。中日韩等东北亚国家的防疫成效最突出，这也进一步推高了东北亚经济合作的积极性。

综上所述，影响中韩经济合作前景的因素很复杂，中韩经济合作的未来趋势不明朗。本研究调查了被访专家对于中韩经济合作的基本判断，包括中韩经济合作重要性、新冠疫情影响消退后中韩经济合作发展前景，以及推动中韩经济合作变化的几项因素的发展趋势。

1. 中韩经济合作重要度评分

问卷假定中日经济合作重要度为5分，以此为参照，要求被访专家在1分到10分之间对中韩经济合作的重要度进行评价。总的来看，被访专家认为，推动中韩经济合作对中国而言非常重要，重要程度超过中日经济合作。具体来看，48名专家回答中韩经济合作比中日经济合作更重要，28名专家认为中韩经济合作与中日经济合作同等重要（详见图5）。

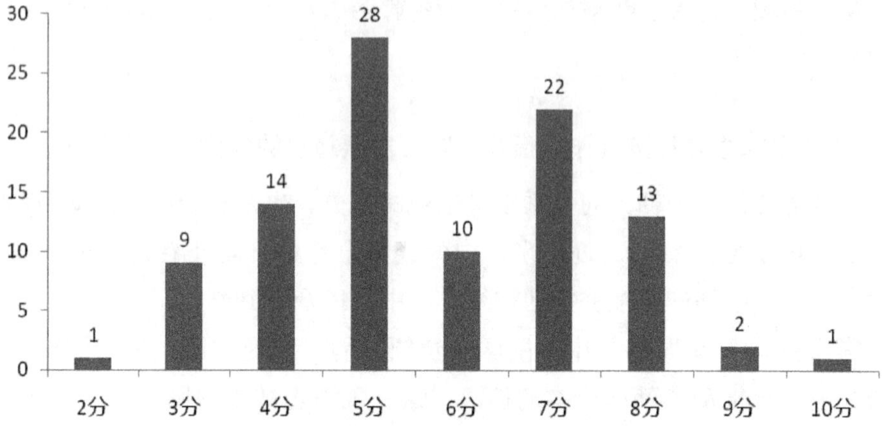

图5　中韩经济合作重要度评分

但上述判断可能与被访专家的研究志趣相关。笔者分析了从区域经济合作角度观察中韩经济合作的被访者，发现他们对中韩经济合作重要度的评分明显较低。在19名区域经济研究方向的学者中，有5人认为中日经济合作与中韩经济合作对中国而言同等重要，有13人的评分在4分及以下，也就是认为中韩经济合作重要度低于中日经济合作。

2. 中韩经济合作发展趋势预测

对于5年后的中韩经贸合作，被访专家的整体判断不乐观。5年后，中韩贸易以及物流环境很可能摆脱新冠疫情的影响，但大部分被访者认为，中韩经济合作的势头相比疫情之前会有所减弱，甚至陷入停滞、倒退。具体来看，100名专家中有50人认为中韩经贸合作会持续增长但增速放缓，18人认为中韩经贸合作的规模增长会陷入停滞，另有22人认为中韩经贸合作的规模会萎缩甚至大幅度萎缩。相比整体被访者，经济合作领域的专家对中韩经济合作的未来有更多的担忧（详见图6）。

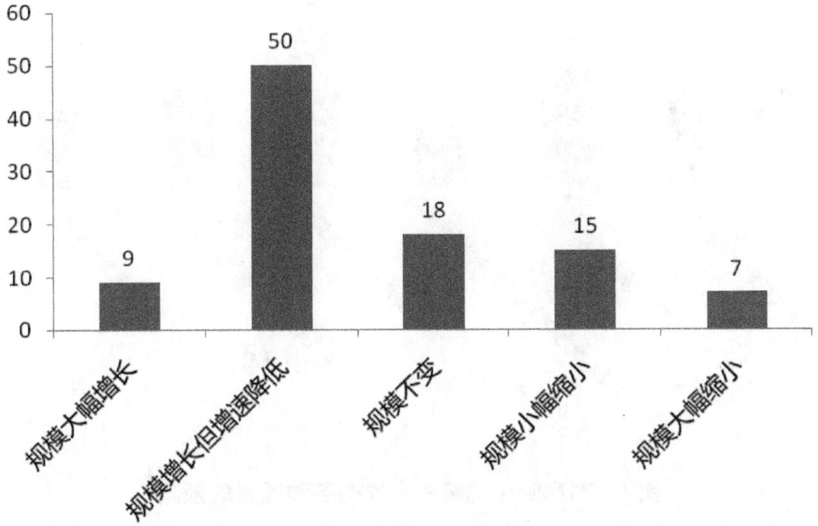

图6　对疫情后中韩经济合作发展趋势的预测

长期以来，中国经济增长以及中韩产业结构的互补特性一直是推动中韩经济合作的引擎。目前，专家认为，推动中韩经济合作进一步发展的最重要动力是区域经济合作制度。59名被访者认为，中韩、中日韩或者包括中韩在内的其他区域性经济合作机制会得到进一步发展。40名被访者认为，中国内需市场的发育会持续吸引中韩经济合作。与此同时，半数以上专家（54人）认为中韩产业结构互补性在减弱，这是导致中韩经济合作减速的主要因素。韩国有意识地减少对华经济依赖、中韩两国经济发展速度下降等因素也在促使两国经济合作减速（详见图7）。

综上所述，未来影响中韩经济合作的客观结构性因素与主观因素、偶发性因素同时存在，推动与阻碍中韩经济合作的因素同时存在。总的来看，对诸多因素进行衡量后，被访专家认为中韩经济合作将减速，但中韩两国在经济合作机制建设方面有希望取得进展。

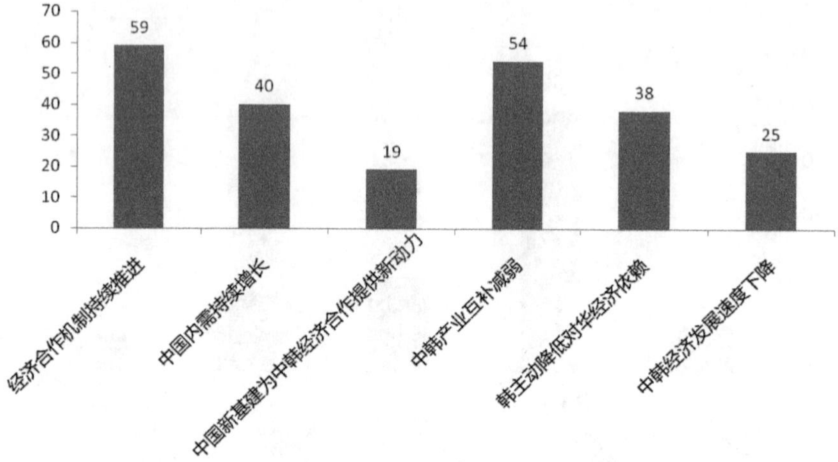

图7　对影响中韩经济合作的各种因素的预测

（三）对现有中韩人文社会合作各领域的评价

1. 不同领域的效果排序

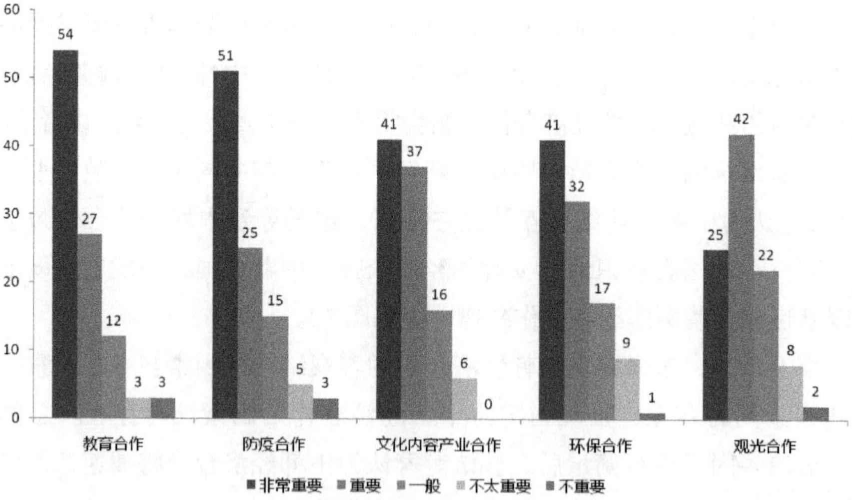

图8　对人文社会合作不同领域的评价

回顾既有的中韩人文社会合作，被访专家认为，教育合作对于推动两国民间关系发展的作用最为突出，即便当前新冠疫情防控是全球所有国家都共同面临的头等重要任务，被访专家依然认为教育领域的合作最重要，新冠防疫合作的重要性排在教育合作之后。除此之外，被访专家认为，文化内容产业领域的合作以及环保领域的合作也非常重要，观光领域合作的重要程度最低（详见图8）。显然，相比人文交流规模，被访专家更看重人文交流的深度和长远影响，看重能够更直接触及两国社会观念领域的途径。

2. 对中韩两国公共外交优势的评价

近年来，公共外交成为中韩两国政府与学术界的热点话题。在对公共外交的相关讨论中，一个热点议题就是：如何将政府的外交政策与非政府部门自发的对外合作交流相结合？对中韩关系而言，公共外交策略尤其重要。首先，在中韩关系中，民间力量的参与非常广泛，需要立足长远和全局利益进行协调和指导。其次，中韩社会文化合作目前深受各种权力和利益结构的影响，需要有规划、有策略地进行突破才能解局，而公共外交策略是主动塑造人文社会合作的发力点。

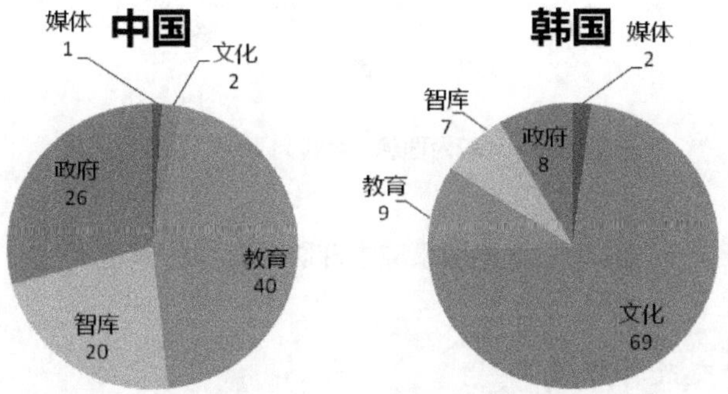

图9　对中韩两国公共外交优势领域的评价

本调查要求被访者对于中韩两国的公共外交分别进行评价。调查结果显示，被访者认为，如果将文化、教育、智库、政府公关和媒体几个分领域进行比较，那么中国的公共外交在文化和媒体领域里表现最为薄弱，而在教育合作、智库合作、政府公关中取得了相对较多的成果。韩国的对华公共外交则在文化领域里取得了巨大成功（详见图9）。

3. 对中韩防疫合作的评价

对于中韩在新冠疫情防控过程中所开展的各个领域的合作，被访专家评价较高的依次为“领导人互动”“防疫数据共享”“流动人口管理”等短期措施。被访专家认为，中韩两国在“共同应对经济危机”“建立防疫合作机制”“开展传染病医学领域共同研究”等中长期合作领域还需要进一步强化合作。被访专家认为，疫情期间两国媒体的相关报道存在不足，韩国部分媒体对中国的报道有失偏颇，对中韩民间关系造成了一定的负面影响。被访专家还认为，两国媒体之间的合作尤其需要进一步强化（详见图10）。

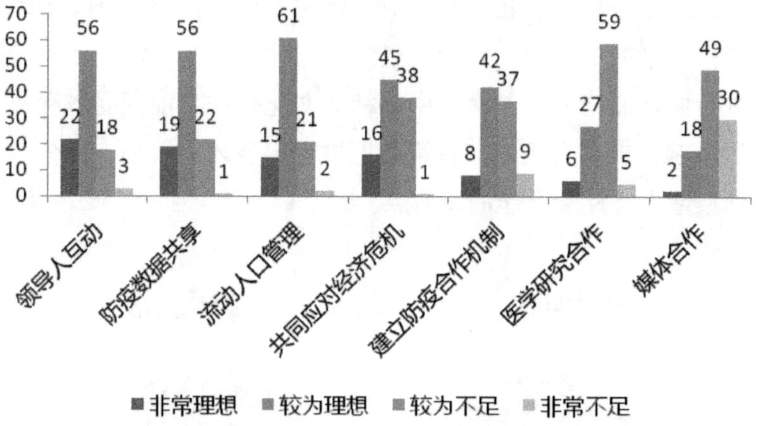

图10　对不同领域中韩防疫合作的评价

4. 公共外交改善建议

本调查要求被访者从自身关注的领域出发，为推动对韩公共外交提出切实可行的建议。分析被访专家的建议，可见他们主要从以下4个角度阐述其意见：

第一，9名专家指出目前中国公共外交中存在的障碍和误区（详见图11）。综合这些专家的意见，他们认为，民间领域的人文交流应该以两国社会文化共同发展为目标，不应该强调经济利益，也不应该政治化，追求政治和经济利益都容易导致人文交流的形式主义，使其变得空洞肤浅。民间人文交流应该尽量独立于政治安全合作。而当前中韩人文交流最急切的任务就是要消除“萨德摩擦”的负面影响。

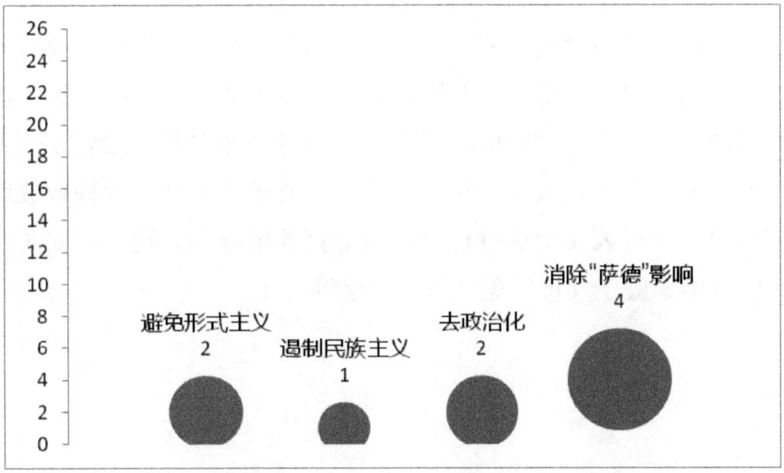

图11　中韩公共外交工作建议——急需解决的问题

第二，11名专家提出的15项建议谈到中韩公共外交应该追求的目标（详见图12）。他们认为，中韩双方应该消除意识形态隔阂，缩小历史问题上的认知冲突。为了达到这一目的，中韩应该通过公共外交增进了解、寻求共识，具体落脚点可以体现为共同维护经济全球化、共同寻求亚洲价值观、寻求两国社会共同发展机遇等。

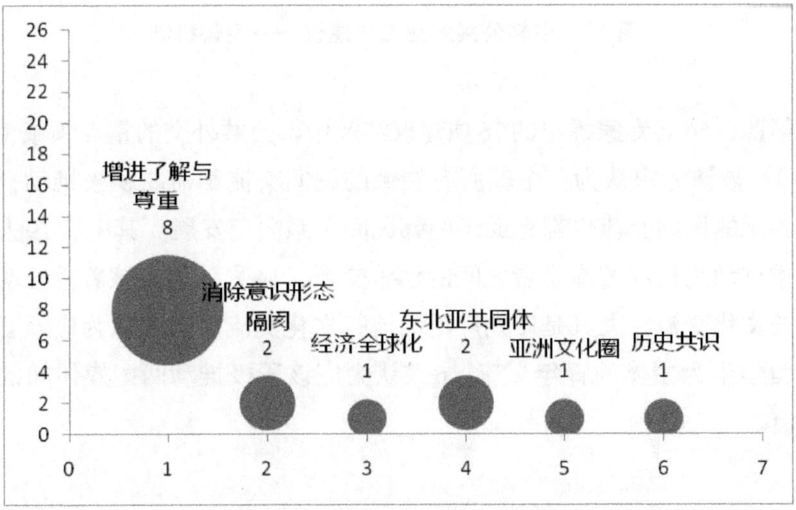

图12　中韩公共外交工作建议——设定合理目标

第三，23名专家提出的33项建议与对韩公共外交的“机制建设”有关（详见图13）。综合这些专家的意见，他们认为，应该建立引导公共外交发展的长效机制，由政府统筹，对民间各种参与主体进行全面指导。其中11名专家强调，政府应该对媒体进行指导。还有一些专家提出要充分发挥企业、智库以及留学生在人文交流中的作用，对留学生和智库进行援助。有的专家提出，要对人文交流进行更加精细化的指导和管理，例如向有社会影响力的韩国家庭子女提供免试入学机会等。

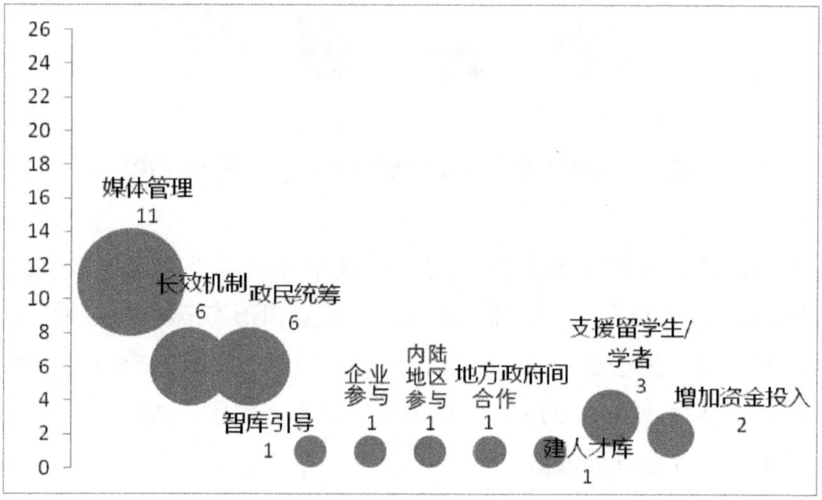

图13　中韩公共外交工作建议——完善机制

第四，56名专家提出的76项建议涉及中韩公共外交的重点领域（详见图14）。被访专家认为，中韩所有领域的民间交流都需要积极推动，推动所有领域的民间交流也都有助于中韩民间关系向前发展。其中有19人强调应着重推动高校和智库学者之间的学术交流，14人认为应该着重推动各种形式的文化交流，尤其是影响广泛的流行文化交流，10人认为应该着重推动以留学生为主体的青年交流，6人认为应该积极推动两国媒体间的合作与交流。

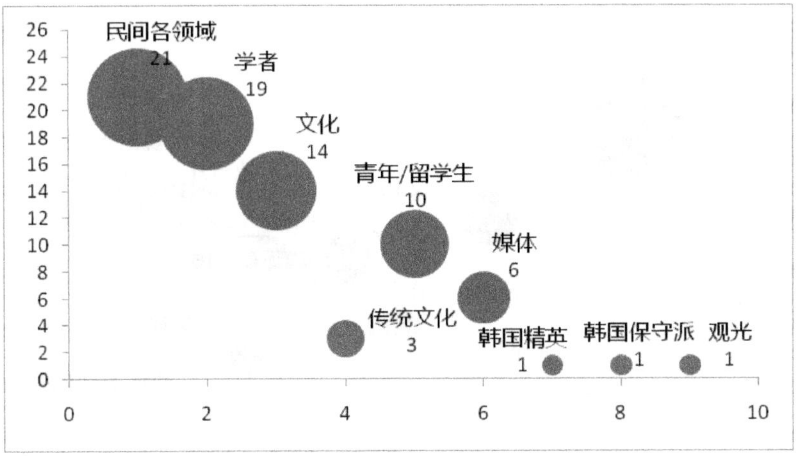

图14　中韩公共外交工作建议——选择高效路径

（四）中韩共有价值观探讨

寻求和扩大共识是中韩社会文化交流的最重要目标。本研究的调查对象是中国的“知韩派”，他们了解韩国社会文化的全貌。本调查要求被访者写出“韩国社会文化中值得中国学习的几个方面（3个以内）”。笔者希望以此为窗口，观察中韩两国社会最容易产生共鸣的价值观。

对被访专家的回答进行分析后，笔者发现，他们的关注点可以分为4个方面，分别是文化传承、民族气质、社会发展成就和社会治理。

被访专家提到最多的是韩国社会对传统文化的传承，包括传统礼仪以及日常社会生活中的行为规范（详见图15）。韩国人的团结以及积极进取的生活态度也得到了大量中国学者的肯定（详见图16）。而这些正是东亚地区社会所广泛共有的文化特征和道德审美。被访专家对于韩国社会的发展成就给予了积极肯定。例如，他们认为韩国国民普遍具有较高的公共道德水准和个人修养，整体国民素质很高；韩国文化产业取得了傲人成就，且表现出旺盛的文化创新、文化融合能力；韩国社会在环境保护方面所作的努力也值得中国学习（详见图17）。还有一些被访专家则积极肯定了韩国的社会治理。他们指出，韩国政府的服务意识强，社会公共服务设施更加人性化，政府与民众的沟通环境更加开放透明等（详见图18）。